U0861862

浙江省高职院校“十四五”重点教材

高等职业教育财务会计类富媒体智能型·项目化系列教材

# 会计信息系统应用

KUAIJI XINXI XITONG YINGYONG

## （用友ERP-U8V10.1）（第二版）

(YONGYOU ERP-U8V10.1)

王剑盛 主编

东北财经大学出版社
Dongbei University of Finance & Economics Press
大连

**图书在版编目（CIP）数据**

会计信息系统应用 / 王剑盛主编. —2版. —大连：东北财经大学出版社，2023.8

（高等职业教育财务会计类富媒体智能型·项目化系列教材）

ISBN 978-7-5654-4871-3

Ⅰ.会… Ⅱ.王… Ⅲ.会计信息-财务管理系统-高等职业教育-教材 Ⅳ.F232

中国国家版本馆CIP数据核字（2023）第134282号

东北财经大学出版社出版

（大连市黑石礁尖山街217号　邮政编码　116025）

网　址：http：//www.dufep.cn

读者信箱：dufep@dufe.edu.cn

大连市东晟印刷有限公司印刷　东北财经大学出版社发行

幅面尺寸：185mm×260mm　字数：485千字　印张：21.75

2023年8月第2版　2023年8月第1次印刷

责任编辑：王天华　曲以欢　责任校对：何　群

封面设计：原　皓　版式设计：原　皓

定价：49.00元

教学支持　售后服务　联系电话：（0411）84710309



如有印装质量问题，请联系营销部：（0411）84710711

# 第二版前言

党的二十大报告指出：高质量发展是全面建设社会主义现代化国家的首要任务；要加快建设网络强国和数字中国，优化基础设施布局、结构、功能和系统集成，构建现代化基础设施体系。财务领域的发展建设是国家经济社会高质量发展的重要基石，而财务领域的智能化信息化发展、新技术在会计信息系统的应用，将极大助力高质量发展进程。习近平总书记提出的“没有信息化就没有现代化”“以信息化驱动现代化”等重大论断，深刻阐明了信息化在社会主义现代化建设全局中的重要地位和作用。同时，数字经济下的新型基础设施能够帮助企业全面实现会计信息系统的有效运行，促进企业整体快速发展。

本书在第一版的基础上进行了以下修订：

1.增加了党的二十大和课程思政内容，并以“明德善思”栏目呈现；

2.修改并丰富了实训资料，在单项实训的“操作向导”上指向性更明确，减少初学阶段误操作的发生；

3.在信息化程度较高的供应链业务实训中，增加了扫二维码查询该业务涉及的原始凭证的功能，在各项采购业务的财务处理上，既练习单货分别制单的操作，也要求练习结算制单的操作，以达成常规业务处理技能的全面性掌握；

4.在银行对账、报表制作等实训项目中，细化了设置要求及数据生成的规则，便于学生更系统地掌握软件功能；

5.在原有29个微课的基础上，增加了34个微课，以二维码的形式添加在书中，为了便于查找，在书后还增加了“微课索引”；

6.将书中每个任务的标准习题答案以二维码的形式添加在书中，方便学生检验学习效果。

本书依托的财务软件未更换到最新的版本，原因是会计信息系统应用课程所涉及模块的操作技能在各版本间没有大的变动，而近几年发生的一些变动，比如增值税税率的变动，个人所得税起征点、应纳税所得额上限及速算扣除数的变动等，在实训资料中做为实训任务让学生在系统中加以调整，与改换全新版本不必作任何改变相比，给学生的体验感更强。

从会计信息系统的角度出发，“会计电算化”“会计信息化”都是一种事业和一种过程，这种事业是通过会计信息系统的研制、推广和应用来实现的。教育部在2022

年9月发布的新版《职业教育专业简介》中，已经将大数据与会计专业的专业核心课程“会计信息化”更名为“会计信息系统应用”，作为职业教育课程开设来说，以“会计信息系统应用”来命名更贴切，因此，本书第二版更名为“会计信息系统应用”。

本书既可作为高职高专、成人高等教育的会计专业和经济管理类相关专业的教材，也可作为会计信息化上岗培训、社会培训和自学使用的参考用书。

书中所提供的实训资料均为虚构，如有雷同，纯属巧合。读者如果发现实训资料中的不足之处，或者认为需要增加某项功能的操作练习资料，请将问题和意见发送至lszjywjs@qq.com，以便重印时改进。

编　者

2023年8月

# 第一版前言

网络通信技术的迅猛发展推动着企业管理模式、组织架构、业务流程的优化与革新，适应信息化工作环境的制度体系逐步建立健全，促进了会计信息系统与业务信息系统的集成，通过业务的处理直接驱动会计记账，进而通过与外部单位信息系统的互联，实现外部交易信息的集中自动处理，已成为信息化发展的必然趋势。以“模仿手工”为主的电算化时代正在被信息化浪潮所终结。

本书在教学内容及项目实训的安排上，改变了电算化时代突出以总账系统和报表系统为核心，在总账模块大量手工录入记账凭证，然后进行报表处理，其他模块学习时则单独建账，数据资料仅以满足本模块处理需要为限的做法。本书按照信息化处理流程设置教学项目实训，从核算账套的建立、操作员的分工，到基础档案设置、总账初始化设置、总账凭证处理、往来管理、薪资管理、固定资产管理、采购管理、销售管理、库存管理、存货核算，然后进行银行对账、期末处理、报表制作，并配置了相关的项目实训，各项目实训间相互关联，处理流程与企业业务实际吻合度高。

本书精简了以记账凭证为起点的总账业务，突出了以原始凭证为起点、业务处理直接驱动会计记账、信息化程度高的供应链业务处理，展示会计信息化下数据处理集成性、共享性、动态性、多元性和智能性的特点，使学生真正触摸到会计信息化的脉搏，体会到会计信息化较会计电算化的提升之处，达成预期的教学目标。项目实训在教师进行操作演示后由学生进行操作技能训练，易出错处附有提示和操作向导以及关键步骤的参考数据，方便学生迅速掌握相关操作技能。此外，本书还配置了会计信息化综合实训，模拟企业一个月的经济业务，全面集成用友ERP-U8V10.1会计软件系统管理、基础设置、总账、应收款管理、应付款管理、薪资管理、固定资产管理、供应链管理、财务报表等模块操作内容，并配有适当的操作指导，可用一周的时间由学生自主完成要求的各项操作，强化学生对用友软件操作技能的全面掌握，对学生运用软件为企业信息化管理提供服务打下良好基础。

本书既可作为高职高专、成人高等教育的会计专业和经济管理类相关专业的教材，也可作为会计信息化上岗培训、社会培训和自学使用的参考用书。

书中所设定的实训资料均为虚构，如有雷同，纯属巧合。读者如果发现实训资料中的不足之处，或者认为需要增加某项功能的操作练习资料，请将问题和意见寄往lszjywjs@qq.com反馈给作者，以便重印时改进。

编　者

2017年2月

# 目　录

# 项目一
# 会计信息系统基础认知

【技能目标】

1. 了解会计信息系统的基本概念，明确会计信息化与会计电算化的区别，掌握会计信息系统的构成要素及主要特点。
2. 了解会计信息系统的发展历程。
3. 扫描二维码，了解企业会计信息化工作规范"“十四五”国家信息化规划、会计改革与发展“十四五”规划纲要、会计信息化发展规划（2021—2025年）的主要内容。

【思政目标】

1. 通过介绍会计信息系统发展概况、国产财务软件应用状况、展示信息化发展蓝图，启发学生的民族品牌意识，激发学生的民族自豪感和爱国主义精神，增强学生的专业自信与专业自豪感。
2. 学习《企业会计信息化工作规范》的相关规定，引导学生选择正确的业务处理程序，从而培养学生的规范操作意识和信息化职业素养。

# 任务一 了解会计信息系统的基本概念

## ◆知识点1-1 会计信息系统基本概念

### 一、数据与信息

#### （一）数据

数据是指对客观事物或基本事实进行观察时，采用适当形式记录下来的可资鉴别的各种符号。数据是事实或观察的结果，是对客观事物的逻辑归纳，是用于表示客观事物的未经加工的原始素材。数据是信息的表现形式和载体，可以是符号、文字、数字、语音、图像、视频等。数据可以是连续的值，比如声音、图像，称为模拟数据，也可以是离散的，如符号、文字，称为数字数据。

#### （二）信息

信息是为了满足用户决策的需要而经过加工处理的数据。简单地说，信息是经过加工的数据，是数据处理的结果，数据与信息的关系就是原料与成品的关系。数据和信息是不可分离的，数据是信息的表达，信息是数据的内涵。数据本身没有意义，数据只有对实体行为产生影响时才成为信息。

数据与信息的区别主要表现为：

（1）数据是客观存在的，它不以人们的主观意志为转移，而信息是带有主观性的，同样的一条消息（数据），经过某人的解释，对一些人很有用处，对另外一些人则没有价值。

（2）数据量大的数据，其信息量不一定大。相反，数据量小的数据，其信息量不一定小。某一消息中包含的信息量大小是根据该消息能消除人们认识的不确定程度来决定的。某消息所消除的不确定性越大，则它的信息量就越大；反之，则越小。如果得到的消息是我们早就知道的，那么这个消息的信息量就等于零。

### 二、会计数据与会计信息

#### （一）会计数据

会计数据是在会计事项处理中，以“单、证、账、表”等形式表现的各种未曾加工的数字、字母与特殊符号等的集合。在会计数据处理中，会计数据主要包括伴随生产经营活动或计划（预算）执行过程中产生而引起资金增减变动的原始数据，也包括并不引起资金增减变动但需要在会计核算中记录和反映的客观事实。会计数据来源广泛，数量繁多，具有系统性、周期性、连续性和多重利用性等特点。

#### （二）会计信息

会计信息是指会计数据经过加工处理后产生的，为会计管理和企业管理所需要的经济信息。其包括反映过去所发生的财务信息，即有关资金的取得，分配与使用的信息，如资产负债表等；管理所需要的定向信息，如各种财务分析报表；对未来具有预测作用的决策信息，如年度计划，规划等。通过会计信息的提供与使用来反映过去的经济活动，控制目前的经济活动，预测未来的经济活动。

会计信息是价值运动及其属性的一种客观表达，包含相互关联、互为制约的“数据输入，系统转换，信息输出”三个有机过程。它是整个会计行为系统的核心部分，其实质是各种利益关系的反映。其作用主要表现在会计信息能帮助投资者和债权人进行合理决策；能评估和预测未来的现金流动；有助于政府部门进行宏观调控；有利于加强和改善经营管理。

## 三、会计电算化与会计信息化

### （一）会计电算化

会计电算化有狭义和广义之分。狭义的会计电算化，是指以电子计算机为主体的当代电子信息技术在会计工作中的应用，包括利用计算机完成记账、算账、报账，以及对会计信息的分析、预测、决策。广义的会计电算化，是指与实现会计工作电算化有关的所有工作，包括会计电算化软件的开发和应用、会计电算化人才的培训、会计电算化的规划和管理、会计电算化的制度建设、会计电算化软件市场的培育和发展等内容。会计电算化实现了数据处理的自动化，使传统的手工会计信息系统发展演变为电算化会计信息系统。

### （二）会计信息化

会计信息化，是指企业利用计算机、网络通信等现代信息技术手段开展会计核算，以及利用上述技术手段将会计核算与其他经营管理活动有机结合的过程。会计信息化分会计核算信息化、财务管理信息化和决策支持信息化三个层次。从功能上看，会计信息化不仅是进行会计核算，还包括会计监督、会计预测与决策，并根据信息管理的原理和信息技术重整会计流程；从技术手段上看，会计信息化不仅要采用计算机技术，而且要以网络技术和通信等现代化技术为主，进行现代会计信息系统的构建。信息化的发展过程，本质上是不断突破各层壁垒，突破信息孤岛，一步一步实现信息集成，并在不同领域进行信息联通的过程。会计信息资源的高度共享，消除了“信息孤岛”现象，提高了组织的适应能力和管理水平。会计信息化的一个重要特征是数据处理的起点不再是会计凭证，而是业务发生初始环节所生成的各种单据，会计凭证由系统功能自动生成，需要由会计人员录入的凭证将越来越少。

### （三）会计信息化与会计电算化的区别

会计电算化和会计信息化，是信息技术在会计中应用的两个不同阶段。会计电算化是会计信息化的基础阶段，会计信息化是会计电算化发展的必然结果。在计算机网络通信技术的支持下，会计电算化脱离了“信息孤岛”时代，进入了集成财务、生产制造、供应链、人力资源、经营决策的企业信息化时代。会计信息系统不再是孤立的系统，不再单独地服务于部门需求，会计信息会随着更准确的输入、更深层次的加工、更实时的处理以及满足了更多样的需求而为企业带来更多的增值服务，会计信息化取代会计电算化已是必然趋势。

从本质上比较，会计电算化首先强调的是会计数据处理的规范化，它要求会计信息系统的运行按照我国统一会计制度的要求规范操作，立足于财务报告的规范生成，侧重于会计核算。而会计信息化则更多强调会计输出结果的增值性，在完善财务会计信息化的同时，更侧重于企业内外信息使用者的需求。两者的区别主要体现在以下6个方面：

### 1.产生背景不同

会计电算化是在工业经济环境中产生的，是与手工信息处理技术相适应的；而会计信息化是在信息社会中产生的，为了适应知识经济的发展，它是建立在现代信息技术基础之上的。

### 2.目标任务不同

现行的会计电算化的信息系统是基于手工会计系统发展而来的，其业务流程与手工操作方法基本一致，主要是为了减轻手工操作系统的重复性劳动，提高了效率；而会计信息化中的信息系统，是从管理者的角度进行设计的，能够实现会计业务事前预测决策、事中监督控制、事后分析评估的全面信息化，充分发挥会计在企业管理和决策中的核心作用。

### 3.理论基础不同

会计电算化是以传统会计理论和计算机技术为基础；而会计信息化的理论基础还包含信息技术系统论和信息化论等现代思想。

### 4.系统地位不同

会计电算化主要服务于财务部门的核算与管理，属于部门级应用，容易形成“信息孤岛”；而会计信息化则是企业信息化的有机组成部分，会计信息系统是管理信息系统的核心子系统，除了服务于财务部门外，还要为信息管理层、决策支持层和决策层提供服务，属于企业级应用。

### 5.技术平台不同

会计电算化较少使用网络通信技术，会计信息化则更多地依赖于网络通信技术的支持；会计电算化几乎没有用到感测技术，会计信息化则会随着其发展越来越多地使用诸如条码感测、智能感测等感测技术。

### 6.信息输入输出方式不同

在会计电算化条件下，输入系统的是记账凭证，数据主要由财务部门自己输入；而会计信息化的大量数据可从企业内外其他系统直接获取，同时可以预见，随着原始凭证标准化问题的解决以及网络安全技术的日臻成熟，经过数字签名的原始凭证会直接进入会计信息系统，各机构、部门可根据授权通过网络直接从系统中获取。会计电算化环境下，会计信息的输出主要有显示、打印、磁盘等方式；会计信息化环境下，更多的可以通过网络实现信息传递与共享。

## 【明德善思】

### 党的二十大报告关于经济领域信息化的论述

到二〇三五年，我国发展的总体目标是：经济实力、科技实力、综合国力大幅跃升，人均国内生产总值迈上新的大台阶，达到中等发达国家水平；实现高水平科技自立自强，进入创新型国家前列；建成现代化经济体系，形成新发展格局，基本实现新型工业化、信息化、城镇化、农业现代化。

坚持把发展经济的着力点放在实体经济上，推进新型工业化，加快建设制造强国、质量强国、航天强国、交通强国、网络强国、数字中国。

加快发展数字经济，促进数字经济和实体经济深度融合，打造具有国际竞争力的数字产业集群。

构建新一代信息技术、人工智能、生物技术、新能源、新材料、高端装备、绿色环保等一批新的增长引擎。

支持专精特新企业发展，推动制造业高端化、智能化、绿色化发展。

知识拓展

“十四五”时期会计信息化发展任务及指标

## 四、会计信息系统

### （一）会计信息系统的定义

会计信息系统是利用信息技术对会计信息进行采集、存储和处理，完成会计核算任务，并提供为进行会计管理、分析、决策所用的辅助信息的信息系统。其实质是将会计数据转化为会计信息的系统，是企业管理信息系统的一个重要子系统。会计信息系统由计算机软硬件、数据文件、会计人员和会计信息系统的运行规程所组成，其核心部分是功能完备、性能良好、结构合理并符合我国会计法和会计制度的会计软件。本书所述会计信息系统均指计算机环境下的会计信息系统。

### （二）会计信息系统的构成要素

#### 1. 计算机硬件

计算机硬件是指进行会计数据输入、处理、存储及输出的各种电子设备，如输入设备有键盘、扫描仪等；数据处理设备有计算机主机等；存储设备有磁盘、光盘等；输出设备有打印机、显示器等。

#### 2. 计算机软件

计算机软件包括系统软件和应用软件两类。系统软件是保证会计信息系统能够正常运行的基础软件，如操作系统、数据库管理系统等；在会计信息系统中应用软件主要指会计软件，它是专门用于会计核算和会计管理的软件，是会计信息系统的一个重要组成部分，没有会计软件的信息系统就不能称之为会计信息系统，拥有会计软件是会计信息系统区别于其他信息系统的主要因素。

#### 3. 会计人员

会计人员是指会计信息系统的使用人员和管理人员，包括会计主管、系统开发人员、系统维护人员、凭证录入人员、凭证审核人员、会计档案保管人员等。会计人员也是会计信息系统中的一个重要组成部分，如果没有一支高水平、高素质的会计人员和系统管理人员队伍，那么有再好的硬件、系统软件、会计软件，会计信息系统也不能稳定、正常地运行。对于云会计而言，企业只是会计软件的使用者，维护人员和开发人员皆由云会计供应商负责。

#### 4. 会计信息系统的运行规程

会计信息系统的运行规程是指保证会计信息系统正常运行的各种制度和控制程序，如硬件管理制度、数据管理制度、会计人员岗位责任制度、内部控制制度、会计制度等。

### （三）会计信息系统的特点

现代会计信息系统具有以下几个主要特点：

#### 1. 集成性

现代会计信息系统的最大特点是财务信息与业务信息的集成，实行财务和业务的一体化管理，它不仅采集和处理财务信息，而且还采集和处理非财务信息，集成存储业务事件的原始数据，支持多种信息输出要求，做到了一次输入、多处使用，也消除了数出多门、相互不一致的弊端。有利于企业进行全面管理与控制，使会计信息系统由部门级系统升级为企业级系统。

#### 2. 实时动态性

传统会计信息系统对业务活动的反映总是明显滞后，而在现代会计信息系统中，会计信息系统与各业务管理子系统相集成，形成一个整体，会计部门可以实时地从系统中提取数据，按照会计事项的定义来确认、计量和报告业务活动的发生情况，将大大提高会计信息的及时性和相关性，使会计人员能够直接关注企业的实际业务过程，从而有助于通过事前预防来控制业务处理风险。促使会计部门的工作重心向会计信息的再开发和再利用方面转变，增强了其监督、分析、预测与决策的管理功能。

#### 3. 人机结合

会计人员是会计信息系统的组成部分，不仅要进行日常的业务处理，还要进行计算机软硬件故障的排除。会计数据的输入、处理及输出是手工处理和计算机处理两方面的结合。忽视了任何一方，会计信息系统的目标就不能很好地实现。

#### 4. 内部控制严格

会计信息系统应确保存放在系统中的会计信息真实、公允、全面、完整、安全、可靠，为此系统应对会计信息的采集、存储、处理、加工等操作提供有关的控制和保护措施。会计信息系统中的数据不仅在处理时要层层复核，保证其正确性，还要保证能对其进行检查核对，留有审计线索。

### （四）会计信息系统的分类

#### 1. 按管理层级分

会计信息系统按管理层级划分，可分为部门级的会计核算型信息系统、企业级的中级管理型会计信息系统、企业级的高级管理型会计决策支持系统。

#### 2. 按信息技术对会计信息系统的影响分

会计信息系统按信息技术对会计信息系统的影响划分，可分为以人工处理为主的手工会计信息系统，以计算机为主要处理工具的财务管理信息系统，以计算机技术、信息技术、网络技术等为数据和处理工具的决策型会计信息系统。

### 3. 按会计软件获得方式分

会计信息系统按会计软件获得方式划分，可分为购买通用软件、用户自主研发、委托二次开发、购买软件服务。

### 4. 按会计信息系统软件适用范围分

会计信息系统按会计信息系统软件适用范围划分，可分为专用会计信息系统、通用会计信息系统。

### 5. 按会计信息系统软件架构分

会计信息系统按会计信息系统软件架构划分，可分为传统单机版软件、客户端/服务器（C/S）、浏览器/服务器（B/S）、远程服务或云端模式。

## （五）会计信息系统的功能结构

会计信息系统的功能结构是指从会计信息使用者的角度看，其是由相互有信息关联的多个会计核算与管理功能部件组成的。会计信息系统采用结构化的技术进行系统设计，结构化设计的基本思想是模块化，指的是把一个系统分解成若干个彼此具有一定的独立性，同时也具有一定的联系的组成部分，这些组成部分就是模块。系统中的子系统可理解为组成系统的最上层模块。通常可将会计信息系统划分为会计核算系统、预测决策分析系统、计划编制系统、财务分析系统。本书的会计信息系统仅包括核算部分，包括总账子系统、工资管理子系统、固定资产子系统、应收款管理子系统、应付款管理子系统、存货核算子系统、财务报表子系统等，以及与会计信息系统有直接数据接口的其他业务管理系统，包括采购管理子系统、销售管理子系统、库存管理子系统等。会计信息系统处理流程如图1-1所示。

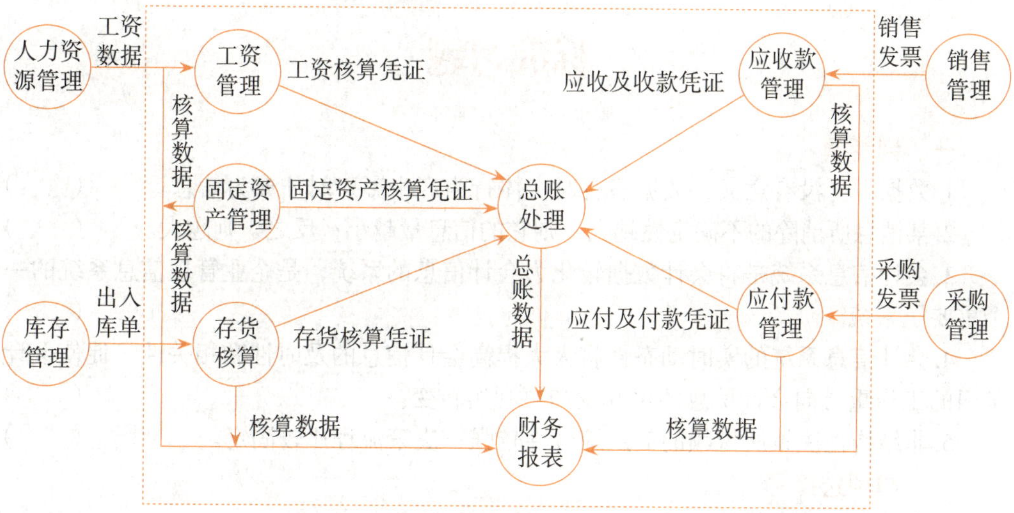


图1-1　会计信息系统处理流程

## （六）会计信息系统的主要应用

### 1. 生成报告

企业使用会计信息系统可以生成满足内部、外部不同使用者所需的各种类型的会计报表。

### 2.处理日常事务

会计信息系统是企业管理的工具，管理者进行日常管理所需的与会计有关的信息都要通过该系统提供，如处理客户订单、提供商品信息、开具发票、记录往来账目、收取现金等。会计信息系统擅长处理大量重复的交易和事项，为各级管理部门提供所需的信息。

### 3.提供结构化和非结构化决策信息

所谓结构化决策，是指流程固定、经常发生的，所需信息比较单一和重复的，能够事先制定流程的决策活动。非结构性决策则是不经常发生的，所依赖的信息综合性较强，决策流程不太固定，需要更多的主观判断的决策活动。会计信息系统中存储的海量经济信息可以随时为管理人员提供所需的详细信息和综合信息。

### 4.进行计划与控制

会计信息系统可以随时为管理当局的计划和控制活动提供支持。例如，在销售、采购过程中，利用POS结算系统、终端扫描系统等手段，可以随时获取大量交易信息，通过信息系统的数据挖掘功能为管理当局组织日常运行的完整信息流，做到实时监控、及时调整、精准计划和科学决策。

### 5.实施内部会计控制

内部会计控制包括制定的政策，以及用于保护企业资产不丢失或不被盗用和维护财务数据准确性的会计控制。例如，信息系统能够使用口令阻止个人对没有授权的数据表格和报告的访问和非法输入。

## 标准习题

### 一、判断题

1.数据本身没有意义，数据只有对实体行为产生影射时才成为信息。（ ）

2.某消息所消除的不确定性越大，则它的信息量越小；反之，则越大。（ ）

3.会计信息系统是将会计数据转化为会计信息的系统，是企业管理信息系统的一个重要子系统。（ ）

4.会计信息系统的实时动态性将大大提高会计信息的及时性和相关性，促使会计部门的工作重心向会计信息的再开发和再利用转变。（ ）

5.非结构性决策所依赖的信息综合性较强，决策流程比较固定。（ ）

### 二、单项选择题

1.会计信息系统的核心是（ ）。

A.系统软件　B.会计软件　C.会计人员　D.运行规程

2.会计信息系统不包括（ ）。

A.工资管理子系统　B.存货核算子系统

C.采购管理子系统　D.应收款管理子系统

3.会计信息化将对传统会计组织和业务处理流程进行重整，实现信息的集成化，信息集成的结果是（　　）。

A.实现信息共享　　B.产生“信息孤岛”

C.实现财务业务一体化　　D.会计核算自动化

4.会计信息系统是管理信息系统的核心子系统，属于（　　）应用。

A.部门级　　B.企业级　　C.关键　　D.基础

5.现代会计信息系统的最大特点是（　　）。

A.财务与业务处理的实时一致性　　B.财务信息与业务信息的集成

C.ERP软件的应用　　D.财务机器人的应用

### 三、多项选择题

1.会计数据的特点有（　　）。

A.系统性　　B.周期性　　C.连续性　　D.多重利用性

2.会计信息化与会计电算化在（　　）方面不同。

A.目标任务　　B.技术平台

C.理论基础　　D.信息输入输出方式。

3.会计信息化的层次可分为（　　）。

A.会计核算信息化　　B.财务管理信息化

C.预算管理信息化　　D.决策支持信息化

4.会计信息系统的特点有（　　）。

A.集成性　　B.实时动态性　　C.人机结合　　D.内部控制严格

5.会计信息系统按软件适用范围可分为（　　）。

A.专用会计信息系统　　B.通用会计信息系统

C.手工会计信息系统　　D.现代会计信息系统

6.下列各项中，属于会计信息系统子系统的有（　　）。

A.固定资产子系统　　B.库存管理子系统

C.销售管理子系统　　D.存货核算子系统

7.会计信息系统的主要应用有（　　）。

A.生成报告　　B.处理日常业务

C.进行计划与控制　　D.实施内部会计控制

参考答案

# 任务二　了解会计信息系统的发展历程

## ◆知识点1-2　会计信息系统的发展历程

### 一、国外会计信息系统发展概况

#### （一）会计信息系统的数据主导阶段（1946年到20世纪60年代末）

1946年美国研制出第一台计算机之后，美国通用电气公司将计算机应用到公司的工资计算和存货统计上，开创了会计数据处理的新纪元。该阶段计算机应用主要围绕对会计领域的数据统计、整理而展开，利用计算机模仿手工操作，实现数据量大、计算重复次数多的专项会计业务核算工作的自动化，以提高效率，所处理的数据要经过传统会计的进一步加工。计算机技术的应用减少了过账、分类、汇总等会计程序上的差错，提高了会计信息的可靠性，降低了会计成本，减轻了会计人员的劳动强度和复杂计算的难度，解决了会计信息的及时性问题。这种程度的应用只是对手工会计系统进行了全程仿真模拟，在信息相关性这一重要价值特征上难以满足用户个性化的需求。

#### （二）会计信息系统的信息管理阶段（20世纪70年代到90年代初）

计算机硬件技术飞速发展，高性能微型计算机、局域网、多用户系统、可视化开发工具开始出现并被迅速推广。计算机应用从工资、材料等单项核算扩展到账务处理、固定资产核算、成本核算等大部分会计核算业务，逐渐形成较为完善的会计信息系统。闭环MRP、MRP-Ⅱ已经开始与会计信息相融合而形成新的管理信息系统，提出了会计信息系统由核算型向管理型转变的新思路。该阶段存在的主要问题是：信息系统提供的信息滞后、输出形式单一、信息含量不充分、信息时效性差，会计管理功能比较低级，彼此之间无法集成，“信息孤岛”和管理割据现象普遍存在。

#### （三）会计信息系统的管理集成阶段（20世纪90年代至今）

20世纪90年代初，企业资源计划（enterprise resources planning，ERP）理念的提出，打破了管理信息系统割据的局面。ERP的内涵是打破企业的四壁，把信息集成的范围扩大到企业的上下游，管理整个供应链，实现供应链管理。这个阶段应用的重点是企业管理的各种信息资源，包括市场信息、战略信息、物料需求计划信息、流程管理信息、会计信息、人力资源信息等许多方面。信息处理技术飞速发展，导致管理软件的提高和升级频率加快，高性能微型计算机、局域网（LAN）、广域网（WAN）、互联网（internet）、内部网（intranet）等网络系统和可视化开发工具已经成熟。会计预测和全面预算、集团财务管理、报表分析、集成管理、中小企业信息化管理等功能已经发挥作用，“信息孤岛”、管理割据的局面得到了初步改善。

### 二、我国会计信息系统发展概况

#### （一）自行研发与自行应用阶段（1979年到1988年）

在这个阶段，大部分企事业单位还是手工记账。一些企业自主开发财务软件，然后在内部推广应用，不是一种商品化的方式。1979年，财政部拨出专款在长春第一汽车制造厂，用计算机进行工资、产值等方面的计算，这是我国会计电算化的起点。1981年，中国会计学会在长春市召开的“财务、会计、成本应用电子计算机专题讨论会”上正式提出“会计电算化”一词。由于计算机技术程度低，缺乏相关的人才和硬件条件，绝大多数开发与应用工作都没有取得成功，因而这一时期我国会计电算化主要局限于易于解决的工资管理和会计核算处理工作，会计软件开发水平低，重复开发严重。这个阶段是模拟手工操作的会计电算化阶段。

### （二）商品化财务软件大发展阶段（1988年到1998年）

1988年，先锋、用友、上海立成应用软件研究所等商品化软件公司相继成立。随后，在政府的推动下，金蝶、金蜘蛛、浪潮等一大批软件公司相继创立，推动了会计电算化的发展。1989年12月，中国财政部发布了《会计核算软件管理的几项规定（试行）》，这是财政部第一个关于会计软件的指导性文件，其中提出了会计软件的10项标准，为会计软件的规范化、通用化和商品化，以及会计软件的评审提出了明确的标准。财政部于1994年发布了《会计电算化管理办法》《会计核算软件基本功能规范》《商品化会计核算软件评审规则》，于1996年发布了《会计电算化工作规范》；各地财政部门和主管部门加强了对会计电算化工作的管理，制定了相应的管理制度和发展规划；一批专门从事会计电算化软件开发的公司相继出现。会计电算化工作走上了有组织、有计划、蓬勃发展的轨道。在这一阶段，会计电算化主要在财务部门应用，会计软件是一种部门级的核算型软件。

### （三）会计信息化和企业信息化融合阶段（1998年到2015年）

20世纪90年代中后期，我国改革开放进入了深化发展时期。在国际经济舞台上，随着我国加入WTO，企业面临着全方位的国际和国内市场的竞争，导致企业对管理、决策和市场信息的高度需求，部门级会计信息系统所生产的会计信息的“滞后性”和“孤立性”已无法满足企业管理的需求，企业越来越深刻地认识到信息系统、数字化管理是提高企业市场竞争力的重要平台和手段。同时网络技术的发展，特别是互联网的问世和应用，为开展企业整体信息化提供了IT环境。1998年6月26日，中国软件行业协会财务及企业管理软件分会暨用友、安易、金蝶、浪潮等8家骨干财务软件企业在京举行大型新闻发布会，联合宣布“向企业管理软件领域全面进军”，吹响了会计软件由财务管理向企业管理转型的号角。1998年，用友推出ERP企业管理软件ERP-U8，把会计信息化、财务信息系统融入到整个企业信息化和企业管理系统中去，会计软件功能从单一的财务部门级应用，发展成为跨越多个部门的企业级应用系统，由单纯的核算型会计软件发展为以管理为核心的面向企业生产经营全过程的财务与购销存业务一体化的ERP系统。会计信息化的概念最早是在1999年“会计信息化理论专家座谈会”上提出的，2005年8月，在中国会计学会年会上提出了“会计电算化”向“会计信息化”发展的理念，认为用“会计信息化”可以更好地概括“会计电算化”的进一步发展，也可以进一步提升“会计电算化”的应用水平。会计信息化是会计与信息技术融合的过程，是将会计信息作为管理信息资源，全面运用以计算机、网络与通信为主的信息技术对会计信息进行获取、加工、传输、存储等处理，为企业内部的经营管理者、企业外部的信息使用者提供全面、及时的信息。

这一时期，我国一方面积极引进ERP，在国内建立财务共享中心，推进我国会计信息化进程，另一方面于2008年成立XBRL中国地区组织，致力于加强与国际会计标准的接轨。企业引入ERP能够显著提高国有企业营运能力，提高决策效益，长期内绩效具有边际收益递增效应，而XBRL格式财务报告可以减少投资者的信息搜索成本，有效降低股价波动的同步性以及提升基金市场的有效性。2010年前后，“大智移云”技术迅速崛起。其中，云计算为“财务云”的问世作了坚实的技术支撑，使得企业内部财务共享、信息共享成为现实。基于这个信息平台，企业的信息系统实现充分协同，内部沟通渠道进一步被拓宽，极大地降低了企业沟通交易成本。

在这一阶段，国家陆续出台了一系列促进会计信息化发展的相关规范。2009年4月财政部发布了《关于全面推进我国会计信息化工作的指导意见》，要求在五到十年的时间里建立健全会计信息化法规体系和会计信息化标准体系。2013年5月29日，财政部发布了《企业会计准则通用分类标准编报规则》，制定了XBRL格式财务报告的编报规则。为推动企业会计信息化，节约社会资源，提高会计软件和相关服务质量，规范信息化环境下的会计工作，2013年12月6日，财政部发布了《企业会计信息化工作规范》，将会计信息化推广至全国企业，也使中小企业会计信息化工作有了标准和规范。2015年12月，财政部、国家档案局发布了《会计档案管理办法》。

知识拓展

企业会计信息化工作规范

### （四）会计信息系统向智能化发展阶段（2015年至今）

互联网、移动通信、物联网、智慧地球、云计算、大数据等技术的应用催动了网络时代的发展和知识经济时代的到来，2016年，德勤首发推出“德勤机器人”辅助会计工作，标志着会计进入智能化时代。这一时期，最具有代表性的是RPA（机器人流程自动化）技术，它在财务领域的应用集中在财务机器人上，用来降低人工工作量并提升工作质量和效率。在新技术的支持下，财务共享走向云共享，财务发票从纸质版走向了电子版，企业决策系统也升级成AI和DSS相结合的智能决策支持系统。

#### 1.云会计

云会计是建立在云计算基础上的、以互联网为媒介，由专门的服务商提供软件、硬件及其维护等服务，客户利用电脑等终端设备实现会计核算、财务分析等功能的在线会计信息系统。云计算环境下的会计工作，其实质是利用云计算的技术在互联网上构建一套为企业使用的虚拟会计信息系统，完成企业经济业务的会计核算和会计管理等内容。会计信息系统可以直接在公共网络上通过网页浏览器访问，客户的数据安全地在云端提供商的服务器上存储和处理。因此，知识产权的所有权属于客户服务提供商，而客户只能使用而不能占有。在云会计环境下，会计信息在“云端”共享，通过手机、平板和电脑等终端，会计人可以随时随地对会计业务进行处理，大大提高了会计人的工作效率；企业管理者可以实时通过财务信息与非财务信息融合后的挖掘分析，对企业的经营风险进行全面、系统的预测、识别、控制和应对，实现企业对市场变化的柔性适应。

云会计在会计行业中的优势众多，最显著的一点便是其降低了成本。云会计的使用者通过电脑等电子终端设备访问，按需购买，按时或按量付费，无须投入服务器、交换机等硬件设备，一方面避免了设备折旧、过时等问题，另一方面省去了网络、硬件设备的后期维护费，能为企业减少不小的开支。而云会计的缺点主要集中在安全性方面。一方面是应用云服务的决策风险，云服务多种多样，并不是所有企业都适合使用云服务，所以是否使用和使用何种云服务对于企业来说是具有一定风险的，不当的选择和使用不但成本高，对公司的决策也有相应风险。另一方面便是常见的数据信息风险，黑客攻击、窃取登录信息和病毒入侵都会对会计数据的安全性产生隐患，重要会计数据泄露后可能会使企业面临极高的风险。

### 2. 财务机器人

财务机器人，就是将企业财务工作流程中发生的各项业务通过财务会计人员的分配，把工作计划加入机器人流程系统中的一些可以用AI技术智能替代相关操作的技术。财务机器人是在财务领域中使用的RPA机器人，机器人流程自动化（Robotic process automation，简称RPA）是通过使用用户界面层中的技术，模拟并增强人与计算机的交互过程，执行基于一定规则的可重复任务的软件解决方案。只要预先设计好使用规则，RPA就可以模拟人工，进行复制、粘贴、点击、输入等操作，协助人类完成大量规则较为固定、重复性较高、附加值较低的工作。在财务的日常工作中存在着大量的重复性工作，对于RPA而言正是最佳的应用场景。德勤、安永和普华永道推出的财务机器人主要就是RPA在财务领域的应用。它通过模拟日常基本电脑操作，来代替处理重复性高、耗费时间较长、附加值偏低的人工任务。财务机器人的主要作用是：节约人力成本，让财务人员发挥更高的价值；实时流程监测，提高业务处理速度，保障数据处理的时效性；机器人减少错误，提供运行和审计日志，满足企业数据安全性要求，并防止关键信息的泄露。

“十四五”时期，信息化进入加快数字化发展、建设数字中国的新阶段。2021年11月，财政部制定了《会计改革与发展“十四五”规划纲要》；2021年12月，中央网络安全和信息化委员会印发《“十四五”国家信息化规划》；2021年12月30日，财政部制订印发《会计信息化发展规划（2021–2025年）》。习近平总书记强调，没有信息化就没有现代化。信息化为中华民族带来了千载难逢的机遇，必须敏锐抓住信息化发展的历史机遇。加快数字化发展、建设数字中国，是顺应新发展阶段形势变化、抢抓信息革命机遇、构筑国家竞争新优势、加快建成社会主义现代化强国的内在要求，是贯彻新发展理念、推动高质量发展的战略举措，是推动构建新发展格局、建设现代化经济体系的必由之路。直面“后疫情时代”全球产业链供应链深刻变化、全球治理体系深刻变革，适应我国社会主要矛盾变化，加快数字化发展、建设数字中国，是培育新发展动能，激发新发展活力，弥合数字鸿沟，加快推进国家治理体系和治理能力现代化，促进人的全面发展和社会全面进步的必然选择。

知识拓展
“十四五”国家信息化规划

知识拓展
会计改革与发展“十四五”规划纲要

知识拓展
会计信息化发展规划（2021—2025年）

### 【明德善思】

#### 以信息化数字化驱动引领中国式现代化

党的二十大擘画了全面建成社会主义现代化强国、以中国式现代化全面推进中华民族伟大复兴的宏伟蓝图，明确了新时代新征程党和国家事业发展的目标任务，特别是高度重视信息化数字化发展，就加快建设网络强国、数字中国提出一系列新要求，作出一系列新部署。我们要全面贯彻落实党的二十大精神，充分发挥信息化数字化对中国式现代化的驱动引领作用，不断推动网络强国、数字中国建设，把握新机遇、塑造新优势、实现新发展，为全面建设社会主义现代化国家、全面推进中华民族伟大复兴提供有力支撑。

加快建设网络强国、数字中国是顺应信息革命潮流的战略选择。习近平总书记指出："信息化为中华民族带来了千载难逢的机遇。""当今时代，数字技术、数字经济是世界科技革命和产业变革的先机，是新一轮国际竞争重点领域，我们一定要抓住先机、抢占未来发展制高点。"当前，信息化数字化浪潮席卷全球、方兴未艾，创新性、渗透性、辐射带动性日益凸显，在世界范围内不断引发新变革、创造新机遇，加快信息化发展、推动数字化转型成为抢占先机、赢得未来的必然选择。这就要求我们必须站在把握信息时代新机遇、构筑国家竞争新优势的高度，切实增强"现代化建设、信息化先行"的责任感使命感紧迫感，加快推进网络强国、数字中国建设，努力抢占发展制高点、赢得战略主动权。

# 标准习题

## 一、判断题

1.计算机技术应用到会计领域的数据主导阶段，减少了会计程序上的差错，提高了会计信息的可靠性，解决了会计信息的及时性和相关性问题。（　　）

2.云会计的实质是利用云计算的技术在互联网上构建一套为企业使用的虚拟会计信息系统，完成企业经济业务的会计核算和会计管理等内容。（　　）

3.1998年用友推出了ERP企业管理软件ERP-U8，由单纯的核算型会计软件发展为以管理为核心的面向企业生产经营全过程的财务与购销存业务一体化的ERP系统。（　　）

4.财政部于2013年12月发布了《企业会计信息化工作规范》，要求在五到十年的时间里建立健全会计信息化法规体系和标准体系。（　　）

5.财务机器人通过模拟日常电脑基本操作，来替代处理重复性高、耗费时间较长、附加值偏低的人工任务。（　　）

## 二、单项选择题

1.在国际上，会计信息化的管理集成阶段始于（　　）。

A.20世纪80年代　B.20世纪90年代　C.1988年　D.2008年

2.在（　　）阶段，"信息孤岛"、管理割据的局面得到了初步改善。

A.数据主导　B.信息管理　C.管理集成　D.信息集成

3.云会计的最显著优势在于（　　）。

A.提高了工作效率　B.降低了成本

C.实现了移动办公　D.提高了信息可靠性

4.《会计信息化发展规划（2021—2025年）》对"十四五"时期"应用电子凭证会计数据标准的原始凭证类型占所有原始凭证类型的比例"的预期值是（　　）。

A.50%　B.60%　C.80%　D.100%

5.（　　），财政部制订印发《会计信息化发展规划（2021—2025年）》。

A.2021年8月　　B.2021年10月　　C.2021年11月　　D.2021年12月

## 三、多项选择题

1.美国通用电气公司将计算机应用到公司的（　　）上，开创了计算机应用到会计领域的新纪元。

A.工资计算　　B.固定资产核算　　C.存货统计　　D.成本计算

2.在信息管理阶段，计算机应用从工资、材料等单项核算扩展到（　　）等大部分会计核算业务，逐渐形成较为完善的会计信息系统。

A.账务处理　　B.固定资产核算　　C.成本核算　　D.供应链

3.根据《会计信息化发展规划（2021—2025年）》，“十四五”时期应统筹规划、制定和实施覆盖会计信息系统（　　）等环节的会计数据标准，为会计数字化转型奠定基础。

A.输入　　B.传输　　C.处理　　D.输出

4.《企业会计信息化工作规范》规定，会计软件应当提供不可逆的记账功能，不得提供对已记账凭证（　　）的修改功能。

A.日期　　B.金额　　C.科目　　D.摘要

5.财务机器人的主要作用是（　　）。

A.节约人力成本　　B.实时流程监测

C.提供运行和审计日志　　D.防止关键信息泄露

参考答案

# 项目二

## 系统管理及基础档案设置

【技能目标】

1. 能根据企业需要创建账套，配置操作员团队并分别授予相应的功能权限，能熟练进行账套数据的备份和恢复。
2. 掌握各项基础档案设置的操作技能。

【思政目标】

1. 初始设置完整与否将会直接影响后续的业务处理，是系统正常运行的基石，但初始设置项目众多、步骤繁琐、容易出错，因而在教学中要培养学生认真、细致、耐心的工作态度。
2. 操作中遇到问题时能主动使用软件提供的“帮助”键，培养自主学习能力；同学间能互帮互助；按进度完成实训任务，未完成者抽课余时间到实训室补足，提高学生的岗位责任意识。

# 任务一　系统管理

## ◆ 技能点2-1　账套及操作员管理

### 一、账套创建及启用

#### （一）登录系统管理

【操作要点】

启动系统管理模块，在“开始”菜单中单击“所有程序→用友U8V10.1→系统服务→系统管理”，屏幕显示系统管理窗口，或将此功能项发送到桌面快捷方式，在桌面双击“系统管理”快捷方式。在“系统”菜单中单击“注册”，弹出“登录”对话框，在“操作员”栏输入“admin”，单击“登录”按钮进入系统管理模块，如图2-1所示。

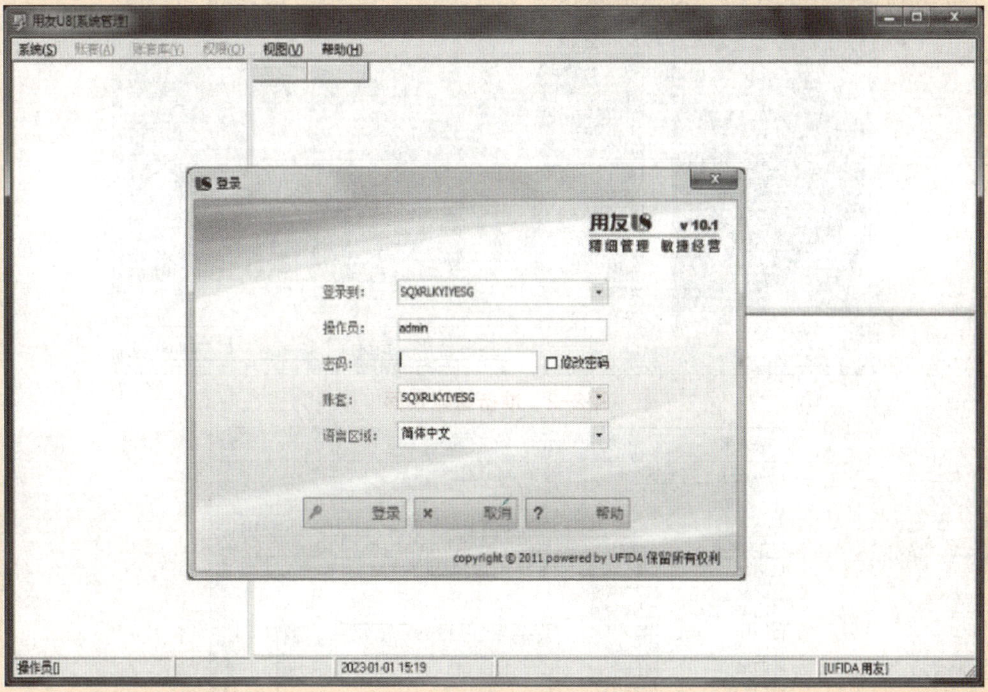


图2-1　登录系统管理

系统管理员admin负责整个系统的维护工作，具有除账套修改和账套库管理外的所有权限。以系统管理员身份注册进入，可以进行账套建立和删除、账套数据引入和输出、操作员设置及授权、备份计划设置、初始化数据库及其他系统维护工作。以某个账套的账套主管身份注册进入，则可以进行该账套的修改、账套库的管理及操作员权限的设置等账套维护工作。

## （二）账套创建及启用

【操作要点】

以系统管理员身份在系统管理的“账套”菜单单击“建立（C）”，系统弹出“创建账套”对话框，首先要进行建账方式选择，系统提供建立全新空白账套和参照已有账套建账两种方式，需要建立一个与已有账套没有关联的账套时，可以选择“新建空白账套”方式建账。然后依次在“账套信息”“单位信息”“核算类型”“基础信息”等页面进行信息输入或选择，完成后进入开始页面准备建账，如图2-2所示。单击“完成”按钮，系统创建新数据库并进入分类编码方案设置页面。设置好编码级次和各级编码长度后，系统提示账套创建完成并询问是否进行账套启用的设置。选择“是”，在弹出的“系统启用”对话框中选择需要启用的模块并设置启用日期，确定后系统询问“确实要启用当前系统吗?”，单击“是”按钮，完成系统启用操作，如图2-3所示。

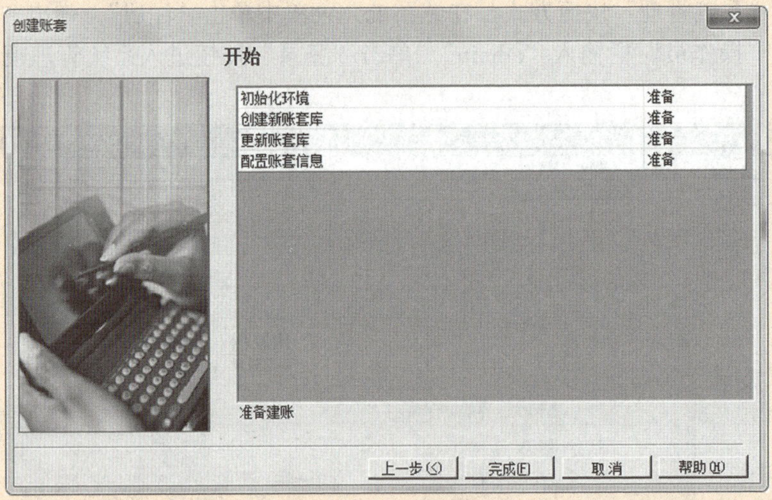


图2-2　准备建账页面

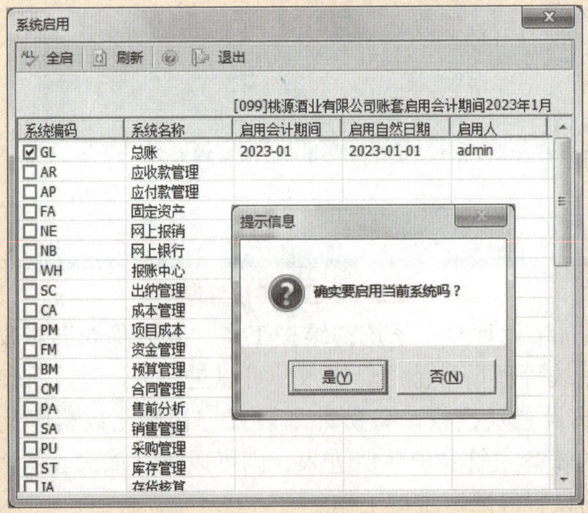


图2-3　系统启用

【易错节点】

(1) 账套号和启用会计期在建账成功后就不能修改了，建账时务必准确输入。

(2) 若系统日期与启用会计期不是同一年度，先按系统日期确认了会计期间设置，再调整启用会计期，则会导致建账后无法以启用会计期进入系统。

(3) 输入编码方案后，单击“确认”按钮，“确认”按钮变成灰色，需要单击“取消”按钮，系统才进入数据精度定义页面，而非系统故障。

【提示】

(1) 建账后若需修改编码方案，可以账套主管身份登录系统管理，进入“修改”功能修改，也可以在企业应用平台的“基础设置→基本信息→编码方案”中修改。

(2) 后续启用新的系统可在企业应用平台的“基础设置→基本信息→系统启用”中进行。

微课

新建账套

## 二、角色与用户管理

一个核算单位建立账套后，接下来应该为这个账套配备相应的操作人员（用户），并授予这些操作人员在这个账套中相应的操作权限。为加强企业内部控制的广度、深度和灵活性，用友U8增加了按角色分工管理的理念。角色是指在企业管理中拥有某一类职能的组织，这个角色组织可以是实际的部门，可以是由拥有同一类职能的人构成的虚拟组织。在设置角色后，可以定义角色的权限，如果用户归属此角色，其相应具有角色的权限，以方便控制操作员权限，依据职能统一进行权限的划分。

“角色”功能可以进行角色的增加、删除、修改等维护工作。“用户”功能主要完成用户的增加、删除、修改等维护工作，在增加和修改用户时可以分配其所属角色。“权限”功能可以对角色和用户的功能权限进行修改和删除。

### （一）用户的增加、修改和删除

【操作要点】

以系统管理员的身份注册进入系统管理，在“权限”菜单中选择“用户（U）”项，进入用户管理界面。单击“增加”按钮，在弹出的操作员详细情况界面中，输入需增加操作员的编号、姓名、用户类型、认证方式、口令、所属部门并选择所属角色后单击“增加”按钮表示确认，然后增加下一个操作员，如图2-4所示。其中，用户类型分普通用户和管理员用户两类：普通用户是指一般的登录门户、进行各种业务处理的用户，系统中大部分用户应该属于此类型；管理员用户是进行账套管理、协助系统维护的用户，只能登录系统管理进行操作，为系统管理员admin分担一部分管理工作，可以有账套库备份、升级、用户/角色管理、权限管理、任务管理等权限。

操作员增加完毕后，单击“取消”按钮，返回用户管理界面，在操作员列表中可以浏览新增操作员的有关信息。如果要对已存在的操作员进行修改，可在操作员列表选取需要修改的操作员，然后双击鼠标或单击功能菜单中的“修改”按钮，便可进入操作员修改界面。相关栏目修改完毕后，单击“修改”按钮表示确认。如要删除操作员，可在操作员列表选取需要删除的操作员，然后单击功能菜单中的“删除”按钮，便可对所选中的操作员用户进行删除。

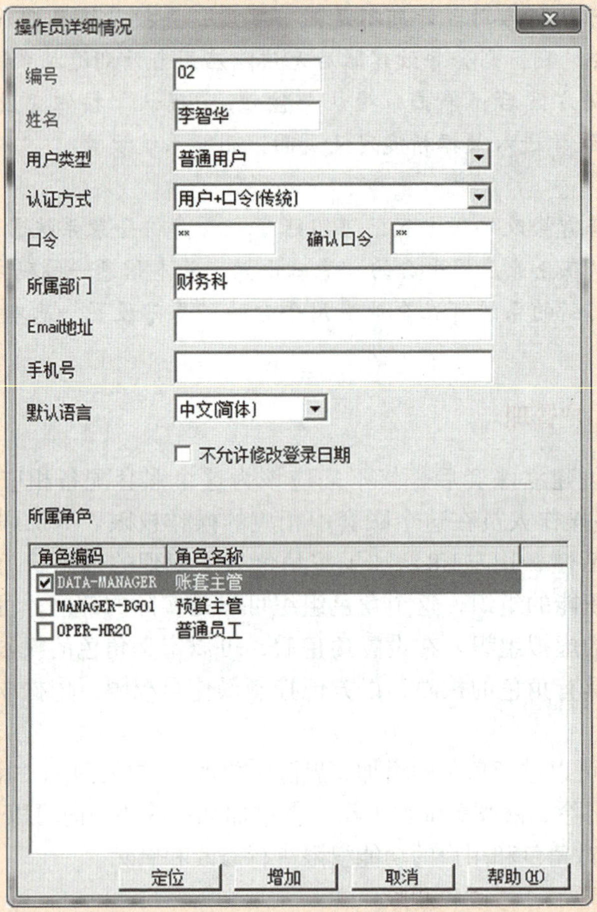


图2-4 增加操作员

【提示】

(1) 一个角色可以拥有多个用户，一个用户也可以分属于多个不同的角色。

(2) 若修改了用户的所属角色，则该用户对应的权限也跟着角色的改变而相应改变。

(3) 对于已经登录门户、正在使用产品的用户，不能删除，也不能修改任何信息。

(4) 系统管理员或有权限的管理员用户才能进行角色和用户功能的设置。

### (二) 角色和用户功能权限设置

企业单位核算账套中包含大量的商业机密，在账套正式使用前，必须对该账套进行财务分工，通常只有账套主管拥有该账套的所有操作使用权，其他操作员只被赋予与其业务相关的部分操作权限，以防止与业务无关的人员进入核算账套，避免企业核心商业机密泄露。用友ERP-U8可以实现三个层次的权限管理：功能级权限管理、数据级权限管理和金额级权限管理。功能级权限的分配在系统管理中的权限分配设置，数据级权限和金额级权限在“企业门户→基础信息→数据权限”中进行分配。数据级权限和金额级权限的设置，必须在系统管理的功能级权限分配之后才能进行。功能级权限只能由系统管理员及其指定的账套主管进行操作，其中，以系统管理员的身份进行操作可以放弃或指定账套主管。

### 1. 账套主管的指定

账套主管的指定有三种方法：方法之一是增加或修改操作员时指定所属角色为“账套主管”，那么这个操作员在本系统所有账套中都具备账套主管身份；方法之二是建账前先增加操作员，建账时在“核算类型”页面指定该操作员为账套主管；方法之三是未进行上述两种操作的可在系统管理的“权限”功能中指定或放弃账套主管。下面介绍第三种方法。

【操作要点】

以系统管理员身份注册进入系统管理，在“权限”菜单中选择“权限（J）”，系统弹出“操作员权限”设置界面。在账套选择下拉框中选取需要授权的账套，在操作员列表中选取目标操作员，然后用鼠标单击界面最上一行的“账套主管”复选框，打上“√”标记。系统询问：“设置普通用户：[××] 账套主管权限吗?”，选择“是”，系统将所有操作权限名称在该操作员的权限列表中列出，如图2-5所示。若要取消账套主管，将“账套主管”复选框前的“√”标记去掉即可。

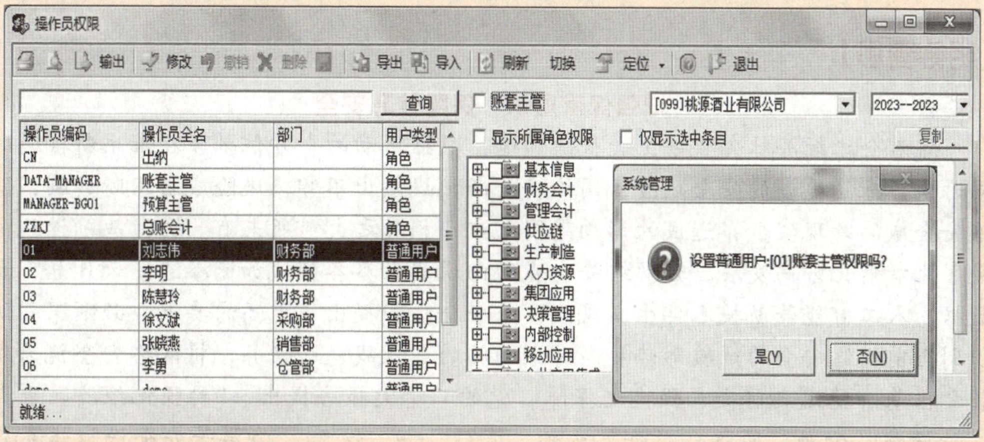


图2-5　账套主管指定

### 2. 非主管操作员权限的设置

如果需要授权的功能与某角色吻合，在增加和修改用户时选定该角色，则操作员拥有该角色的所有功能权限。如果未选定所属角色或除了原有角色的功能外还需新增功能权限的，可在系统管理的“权限”功能中分配功能权限。

【操作要点】

以系统管理员的身份注册进入系统管理，在“权限”菜单中选择“权限（J）”项，进入操作员权限界面。在操作员列表中选择需要授权的操作员以及目标账套，然后单击“修改”按钮。在界面右边的功能列表中用鼠标在需要授权的功能项前勾选。单击上方的“保存”按钮，即完成该操作员的授权，如图2-6所示。

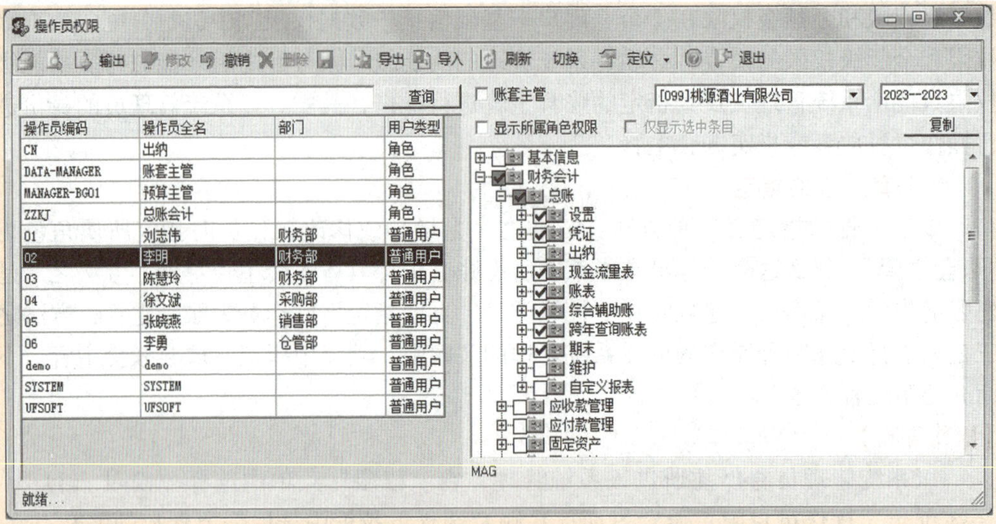

图2-6　设置功能权限

微课

增加操作员及授权

【易错节点】若系统中存在多个账套，或者需要授权的账套中有多个年度账，进行功能权限设置时应准确选择目标账套及年度，否则即使进行了授权操作，该操作员在目标账套中也没有相应权限。

## 【明德善思】

### 增强保密意识　保障信息安全

随着全球经济社会数字化进程的加速，数据活动的全方位融合在催生新机遇的同时也带来了更多的安全风险，网络安全新挑战层出不穷，风险威胁不断加剧，网络安全威胁给现实世界造成的影响范围之广、损失之大前所未有。关键基础设施向数字化智能化方向发展，让网络安全威胁向现实世界各领域加速渗透；云计算、大数据、人工智能等新技术伴生新风险，给安全防护提出了更高的要求。必须深刻认识到当前网络安全的严峻形势和新时期面临的新挑战、新任务，将网络安全视为发展之根基、稳定之前提、强盛之保障。党的二十大报告提出，“要强化经济、重大基础设施、金融、网络、数据、生物、资源、核、太空、海洋等安全保障体系建设”。网络安全防护说到底是一场攻防对抗，全面提升网络安全防护能力，是筑牢网络安全防线的关键。

在“会计信息系统应用”课程操作财务软件时，进入系统管理模块的登录密码为空，进入企业应用平台的登录密码也都是弱密码，如01号操作员的密码是“01”，02号操作员的密码就是“02”等，这种情况在现实的企业中是绝对不允许出现的，特别是系统管理模块，一旦被非法进入，以系统管理员身份是有权修改所有用户的登录密码并据以进入企业会计信息系统，对企业造成资金财产损失和泄露核心信息就难以避免了。虽然实训室中因多个学生共同使用会计软件，无法独立设置强密码，也要树立保密意识，了解作为新时代、新技术环境下的财务人员，能够保守财务机密、具有较强的保密意识也是会计职业道德的要求，不仅使用的财务软件要设立强密码，所使用的电脑开机密码、离开电脑时的锁屏密码都要设成强密码，重要的财务报表、业务报表在发送给阅读人时要利用加密软件进行加密。

## 三、数据输出与引入

### （一）账套数据输出

输出账套功能是指将所选的账套数据进行备份输出。对于企业系统管理员来讲，定时将企业数据备份出来存储到不同的介质上（如常见的软盘、光盘、网络磁盘等），对数据的安全性是非常重要的。如果企业由于不可预知的原因（如地震、火灾、计算机病毒、人为的误操作等），需要对数据进行恢复，此时备份数据就可以将企业的损失降到最低。

【操作要点】

由系统管理员在系统管理界面单击“账套”菜单中的“输出（X）”项，进入数据备份的功能。在账套号栏目选择将要输出的目标账套，单击“输出文件位置”栏右侧的按钮在弹出的窗口中选择目标文件夹，如图2-7所示，单击“确定”按钮返回，单击“确认”按钮，系统进行数据准备，完成后系统提示“输出成功”。

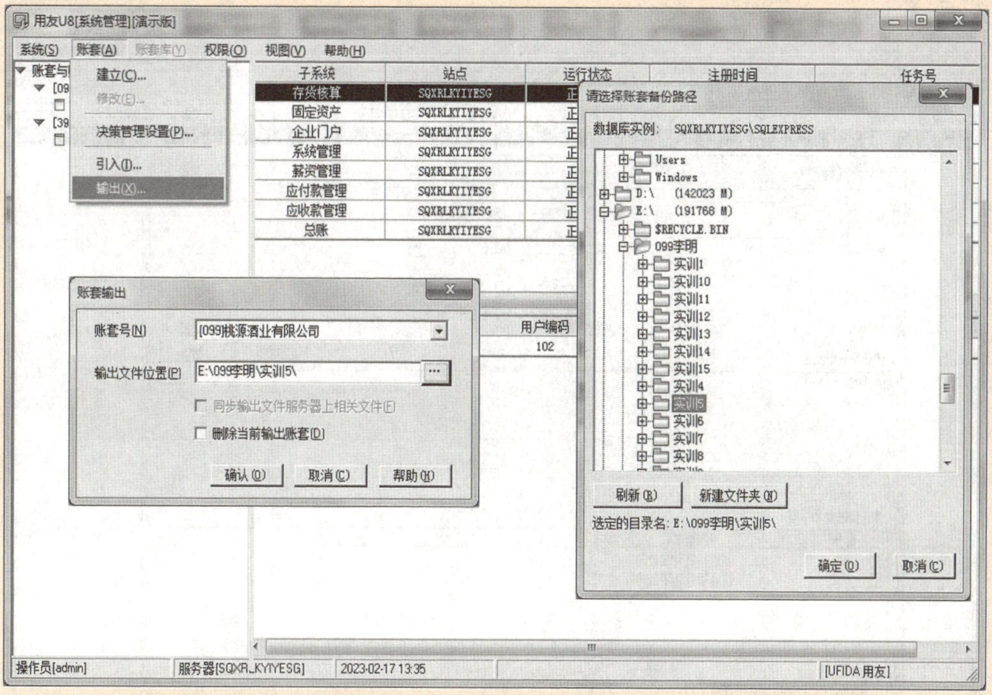


图2-7 账套数据备份

【提示】学生对实训账套数据备份时，应该以系统管理员admin身份而不应以账套主管身份进行。因为只有系统中有账套存在的情况下，才能以账套主管的身份注册进入系统管理，通常情况下教学用机房的操作系统都设置了系统还原，在账套被消除的情况下，账套主管是无法进行账套库数据的恢复工作的。

【易错节点】

（1）数据输出时未选择好目标账套，误将演示账套数据输出。

（2）数据输出时未选定目标文件夹，备份文件保存在C盘，关机后被还原。

（3）用账套主管进行账套修改后未重新注册到系统管理员admin，直接在“账套库”菜单选择“输出（X）”项进行数据备份。

### （二）设置备份计划

设置备份计划的作用是自动定时对设置好的账套进行输出（备份）。设置备份计划的优势在于设置定时备份账套功能、多个账套同时输出功能，在很大程度上减轻了系统管理员的工作量，同时可以更好地对系统进行管理。

【操作要点】

由系统管理员在系统管理界面单击“系统”菜单中的“设置备份计划（P）”项，进入备份计划设置界面。单击“增加”按钮，在弹出的“备份计划详细情况”对话框中输入计划编号、计划名称、发生频率、有效触发、保留天数，选择调整备份类型、发生天数、开始时间，如图2-8所示；单击“增加”按钮，在弹出的“请选择备份路径”对话框中选择备份路径并确定；选择需要备份的目标账套；单击“增加”按钮保存备份计划，单击“取消”或“关闭”按钮返回备份计划设置界面。

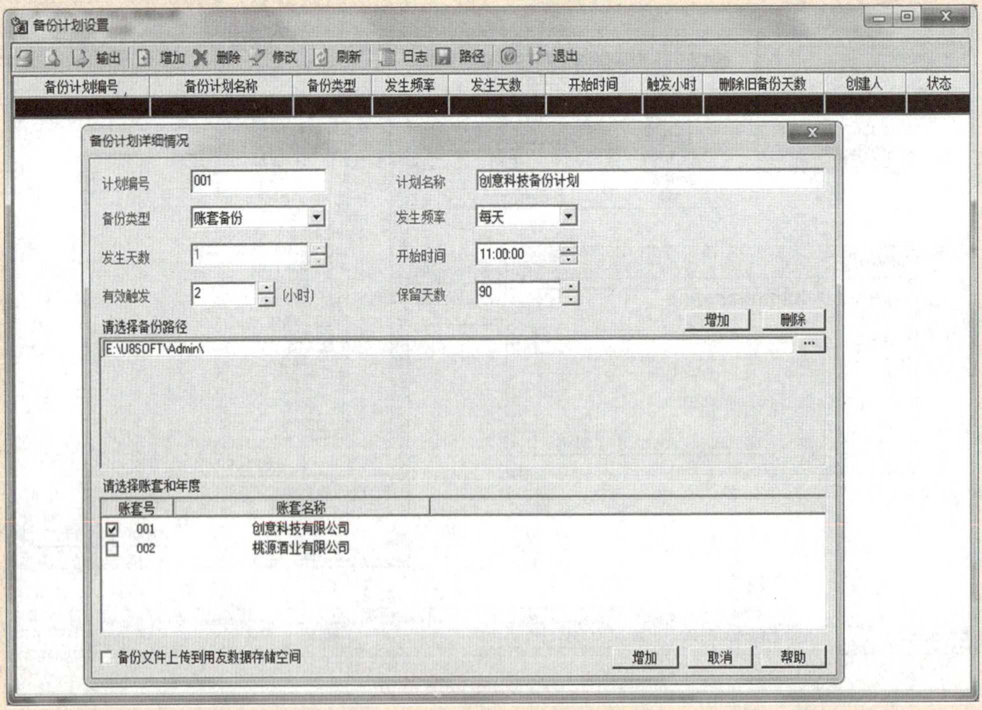


图2-8 设置备份计划

### （三）账套数据引入

当发现硬盘中的数据被破坏时，可用最新备份数据恢复硬盘的数据。数据恢复是在万不得已的情况下才进行的，一般操作得越少越好。

【操作要点】

由系统管理员在系统管理界面单击“账套”菜单中的“引入（I）”项，进入引入账套的功能。在“请选择账套备份文件”对话框中找出所要引入的账套数据备份文件UfErpAct.Lst或UfErpAct.001、UfErpAct.002文件，单击“确定”按钮，系统提示选择账套引入的目录并显示当前默认路径，单击“确定”按钮，系统弹出账套引入目录选择对话框。选择好账套引入路径并确定后系统开始恢复账套数据。若需要恢复的账套已经存在，系统会询问：“此项操作将覆盖［×××］账套当前的所有信息，继续吗?”，选择“是”，系统进行数据恢复。恢复完成时弹出信息框“账套［×××］引入成功!”单击“确定”按钮完成账套恢复操作。

微课

账套数据备份及恢复

## 四、账套管理

### （一）修改账套

账套主管可以通过修改账套功能，查看某个账套的账套信息，也可以修改这些账套信息。

【操作要点】

以账套主管的身份注册登录系统管理，选择相应的账套，进入系统管理界面。在系统管理界面“账套”菜单中选择“修改”项，单击鼠标则进入修改账套的功能。系统自动列示出注册进入时所选账套的账套信息、单位信息、核算信息、基础设置信息。账套主管可根据自己的实际情况，对允许修改的内容进行修改。单击“完成”按钮，表示确认修改内容；如放弃修改，则单击“放弃”按钮。

### （二）删除账套

系统管理员执行账套输出功能时，在“账套输出”对话框中选择好账套号后，在“删除当前输出账套”复选框选上“√”标记，系统进行数据备份后，弹出询问对话框“真要删除该账套吗?”，选择“是”，系统即将该账套删除。

### （三）账套库管理

企业的日常工作是一个连续性的工作，用友U8支持在一个账套库中保存连续多年的数据，理论上一个账套可以在一个账套库中一直使用下去。但是由于某些原因，比如需要调整重要基础档案、调整组织机构、调整部分业务等，或者一个账套库中数据过多影响业务处理性能，需要使用新的账套库并重置一些数据，这样就需要新建账套库。账套和账套库的区别在于，账套是账套库的上一级，账套是由一个或多个账套库组成，一个账套库含有一年或多年的使用数据，对于拥有多个核算单位的客户，可以拥有多个账套。账套库管理包括账套库的建立、结转上年数据、数据备份与恢复、清空年度数据等功能。只有账套主管才有权限进行账套库的操作。

#### 1.建立账套库

【操作要点】

以账套主管身份注册登录系统管理，选择目标账套，进入系统管理界面。单击“账套库”菜单下的“建立（C）”项，进入建立账套库的功能，系统弹出建立账套库的界面，显示当前账套、将要建立的新账套库的起始年度、本账套库内业务产品所在会计期间清单和建立新库主要步骤及其进度。这些项目都是系统默认显示内容，不可修改，便于用户确认建库的信息。如果确认可以建立新账套库，单击“确定”按钮；如果放弃账套库的建立，可单击“放弃”按钮。

### 2. 账套库初始化

【操作要点】

以账套主管身份注册登录系统管理，选择目标账套，进入系统管理界面。单击“账套库”菜单中的“账套库初始化”项，系统显示将要初始化的账套，以及数据结转的年度，这些都是用于确认不可修改的。选择需要结转的业务档案和余额信息，已结转过的产品显示为“粉红色”。根据选择内容进行数据检查，系统将分别检查待结转账套库的数据是否满足各项结转要求，并列出详细检查结果。如果有产品不满足结转要求，则不允许继续结转。如果检查全部通过，单击“下一步”按钮可以看到待结转产品的列表，单击“结转”按钮就开始按照列表逐项结转。

### 3. 数据备份与恢复

账套库的备份操作与账套的备份操作的不同之处在于输出的是账套库，在输出操作的界面上选择的是具体的年度而非账套。

账套库的恢复操作与账套的恢复操作的不同之处在于恢复的是账套库数据备份文件（由账套主管生成的账套库备份文件，前缀名统一为UFErpYer）。

### 4. 清空账套库数据

如果发现某账套库中错误太多，或不希望将上年度的余额或其他信息全部转到下一年度，可使用清空账套库数据的功能。“清空”并不是指将账套库的数据全部清空，而是还要保留一些信息，主要包括基础信息、系统预置的科目报表等。

【操作要点】

以账套主管的身份注册登录系统管理，选择目标账套，进入系统管理界面。在“账套库”菜单中选择“清空账套库数据”项，在界面中的会计年度栏目确认要清空的账套库的年度区间（仅供确认，不可修改），同时做好清空前的备份、选择输出路径操作，单击“确定”按钮表示确认。这时为保险起见，系统还将弹出一个窗口，要求用户进行再度确认；如果想放弃，则直接单击“放弃”按钮。确认后系统进行清空账套库数据操作。

# 标准习题

## 一、判断题

1. 系统管理员admin负责整个系统的维护工作，具有系统管理模块的所有权限。（　）
2. 系统管理员和账套主管均可以完成建立账套的操作。（　）
3. 系统管理员与账套主管均可登录系统管理模块。（　）

4.账套号和启用会计期在建账成功后不能修改。（　　）

5.系统管理员可以建立和修改账套。（　　）

6.一个角色可以拥有多个用户，一个用户也可以分属于多个不同的角色。（　　）

7.系统管理员可以设置、修改操作员的口令。（　　）

8.在用友U8V10.1中，账套主管不能进行系统启用的操作。（　　）

9.操作员和操作员权限可以随时删除。（　　）

10.只有系统管理员才有权限引入和输出一个账套。（　　）

## 二、单项选择题

1.总账系统一般只允许（　　）注册进入系统管理。

A.单位领导　　B.账套主管

C.系统管理员　　D.系统管理员和账套主管

2.用友软件默认的系统管理员是（　　）。

A.admin　　B.demo　　C.system　　D.ufsoft

3.账套建立以后如果需要修改，可以由（　　）来进行修改操作。

A.系统管理员　　B.账套主管　　C.会计主管　　D.财务主管

4.（　　）可以作为区分不同账套数据的唯一标识。

A.账套号　　B.账套名称　　C.单位名称　　D.账套主管

5.在建立账套时（　　）设置错误将不允许修改。

A.账套号　　B.单位名称　　C.账套名称　　D.分类编码方案

6.下列各项中，需要在系统管理模块设置的是（　　）。

A.数据级权限　　B.功能级权限　　C.金额级权限　　D.账套级权限

7.在系统管理的“视图”中不能完成（　　）操作。

A.清除异常任务　　B.清除单据锁定

C.清空账套库数据　　D.清除所有任务

8.系统管理员可以进行的操作是（　　）。

A.建立账套　　B.修改账套　　C.建立会计科目　　D.录入期初余额

9.对所管辖的账套来说，（　　）是级别最高的，拥有所有模块的操作权限。

A.单位领导　　B.账套主管　　C.系统维护员　　D.审计督查员

10.利用（　　）功能可以实现自动记录用户进入的时间、所作的操作和退出的时间。

A.自动备份计划　　B.操作日志　　C.操作员管理　　D.数据备份

## 三、多项选择题

1.下列关于删除账套的说法中，正确的有（　　）。

A.只有系统管理员才能删除账套　　B.正在使用的账套不允许删除

C.删除账套前系统会进行强制备份　　D.系统不提供删除账套的功能

2.账套管理包括（　　）。

A.账套输出　　B.账套引入　　C.账套修改　　D.账套建立

3. 账套核算类型一般包括（　　）。

A. 行业性质　B. 记账本位币　C. 编码规则　D. 数据精确度

4. 在系统管理模块能实现的功能有（　　）。

A. 账套管理　B. 账套库管理　C. 用户管理　D. 角色管理

5. 账套主管可以进行操作的功能有（　　）。

A. 建立账套　B. 修改账套

C. 账套库初始化　D. 清空账套库数据

6. 如果在建立账套时错误地设置了“分类编码方案”，可以在（　　）功能中修改。

A. 账套/建立　B. 账套/修改

C. 账套/输出　D. 基础设置/基本信息/编码方案

7. 在账套输出功能中可以实现（　　）操作。

A. 账套恢复　B. 账套备份　C. 账套删除　D. 账套修改

8. 如果希望系统能按企业所属行业预置会计制度规定的标准科目，则需要在建账时正确输入或选择（　　）。

A. 基础信息　B. 企业类型

C. 行业性质　D. 按行业性质预置科目

9. 设置备份计划的优势在于（　　）。

A. 设置定时备份账套/账套库功能　B. 设置定时启动账套/账套库功能

C. 多个账套/账套库同时输出功能　D. 实现无人干预自动输出

10. 非主管操作员权限的设置方式有（　　）。

A. 系统管理员在“用户”功能中分配角色

B. 账套主管在“用户”功能中分配角色

C. 系统管理员在“权限”功能中授权

D. 账套主管在“权限”功能中授权

11. 下列人员可以在系统管理模块进行注册的有（　　）。

A. 操作员　B. 账套主管　C. 系统维护员　D. 系统管理员

参考答案

# 任务二　基础档案设置

## ◆技能点2-2　基础档案设置

用友ERP-U8的基础设置包括基本信息、基础档案、业务参数、个人参数、单据设置、档案设置等类别，其中基础档案又分为机构人员、客商信息、存货、财务、收付结算、业务、对照表、其他等项。

基础档案设置工作均在企业应用平台中进行，启动用友U8，可在“开始”菜单中单击“所有程序－用友U8V10.1－企业应用平台”，或将该功能项发送到桌面快捷方式，在桌面双击“企业应用平台”快捷方式，屏幕显示登录窗口，输入操作员及其密码，选择需要进入的账套、会计年度及操作日期，单击“确定”按钮后即可进入用友U8主界面。在用友U8主界面中，左侧显示业务导航视图，左下方有“业务工作”“系统服务”“基础设置”三个按钮，可分别显示相应的功能目录树。单击“基础设置”按钮，左侧导航区显示基础设置树，如图2-9所示，方便用户进行各项基础设置。业务导航视图显示数目及显示顺序可直接点击底部小图标进入门户选项进行导航区加载设置。左上角的“重注册”按钮主要用于操作员及账套的更换。

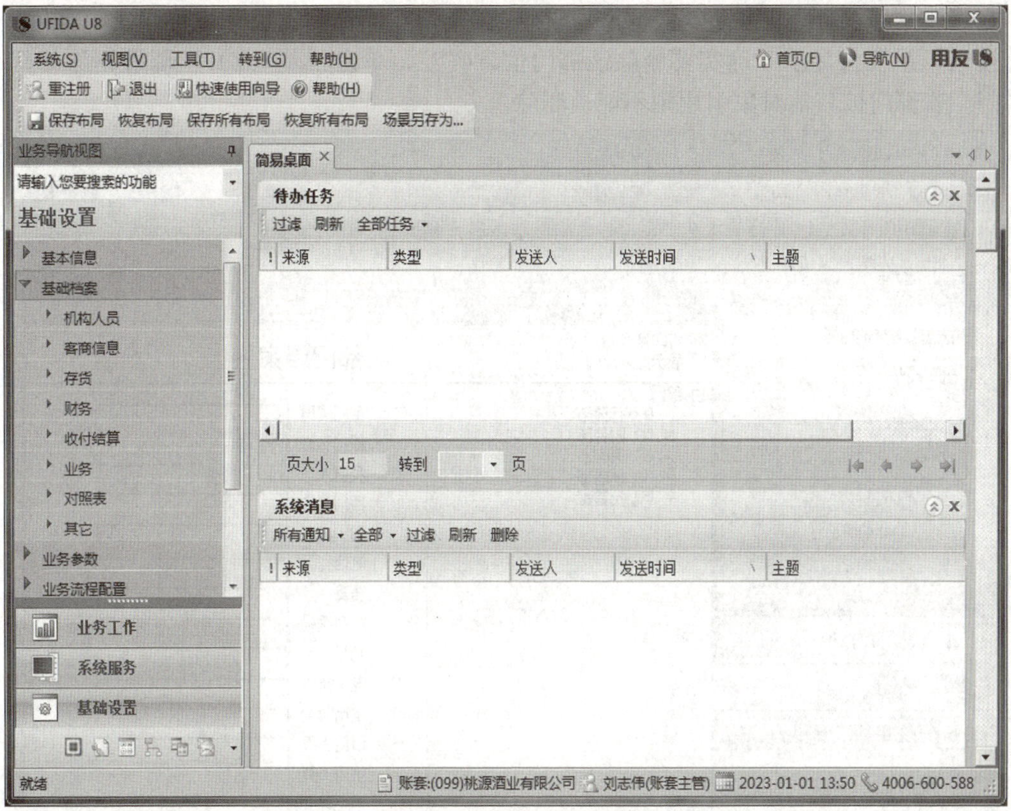


图2-9　用友U8主界面

## 一、机构人员设置

### （一）部门档案设置

部门档案主要用于设置企业各个职能部门的信息，部门指某使用单位下辖的具有分别进行财务核算或业务管理要求的单元体，可以是实际中的部门机构，也可以是虚拟的核算单元。部门档案设置包含部门编码、部门名称、负责人、部门属性、电话、地址、电子邮件、信用额度、信用等级、信用天数、成立日期、备注等信息。其中，部门编码和部门名称必须录入，且部门编码应符合预设的编码级次原则，必须唯一。成立日期默认为当前登录时间，其他栏目可以为空。

【操作要点】

在企业应用平台的业务导航视图中选择“基础设置→基础档案→机构人员→部门档案”项，进入部门档案界面，在工具栏中单击“增加”按钮或按“F5”键，在屏幕右边输入部门编号、部门名称、部门属性、电话、地址等信息，然后单击“保存”按钮或按“F6”键，界面左边窗口显示出增加的部门即表示该部门已增加成功，如图2-10所示。若要修改部门档案，可在部门档案界面左边，将光标定位到要修改的部门编号上，用鼠标单击“修改”按钮。这时界面即处于修改状态，可以对部门名称、负责人、部门属性、电话、地址、备注等信息进行修改。但部门编码不能修改。若要删除某个部门，可将光标放在要删除的部门上，用鼠标单击“删除”按钮，系统将提示“确实要删除该部门信息吗?”，单击“是（Y）”即可删除此部门。若部门被其他对象引用则不能被删除。

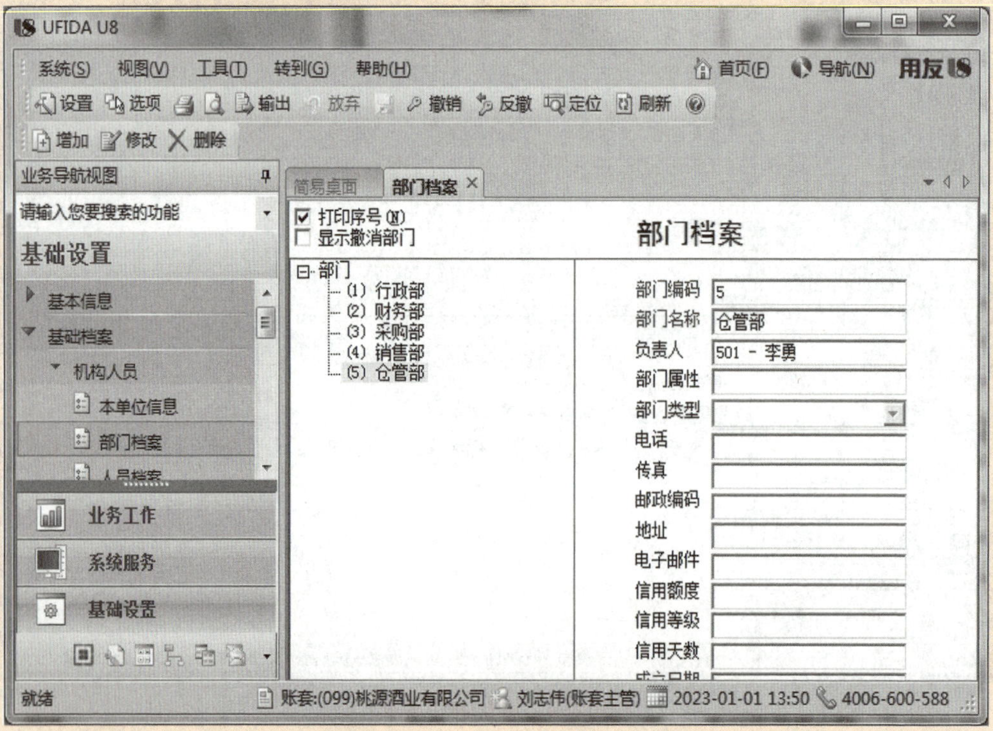


图2-10 部门档案设置

【提示】若要在部门档案中录入部门负责人，应该在部门档案其他栏目设置完成并保存后，先进行人员档案录入操作，然后回到部门档案，利用“修改”功能，部门负责人可从已录入的人员中选取，保存修改结果即可。

【故障诊断】

问题描述：保存部门档案时系统提示“填写的编码不符合规则!”。

解决方法：若系编码录入错误，修改编码即可保存；若系编码方案设置错误，可在企业应用平台的业务导航视图中选择“基础设置→基本信息→编码方案”项，修改部门编码级次。其他基础档案设置时出现这种提示，也可用这种方法解决。

### （二）人员档案设置

人员档案主要用于设置企业各职能部门中需要进行核算和业务管理的职员信息，必须先设置好部门档案才能在这些部门下设置相应的职员档案。

【操作要点】

在企业应用平台的业务导航视图中选择“基础设置→基础档案→机构人员→人员档案”项，进入人员档案界面，在左侧部门目录中选择要增加人员的末级部门，单击“增加”按钮，在弹出的人员档案界面录入人员信息，其中蓝色名称为必输项。如果本人作为操作员，则同时保存到操作员列表中；同时保存到操作员列表中的操作员编码默认为操作员编码。在关联操作员或修改人员时，系统将提示“人员信息已改，是否同步修改操作员的相关信息?”，如果选择“是”，则将操作员的所属行政部门、E-mail地址、手机号带入到用户档案中，如图2-11所示。若要修改某个人员档案，可在人员列表中将光标定位到要修改的职员上，单击“修改”按钮即可进入修改状态进行修改。若要删除某人员档案，可在人员列表中双击要删除的职员，进入“人员档案”编辑界面，单击“删除”按钮，系统提示“确定删除该记录吗?”，单击“是”即可删除此职员。

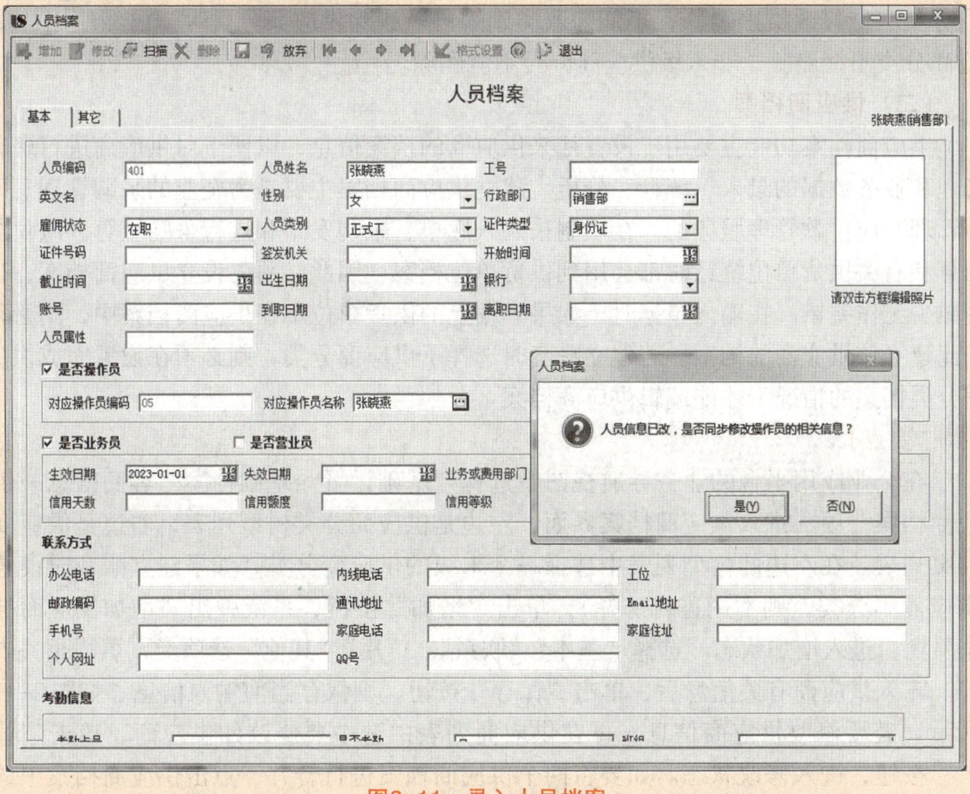


图2-11 录入人员档案

【易错节点】

（1）增加不同行政部门职员档案时，先返回人员列表界面，从左边选中部门，再去增加该部门下的职员档案，否则系统自动沿用原先选定的行政部门。

微课

人员编码与对应操作员编码不一致的处理方法

（2）若要修改某职员的行政部门，应先将“所属部门”栏目中的部门删除掉，单击右侧按钮进行部门参照，即可列出所有部门供选择，否则栏目后的部门参照中只有一个部门，不显示其他部门。

## 二、往来单位设置

### （一）供应商分类

企业可以根据自身管理的需要对供应商进行分类管理，建立供应商分类体系。可将供应商按行业、地区等进行划分，设置供应商分类后，根据不同的分类建立供应商档案。没有对供应商进行分类管理需求的用户可以不使用本功能。

【操作要点】

在企业应用平台的业务导航视图中选择“基础设置→基础档案→客商信息→供应商分类”项，进入供应商分类界面，单击“增加”按钮，输入类别编码和类别名称，点击“保存”按钮保存此次增加的供应商分类。要想增加下级供应商分类，需先选择上级供应商分类后再点击“增加”按钮，根据编码原则输入分类编码，例如上级编码为“1”，编码规则为“***”，则新增的下级编码为“101”。已增加的供应商分类只能修改类别名称，不能修改类别编码。删除供应商分类时，已经使用的供应商分类不能删除，非末级供应商分类不能删除。

### （二）供应商档案

供应商档案功能主要用于设置往来供应商的档案信息，以便于对供应商进行资料管理和业务数据的录入、统计、分析。建立供应商档案主要是为企业的采购管理、库存管理、应付款管理服务的。在填制采购入库单、采购发票和进行采购结算、应付款结算和有关供货单位统计时都会用到供货单位档案，因此必须先设立供应商档案，以便减少工作差错。在输入单据时，如果单据上的供货单位不在供应商档案中，则必须在此建立该供应商的档案。若建立账套时选择了供应商分类，则必须在设置完成供应商分类档案的情况下才能编辑供应商档案。

【操作要点】

在企业应用平台的业务导航视图中选择“基础设置→基础档案→客商信息→供应商档案”项，进入供应商档案界面，左边是供应商分类树型列表，右边是供应商档案列表。在左边的树型列表中选择一个末级的供应商分类（如果建立账套时设置供应商不分类，则不用进行选择），单击“增加”按钮，系统弹出“增加供应商档案”窗口进入增加状态。选择“基本”“联系”“信用”“其他”选项卡，填写相关内容。输入供应商有关信息后，单击“保存”按钮，则保存当前输入信息，如图2-12所示。若要修改供应商信息，可在供应商列表中选中要修改的供应商，单击“修改”按钮，进入修改状态。如要将两个供应商档案进行合并，点击供应商档案中的“并户”按钮，在弹出的并户对话框中输入被并户的供应商编码以及并至供应商处的编码，然后点击“确认”按钮即可。系统提示并户成功，则表明已完成并户，被并户的供应商将不再出现在供应商列表中。如要删除某一供应商档案，选择要删除的供应商记录，点击“删除”按钮，弹出提示框，提示要删除的档案编码和名称，点击“确定”按钮即可删除记录，已被调用的供应商不能删除。

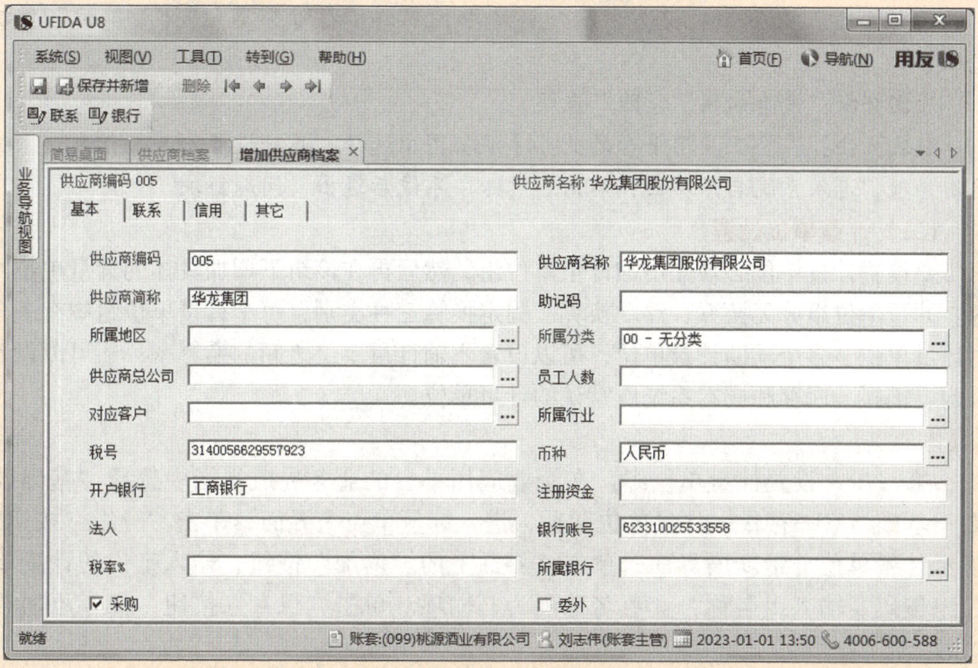

图2-12　录入供应商档案

【提示】

（1）基本页中蓝字名称的项目为必填项。

（2）“供应商属性”栏可在“采购”“委外”“服务”“国外”四种属性中选择一种或多种，货物属性的供应商为采购货物时可选的供应商，委外属性的供应商为委外业务时可选的供应商，服务属性的供应商为费用或服务业务时可选的供应商。

（3）在“开户银行”栏输入该企业同用户之间发生业务往来最常用的开户银行；在“银行账号”栏输入该企业同用户之间发生业务往来最常用的银行账号。

客户分类及客户档案的设置方法与供应商分类及供应商档案相同，在此不再赘述。

## 三、存货相关设置

### （一）存货分类设置

存货分类用于设置存货分类编码、名称及所属经济分类。例如，工业企业的存货可以分为原材料、产成品、应税劳务等，原材料可以按材料属性分为钢材类、木材类等；产成品继续分类可以按照产成品属性分为紧固件、传动件、箱体等。商业企业的存货分类的第一级一般可以分为商品、应税劳务两类，商品继续分类可以按商品属性分为日用百货、家用电器、五金工具等。存货分类的设置在基础设置导航目录中的“基础档案→存货→存货分类”项中进行，操作方法与客户分类、供应商分类相同。

微课

基础档案功能项与系统启用的关系

【故障诊断】

问题描述：业务导航视图中基础档案中找不到“存货分类”“计量单位”等功能项。

原因分析：没有启用“总账”系统。

解决方法：在企业应用平台的业务导航视图中选择“基础设置→基础信息→系统启用”项，进入系统启用界面，启用“总账”系统后退出，问题解决。

### （二）计量单位设置

要设置计量单位必须先增加计量单位组，然后再在该组下增加具体的计量单位内容。计量单位组分无换算、浮动换算、固定换算三种类别，每个计量单位组中有一个主计量单位、多个辅助计量单位，可以设置主辅计量单位之间的换算率；还可以设置采购、销售、库存和成本系统所默认的计量单位。

【操作要点】

第一步，设置计量单位组。在企业应用平台的业务导航视图中选择“基础设置→基础档案→存货→计量单位”项，进入计量单位主界面，单击“分组”按钮，显示计量单位分组新增界面；单击该界面上的“增加”按钮，输入唯一的计量单位组编码，输入组名称，蓝色名称项为必输项。单击“保存”按钮，保存添加的内容。

第二步，增加计量单位。将光标移至要增加的计量单位组，单击“单位”按钮，弹出计量单位设置窗口。单击“增加”按钮，录入主计量、辅计量单位。单击“保存”按钮，保存添加的内容。

【提示】

(1)“计量单位组类别”栏。无换算计量单位组的所有计量单位都以单独形式存在，各计量单位之间不需要输入换算率，系统默认为主计量单位；浮动换算计量单位组中只能包含两个计量单位，需要将该计量单位组中的主计量单位、辅计量单位显示在存货卡片界面上；固定换算计量单位组中才可以包含两个以上（不包括两个）的计量单位，且每一个辅计量单位对主计量单位的换算率不为空，需要将该计量单位组中的主计量单位显示在存货卡片界面上。

(2)“换算率”栏。换算率是辅计量单位和主计量单位之间的换算比，如1箱啤酒为24听，则“24”就是辅计量单位箱和主计量单位听之间的换算比。主计量单位的换算率自动置为“1”；无换算计量单位组中不可输入换算率；固定换算计量单位组，辅计量单位的换算率必须录入；浮动换算计量单位组，辅计量单位的换算率可以录入，可以为空。

### （三）存货档案

存货档案功能用于存货目录的设立和管理，随同发货单或发票一起开具的应税劳务等也应设置在存货档案中。存货档案设置界面包括基本、成本、控制、其他、计划、图片、附件等选项卡。

【操作要点】

在企业应用平台的业务导航视图中选择“基础设置→基础档案→存货→存货档

案”项，进入存货档案设置界面，左边为存货分类，右边为存货档案列表，在左边的树型列表中选择一个末级的存货分类（如果在建立账套时设置存货不分类，则不用进行选择），单击“增加”按钮，进入存货档案卡片页编辑状态，如图2-13所示。录入相关栏目资料后，单击“保存”按钮，则保存当前输入的信息。在页编辑状态下可以继续增加新的存货。系统提供自动复制功能。单击“复制”按钮，则每增加一个存货时，自动复制上一个存货的内容。存货编码、代码、名称不复制。

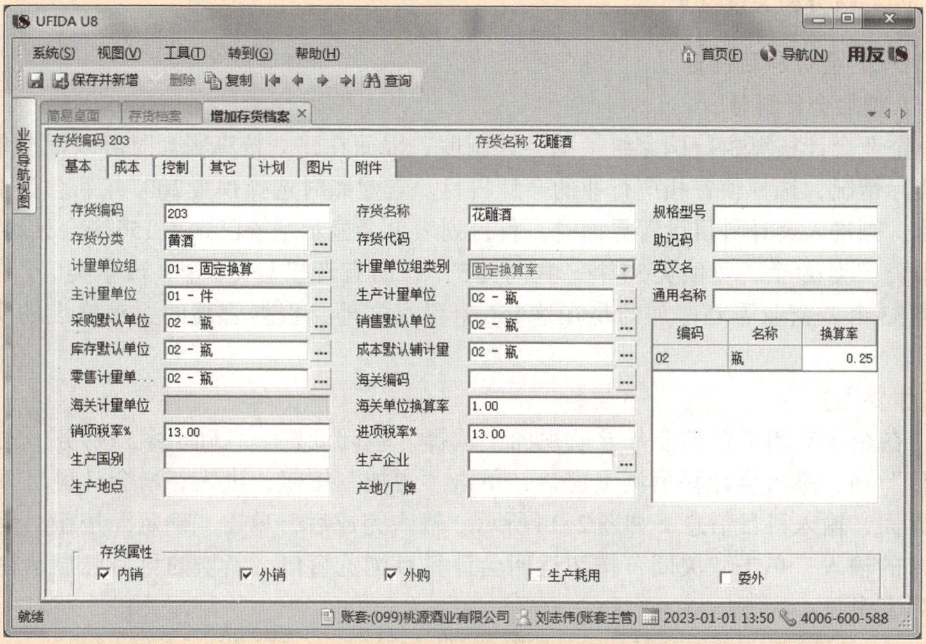


图2-13　增加存货档案

【提示】

在“存货属性”栏中，系统为存货设置了24种属性，同一存货可以设置多个属性。

（1）具有“内销”“外销”属性的存货可用于销售。发货单、发票、销售出库单等与销售有关的单据参照存货时，参照的都是具有销售属性的存货。开在发货单或发票上的应税劳务，也应设置为销售属性，否则开发货单或发票时无法参照。

（2）具有“外购”属性的存货可用于采购。到货单、采购发票、采购入库单等与采购有关的单据参照存货时，参照的都是具有外购属性的存货。开在采购专用发票、普通发票、运费发票等票据上的采购费用，也应设置为外购属性，否则开具采购发票时无法参照。

（3）具有“生产耗用”属性的存货可用于生产耗用。如生产产品耗用的原材料、辅助材料等。具有该属性的存货可用于材料的领用，材料出库单参照存货时，参照的都是具有生产耗用属性的存货。

（4）具有“委外”属性的存货主要用于委外管理。委外订单、委外到货单、委外发票、委外入库单等与委外有关的单据参照存货时，参照的都是具有委外属性的存货。

（5）具有“自制”属性的存货可由企业生产自制。如工业企业生产的产成品、半成品等存货。具有该属性的存货可用于产成品或半成品的入库，产成品入库单参照存货时，参照的都是具有自制属性的存货。

(6)“应税劳务”指开具在采购发票上的运费费用、包装费等采购费用或开具在销售发票或发货单上的应税劳务。应税劳务属性应与“自制”“在制”“生产耗用”属性互斥。

## 四、财务相关设置

### (一) 会计科目设置

#### 1. 增加会计科目

企业会计核算执行国家统一的会计制度，因而在建立核算账套时可以根据单位的实际情况，选择预置相应行业的会计科目。若建账时选择预置2007年新会计准则科目，则进入会计科目设置界面时，科目列表上会显示系统已预置156个会计科目，其中资产类69个，负债类35个，共同类5个，所有者权益类7个，成本类7个，损益类33个。企业需要增加的是在这156个科目之外，根据管理的要求增设的明细科目。

【操作要点】

在企业应用平台的业务导航视图中选择“基础设置→基础档案→财务→会计科目”项，进入会计科目浏览窗口，单击“增加”按钮，进入新增会计科目页编辑界面，输入科目信息，如图2-14所示。输入完成后，单击“确定”按钮，保存刚才的输入；单击“关闭”按钮返回会计科目浏览窗口，新增的科目已显示在科目列表中。

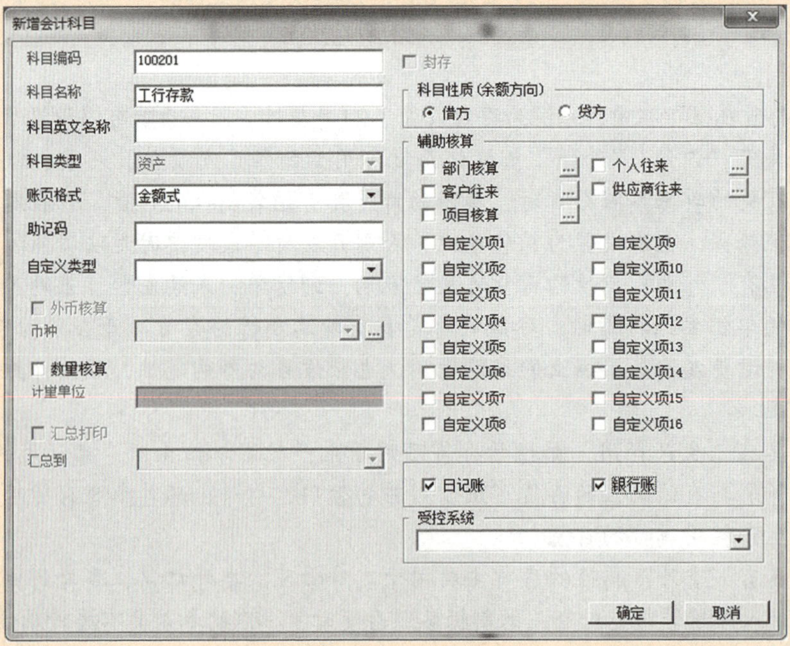


图2-14　新增会计科目

【重点栏目提要】

（1）科目编码。科目编码必须唯一，科目编码必须按其级次的先后次序建立。科目编码只能由数字（0~9）、英文字母（A~Z及a~z）及减号（-）、正斜杠（/）表示，禁止使用其他字符。

（2）辅助核算。辅助核算也叫辅助账类，用于说明本科目是否有其他核算要求，系统除完成一般的总账、明细账核算外，同时提供以下几种专项核算功能供用户选用：部门核算、个人往来核算、客户往来核算、供应商往来核算、项目核算。一个科目可同时设置三种专项核算，但个人往来核算不能与其他专项核算一同设置，客户往来核算与供应商往来核算不能一同设置。

（3）其他核算。其用于说明本科目是否有其他要求，如银行账、日记账等。一般情况下，现金科目要设为日记账；银行科目要设为银行账和日记账。

（4）外币核算。其用于设定该科目是否有外币核算，以及核算的外币名称。一个科目只能核算一种外币，如果此科目核算的外币币种没有定义，可以用鼠标点击外币币种下拉选择框旁边的按钮参照，进入“汇率管理”中进行定义。

（5）数量核算。其用于设定该科目是否有数量核算，以及数量计量单位。计量单位可以是任何汉字或字符，如公斤、件、吨等。

（6）受控系统。为了加强各系统间的相互联系与控制，在定义会计科目时引入受控系统概念，即设置某科目为受控科目，受控于某一系统，则该受控系统只能使用受控科目制单。例如“应收账款”是应收款管理系统的受控科目，则应收款管理系统只能使用应收账款科目制单。

【提示】若保存科目时系统提示“科目编码不唯一!”，说明该科目编码已存在，不能用增加会计科目功能，而应该用修改会计科目功能进行调整。

【快捷操作：成批复制科目】

在会计科目列表界面选择“编辑”菜单下的“成批复制”，系统弹出成批复制对话框，如图2-15所示。例如一个公司的“6601销售费用”和“6602管理费用”的下级明细科目基本相同，那么在设置管理费用科目时，只需将销售费用的所有下级科目复制到管理费用的下级即可，如果需要复制携带辅助核算、外币核算和数量核算的，在三个辅助核算前打勾即可。即使6602的下级科目与6601的有不同之处，也只需稍作修改，比重新设置要快捷方便。

【故障诊断】

（1）问题描述：建账时行业性质选择错误，导致会计科目预置错误。

解决方法：先删除会计科目列表中的所有科目，退出后重新进入时，系统会弹出预置会计科目对话框，从中选择正确的类型即可。

（2）问题描述：科目编码级次过少，不能增加下级明细科目。

解决方法：在企业应用平台的业务导航视图中选择“基础设置→基础信息→编码方案”项，将科目编码级次调整正确。

（3）问题描述：在新增外币核算的会计科目时，外币核算属性显示为灰色，不可以选择币种。

微课

成批复制会计科目

原因分析：在新建账套时，基础信息设置页面如果没有选择外币核算，则此处即显示为灰色。

解决方法：以账套主管的身份注册进入系统管理，对该账套的信息进行修改，在基础信息设置页面将“外币核算”前打上“√”即可。

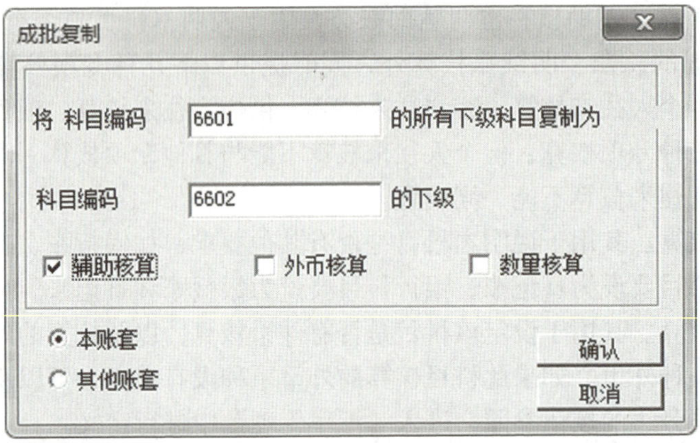


图2-15　成批复制科目

### 2. 修改会计科目

修改会计科目功能主要用于两方面：一是修改系统预置科目的某些栏目，如辅助账类设置、调整；二是更正增加会计科目时出现的输入错误。

【操作要点】

在会计科目列表中选择要修改的科目，单击“修改”按钮或双击该科目，即可进入会计科目修改界面，可以在此对需要修改的会计科目进行调整。修改完毕后，单击“确认”按钮；如果想放弃修改，单击“取消”按钮即可。如果要继续修改，可利用控制面板上的按钮定位到第一个科目、上一个科目、下一个科目、最后一个科目，找到需要修改的科目，重复上述步骤即可。

### 3. 指定会计科目

指定科目包括指定现金科目、指定银行科目、指定现金流量科目等三项。指定的现金、银行科目供出纳管理使用，所以在查询现金、银行存款日记账前，必须指定现金、银行存款总账科目。指定现金流量科目才能在填制凭证时录入现金流量项目，而在填制凭证时录入现金流量项目才能为以后的现金流量统计表、现金流量明细表提供数据。

【操作要点】

在会计科目列表界面选择“编辑”菜单下的“指定科目”，首先指定现金科目，用鼠标双击“1001　库存现金”将其从待选科目窗口选入已选科目窗口，如图2-16所示；然后在界面左侧选择“银行科目”项，在待选科目窗口双击“1002　银行存款”，将其选入已选科目窗口；在左侧选择“现金流量科目”项，双击待选科目或用“〉”“》”按钮选择现金流量科目，选择完毕后单击“确定”按钮即可。

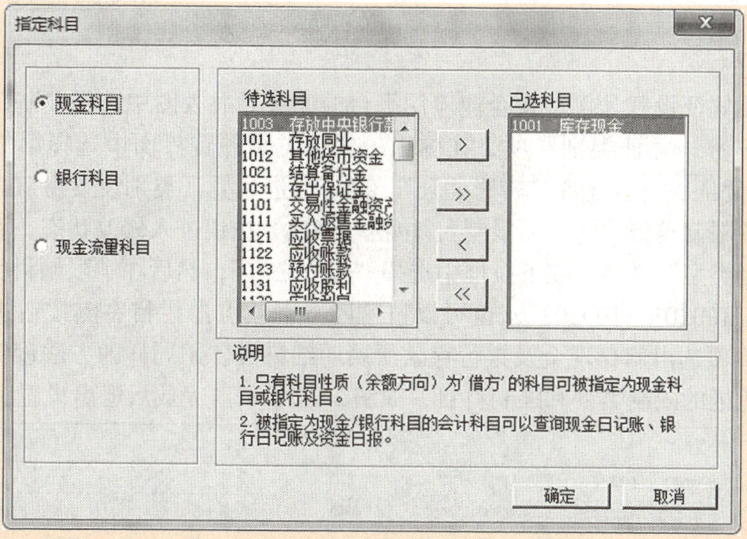


图2-16　指定科目

## （二）凭证类别设置

在填制凭证前，必须进行凭证类别设置。用友U8V10.1版本预置了无限制类型的通用记账凭证，若要预置有限制类型的凭证类别，可先删除“记账凭证”类别，重新进入凭证类别功能时，系统会弹出凭证类别预置对话框。系统准备了四种凭证分类供预置：

①记账凭证；

②收款、付款、转账凭证；

③现金、银行、转账凭证；

④现金收款凭证、现金付款凭证、银行收款凭证、银行付款凭证、转账凭证。

也可以由用户自定义凭证类别。

为防止凭证类别选用错误，设置凭证类别时，系统允许设置相应的限制类型和限制科目，共有七种限制类型供选择：

①借方必有。制单时，此类凭证借方至少有一个限制科目有发生额。

②贷方必有。制单时，此类凭证贷方至少有一个限制科目有发生额。

③凭证必有。制单时，此类凭证无论借方还是贷方至少有一个限制科目有发生额。

④凭证必无。制单时，此类凭证无论借方还是贷方不可有一个限制科目有发生额。

⑤无限制。制单时，此类凭证可使用所有合法的科目，限制科目由用户输入，可以是任意级次的科目，科目之间用逗号分隔，数量不限，也可参照输入，但不能重复录入。

⑥借方必无。金额发生在借方的科目集中不能包含借方必无科目，可在凭证保存时检查。

⑦贷方必无。金额发生在贷方的科目集中不能包含贷方必无科目，可在凭证保存

时检查。

【操作要点】

以专用凭证设置为例，在企业应用平台的业务导航视图中选择“基础设置→基础档案→财务→凭证类别”项，在弹出的凭证类别预置界面中选择第二种分类方式：“收款凭证、付款凭证、转账凭证”，确定后进入凭证类别设置窗口。系统预置凭证类别的限制类型均为“无限制”，单击“修改”按钮进入修改状态，双击收款凭证的“限制类型”栏目，在下拉框中选择“借方必有”，然后在“限制科目”栏目输入“1001，100201，100202”，也可以按“F2”键或点击栏目右侧按钮进入科目参照，从中逐项选出库存现金及银行存款所属明细科目。用同样的方法设置好付款凭证和转账凭证的限制类型和限制科目，如图2-17所示。完成后退出设置窗口。

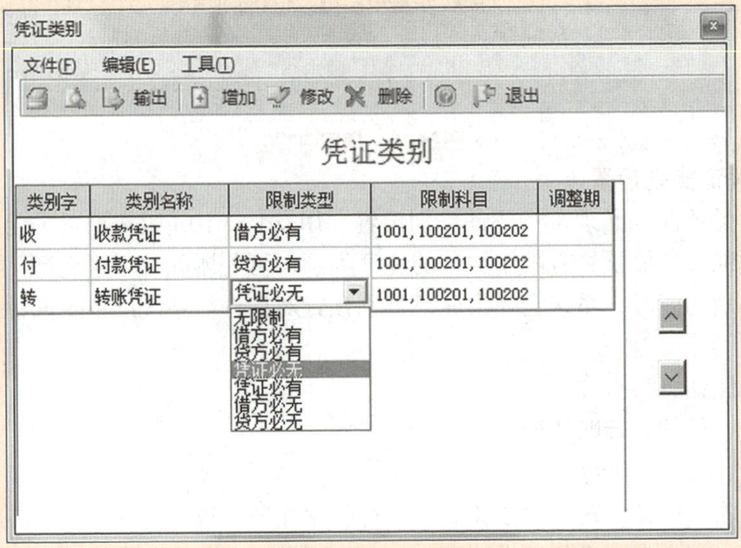


图2-17 设置凭证类别

【故障诊断】

（1）问题描述：输入限制科目代码时，系统会弹出错误提示“科目编码有误！”。

解决方法：在会计科目编码正确无误的情况下系统报错的原因是代码之间的分隔符号“,”输入的是中文标点而不是英文标点，两者区别是中文标点的逗号比较粗大，改成英文标点即可。

（2）问题描述：编辑凭证类别时单击“增加”按钮，退出时系统会弹出错误提示“凭证类别字不能为空！”。

解决方法：若要放弃并退出，只要按两次“Esc”键即可消除增加的空白行。

（3）问题描述：设置凭证类别时，在“凭证类别预置”窗口应该选择“收款凭证、付款凭证、转账凭证”，却直接确认为默认的“记账凭证”，怎么才能重新预置呢？

解决方法：在凭证类别设置功能中将原先设置的“记账凭证”类别删除，退出凭证类别设置功能，再次进入时系统即会弹出“凭证类别预置”窗口。

## （三）外币汇率设置

汇率管理是专为外币核算服务的，在此可以对本账套所使用的外币进行定义；填制凭证时所用的汇率应先在此进行定义，以便制单时调用，减少录入汇率的次数和差错。当汇率变化时，应预先在此进行定义，否则，填制凭证时不能正确录入汇率，对于使用固定汇率（即使用月初或年初汇率）作为记账汇率的用户，在填制每月的凭证前，应预先在此录入该月的记账汇率，否则在填制该月外币凭证时，将会出现汇率为零的错误，对于使用变动汇率（即使用当日汇率）作为记账汇率的用户，在填制该天的凭证前，应预先在此录入该天的记账汇率。

【操作要点】

在企业应用平台的业务导航视图中选择“基础设置→基础档案→财务→外币设置”项，进入外币设置窗口，单击“增加”按钮，在空格处输入外币名称、外币符号等信息，确认后输入记账汇率即可，如图2-18所示。

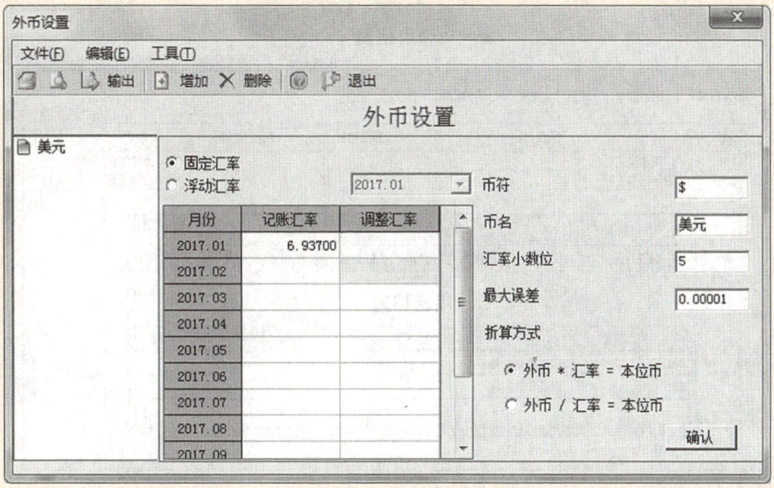


图2-18　外币设置

## （四）项目档案设置

企业在实际业务处理中会对多种类型的项目进行核算和管理，例如在建工程、对外投资、技术改造项目、项目成本管理、合同等。项目档案功能用于项目核算管理，将具有相同特性的一类项目定义成一个项目大类，一个项目大类可以核算多个项目。使用项目核算与管理的首要步骤是设置项目档案，项目档案设置包括：增加或修改项目大类，定义项目核算科目、项目分类、项目栏目结构，并进行项目目录的维护。

【操作要点】

第一步，新增项目大类。在企业应用平台的业务导航视图中选择“基础设置→基础档案→财务→项目档案”项，进入项目档案设置窗口。单击“增加”按钮，根据新增向导新增一个项目大类。选择新增项目大类的属性，系统提供5个可选项：普通项目、成本对象、项目管理、存货核算、现金流量项目。定义项目级次，即定义项目编码规则，项目分类共分8级，总长度22位，单级级长不能超过9位，只有在这里定义了项目级次和编码原则，才能进行项目分类定义。定义项目栏目。定义完毕单击“完成”，返回项目档案设置窗口。

第二步，指定核算科目。在项目档案设置窗口中，在“项目大类”栏中选定需要设置核算科目的项目大类。在“待选科目”框中将该项目大类的核算科目选入“已选科目”框，单击“确定”按钮完成核算科目指定。

第三步，定义项目分类。在项目档案设置窗口选择“项目分类定义”项，录入分类编码及分类名称，单击“确定”按钮，系统保存此分类并在左边窗口显示出来。

第四步，项目目录维护。在项目档案设置窗口选择“项目目录”项，然后单击窗口右下角的“维护”按钮，进入“项目目录维护”窗口。在项目编号、项目名称、所属分类码等栏目输入相应内容，如图2-19所示。单击“退出”返回“项目档案”窗口，完成项目目录维护。

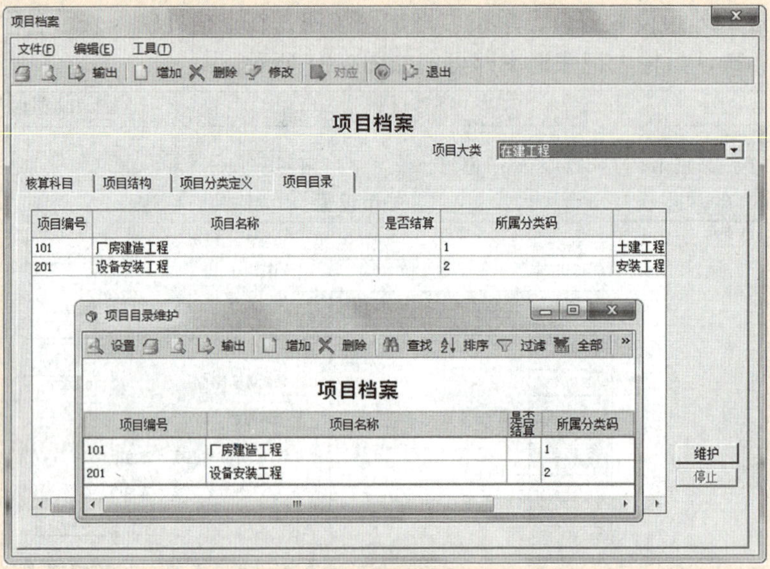


图2-19 项目目录维护

【易错节点】

(1) 如果指定项目大类核算科目后没有单击“确定”按钮进行保存，则退出后已选定的核算科目将从“已选科目”栏返回到“待选科目”栏，因此在录入这些科目的期初余额时系统会提示“该科目没有定义项目大类!”。

(2) 设置项目档案中的核算项目时，若发现待选科目窗口中无可选科目，说明编辑会计科目时未设立项目核算科目。这时，将需要进行项目核算的科目属性修改为项目核算，再次进入项目目录设置核算科目时即可在待选科目窗口看到已设置为项目核算的科目。

(3) 进行项目分类定义时，输入分类编码及名称后若不单击“确定”按钮，而是单击“增加”按钮，则前面输入的项目分类不予保存。

## 五、收付结算设置

结算方式功能用来建立和管理用户在经营活动中所涉及的结算方式。它与财务结算方式一致，如现金结算、支票结算等。结算方式最多可以分为2级。结算方式编码级次的设定在建账的编码部分中进行。

【操作要点】

在企业应用平台的业务导航视图中选择“基础设置→基础档案→收付结算→结算方式”项，进入结算方式设置窗口，单击功能键中的“增加”按钮，在界面的右边“结算方式编码”“结算方式名称”栏目中输入适当内容，需要进行票据管理的结算方式可单击“是否票据管理”前的复选框来选择对该结算方式下的票据进行票据管理，并从下拉框中选择对应票据类型，如图2-20所示，保存后在左侧目录树显示。

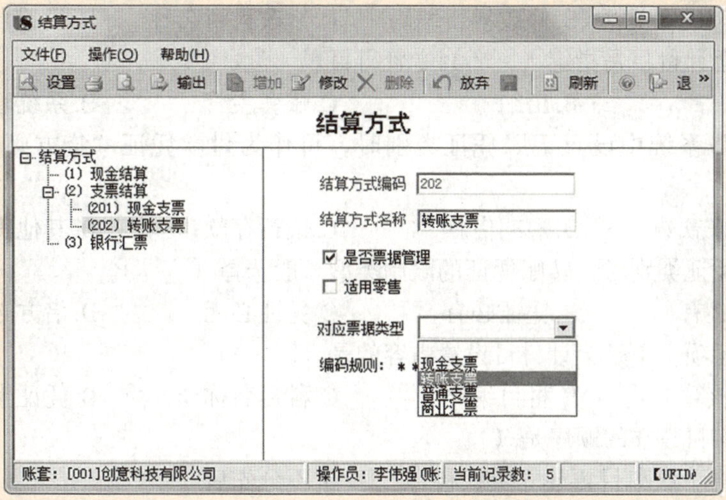


图2-20　增加结算方式

# 标准习题

## 一、判断题

1.人员档案录入完成后才能录入部门档案，因为部门档案中的部门负责人需要从人员档案中选取。（　　）

2.设置基础档案之前应首先确定基础档案的分类编码方案，基础档案的设置必须遵循分类编码方案中的级次和各级编码长度的设定。（　　）

3.用友ERP-U8中各子系统的启用时间必须大于等于账套的启用期间。（　　）

4.固定换算计量单位组，辅计量单位的换算率必须录入；浮动换算计量单位组，辅计量单位的换算率可以录入，可以为空。（　　）

5.没有余额的会计科目可以增设明细科目，有余额的会计科目不能增设明细科目。（　　）

6.在“项目目录”功能中，标识已结算的项目不能再继续使用。（　　）

7.科目编码必须按其级次的先后次序建立。（　　）

8.已设定并使用的凭证类别不能删除，但可以修改其类别字。（　　）

9.在设置凭证类别时，若将某类凭证的限制科目设为非末级科目，则在制单时，其所有下级科目都将受到同样的限制。（　　）

10.设置凭证类别时，单击“增加”按钮增加了空白行，若想放弃编辑并退出，可按“Delete”键消除增加的空白行。（　）

## 二、单项选择题

1.在基础设置模块中，下列项目中，不属于基本信息的是（　）。
A.会计期间　B.系统启用　C.编码方案　D.人员档案

2.修改会计科目功能不能实现的操作是（　）。
A.修改辅助账类　B.修改科目编码　C.修改科目名称　D.设置自定义项

3.指定会计科目是指定（　）专管科目。
A.会计　B.出纳　C.账套主管　D.系统管理员

4.在总账系统中设置记账凭证类别时，可作为付款凭证“贷方必有”科目的是（　）。
A.应付账款　B.短期借款　C.银行存款　D.其他货币资金

5.设置凭证类别时，转账凭证的限制类型一般选择（　）。
A.贷方必有　B.凭证必有　C.凭证必无　D.借方必有

6.下列各项中不是会计科目设置内容的是（　）。
A.辅助核算方式　B.科目编码　C.科目名称　D.凭证类别

7.会计科目建立的顺序是（　）。
A.先建立下级科目再建立上级科目　B.不分先后
C.先建立上级科目再建立下级科目　D.先建立明细科目再建立一级科目

8.下列关于会计科目编码设置的描述中，不正确的是（　）。
A.科目编码必须唯一
B.各级科目编码必须按会计制度的要求设定
C.科目编码应为全编码
D.科目编码应按级次的先后顺序建立

9.下列对于会计科目的描述中，不正确的是（　）。
A.已有发生额的科目不能删除
B.科目输入余额后，可将余额置零后删除
C.会计科目建立后不能删除
D.科目的删除应自下而上进行

10.建立会计科目时，辅助账类中的部门核算与（　）存在互斥关系。
A.个人往来　B.客户往来　C.供应商往来　D.项目核算

## 三、多项选择题

1.企业在“项目目录”功能中可以进行（　）等多项操作。
A.定义项目大类　B.定义项目目录
C.指定项目核算科目　D.定义项目分类

2.往来辅助核算包括（　）。
A.部门往来　B.客户往来　C.供应商往来　D.个人往来

3.设置辅助核算类型时，个人往来与（　）之间存在互斥关系。

A.部门核算　　B.客户往来　　C.供应商往来　　D.项目核算

4.设置辅助核算类型时，与供应商往来存在互斥关系的有（　　）。

A.部门核算　　B.客户往来　　C.个人往来　　D.项目核算

5.在用友U8中，指定科目的项目有（　　）。

A.现金科目　　B.银行科目　　C.现金流量科目　　D.项目总账科目

6.下列对于会计科目的描述中，正确的有（　　）。

A.已录入期初余额的科目不能直接修改

B.已制过单的科目不能直接修改

C.非末级科目可以直接删除

D.已有余额的科目可以直接删除

7.“转账凭证”类别设置限制类型为“凭证必无”，则应选择的科目有（　　）。

A.银行存款　　B.库存现金　　C.应收账款　　D.应付账款

8.开在发货单或发票上的应税劳务，在存货档案中设置为（　　）时，开发货单或发票时无法参照。

A.内销　　B.外销　　C.外购　　D.委外

9.开在（　　）上的采购费用，应设置为外购属性，否则开具采购发票时无法参照。

A.采购专用发票　　B.采购入库单　　C.普通发票　　D.运费发票

10.在基础档案设置中，属于收付结算的有（　　）。

A.结算方式　　B.付款条件　　C.外币设置　　D.银行档案

参考答案

# 项目实训

## 实训一　建账及操作员管理

### 一、实训目的

掌握账套建立及修改的操作方法，能进行操作员管理，会办理账套数据的输出及引入。

### 二、实训内容

1.建立核算单位账套。

2.增设角色及操作员并授权。

3.账套数据输出及引入。

### 三、实训准备

检查用友U8及SQL Server数据库是否已正确安装。

### 四、实训资料及要求

#### （一）建立新账套

1.账套信息

账套号：班级尾数+两位数学号；账套名称：学生本人姓名；账套路径按默认

值；启用日期：2023年1月1日；会计期间设置：1月1日到12月31日。

2.单位信息

单位名称：桃源酒业有限公司；单位简称：桃源酒业。法定代表人：杜康；税号：210302131229581234。

3.核算类型

本币名称：人民币（代码：RMB）；企业类型：商业；行业性质：2007年新会计制度科目；科目预置语言：中文（简体）；账套主管：DEMO（临时）；建账时按行业性质预置会计科目。

4.基础信息

进行经济业务处理时，需要对存货、客户进行分类，有外币核算。

5.分类编码方案

会计科目编码级次：42222；其他项目编码级次及数据精度按默认值。

建账后立即以2023年1月1日启用总账系统。

### （二）增设角色及授权

角色编码：ZZKJ。

角色名称：总账会计。

角色权限：总账模块："设置"中的期初余额；"凭证"中除出纳签字外所有权限；"账表""综合辅助账""期末"所有权限。

角色编码：CN。

角色名称：出纳。

角色权限：总账模块："凭证"中的出纳签字；"出纳"的所有权限；"账表"中"科目账"下的"日记账""日报表"；出纳管理模块：全部权限。

### （三）增设操作员及授权

操作员及权限设置表见表2-1。

表2-1 操作员及权限设置表

| 编码 | 操作员姓名 | 用户类型 | 口令 | 所属部门 | 所属角色 | 操作权限 |
|---|---|---|---|---|---|---|
| 01 | 刘志伟 | 普通用户 | 01 | 财务部 | 账套主管 | |
| 02 | （学生本人姓名） | 普通用户 | 02 | 财务部 | 总账会计 | |
| 03 | 陈慧玲 | 普通用户 | 03 | 财务部 | 出纳 | |
| 04 | 徐文斌 | 普通用户 | 04 | 采购部 | | 公共单据、采购管理 |
| 05 | 张晓燕 | 普通用户 | 05 | 销售部 | | 公共单据、销售管理 |
| 06 | 李勇 | 普通用户 | 06 | 仓管部 | | 公共单据、库存管理 |

在权限功能中取消操作员DEMO在本账套的账套主管权限。

【提示】完成操作员授权后可在"企业应用平台"登录界面逐一测试01~06操作

员能否登录新建账套。未在新建账套使用的角色或未在新建账套授权的操作员，学生机还原后再引入账套时将会丢失。

### (四) 账套备份要求

在学生机的E盘建立以“账套号+学生姓名”为名称的文件夹，并在其中建立“实训一”文件夹，用来存放账套备份数据。

1. 在“系统管理”的“账套”菜单选择“输出”功能，“账套号”栏目选择本人新建的账套号，“输出文件位置”栏目选择E盘“账套号+学生姓名”中的“实训一”文件夹，点击“确认”按钮后开始账套数据备份，备份完成后到目标文件夹查看备份文件的文件名是否为“UfErpAct”。

2.重启电脑，以系统管理员admin的身份注册系统管理，在“账套”菜单中选择“引入”功能，在E盘存放备份文件的“实训一”文件夹中选择“UfErpAct.Lst”文件，在选择账套引入的目录时，选择“C：\U8SOFT\Admin\”，点击“确定”按钮后系统引入账套数据，完成后检查新增的角色及用户数据是否完整。

# 实训二　基础档案设置

## 一、实训目的

掌握基础档案设置的操作技能，理解基础档案设置的作用。

## 二、实训内容

1.设置基础档案。

2.备份账套数据。

## 三、实训准备

引入“实训一”备份数据。

## 四、实训资料及要求

本实训由账套主管刘志伟于2023年1月1日登录用友U8操作。

【提示】实训一中总账启用日期错误及未设置会计科目编码级次的同学，可在“基础设置→基本信息”中进行修改。

### (一) 机构人员设置

1.部门档案（见表2-2）

表2-2　部门档案

| 部门编码 | 部门名称 | 负责人 |
|---|---|---|
| 1 | 行政部 | 杜康 |
| 2 | 财务部 | 刘志伟 |
| 3 | 采购部 | 徐文斌 |
| 4 | 销售部 | 张晓燕 |
| 5 | 仓管部 | 李勇 |

【提示】部门档案中的"负责人"栏目需要在录入人员档案后再返回修改选入。

2. 人员档案（见表2-3）

表2-3 人员档案

| 所属部门 | 人员编码 | 人员姓名 | 性别 | 人员类别 | 是否业务员 | 是否操作员 | 操作员编码、姓名 |
|---|---|---|---|---|---|---|---|
| 行政部 | 101 | 杜康 | 男 | 正式工 | 是 | 否 | |
| 行政部 | 102 | 杨心怡 | 女 | 正式工 | 是 | 否 | |
| 财务部 | 201 | 刘志伟 | 男 | 正式工 | 是 | 是 | 01 刘志伟 |
| 财务部 | 202 | （学生本人姓名） | （学生本人性别） | 正式工 | 是 | 是 | 02学生本人姓名 |
| 财务部 | 203 | 陈慧玲 | 女 | 正式工 | 是 | 是 | 03陈慧玲 |
| 采购部 | 301 | 徐文斌 | 男 | 正式工 | 是 | 是 | 04徐文斌 |
| 采购部 | 302 | 陈良宇 | 男 | 正式工 | 是 | 否 | |
| 采购部 | 303 | 张志朋 | 男 | 合同工 | 是 | 否 | |
| 销售部 | 401 | 张晓燕 | 女 | 正式工 | 是 | 是 | 05张晓燕 |
| 销售部 | 402 | 林杰 | 男 | 合同工 | 是 | 否 | |
| 销售部 | 403 | 何涛 | 男 | 合同工 | 是 | 否 | |
| 仓管部 | 501 | 李勇 | 男 | 正式工 | 是 | 是 | 06李勇 |
| 仓管部 | 502 | 吴丽芳 | 女 | 合同工 | 是 | 否 | |

【提示】"雇佣状态"均为"在职"，是否操作员为"是"的6个操作员，需要点击"对应操作员名称"右侧省略号按钮，从操作员列表中选择相应操作员。

### （二）往来单位设置

1. 客户分类（见表2-4）

表2-4 客户分类

| 分类编码 | 分类名称 |
|---|---|
| 01 | 批发商 |
| 02 | 代销商 |
| 03 | 零散客户 |

2.客户档案（见表2-5）

表2-5　客户档案

| 客户编号 | 客户名称 | 客户简称 | 客户分类 | 税号 | 开户银行 | 银行账号 |
|---|---|---|---|---|---|---|
| 01001 | 新丰酒业有限公司 | 新丰酒业 | 批发商 | 320416131202833333 | 工商银行 | 270100321765632154 |
| 01002 | 三味酒业有限公司 | 三味酒业 | 批发商 | 281602131276355555 | 建设银行 | 510200620836245896 |
| 02001 | 福泰百货有限公司 | 福泰超市 | 代销商 | 210302181420211111 | 工商银行 | 270100321765365408 |
| 02002 | 中兴实业有限公司 | 中兴超市 | 代销商 | 210302181421888888 | 工商银行 | 270100321765332540 |
| 03001 | 零散客户 | 零散客户 | 零散客户 | | | |

【提示】客户档案中“开户银行”栏目点击左上角工具栏“银行”按钮，在弹出的窗口中录入银行信息，默认值选“是”。

3.供应商档案（见表2-6）

表2-6　供应商档案

| 供应商编号 | 供应商名称 | 供应商简称 | 税号 | 开户银行 | 银行账号 |
|---|---|---|---|---|---|
| 001 | 松花酒业有限公司 | 松花酒业 | 260523131206877777 | 工商银行 | 270100321765305964 |
| 002 | 声闻酒业有限公司 | 声闻酒业 | 265214131263599999 | 工商银行 | 270100321765382607 |
| 003 | 桑落酒业有限公司 | 桑落酒业 | 332561131225322222 | 建设银行 | 510200620836866324 |
| 004 | 元红酒业有限公司 | 元红酒业 | 310207131260255555 | 中信银行 | 180208062600963526 |

## （三）存货设置

1.存货分类（见表2-7）

表2-7　存货分类

| 存货分类编码 | 存货分类名称 |
|---|---|
| 01 | 白酒 |
| 02 | 黄酒 |
| 03 | 应税劳务 |

2.计量单位（见表2-8）

表2-8　计量单位

| 计量单位组 | | 计量单位 | | | |
|---|---|---|---|---|---|
| 编码 | 名称 | 编码 | 名称 | 主计量单位 | 换算率 |
| 01 | 固定换算 | 01 | 件 | 是 | 1.00 |
| | | 02 | 瓶 | 否 | 0.25 |
| 02 | 无换算 | 03 | 元 | | |

【提示】增加“无换算”分组时，计量单位组类别要选择“无换算率”。

3.存货档案（见表2-9）

表2-9 存货档案

| 存货编码 | 存货名称 | 主计量单位 | 存货分类 | 税率（%） | 存货属性 |
|---|---|---|---|---|---|
| 101 | 松花酒 | 件 | 01 | 13 | 内销、外销、外购 |
| 102 | 声闻酒 | 件 | 01 | 13 | 内销、外销、外购 |
| 103 | 桑落酒 | 件 | 01 | 13 | 内销、外销、外购 |
| 201 | 元红酒 | 件 | 02 | 13 | 内销、外销、外购 |
| 202 | 香雪酒 | 件 | 02 | 13 | 内销、外销、外购 |
| 301 | 运输费 |  | 03 | 9 | 外购、应税劳务 |

## （四）财务相关设置

1.结算方式设置（见表2-10）

表2-10 结算方式设置

| 结算方式编码 | 结算方式名称 | 票据管理 |
|---|---|---|
| 1 | 现金结算 | 否 |
| 2 | 支票结算 | 否 |
| 201 | 现金支票 | 是 |
| 202 | 转账支票 | 是 |
| 3 | 银行汇票 | 否 |
| 4 | 汇兑结算 | 否 |
| 5 | 其他 | 否 |

2.外币汇率设置

币符：$；币名：美元；汇率小数位：4位；折算方式：外币*汇率=本位币；2023年1月份记账汇率：6.4935。

3.会计科目设置

（1）修改会计科目

“1121应收票据”“1122应收账款”“2203预收账款”科目辅助核算修改为客户往来，受控系统为应收款管理系统；“2201应付票据”“2202应付账款”“1123预付账款”科目辅助核算修改为供应商往来，受控系统为应付款管理系统；“1406发出商品”科目名称改为“委托代销商品”；“1604在建工程”科目辅助核算修改为项目核算；“6403营业税金及附加”科目名称改为“税金及附加”。

（2）新增会计科目（见表2-11）

表2-11　新增会计科目

| 类型 | 科目编码 | 科目名称 | 外币币种 | 计量单位 | 辅助账类型 | 账页格式 |
|---|---|---|---|---|---|---|
| 资产 | 100201 | 工行存款 | | | 日记账、银行账 | 金额式 |
| 资产 | 100202 | 中行存款 | 美元 | | 日记账、银行账 | 外币金额式 |
| 资产 | 122101 | 个人往来 | | | 个人往来 | 金额式 |
| 资产 | 122102 | 客户往来 | | | 客户往来 | 金额式 |
| 负债 | 220201 | 应付货款 | | | 供应商往来 | 金额式 |
| 负债 | 220202 | 暂估应付款 | | | 供应商往来 | 金额式 |
| 负债 | 221101 | 工资 | | | | 金额式 |
| 负债 | 221102 | 社会保险 | | | | 金额式 |
| 负债 | 221103 | 住房公积金 | | | | 金额式 |
| 负债 | 222101 | 应交增值税 | | | | 金额式 |
| 负债 | 22210101 | 进项税额 | | | | 金额式 |
| 负债 | 22210102 | 销项税额 | | | | 金额式 |
| 负债 | 22210103 | 进项税额转出 | | | | 金额式 |
| 负债 | 222102 | 未交增值税 | | | | 金额式 |
| 负债 | 222103 | 应交企业所得税 | | | | 金额式 |
| 负债 | 222104 | 应交城市维护建设税 | | | | 金额式 |
| 负债 | 222105 | 应交个人所得税 | | | | 金额式 |
| 负债 | 222106 | 应交教育费附加 | | | | 金额式 |
| 权益 | 410401 | 提取盈余公积 | | | | 金额式 |
| 权益 | 410402 | 应付利润 | | | | 金额式 |
| 权益 | 410406 | 未分配利润 | | | | 金额式 |
| 损益 | 660101 | 工资 | | | | 金额式 |
| 损益 | 660102 | 广告费 | | | | 金额式 |
| 损益 | 660103 | 运输费 | | | | 金额式 |
| 损益 | 660104 | 折旧费 | | | | 金额式 |
| 损益 | 660105 | 社保费 | | | | 金额式 |
| 损益 | 660106 | 其他费用 | | | | 金额式 |
| 损益 | 660201 | 工资 | | | | 金额式 |
| 损益 | 660202 | 办公费 | | | 部门核算 | 金额式 |
| 损益 | 660203 | 差旅费 | | | 部门核算 | 金额式 |
| 损益 | 660204 | 折旧费 | | | | 金额式 |
| 损益 | 660205 | 社保费 | | | | 金额式 |
| 损益 | 660206 | 其他费用 | | | | 金额式 |

【提示】“6601 销售费用”明细科目录入完成后,可选择“编辑”菜单中的“成批复制”功能，将“6601 销售费用”科目下的明细科目复制到“6602 管理费用”科目下，然后修改660202、660203的名称及辅助项。会计科目录入完成后，科目总数为189个。

（3）指定会计科目

现金科目：1001 库存现金。银行科目：1002 银行存款。现金流量科目：1001 库存现金；100201 工行存款；100202 中行存款；1012 其他货币资金。

4.凭证类别设置

类别字：记。类别名称：记账凭证。限制类型：无限制。

5.项目档案设置（见表2-12）

表2-12 项目档案设置

| 项目大类 | 核算科目 | 项目分类 | | 项目目录 | |
|---|---|---|---|---|---|
| 项目管理 | 在建工程(1604) | 1 | 土建工程 | 101 | 3#仓库 |

新建“实训二”文件夹，备份账套数据。

# 项目三

## 总账系统（一）

【技能目标】

1. 能根据企业需要进行总账系统参数的设置及数据权限分配，掌握期初余额录入技能。
2. 能根据企业发生的经济业务独立填制记账凭证，掌握凭证后续处理各环节的操作技能。

【思政目标】

1. 通过传统手工账和会计信息化凭证处理的对比，让学生们充分感受会计信息化账务处理的高效和准确，激发学生学习专业知识的兴趣，努力提高专业技能，适应未来工作岗位的需要。
2. 规范操作财务软件，训练有序思维，养成良好的行为习惯，充分发挥学生学习的主动性，引导学生树立诚实守信、坚持准则的职业精神。

# 任务一　总账系统初始设置

## ◆技能点3-1　总账系统初始设置

### 一、系统参数设置

系统参数也称系统选项、业务处理控制参数，是指在企业业务处理过程中所使用的各种控制参数。系统参数的设置将决定用户使用系统的业务流程、业务模式、数据流向。用友软件的财务会计各功能模块和供应链各功能模块中均配置了业务参数设置功能。基础设置导航目录中的“业务参数”项提供了各功能模块业务参数设置入口，各功能模块中也设有“选项”功能供用户进行系统参数设置。

启用总账系统时，要根据企业的业务特点，对总账系统的一些系统选项进行设置，以便总账系统配置相应的功能或执行相应的控制，主要是制单控制、凭证控制、权限控制、账证打印设置、凭证编号方式等参数设置。若总账系统启用后由于具体情况需要或业务变更发生一些账套信息与核算内容不符的情况，也可对系统参数进行调整。

【操作要点】

在业务工作导航目录中选择“财务会计→总账→设置→选项”项，或者在基础设置导航目录中选择“业务参数→财务会计→总账”项进入总账参数设置功能。“选项”对话框有八个选项卡，即“凭证”“账簿”“凭证打印”“预算控制”“权限”“会计日历”“自定义项核算”“其他”，如图3-1所示。进入选项设置功能后点击“编辑”按钮可修改各项参数。

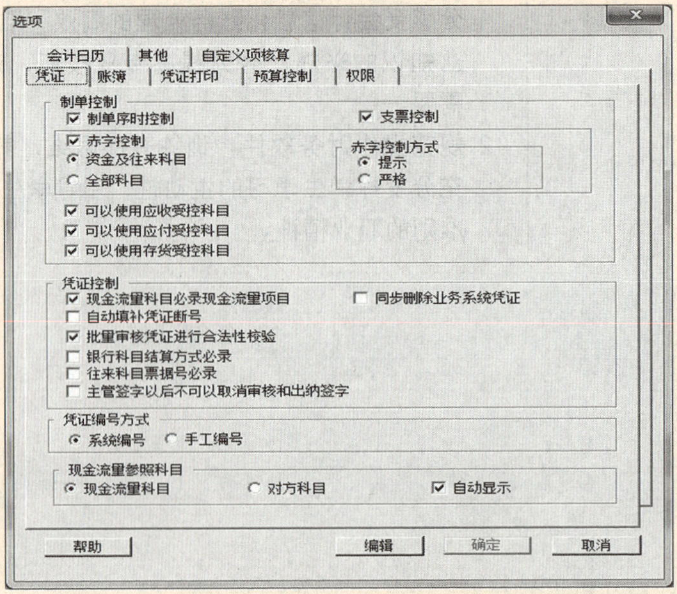


图3-1　系统参数设置界面

### （一）“凭证”选项卡重点关注选项

#### 1. 制单序时控制

此项和“系统编号”选项联用，制单时凭证编号必须按日期顺序排列，如果有特殊需要可以将其改为不序时制单。

#### 2. 支票控制

若选择此项，在制单时使用银行科目编制凭证时，系统针对票据管理的结算方式进行登记，如果录入的支票号在支票登记簿中已存在，系统提供登记支票报销的功能；否则，系统提供登记支票登记簿的功能。

#### 3. 是否可以使用受控系统科目

这里包括“可以使用应收受控科目”“可以使用应付受控科目”“可以使用存货受控科目”三个选项，主要目的是防止重复制单，总账系统使用受控科目会引起相关系统与总账对账不平，通常只允许受控系统使用这些科目进行制单，总账系统是不能使用这些科目制单的。如果希望在总账系统中也能使用这些科目填制凭证，则应选择此项。

#### 4. 现金流量科目必录现金流量项目

选择此项后，在录入凭证时如果使用现金流量科目则必须输入现金流量项目及金额。

#### 5. 银行科目结算方式必录

选中该选项，填制凭证时结算方式必须录入。录入的结算方式如果勾选“是否票据管理”，则票据号也控制为必录；录入的结算方式如果不勾选“是否票据管理”，则票据号不控制为必录。不选中该选项，则结算方式和票据号都不控制为必录。

#### 6. 往来科目票据号必录

选中该选项，填制凭证时往来科目必须录入票据号。

#### 7. 同步删除业务系统凭证

选中该选项，外部系统删除凭证时相应地将总账系统的凭证同步删除。否则，将总账系统的凭证作废，不予删除。

#### 8. 自动填补凭证断号

如果选择凭证编号方式为系统编号，则在新增凭证时，系统按凭证类别自动查询本月的第一个断号默认为本次新增凭证的凭证号。如无断号则为新号，与原编号规则一致。

#### 9. 主管签字以后不可以取消审核和出纳签字

如要求出纳签字、审核后才可对凭证执行领导签字，可选择此项。

#### 10. 凭证编号方式

系统在“填制凭证”功能中一般按照凭证类别按月自动编制凭证编号，即“系统编号”；但有的企业需要系统允许在制单时手工录入凭证编号，即“手工编号”。

### （二）“权限”选项卡重点关注选项

#### 1. 制单权限控制到科目

要在系统服务的“数据权限分配”中设置科目权限，再选择此项，权限设置方有效。选择此项，则在制单时，操作员只能使用具有相应制单权限的科目制单。

### 2. 允许修改、作废他人填制的凭证

若选择了此项，在制单时可修改或作废别人填制的凭证，否则不能修改。

### 3. 制单权限控制到凭证类别

要在系统服务的“数据权限分配”中设置凭证类别权限，再选择此项，权限设置方有效。选择此项，则在制单时，只显示此操作员有权限的凭证类别。同时在凭证类别参照中按人员的权限过滤出有权限的凭证类别。

### 4. 操作员进行金额权限控制

选择此项，可以对不同级别的人员进行金额大小的控制，例如一般财务人员只能对5万元以下的经济业务制单，这样可以减少由于不必要的责任事故带来的经济损失。如为外部凭证或常用凭证调用生成，则处理与预算处理相同，不作金额控制。

### 5. 凭证审核控制到操作员

如只允许某操作员审核其部门操作员填制的凭证，则应选择此选项。

### 6. 出纳凭证必须经由出纳签字

如要求现金、银行科目凭证必须由出纳人员核对签字后才能记账，则选择此项。

### 7. 凭证必须经由主管会计签字

如要求所有凭证必须由主管签字后才能记账，则选择此项。

### 8. 可查询他人凭证

如允许操作员查询他人凭证，则选择此项。

### 9. 明细账查询权限控制到科目

这里是权限控制的开关，在系统服务中设置明细账查询权限，必须在总账系统选项中打开，才能起到控制作用。

### 10. 制单、辅助账查询控制到辅助核算

设置此项权限，制单时才能使用有辅助核算属性的科目录入分录，辅助账查询时只能查询有权限的辅助项内容。

## （三）“其他”选项卡重点关注选项

### 1. 外币核算

如果企业有外币业务，则应选择相应的汇率方式。“固定汇率”是指在制单时，一个月只按一个固定的汇率折算本位币金额。“浮动汇率”是指在制单时按当日汇率折算本位币金额。

### 2. 启用调整期

如果希望在结账后仍旧可以填制凭证用来调整报表数据，可在总账选项中启用调整期。调整期启用后，加入关账操作，在结账之后、关账之前为调整期。在调整期内填制的凭证为调整期凭证。

【提示】

（1）若希望每个操作员都可查询所有科目的明细账，可在“选项”功能中的“权限”选项卡里取消“明细账查询权限控制到科目”的设置。

（2）若希望凡是拥有凭证审核权限的操作员都可以审核其他所有操作员填制的凭证，可在“选项”功能中的“权限”选项卡里，取消“凭证审核控制到操作员”的

设置。

（3）若希望每个操作员都可使用所有科目制单，可在“选项”功能中的“权限”选项卡里，取消“制单权限控制到科目”的设置。

## 二、数据权限、金额权限分配

### （一）数据权限分配

在系统管理中定义了角色或用户，并分配完功能级权限后才能进行“数据权限分配”。数据级权限可以通过记录级和字段级两个方面进行权限控制。记录权限分配是指对具体业务对象进行权限分配；字段权限分配是对单据中包含的字段进行权限分配。

【操作要点】

（1）进行数据权限控制设置。数据权限控制设置是数据权限设置的前提。在系统服务导航目录中选择“权限→数据权限控制设置”项，进入数据权限控制设置功能。用户可以根据需要先在数据权限设置表中“是否控制”栏点击复选框，选择需要进行权限控制的对象，数据权限的控制分为记录级和字段级两个层次，对应系统中的两个选项卡“记录级”和“字段级”，系统将自动根据该表中的选择在数据权限设置中显示所选对象，如图3-2所示。

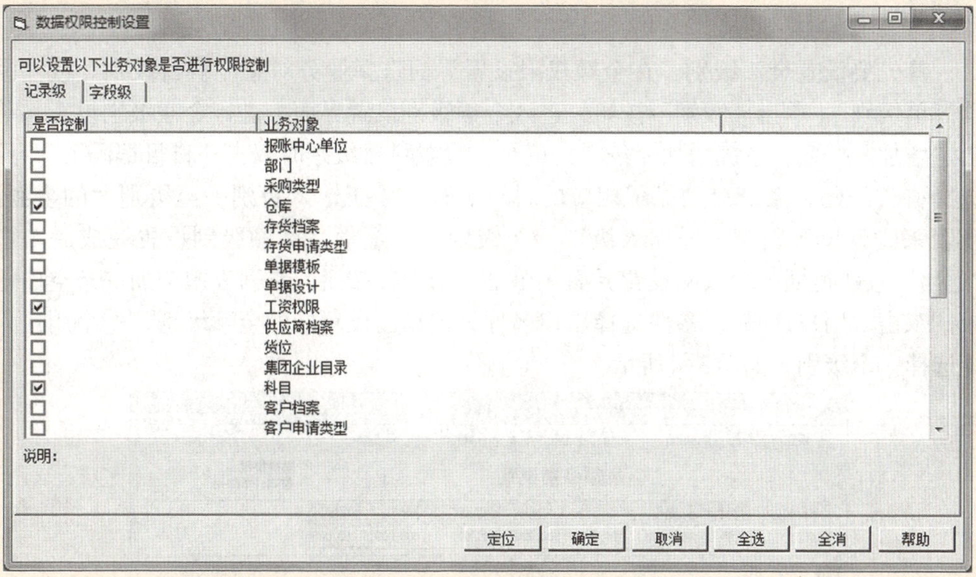


图3-2　数据权限控制设置

（2）进行数据权限分配。在业务工作导航目录中选择“总账→设置→数据权限分配”项，或者在系统服务导航目录中选择“权限→数据权限分配”项，打开权限浏览界面。在“用户及角色”窗口选择用户，在“业务对象”栏选择需要授权的业务对象，单击“授权”按钮进入记录权限设置界面，如图3-3所示。在记录权限设置界面，将相应项目从“禁用”窗口选择到“可用”窗口，单击“保存”按钮，系统提示“保存成功，重新登录门户，此配置才能生效！”。

微课

新增会计科目后的数据权限分配

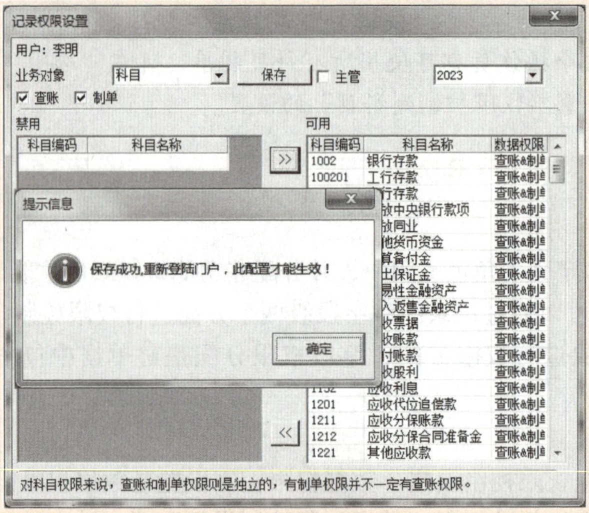


图3-3 记录权限设置

## （二）金额权限分配

金额权限分配功能用于设置用户可使用的金额级别，对业务对象提供金额权限设置：采购订单的金额审核额度、科目的制单金额额度。在设置这两个金额权限之前必须先设定对应的金额级别。

【操作要点】

首先要设置金额级别。在金额权限设置界面选择业务对象“科目级别”或“采购订单级别”，单击“级别”按钮，进入金额级别设置界面，进行金额级别设置。单击“增加”按钮，系统增加一条空白记录，设置科目级别时双击“科目编码”，参照选择科目编码，系统自动显示相应的科目名称，手工输入级别一至级别六的金额。设置采购订单级别时只需输入级别一至级别六的金额。金额级别设置完成后单击“退出”按钮返回金额权限设置界面，单击“增加”按钮，在列表中增加一条空白记录。双击“用户编码”，参照选择用户名称，选择已设置好的金额级别，一个用户只能选择一个级别，如图3-4所示。

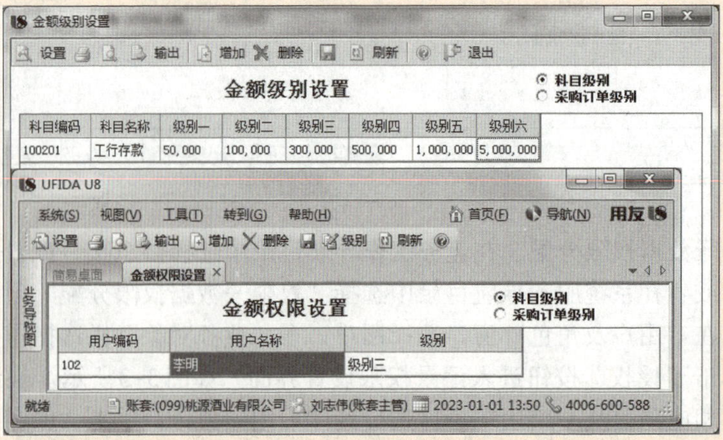


图3-4 金额权限设置

【提示】

（1）设置科目级别时，当对一个用户设置了一个级别后，相当于该用户对所有的科目均具有相同的级别，若该科目没有设置金额级别，即表示该科目不受金额级别控制。

（2）调用常用凭证生成的凭证、期末转账结转生成的凭证以及在外部系统生成的凭证，如果超出金额权限，保存凭证时不受限制。

## 三、期初余额录入

第一次使用总账系统，必须使用期初余额录入功能输入科目余额进行试算平衡。如果系统中已有上年的数据，在使用“结转上年余额”后，上年各账户余额将自动结转到本年。年初建账，只需录入年初余额；年中建账，除了录入期初余额外，还要录入年初至建账月份的借、贷方累计发生额，年初余额由系统自动计算。

【操作要点】

（1）无辅助核算的末级科目。无辅助核算的末级科目以白色显示，将光标移到需要输入数据的余额栏，直接输入数据即可。若为数量、外币核算，应先录入本币金额，再录入数量或外币金额。

（2）有辅助核算的末级科目。含个人往来、客户往来、供应商往来、部门核算、项目核算等辅助账类科目以黄色显示，其余额需要双击辅助核算科目的期初余额，在弹出的辅助核算科目期初余额录入窗口中单击“增行”按钮输入辅助期初余额。辅助账类为客户往来、供应商往来、个人往来的科目在双击期初余额进入“辅助期初余额”窗口后，还应单击“往来明细”按钮进入“期初往来明细”窗口录入期初往来明细数据，如图3-5所示。

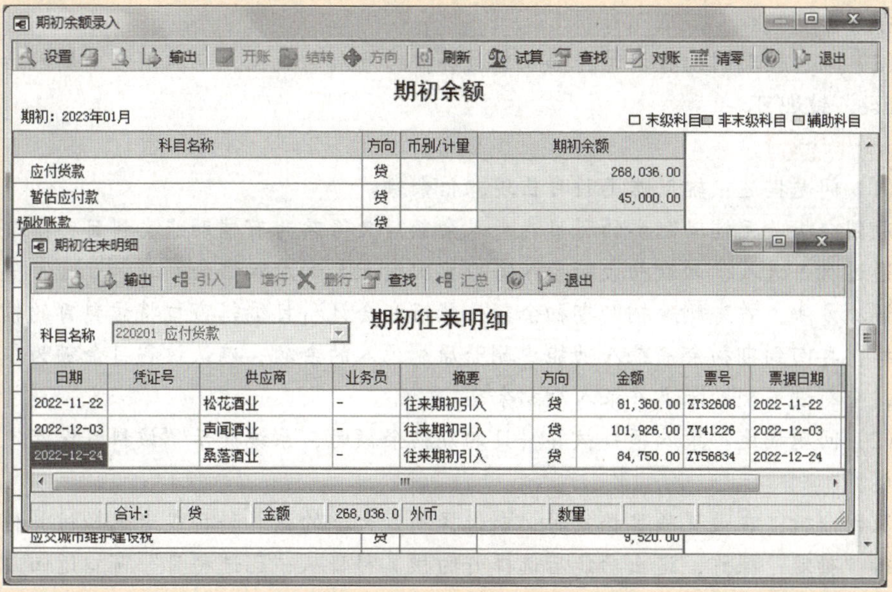


图3-5　期初往来明细

（3）非末级科目。非末级科目以灰色显示，其余额和累计发生数由系统自动计算。

录完所有余额后，单击“试算”按钮，可查看期初余额试算平衡表，检查余额是否平衡，也可单击“对账”按钮，检查总账、明细账、辅助账的期初余额是否一致。

【实用技巧】

（1）调整余额方向。在未录入余额时，单击“方向”按钮或鼠标右键选择“调整余额方向”可修改科目的余额方向，但只能调整一级科目的余额方向，当一级科目方向调整后，其下级科目也随一级科目相应调整方向。已录入余额的科目需要删除余额后才能调整余额方向。

（2）引入往来科目期初余额。在启用了应收款、应付款管理系统并已录入期初余额的情况下，可从应收款、应付款管理系统获取明细数据。在期初余额录入界面，选择有往来核算属性的末级会计科目，双击“期初余额”栏，进入辅助期初余额界面，单击“往来明细”按钮，进入期初往来明细界面；单击“引入”按钮从应收款、应付款管理系统引入选择科目的期初明细，完成后单击“汇总”按钮汇总往来数据。

（3）期初余额试算不平衡时差错查找。当漏填一项数据时，差额数即为目标数据；余额方向错误时可用除2法，即差额数除以2所得商数为目标数据；单一数据错位时可用除9法，即差额数除以9所得商数为目标数据，前提是差额数各数字之和是9或9的倍数。例如差额数为“83 142”，8+3+1+4+2=18，能被9整除，83 142除以9得商数9 238，即表明差错是误将92 380录入为9 238。

【提示】

（1）记账后不能再录入、修改期初余额，余额录入窗口右上角显示“浏览、只读”字样。

（2）录入辅助明细数据时，如果想放弃整行增加的数据，在取消当前输入后，再按“Esc”键即可。

【故障诊断】

（1）问题描述：辅助账类科目出现双倍余额。

原因分析：无辅助账类的科目在录入余额后又修改为有辅助账类科目，修改后其余额通过双击进入辅助期初余额录入窗口再次输入，形成双倍余额。

微课

双倍期初余额的调整方法

解决方法：首先删除辅助期初余额，然后在会计科目编辑窗口将该科目的辅助属性去掉，再回到期初余额录入功能中删除原先录入的余额。确认该科目余额为零的情况下，重新设置辅助账类并录入期初余额。

（2）问题描述：录入项目核算科目的期初余额时，系统提示“该科目没有定义项目大类！”。

原因分析：在设置项目档案时，未选择项目大类的核算科目或者选择核算科目后未进行“确定”操作，退出功能后选择好的核算科目从“已选科目”窗口返回“待选科目”窗口。

解决方法：在项目目录功能中重新选择该项目大类的核算科目，并按“确定”按钮保存设置。

(3) 问题描述：有外币、数量核算的科目只能录入金额，不能录入外币、数量。

原因分析：在编辑该需要进行外币或数量核算的科目时，未选择“外币核算”或“数量核算”选项。

解决方法：进入会计科目编辑功能，修改该科目，需要进行数量核算的科目在“数量核算”选项前打“√”，并在“计量单位”框中输入该存货的计量单位；需要进行外币核算的科目在“外币核算”选项前打“√”，并在“币种”下拉框中选择币种。

# 标准习题

## 一、判断题

1.总账系统参数设置“凭证”选项卡中的参数可以随时调整。（　）

2.在总账参数中选中“同步删除业务系统凭证”项，外部系统删除凭证时相应地将总账的凭证同步删除。（　）

3.数据权限分配中的科目权限用于限制用户能够对哪些科目数据进行查询、录入，用于总账、应收款、应付款管理系统科目权限控制。（　）

4.如果某科目为数量、外币核算，可以录入期初数量、外币余额。但必须先录入本币余额，再录入数量、外币余额。（　）

5.在总账系统中录入科目余额时，辅助账的期初余额要求在辅助项中输入，其借贷累计发生额则可以直接输入。（　）

6.在总账系统中，期初余额试算不平衡，可以填制凭证，但不能执行记账功能。（　）

7.在总账系统中输入会计科目期初余额时，应遵循由下至上的原则，先输入下级科目余额，再输入上级科目余额。（　）

8.进行金额权限分配时，若对一个用户授权的级别没有对应的金额，但是该级的前一级别有金额，则对于该用户来说表示其拥有无穷大的权限。（　）

9.无论往来核算在总账还是在应收款、应付款管理系统，有往来辅助核算的科目都要按明细录入数据。（　）

10.“出纳凭证必须经由出纳签字”参数只有凭证类别设置为收款、付款、转账凭证时有效。（　）

## 二、单项选择题

1.总账参数设置中，“制单序时控制”项和（　）选项联用。

A.系统编号　B.手工编号　C.支票控制　D.赤字控制

2.下列参数中，不在凭证选项卡设置的是（　）。

A.制单序时控制　　B.制单权限控制到科目
C.自动填补凭证断号　　D.可以使用存货受控科目

3.数据权限分配的业务对象为（　　）时，确定分配对象是否拥有“查询”“删改”“审核”“弃审”“撤销”等权限控制。

A.科目　　B.用户　　C.部门　　D.工资权限

4.录入期初余额时，（　　）的期初余额可以通过“引入”功能从子系统取数。

A.固定资产　　B.应收账款　　C.应付职工薪酬　　D.应交税费

5.不能在期初余额录入界面直接录入期初余额的是（　　）。

A.无辅助核算的末级科目金额　　B.有往来核算的末级科目金额
C.有数量核算的末级科目金额　　D.有外币核算的末级科目金额

## 三、多项选择题

1.金额权限控制中不受控制的情况有（　　）。

A.调用常用凭证生成的凭证　　B.总账系统填制的凭证
C.期末转账结转生成的凭证　　D.外部系统生成的凭证

2.在总账系统期初余额功能中，需要通过辅助项输入期初数据的有（　　）。

A.外币核算科目　　B.项目核算科目　　C.往来核算科目　　D.数量核算科目

3.总账系统“期初余额”提供（　　）等功能。

A.录入科目期初余额　　B.核对科目期初余额
C.期初余额清零　　D.试算平衡

4.总账系统“设置/选项”中属于权限选项的有（　　）。

A.可以使用存货受控科目　　B.可以使用应付受控科目
C.可以查询他人凭证　　D.出纳凭证必须经由出纳签字

5.数据权限分配中适用于总账系统的业务对象有（　　）。

A.科目　　B.项目　　C.用户　　D.工资权限

参考答案

# 任务二　凭证管理

## ◆技能点3-2　凭证填制及查询删改

### 一、填制凭证

记账凭证是总账系统处理的起点，也是所有查询数据的最主要的一个来源，日常业务处理首先从填制凭证开始。

【操作要点】

由具有填制凭证权限的操作员在业务工作导航目录中选择“财务会计→总账→凭证→填制凭证”项，进入填制凭证功能，单击“增加”按钮或按“F5”键，增加一张新凭证。选择好凭证类型、调整制单日期、输入业务内容摘要、涉及的会计科目、填写相关辅助项、录入金额后，单击“保存”按钮或按“F6”键保存这张凭证。系统提示“凭证已成功保存!”，如图3-6所示。

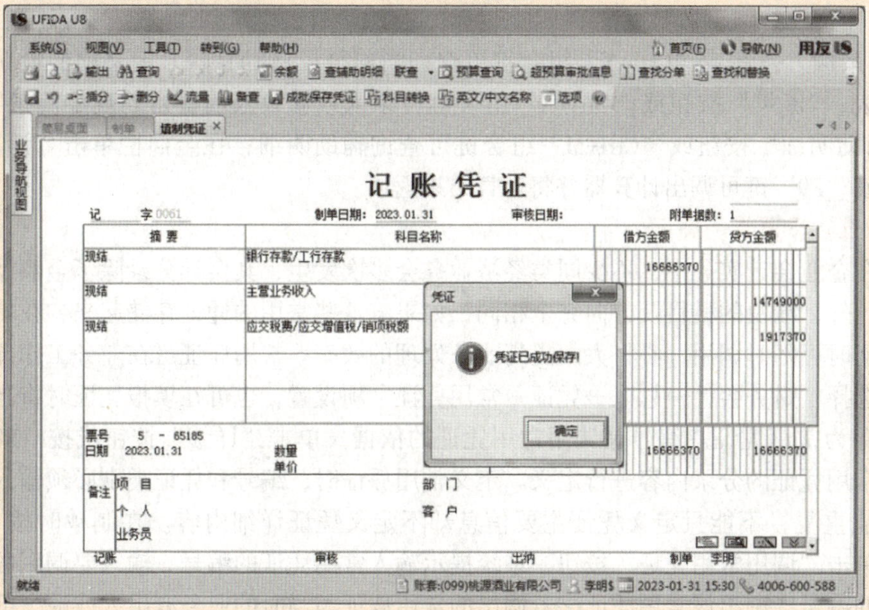

图3-6　填制凭证

## （一）设置凭证选项

在填制凭证界面，单击“选项”按钮，显示凭证选项设置界面。通过凭证选项设置，为录入凭证提供一些快捷操作。主要设置包括：自动携带上条分录信息，可选摘要、辅助项、自定义项、科目、结算方式、结算日期、结算票号、汇率、数量、业务员等项目；凭证控制选项包括是否检查外币平衡、是否进行实时核销、借贷平衡凭证提示保存、进入时是否自动新增凭证等；新增凭证日期可选凭证类别最后一张日期或登录日期。凭证选项设置仅对当前操作员有效。

## （二）设置常用摘要

在输入单据或凭证的过程中，因为业务的重复性发生，经常会有许多摘要完全相同或大部分相同，如果将这些常用摘要存储起来，在输入单据或凭证时随时调用，必将大大提高业务处理效率。可在基础档案的“其他”项中选择“常用摘要”或者在摘要栏双击，然后单击右下角按钮进入常用摘要设置功能。单击“增加”按钮，新增一条常用摘要，录入编号、摘要内容、相关科目，这些信息可任意设定并在调用后修改补充。调用常用摘要可以在输入摘要时直接输入摘要代码或按“F2”键参照输入。

## （三）用好处理金额的三个快捷键

“=”键能实现自动填写借贷平衡差额，在录入每张凭证的最后一笔金额时，按“=”键系统会自动填入借贷方差额；“-”键能实现凭证金额的红、蓝字切换，需要输入红字金额时，在输入金额前或输入金额后按“-”键，可使金额变为红字，再按一次则变回蓝字；空格键能实现金额的借贷方向切换，输入数量金额式科目的数量和单价后，其金额自动列在“借方金额”栏，如需改为贷方金额，可按空格键进行切换。

### （四）用好数据计算查询的功能按钮/快捷键

“余额”按钮或“Ctrl+Y”组合键可查询当前科目+辅助项+自定义项的最新余额一览表；“流量”按钮或“Ctrl+X”组合键可录入或修改当前科目的现金流量明细；“查辅助明细”按钮或“Ctrl+M”组合键可查询辅助明细；在金额栏单击“计算器”按钮或“F9”键可调出计算器并将计算结果返回。

### （五）设置常用凭证

在企业会计实务中，不少同类经济业务会多次发生，其会计分录除了金额及涉及的部门外，涉及的科目及方向完全相同，如果将这些常用的凭证存储起来，在填制会计凭证时可随时调用，必将大大提高业务处理的效率。常用凭证可在业务工作导航目录中选择“财务会计→总账→凭证→常用凭证”项设置，也可在填报凭证时将当前凭证保存为常用凭证。编号是调用常用凭证的依据。单击“详细”按钮或按“F8”键可对常用凭证的分录内容进行定义。定义常用凭证时，编号和凭证类别必须输入，编号不能重复，不能只定义凭证主要信息却不定义凭证详细内容。在制单时按“F4”键或单击“调用常用凭证”按钮，系统提示输入常用凭证的编号，输入要调用的常用凭证的编号，调出该常用凭证，若调出的常用凭证与当时的业务有出入或缺少部分信息，可直接将其修改成所需的凭证。

微课
常用凭证保存及调用

### （六）使用支票登记簿

支票登记簿用于详细登记支票领用人、领用日期、支票用途、是否报销等情况。使用的前提有三项：一是在“结算方式”设置中对需使用支票登记簿的结算方式在“是否票据管理”前打“√”；二是在总账参数的“支票控制”前打“√”；三是在“会计科目”中将“银行存款”科目设置为银行账。在业务工作导航目录中选择“财务会计→总账→出纳→支票登记簿”项，在弹出的银行科目选择对话框中选择需要登记支票的银行科目，进入支票登记簿界面。单击“增加”按钮，新增一空行，登记支票领用人、领用日期、支票用途、是否报销等信息。新增记录为未报销记录，未报销支票背景呈现白色。支票支出后，经办人持原始单据（发票）到财务部门报销，会计人员据此填制记账凭证，当在系统中录入该凭证时，系统要求录入该支票的结算方式和支票号，在系统填制完成该凭证后，系统自动在支票登记簿中为该号支票写上报销日期，该号支票即为已报销，已报销支票背景呈现黄色。

【提示】

（1）若手工输入科目代码，应顶格输入。若科目代码前有空格，系统会提示“科目不合法!”。

（2）系统默认应按时间顺序填制凭证，即每月内的凭证日期不能倒流。将账套参数“制单序时”取消则可解除这种限制。

（3）凭证一旦保存，其凭证类别、凭证编号将不能再修改。

（4）外部系统传过来的凭证不能在总账系统中进行修改，只能在生成该凭证的系统中进行修改。

【故障诊断】

（1）问题描述：输入“银行存款”科目后，系统没有弹出供输入结算方式、票号、发生日期等信息的辅助项输入窗口。

原因分析：设置会计科目时没有把“银行存款”科目选为“银行账”。

解决方法：修改“银行存款”科目的属性，将“银行账”选项的复选框打上“√”即可。

（2）问题描述：在保存凭证时，系统弹出信息“不满足借贷必无条件”。

原因分析：凭证类型选错，转账凭证不涉及现金及银行存款科目，在凭证类别设置时对收款、付款、转账凭证若设置了相应的限制科目，在填制凭证时，操作员忘记选择凭证类别或选错凭证类别时，系统会给出提示信息，不允许保存凭证。

解决方法：在凭证类别处选择正确的类别，然后保存。

微课

账套演示期限到期的成因及预防措施

## 二、修改凭证

【操作要点】

在填制凭证中，通过单击“首页”“上页”“下页”“末页”按钮翻页查找或单击“查询”按钮输入查询条件，找到要修改的凭证。将光标移到制单日期处，可修改制单日期。若要修改附单据数、摘要、科目、外币、汇率、金额，可直接将光标移到需修改的地方进行修改即可。凭证下方显示每条分录的辅助项信息，若要修改某辅助项，则将光标移到要修改的辅助项处，双击鼠标，屏幕显示辅助项录入窗口，直接在上面修改即可。若要修改金额方向，可在当前金额的相反方向按空格键。若希望当前分录的金额为其他所有分录的借贷方差额，则在金额处按“=”键即可。单击“插分”按钮或按“Ctrl+I”组合键可在当前分录前插入一条分录。单击“删分”按钮或按“Ctrl+D”组合键可删除当前光标所在的分录。修改完毕后，单击“保存”按钮保存当前修改，单击“放弃”按钮放弃当前凭证的修改。

【实用技巧】填制凭证时如何更换制单人姓名？

以目标操作员注册进入总账系统（该操作员应具有“填制凭证”权限）；在“填制凭证”功能中找到需要修改制单人的凭证，若凭证没有需要修改的地方，只要在摘要栏加一空格，系统询问“是否修改他人填制凭证?”，选择“是”即可将制单人姓名改为目标操作员。或者单击“作废/恢复”按钮，系统询问“是否需要作废他人填制的凭证?”，选择“是”即可将制单人姓名改为目标操作员，然后再单击“作废/恢复”按钮，去掉“作废”戳记，将当前凭证恢复为有效凭证即可。若凭证已经进行审核或出纳签字，应先取消审核或出纳签字，才能进行制单人更换。

微课

填制凭证时如何更换制单人姓名？

## 三、凭证作废及整理

【操作要点】

（1）凭证作废及恢复。进入填制凭证后，通过按“首页”“上页”“下页”“末页”键翻页查找或按“查询”按钮输入查询条件，找到要作废的凭证。单击“作废/

恢复”按钮，凭证左上角显示“作废”字样，表示已将该凭证作废。再次单击“作废/恢复”按钮可取消作废标志，并将当前凭证恢复为有效凭证。作废凭证仍保留凭证内容及凭证编号，只在凭证左上角显示“作废”字样。作废凭证不能修改，不能审核。在记账时，不对作废凭证作数据处理，其相当于一张空凭证。在账簿查询时，也查不到作废凭证的数据。

（2）凭证整理。有些作废凭证不想保留，可以通过凭证整理功能将这些凭证彻底删除，并对未记账凭证重新编号。操作方法如下：在填制凭证功能中单击“整理凭证”，选择要整理的月份，单击“确定”后，屏幕显示作废凭证整理选择窗口。选择要彻底删除的作废凭证，单击“确定”按钮，系统将这些凭证从数据库中删除掉，并询问“是否还需要整理凭证断号?”，如选择“是”系统将对剩下的凭证重新排号。

微课

如何删除多余的凭证?

【提示】

（1）若本月已有凭证已记账，那么，本月最后一张已记账凭证之前的凭证将不能作凭证整理，只能对其后面的未记账凭证作凭证整理。若想作凭证整理，请先到“恢复记账前状态”功能中恢复本月月初的记账前状态，再作凭证整理。

（2）若由于手工编制凭证号造成凭证断号，也可通过此功能进行整理，方法是不选作废凭证，直接按“确定”按钮即可。由系统编号时，删除凭证后系统提示是否整理空号凭证，若选择“是”，则将作废凭证删除并重新排凭证编号。

微课

如何插入漏做的凭证?

【实用技巧】如何插入漏做的凭证?

例如某月付款凭证已经做到付字10号，发现漏做一张凭证，按发生日期排序，应该是付字3号。如果直接增加凭证，那么凭证号为付字11号，凭证日期也应该大于等于付字10号的日期。要将该凭证插入到前面，可按如下步骤操作：第一步，在“总账→设置→选项”中将凭证编号方式由“系统编号”改为“手工编号”；第二步，从后往前，分别将原有付款凭证的编号加“1”后保存。例如原付字10号改为付字11号，原付字9号改为付字10号，直到原付字3号改为付字4号。注意：原有付款系列凭证必须是未审核、未记账状态，否则不能实现凭证插入。第三步，增加凭证，选择付款凭证，在凭证编号处手工输入“0003”，其他步骤与正常凭证填制相同，保存后完成凭证插入。第四步，在“选项”中将凭证编号方式由“手工编号”改回到“系统编号”。

## 四、凭证查询

凭证查询功能用于查询已记账及未记账凭证。

【操作要点】

在业务工作导航目录中选择“财务会计→总账→凭证→查询凭证”项，显示查询条件窗口。按记账范围可选“全部凭证”“已记账凭证”“未记账凭证”；按凭证标记可选“全部”“作废凭证”“有错凭证”，三者任选其一；按凭证头尾内容可选择要查询的凭证类别、凭证来源、制单人、审核人、出纳人、会计主管、查询月份和凭证号范围、日期范围等，选日期范围时凭证号范围不可选；如要按科目、摘要、金额等辅助信息进行查询，可单击“辅助条件”按钮输入辅助查询条件，确认后，显示符合条件的凭证列表，如图3-7所示。

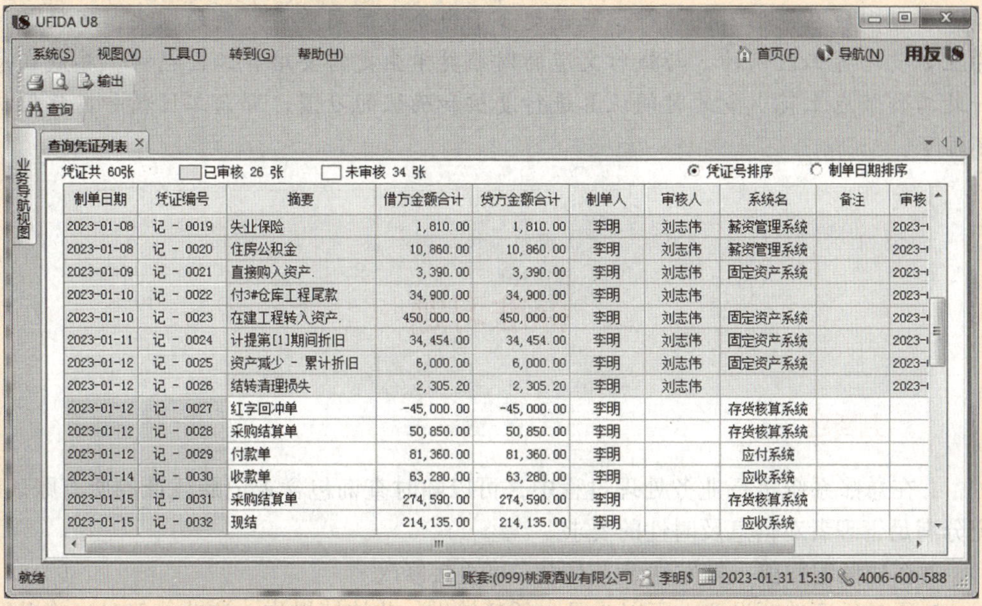


图3-7 查询凭证列表

在凭证列表中双击某张凭证，则屏幕显示此张凭证，并将光标锁定在符合查询条件的第一条分录。如果在此需要修改凭证，可在权限范围内单击“修改”按钮，修改后单击“保存”按钮或按“F6”键保存修改的内容。可翻页查找其他凭证或单击“查询”按钮输入条件查找。

## 【明德善思】

### 严守复核确认关 培育工匠精神

在会计信息系统软件操作中，总有一些学生过来述说这样的问题：“老师，怎么系统不让我保存1月5号的凭证”、“老师，我账套中的供应商和客户都不见了”、“老师，我工资分摊的凭证明明都做过了，现在没有了”……如此等等。打开他们的账套一看，不能保存凭证的同学是总账系统启用日期错了，应该1月1日启用，一查却是1月16日启用，当然就不能保存16日前的凭证。没有了客商信息和凭证的同学则是引错了账套备份文件，原本应该恢复上次课的备份，结果引入了上上次课的备份，进行实训七业务操作时，原本应该引入实训六完成的备份，结果引入了实训五完成的备份，发现时要补救则需要大量时间。这些现象表明出错的同学在关键节点上没有把好复核确认关，每当要启用新的子系统时，老师都会提醒同学启用后花两秒钟确认一下启用日期，每次上课时提醒同学查看一下本次引入的账套中，上次完成的操作内容是否存在，以避免上述差错的发生。没有听进去的同学往往是追求短平快、速度与效率优先，缺失精雕细琢、精益求精、追求完美和极致的工匠精神，其结果往往事与愿违，在修改差错上耗费更多时间。

广义的工匠精神是指凝结在人身上的、在制作或工作中追求精益求精的态度和品质。工匠精神的第一个内涵是严谨专注，第二个内涵是注重细节，第三个内涵是精益求精。现在提倡工匠精神，正是契合了当今中国高质量发展的需要，不仅工科学生需要培育工匠精神，与钱打交道的财经类学生更需要培育工匠精神，养成在每一处工作节点上花少量的时间认真进行复核和确认的习惯，那么工匠精神离我们就不远了。

# 标准习题

## 一、判断题

1. 在总账系统进行业务处理过程中，可以随时查询包含未记账凭证的所有账表，充分满足管理者对信息及时性的要求。（　）

2. 在凭证记账前，如发现录入有误，可直接修改。（　）

3. 通过凭证选项设置，可以为录入凭证提供一些快捷操作，该功能仅对当前操作员有效。（　）

4. 如果凭证上的金额为负数，则在录入金额时须按“F2”键才能将金额显示为红字。（　）

5. 凭证查询功能中能对总账系统填制的凭证进行修改。（　）

6. 外部系统传输给总账系统的记账凭证可以在总账系统审核、记账。（　）

7. 在总账系统中，凭证上的每个分录行必须有摘要，且同一张凭证上的摘要应相同。（　）

8. 在填制记账凭证时所使用的会计科目必须是末级会计科目，金额可以为零，红字用“-”号表示。（　）

9. 若当前分录的金额为其他所有分录的借贷方差额，则在金额处按“=”键即可。（　）

10. 填制记账凭证时，凭证一旦保存，其凭证类别不能再进行修改。（　）

## 二、单项选择题

1. 在总账系统中，用户可通过（　）功能彻底删除已作废记账凭证。

A. 整理凭证　　B. 冲销凭证　　C. 作废凭证　　D. 删除分录

2. 在填制记账凭证时，可以使用（　）调整金额方向。

A. 回车键　　B. “Shift”键　　C. 空格键　　D. “F2”键

3. 在总账系统中，凭证可以在（　）以后直接修改。

A. 记账　　B. 审核　　C. 结账　　D. 制单

4.在凭证输入过程中，可以由软件自动校验出的错误是（　　）。

A.未输入凭证摘要　　B.科目选择错误

C.没有填写附件张数　　D.凭证金额与所附的原始单据不一致

5.在填制凭证时要使用科目“1122 应收账款”，如果在会计科目栏输入（　　），系统会提示“科目不合法!”。

A.1122　　B.空格+1122　　C.11+F2　　D.应收+F2

6.在总账系统中，保存记录的快捷键是（　　）。

A.“F2”键　　B.“F5”键　　C.“F6”键　　D.“F11”键

7.在查询凭证时，若查询条件选择凭证号范围时，（　　）范围不可选。

A.日期　　B.月份　　C.记账　　D.凭证标志

8.在填制凭证时，要查询光标所在行科目的最新余额，可按（　　）组合键查询。

A.“Ctrl+X”　　B.“Ctrl+Y”　　C.“Ctrl+L”　　D.“Ctrl+M”

9.在填制凭证时，按（　　）键可以调用常用凭证。

A.“F2”　　B.“F4”　　C.“F5”　　D.“F8”

10.在填制凭证时，按（　　）键可以调出计算器。

A.“F2”　　B.“F4”　　C.“F5”　　D.“F9”

## 三、多项选择题

1.在凭证选项设置中，自动携带上条分录信息的可选项目包括（　　）。

A.摘要　　B.辅助项　　C.科目　　D.业务员

2.在凭证中输入会计科目时，可输入（　　）。

A.科目编码　　B.助记码　　C.科目名称　　D.科目性质

3.在输入凭证科目时，如果该科目为银行科目，还应输入（　　）。

A.发生日期　　B.票号　　C.结算方式　　D.数量

4.删除凭证需要经过的步骤有（　　）。

A.作废凭证　　B.整理凭证　　C.取消凭证　　D.标错凭证

5.通过总账系统“凭证/查询凭证”功能，可以查询到（　　）。

A.已记账凭证　　B.未记账凭证　　C.作废凭证　　D.有错凭证

6.总账系统中记账凭证的来源有（　　）。

A.从其他业务系统自动传递转入

B.根据审核无误的原始单据人工编制录入

C.系统根据设定的自动转账分录自动生成

D.从外部导入，如凭证引入或接口开发

7.凭证一旦输入并保存，可以修改的项目有（　　）。

A.摘要　　B.凭证类别　　C.凭证编号　　D.制单日期

8.凭证中不同行输入的摘要（　　）。

A.不能为空　　B.可以不同　　C.可以相同　　D.可以为空

参考答案

9. 输入会计科目后会弹出辅助项录入窗口的是设置为（　　）的科目。

A. 客户往来　　B. 供应商往来　　C. 现金流量　　D. 项目核算

10. 在总账系统中，已经作废的凭证仍保留（　　）。

A. 凭证编号　　B. 凭证内容　　C. 审核人　　D. 出纳签字

## ◆技能点3-3　凭证后续处理

按财务分工对凭证进行后续处理，包括出纳签字、审核凭证、主管签字、记账等操作，能查询生成科目汇总表，掌握各种账表的查询方法。

### 一、出纳签字

由于出纳凭证涉及企业现金的收入与支出，应对其加强管理。出纳人员可通过出纳签字功能对制单员填制的带有现金、银行科目的凭证进行检查核对，主要核对出纳凭证的会计科目和金额是否正确，审查认为错误或有异议的凭证，应交与填制人员修改后再核对。

【操作要点】

在业务工作导航目录中选择“财务会计→总账→凭证→出纳签字”项，屏幕出现凭证选择条件窗口。输入查询条件后，屏幕显示出纳签字列表。在出纳签字列表中，已签字的凭证以黄色显示，未签字的凭证以白色显示，如图3-8所示。双击某张凭证，则屏幕显示此张凭证，如果此凭证不是要进行签字的凭证，可单击“首页”“上页”“下页”“末页”按钮翻页查找或按“查询”按钮输入条件查找。

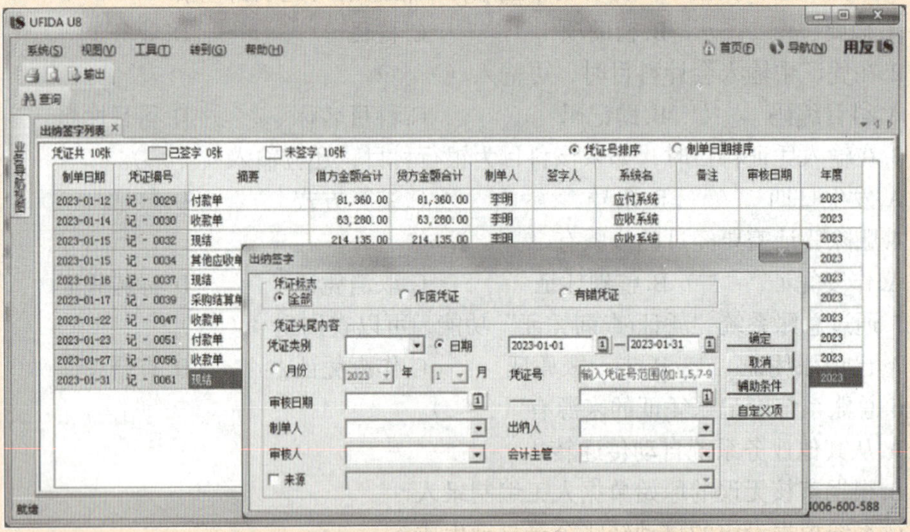


图3-8　出纳签字

#### （一）对当前凭证签字或取消签字

当屏幕显示待签字凭证，出纳人员在确认该张凭证正确后，单击“签字”按钮，系统在凭证下方“出纳”处自动签上出纳人姓名。若想对已签字的凭证取消签字，可单击“取消”按钮取消签字。

### （二）成批签字或成批取消签字

出纳员对本次选定的凭证核对无误后，在“批处理”按钮右侧单击下拉按钮并选择“成批出纳签字”，系统自动对当前范围内的所有未签字凭证执行签字；选择“成批取消签字”，系统自动对当前范围内的所有已签字凭证执行取消签字。

### （三）补结算方式和票据号

如果在录入凭证时没有录入结算方式和票据号，在出纳签字时还可以补充录入。单击“票据结算”按钮，列示所有需要进行填充结算方式、票据号、票据日期的分录，包括已填写的分录；填充结算方式和票据号时，针对票据的结算方式进行相应支票登记。已签字凭证，取消签字后才能进行票据填写。

【提示】

（1）企业若不需要出纳签字功能，可在“选项”中取消“出纳凭证必须经由出纳签字”的设置。

（2）凭证一经签字，就不能被修改、删除，只有取消签字后才可以进行修改或删除。

（3）取消签字只能由出纳人自己进行。

（4）企业可以依据实际需要加入出纳签字后方可执行领导签字的控制，同时取消签字时控制领导尚未签字。可在“选项”中选中“主管签字以后不可以取消审核和出纳签字”。

【故障诊断】

问题描述：进入出纳签字功能时，系统提示“没有符合条件的凭证”。

原因分析：会计科目设置的指定科目功能中未指定现金科目和银行科目。

解决方法：在会计科目编辑窗口的“编辑”菜单中选择“指定科目”项，将“库存现金”科目设置为现金科目，将“银行存款”科目设置为银行科目。然后进入出纳签字功能即可查询到收、付款凭证。

## 二、凭证审核

审核凭证是审核员按照财会制度，对制单员填制的记账凭证进行检查核对，主要审核记账凭证是否与原始凭证相符，会计分录是否正确等，审核中发现错误或有异议的凭证，应标错后交由原填制人员修改，再进行审核签章。

【操作要点】

在业务工作导航目录中选择“财务会计→总账→凭证→审核凭证”项，屏幕出现审核凭证条件窗口，输入审核凭证的条件后，屏幕显示凭证审核列表。在凭证审核列表中，已审核的凭证以黄色显示，未审核的凭证以白色显示。双击某张凭证，则屏幕显示此张凭证，如果此凭证不是要审核的凭证，可单击“首页”“上页”“下页”“末页”按钮翻页查找或按“查询”按钮输入条件查找。系统提供了两种签字和取消签字的方法：对当前凭证审核或取消审核、成批审核凭证或成批取消审核，操作方法与出纳签字相同。

【提示】

（1）要执行凭证审核功能，审核人除了要具有审核权外，还需要在“数据权限”

中设置对待审核凭证制单人所制凭证的审核权，并且审核人和制单人不能是同一个人。

(2) 凭证一经审核，就不能被修改、删除，只有取消审核签字后才可以进行修改或删除。

(3) 取消审核签字只能由审核人自己进行。

(4) 若审核人员发现该凭证有错误，可按“标错”按钮，对凭证进行标错，以便制单人对其进行修改。

(5) 作废凭证不能被审核，也不能被标错。已标错的凭证不能被审核，取消标错后才能被审核。

【故障诊断】

微课 出纳签字及凭证审核

问题描述：进入凭证审核功能时，系统提示“没有符合条件的凭证”，或进入后看不到某操作员填制的凭证。

原因分析：该操作员有审核凭证的功能权限，但没有对其他操作员填制的凭证进行审核的数据权限。

解决方法：在数据权限分配功能中为该操作员设置“用户”权限。

## 三、主管签字

为加强对会计人员制单的管理，许多企业采用经主管会计签字后的凭证才有效的管理模式。在总账参数设置中选择了“凭证必须经由主管会计签字”的核算方式，其他会计人员制作的凭证必须经主管签字才能记账。主管签字的操作与审核凭证相同。

【提示】

(1) 未经授权的凭证不能签字；取消签字必须由签字人本人取消。

(2) 签字人不能与制单人相同；签字前先对凭证进行合法性检查（有错凭证不能签字），未通过的凭证不能签字。

(3) 当选项中选中“主管签字以后不可取消审核和出纳签字”选项时，凭证未审核、未执行出纳签字时，主管不能签字。

## 四、凭证记账

记账凭证经审核签字后，即可用来登记总账和明细账、日记账、部门账、往来账、项目账以及备查账等。

【操作要点】

在业务工作导航目录中选择“财务会计→总账→凭证→记账”项，进入记账选择对话框。屏幕上列出各期间的未记账凭证范围清单，并同时列出已审核凭证范围，若编号不连续，则用逗号分隔，若显示宽度不够，可用鼠标拖动表头调整列宽查看。选择记账范围，可输入连续编号范围，例如“1-4”表示第1号至第4号凭证；也可输入不连续编号，例如“5，6，9”，表示第5号、第6号、第9号凭证为本次要记账的凭证。若不选定记账范围，系统默认将所有已审核凭证记账。选择完成后，单击“记账报告”按钮，屏幕显示所选凭证的汇总表及凭证的总数供操作员核对。当以上工作都确认无误后，单击“记账”按钮，系统开始登录总账、明细账、辅助账等有关账簿。

在第一次记账时，系统弹出期初余额试算平衡表，若期初余额试算不平衡，系统将不允许记账。记账完成后，系统提示“记账完毕！”，如图3-9所示。

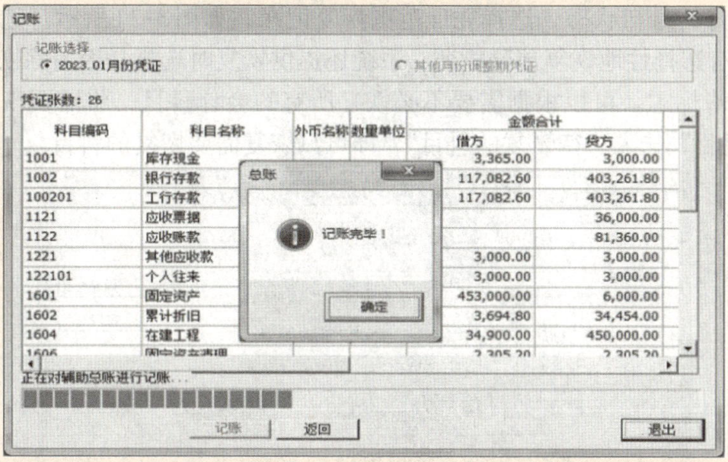


图3-9　记账

【特殊功能：恢复记账前状态】

恢复记账前状态俗称“反记账”，当系统在记账时发生记账被中断，系统需要将数据恢复回原状，供操作员重新记账。另外，由于某种原因，事后发现本月记账有错误，利用反记账功能则可将本月已记账的凭证全部重新变成未记账凭证，进行修改，然后再记账。但这项功能不符合会计记账规范，也违反了《企业会计信息化工作规范》第十条“会计软件应当提供不可逆的记账功能”的要求。系统未将反记账功能直接显示在菜单上，使用时需要按组合键激活。操作过程如下：

第一步，由有恢复记账前状态功能权限的操作员在业务工作导航目录中选择“财务会计→总账→期末→对账”项，进入期末对账界面，按下“Ctrl+H”组合键，系统提示“恢复记账前状态功能已被激活。”。左侧业务导航视图的记账项下方显示“恢复记账前状态”项，如图3-10所示。再按一次“Ctrl+H”组合键，系统则隐藏恢复记账前状态功能。

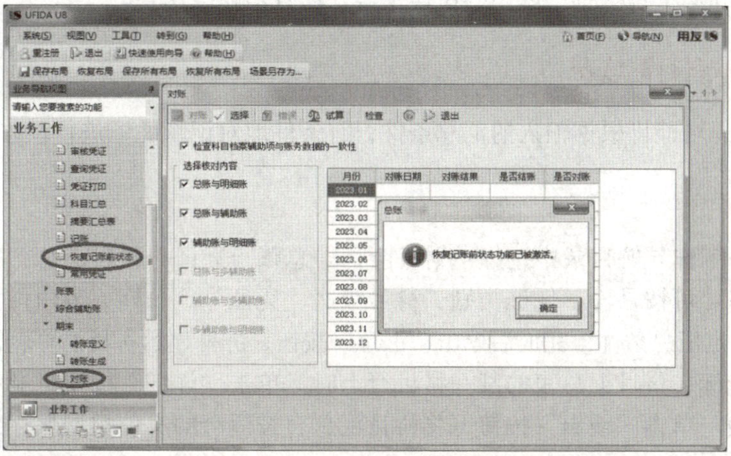


图3-10　激活恢复记账前状态功能

第二步，退出对账界面，在业务导航视图中选择“恢复记账前状态”项，屏幕显示恢复记账前状态窗口。有三种恢复方式可供选择：恢复最近一次记账前状态、恢复到最近记账月的月初状态、选择凭证范围恢复记账，如图3-11所示。选择凭证范围恢复记账是有选择性地恢复部分凭证。系统还提供恢复时选择是否清除恢复月份中所选类型的两清标志。可以根据需要不必恢复所有的会计科目，将需要恢复的科目从“不恢复的科目”选入“待恢复的科目”，即可只恢复需要恢复的科目。

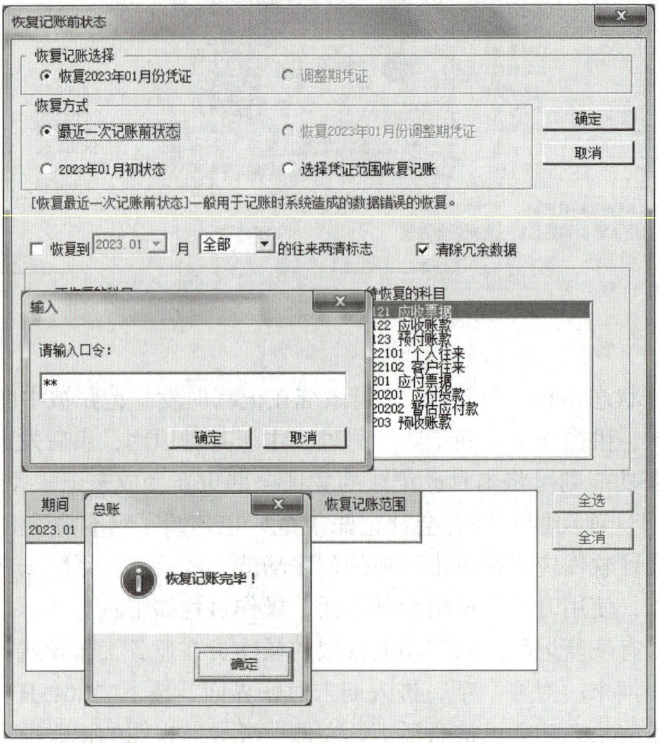


图3-11 恢复记账前状态

微课

记账及恢复记账前状态

第三步，选择完成后，单击“确定”按钮，并在弹出的对话框里输入主管口令，确认后系统开始进行恢复工作。完成后提示“恢复记账完毕！”。

## 五、生成科目汇总表

科目汇总功能可根据输入的汇总条件，有条件地对记账凭证进行汇总并生成一张科目汇总表。

【操作要点】

在业务工作导航目录中选择“财务会计→总账→凭证→科目汇总”项，进入查询条件窗口。可按月份、凭证类别、科目级次、凭证号、日期、表内科目及表外科目等方面设定汇总条件，完成后单击“汇总”按钮，屏幕显示科目汇总表，如图3-12所示。当光标在科目汇总表的某一科目行上时，单击“详细”按钮可显示对方明细科目汇总表。单击“输出”按钮可将科目汇总表按适合的文件类型保存到指定的文件夹中。

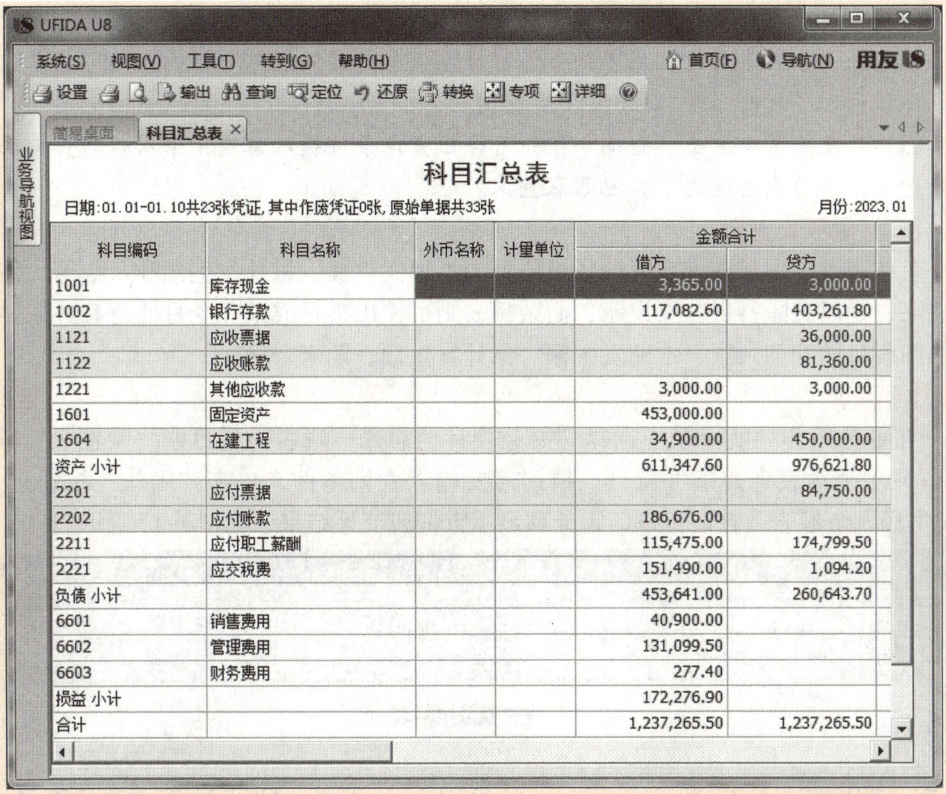


科目汇总表

日期:01.01-01.10共23张凭证,其中作废凭证0张,原始单据共33张　　月份:2023.01

| 科目编码 | 科目名称 | 外币名称 | 计量单位 | 金额合计 | |
|---|---|---|---|---|---|
| | | | | 借方 | 贷方 |
| 1001 | 库存现金 | | | 3,365.00 | 3,000.00 |
| 1002 | 银行存款 | | | 117,082.60 | 403,261.80 |
| 1121 | 应收票据 | | | | 36,000.00 |
| 1122 | 应收账款 | | | | 81,360.00 |
| 1221 | 其他应收款 | | | 3,000.00 | 3,000.00 |
| 1601 | 固定资产 | | | 453,000.00 | |
| 1604 | 在建工程 | | | 34,900.00 | 450,000.00 |
| 资产 小计 | | | | 611,347.60 | 976,621.80 |
| 2201 | 应付票据 | | | | 84,750.00 |
| 2202 | 应付账款 | | | 186,676.00 | |
| 2211 | 应付职工薪酬 | | | 115,475.00 | 174,799.50 |
| 2221 | 应交税费 | | | 151,490.00 | 1,094.20 |
| 负债 小计 | | | | 453,641.00 | 260,643.70 |
| 6601 | 销售费用 | | | 40,900.00 | |
| 6602 | 管理费用 | | | 131,099.50 | |
| 6603 | 财务费用 | | | 277.40 | |
| 损益 小计 | | | | 172,276.90 | |
| 合计 | | | | 1,237,265.50 | 1,237,265.50 |

图3-12　科目汇总表

## 六、账表查询

用友U8的账表查询功能包括科目账（总账、余额表、明细账、序时账、多栏账、综合多栏账、日记账、日报表）、客户往来辅助账、供应商往来辅助账、个人往来账、部门辅助账、项目辅助账、账簿打印、综合辅助账查询、跨年查询账表等功能。这里以科目账为例介绍账表查询的操作方法。

### （一）总账查询

总账查询功能可以查询各总账科目的年初余额、各月发生额合计和月末余额，以及所有二至五级明细科目的年初余额、各月发生额合计和月末余额。

【操作要点】

在业务工作导航目录中选择“财务会计→总账→账表→科目账→总账”项，屏幕显示总账查询条件窗口。输入查询条件后，单击“确认”按钮进入总账查询窗口，查询窗口标题显示为“所查科目的一级科目名称+总账”。

【实用技巧】

（1）若想查询包含未记账凭证的总账，查询条件选中“包含未记账凭证”即可。本功能也适用于其他账表查询。

（2）在查询过程中，单击“明细”按钮即可联查到当前科目当前月份的明细账，当期初余额或上年结转所在行为当前行时，不能联查明细账。

（3）需要查看其他科目时，可以点击科目下拉框，选择需要查看的科目。

（4）查询各种账表时，凡查询条件窗口左侧有“我的账簿”栏的，均可将本次查询条件保存到“我的账簿”，方便今后查询。

（5）在查询窗口单击“查询”按钮可弹出查询条件输入窗口，输入新的查询条件进行查询。本功能也适用于其他账表查询。

### （二）余额表查询

余额表查询用于查询或统计各级科目的本期发生额、累计发生额和余额等。传统的总账，是以总账科目分页设账，而余额表则可输出某月或某几个月的所有总账科目或明细科目的期初余额、本期发生额、累计发生额、期末余额。

【操作要点】

在业务工作导航目录中选择“财务会计→总账→账表→科目账→余额表”项，屏幕显示余额表查询条件窗口。根据需要输入查询条件，单击“确认”按钮进入“发生额及余额表”查询窗口，则屏幕显示查询或统计结果，如图3-13所示。

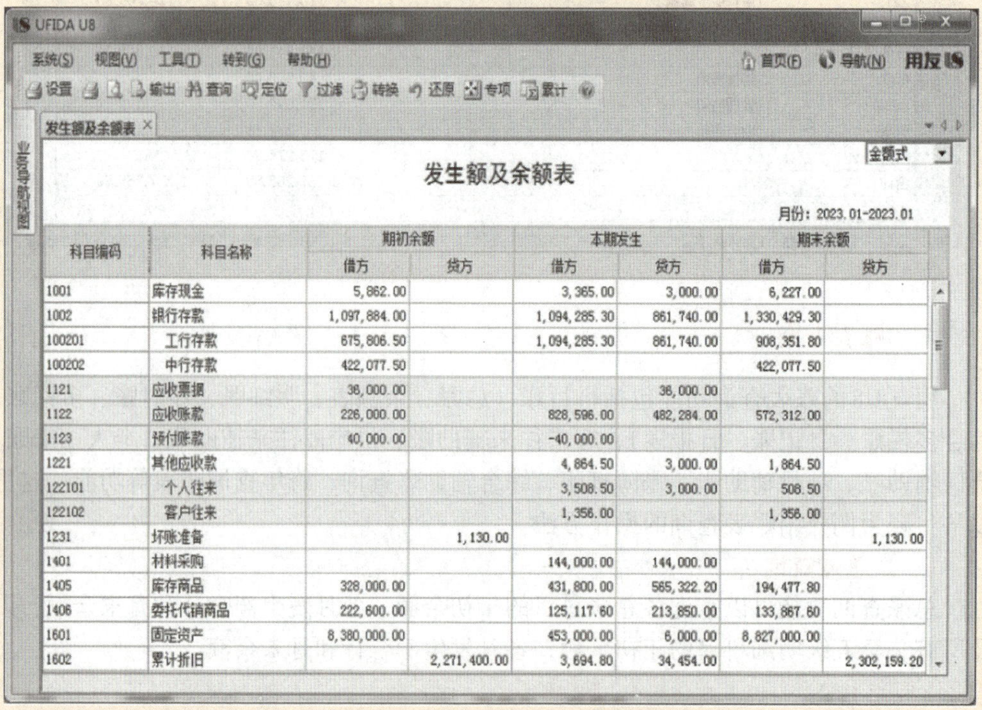


| 科目编码 | 科目名称 | 期初余额 | | 本期发生 | | 期末余额 | |
|---|---|---|---|---|---|---|---|
| | | 借方 | 贷方 | 借方 | 贷方 | 借方 | 贷方 |
| 1001 | 库存现金 | 5,862.00 | | 3,365.00 | 3,000.00 | 6,227.00 | |
| 1002 | 银行存款 | 1,097,884.00 | | 1,094,285.30 | 861,740.00 | 1,330,429.30 | |
| 100201 | 工行存款 | 675,806.50 | | 1,094,285.30 | 861,740.00 | 908,351.80 | |
| 100202 | 中行存款 | 422,077.50 | | | | 422,077.50 | |
| 1121 | 应收票据 | 36,000.00 | | | 36,000.00 | | |
| 1122 | 应收账款 | 226,000.00 | | 828,596.00 | 482,284.00 | 572,312.00 | |
| 1123 | 预付账款 | 40,000.00 | | -40,000.00 | | | |
| 1221 | 其他应收款 | | | 4,864.50 | 3,000.00 | 1,864.50 | |
| 122101 | 个人往来 | | | 3,508.50 | 3,000.00 | 508.50 | |
| 122102 | 客户往来 | | | 1,356.00 | | 1,356.00 | |
| 1231 | 坏账准备 | | 1,130.00 | | | | 1,130.00 |
| 1401 | 材料采购 | | | 144,000.00 | 144,000.00 | | |
| 1405 | 库存商品 | 328,000.00 | | 431,800.00 | 565,322.20 | 194,477.80 | |
| 1406 | 委托代销商品 | 222,600.00 | | 125,117.60 | 213,850.00 | 133,867.60 | |
| 1601 | 固定资产 | 8,380,000.00 | | 453,000.00 | 6,000.00 | 8,827,000.00 | |
| 1602 | 累计折旧 | | 2,271,400.00 | 3,694.80 | 34,454.00 | | 2,302,159.20 |

图3-13　发生额及余额表

【实用技巧】

（1）科目范围为空时，系统认为查询所有科目。

（2）若想查询某种类型科目的发生额及余额，可在科目类型下拉框中选择某一科目类型进行查询。

（3）若只想查询某一科目的发生额及余额，可在起止科目代码处都输入该科目代码，或者在进入后单击“过滤”按钮，输入该科目代码。

（4）点取屏幕右上方账页格式下拉框，可以金额式、外币金额式、数量金额式、数量外币式显示账页。

### （三）明细账查询

系统提供了三种明细账的查询格式，即普通明细账、按科目排序明细账、月份综合明细账。普通明细账是按科目查询、按发生日期排序的明细账；按科目排序明细账是按非末级科目查询、按其有发生额的末级科目排序的明细账；月份综合明细账是按非末级科目查询、包含非末级科目总账数据及末级科目明细数据的综合明细账。查询明细账时，标题显示为“所查科目的一级科目名称+明细账”，如“应收账款明细账”。联查明细账对应的总账时，总账标题显示为“应收账款总账”。明细账查询过程中可以包含未记账凭证。

### （四）多栏账查询

多栏账查询功能可以由用户根据企业需要按明细科目自由设置不同样式的多栏账，在以后的查询中只需要选择多栏明细账直接查询即可。

【操作要点】

在业务工作导航目录中选择“财务会计→总账→账表→科目账→多栏账”项，进入多栏账窗口，单击“增加”按钮，屏幕显示“多栏账定义”窗口。单击“核算科目”下拉框，选择多栏账核算科目，系统根据科目自动显示多栏账名称，也可以在“多栏账名称”处直接修改。接下来定义多栏账分析栏目，如图3-14所示。定义好多栏账后，即可对该多栏账进行查询，在多栏账窗口单击“查询”按钮，系统弹出多栏账查询对话框，选择所要查询的多栏账及查询月份，单击“确定”按钮，屏幕显示多栏账查询结果。

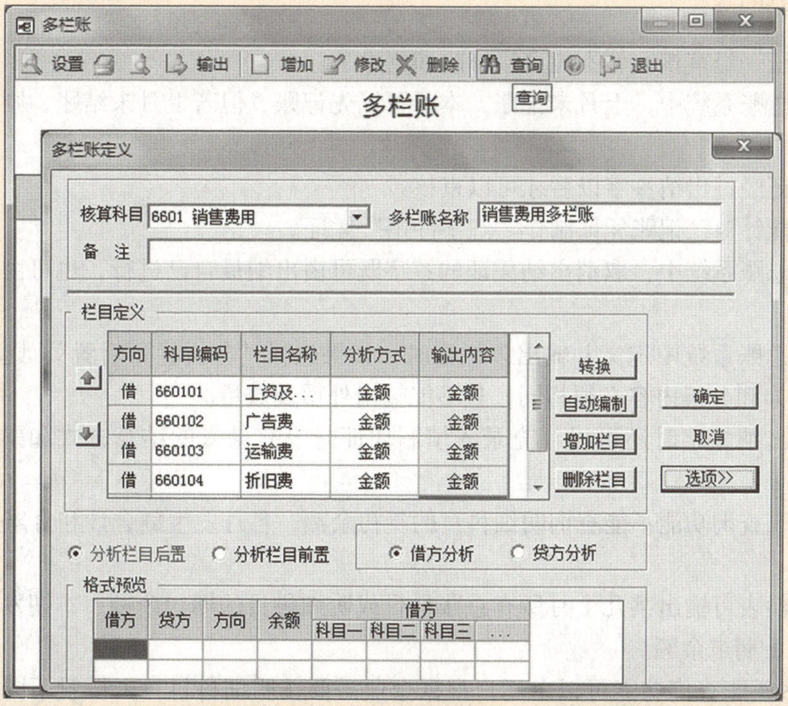


图3-14　多栏账定义

【实用技巧】

（1）多栏账分析栏目有两种定义方式：自动编制栏目、手动编制栏目。建议先进行自动编制再进行手动调整，可提高录入效率。

（2）单击“选项”按钮可对多栏账格式及分析方向进行设置。分析方向可在“借方分析”和“贷方分析”间选择，借方分析即分析科目的借方发生额，贷方分析即分析科目的贷方发生额。

（3）多栏账输出格式有分析栏目前置式和分析栏目后置式两种。分析栏目前置是指将分析栏目放在余额列之前进行分析，如增值税多栏账可采用这种方式。分析栏目后置是指将分析栏目放在余额列之后进行分析，与手工多栏账保持一致。

（4）如果选择了“分析栏目后置”，则所有栏目的分析方向必须相同；若选择“借方分析”，则分析方向必须为“借”；若选择“贷方分析”，则分析方向必须为“贷”。

（5）如果选择了“分析栏目后置”，则所有栏目的分析内容必须相同，且不能输出外币及数量；若按金额分析，则需全按金额分析；若按余额分析，则需全按余额分析。

# 标准习题

## 一、判断题

1. 凭证一经审核，就不能直接修改和删除了。（　）

2. 在总账系统中，上月未记账，本月可以先记账，但若上月未结账，则本月不能记账。（　）

3. 凭证经过出纳签字以后才可以审核。（　）

4. 只能针对已记账凭证制作“红字冲销”凭证。（　）

5. 在总账系统中，取消出纳凭证的签字既可由出纳员自己进行，也可由会计主管进行。（　）

6. 在总账系统中定义并输出多栏账时，如果选择“分析栏目后置”，则所有栏目的分析方向和分析内容必须相同，且不能输出外币及数量。（　）

7. 在出纳签字时还可以补充录入填制凭证时没有录入的结算方式和票据号。（　）

8. 总账查询功能不能查询明细科目的年初余额、各月发生额合计和月末余额。（　）

9. 余额表可输出某几个月所有总账科目或明细科目的期初余额、本期发生额、累计发生额、期末余额。（　）

10. 多栏账查询功能可以由用户根据企业需要按明细科目自由设置不同样式的多栏账。（　）

## 二、单项选择题

1.对于总账系统的“审核凭证”功能，下列说法中，错误的是（　　）。
A.作废凭证不能被审核，也不能被标错
B.对已审核凭证可以由审核人自己或是会计主管取消审核签字
C.审核人和制单人不能是同一人
D.对于错误的记账凭证，可以通过计算机在凭证上标明“有错”字样
2.输完凭证后，要对凭证进行审核，应先（　　）。
A.查询凭证　　B.修改凭证　　C.更换操作员　　D.记账
3.下列操作不能由计算机自动进行的是（　　）。
A.自动结转　　B.记账过程　　C.审核凭证　　D.结账过程
4.审核后的凭证，只有取消审核后，才能进行（　　）。
A.修改和删除　　B.结账　　C.记账　　D.出纳签字
5.总账系统执行记账功能时，将（　　）的凭证进行记账。
A.已审核　　B.未审核　　C.存入硬盘　　D.无错误
6.在总账系统的“凭证审核”功能中，对照式审核指的是（　　）。
A.通过将记账凭证与原始单据进行对比，达到系统自动审核凭证的目的
B.通过将记账凭证与账簿记录进行对比，达到系统自动审核凭证的目的
C.通过将记账凭证与其他系统的记录进行对比，达到系统自动审核凭证的目的
D.通过对记账凭证的二次输入，达到系统自动审核凭证的目的
7.凭证记账后不能进行的操作是（　　）。
A.继续填制凭证　　B.修改期初余额
C.设置自定义转账凭证　　D.指定现金及银行科目
8.期初余额不平衡，不能进行的操作是（　　）。
A.填制凭证　　B.修改凭证　　C.审核凭证　　D.记账
9.在总账系统中，凭证不能记账的情况是（　　）。
A.凭证已审核　　B.上月未结账
C.上月已结账　　D.已有部分凭证记账
10.在总账系统中，查询账簿的必要条件是（　　）。
A.凭证已记账　　B.凭证未记账　　C.凭证已审核　　D.凭证已填制
11.激活恢复记账前状态功能，需要在（　　）组合键。
A.期末对账界面，按“Alt+H”　　B.期末对账界面，按“Ctrl+H”
C.记账界面，按“Alt+H”　　D.记账界面，按“Ctrl+H”
12.记账凭证中的“有错”标记，（　　）。
A.在制单人员修改凭证后自动消失　　B.在制单人员修改凭证后取消标错
C.由凭证审核人员取消标错　　D.由账套主管取消标错
13.记账时，若未选定记账范围，则系统（　　）。
A.不进行记账　　B.提示用户选择记账范围

C.将所有未记账凭证记账　　D.将所有已审核未记账凭证记账

14.在用友软件中，查询到的账表数据输出时不能保存的文件类型是（　　）。

A.“.txt”　B.“.xls”　C.“.xlsx”　D.“.doc”

15.当选中（　　）选项时，凭证未审核、未执行出纳签字时，主管不能签字。

A.凭证必须经由主管会计签字

B.主管签字以后不可取消审核和出纳签字

C.出纳凭证必须经由出纳签字

D.主管可以取消审核和出纳签字

## 三、多项选择题

1.关于总账系统中出错记账凭证的修改，下列说法中，正确的有（　　）。

A.已经输入但尚未审核的机内记账凭证发生错误，可以通过凭证编辑功能直接修改

B.已通过审核的凭证发生错误，只要该凭证尚未记账，可通过凭证编辑功能直接修改

C.已经记账的凭证发生错误，不允许直接修改，只能采取“红字冲销法”或“补充登记法”进行更正

D.外部系统传过来的凭证发生错误，既可以在总账系统中进行修改，也可以在生成该凭证的系统中进行修改

2.（　　）要求对凭证进行有痕迹修改。

A.经过结账后的凭证　　B.审核并经过记账的凭证

C.已审核但未记账的凭证　　D.输入后，未审核、未记账的凭证

3.下列关于记账操作的说法中，正确的有（　　）。

A.记账可以在月中进行　　B.每月只能记账一次

C.记账只能在月末进行　　D.每月可以多次记账

4.在总账系统中提供的恢复记账前状态的方式有（　　）。

A.恢复到最近一次记账前状态　　B.选择凭证范围恢复记账

C.恢复到启用时状态　　D.恢复到最近记账月月初状态

5.记账工作可以（　　）。

A.一天记一次账　　B.一天记多次账

C.多天记一次账　　D.凭证编制后立即进行记账

6.在账簿选项中选择了出纳凭证必须由出纳签字，但做完有关银行的凭证后选择出纳签字功能，系统却提示无符合条件的凭证，原因可能有（　　）。

A.搜寻的不是本月的凭证　　B.操作员无此权限

C.没有指定银行科目，或指定错误　　D.以上都不是

7.在总账系统中，对记账凭证进行审核可以采用（　　）等方法。

A.联机审核　B.屏幕审核　C.对照审核　D.纵向审核

8.下列关于凭证审核的说法中，正确的有（　　）。

A.审核后的凭证需取消审核才能修改　B.审核后的凭证还要出纳签字
C.审核后的凭证才可记账　D.审核员和制单员可以为同一个人
9.明细账查询的格式有（　　）。
A.普通明细账　B.按科目排序明细账
C.按类别排序明细账　D.月份综合明细账
10.查询总账时，当（　　）所在行为当前行时，不能联查明细账。
A.期初余额　B.上年结转　C.当前合计　D.当前累计

参考答案

# 项目实训

## 实训三　总账系统初始化

### 一、实训目的

掌握总账系统初始设置的操作方法。

### 二、实训内容

1.设置总账系统控制参数。
2.设置数据权限。
3.录入期初余额。
4.备份账套数据。

### 三、实训准备

引入“实训二”备份数据。

### 四、实训资料及要求

本实训由账套主管刘志伟于2023年1月1日登录用友U8操作。

#### （一）设置总账系统参数

1.凭证
可以使用应收受控科目；可以使用应付受控科目；支票控制。
2.权限
制单权限控制到科目；凭证审核控制到操作员；出纳凭证必须经由出纳签字。
3.会计日历
数量小数位、单价小数位保留2位。
4.其他
部门、个人、项目均按编码排序。

## （二）数据权限分配（见表3-1）

表3-1 数据权限分配

| 操作员 | 业务对象 | |
|---|---|---|
| | 用户 | 科目 |
| 本人姓名 | 主管 | 全部科目查账、制单 |
| 陈慧玲 | 刘志伟、陈慧玲、本人姓名：全部权限 | 全部科目查账、制单 |

## （三）录入期初余额

1.期初余额表（见表3-2）

表3-2 期初余额表 金额单位：元

| 科目编码 | 科目名称 | 方向 | 期初余额 | | |
|---|---|---|---|---|---|
| | | | 外币 | 数量 | 金额 |
| 1001 | 库存现金 | 借 | | | 5 862 |
| 100201 | 工行存款 | 借 | | | 675 806.50 |
| 100202 | 中行存款 | 借 | 65 000 | | 422 077.50 |
| 1121 | 应收票据 | 借 | | | 36 000 |
| 1122 | 应收账款 | 借 | | | 226 000 |
| 1123 | 预付账款 | 借 | | | 40 000 |
| 1231 | 坏账准备 | 贷 | | | 1 130 |
| 1405 | 库存商品 | 借 | | | 328 000 |
| 1406 | 委托代销商品 | 借 | | | 222 600 |
| 1601 | 固定资产 | 借 | | | 8 380 000 |
| 1602 | 累计折旧 | 贷 | | | 2 271 400 |
| 1604 | 在建工程 | 借 | | | 415 100 |
| 2001 | 短期借款 | 贷 | | | 300 000 |
| 220201 | 应付货款 | 贷 | | | 268 036 |
| 220202 | 暂估应付款 | 贷 | | | 45 000 |
| 222102 | 未交增值税 | 贷 | | | 136 000 |
| 222104 | 应交城市维护建设税 | 贷 | | | 9 520 |

续表

| 科目编码 | 科目名称 | 方向 | 期初余额 | | |
|---|---|---|---|---|---|
| | | | 外币 | 数量 | 金额 |
| 222105 | 应交个人所得税 | 贷 | | | 1 500 |
| 222106 | 应交教育费附加 | 贷 | | | 4 080 |
| 4001 | 实收资本 | 贷 | | | 5 000 000 |
| 4002 | 资本公积 | 贷 | | | 1 508 580 |
| 4101 | 盈余公积 | 贷 | | | 255 000 |
| 410406 | 未分配利润 | 贷 | | | 951 200 |

2.辅助账期初数据

（1）应收票据期初数据（见表3-3）。

表3-3　应收票据期初数据　金额单位：元

| 日期 | 凭证号数 | 客户编码 | 客户简称 | 摘要 | 票号 | 方向 | 期初余额 |
|---|---|---|---|---|---|---|---|
| 2022.12.20 | 记-46 | 02002 | 中兴超市 | 销售商品 | 76301 | 借 | 36 000 |

（2）应收账款期初数据（见表3-4）。

表3-4　应收账款期初数据　金额单位：元

| 日期 | 凭证号数 | 客户编码 | 客户简称 | 摘要 | 方向 | 期初余额 |
|---|---|---|---|---|---|---|
| 2022.12.12 | 记-18 | 01001 | 新丰酒业 | 销售商品 | 借 | 81 360 |
| 2022.12.18 | 记-30 | 01002 | 三味酒业 | 销售商品 | 借 | 81 360 |
| 2022.12.23 | 记-52 | 02001 | 福泰超市 | 委托代销 | 借 | 63 280 |

（3）预付账款期初数据（见表3-5）。

表3-5　预付账款期初数据　金额单位：元

| 日期 | 凭证号数 | 供应商编码 | 供应商简称 | 摘要 | 方向 | 期初余额 |
|---|---|---|---|---|---|---|
| 2022.12.26 | 记-65 | 004 | 元红酒业 | 采购商品 | 借 | 40 000 |

（4）在建工程期初数据（见表3-6）。

表3-6　在建工程期初数据　金额单位：元

| 科目名称 | 项目 | 方向 | 金额 |
|---|---|---|---|
| 在建工程（1604） | 3#仓库 | 借 | 415 100 |

（5）应付货款期初数据（见表3-7）。

表3-7　应付货款期初数据　金额单位：元

| 日期 | 凭证号数 | 供应商编码 | 供应商简称 | 摘要 | 方向 | 期初余额 |
|---|---|---|---|---|---|---|
| 2022.11.22 | 记-62 | 001 | 松花酒业 | 采购商品 | 贷 | 81 360 |
| 2022.12.03 | 记-8 | 002 | 声闻酒业 | 采购商品 | 贷 | 101 926 |
| 2022.12.24 | 记-60 | 003 | 桑落酒业 | 采购商品 | 贷 | 84 750 |

（6）暂估应付款期初数据（见表3-8）。

表3-8　暂估应付款期初数据　金额单位：元

| 日期 | 凭证号数 | 供应商编码 | 供应商简称 | 摘要 | 方向 | 期初余额 |
|---|---|---|---|---|---|---|
| 2022.12.30 | 记-72 | 001 | 松花酒业 | 暂估入库 | 贷 | 45 000 |

期初余额录入完成后，点击“试算”按钮，试算结果合计数为8 478 916元。

# 实训四　凭证处理

## 一、实训目的

掌握总账系统日常业务处理的操作方法。

## 二、实训内容

1.凭证填制、修改、查询、作废、整理。

2.出纳签字、凭证审核、主管签字、记账。

3.账套数据备份。

## 三、实训准备

引入“实训三”备份数据。

## 四、实训资料

### （一）填制记账凭证

以02号操作员（学生本人姓名）注册企业应用平台，填制1月份记账凭证，涉及支票使用的业务，填制凭证前先以操作员陈慧玲在出纳中登记支票簿。1月业务处理资料如下：

（1）2023年1月1日，采购部陈良宇出差预借差旅费3 000元，以现金支付。附单据1张。现金流量项目编码：07。

【操作向导】

会计填制记0001号凭证。

借：其他应收款/个人往来　　3 000

　　贷：库存现金　　3 000

（2）2023年1月2日，开出工行转账支票（票号：35601）支付办公用品费用2 000元，并分配到各个部门，行政部100元，财务部200元，采购部700元，销售部

800元，仓管部200元。附单据3张。经办人：行政部杨心怡。现金流量项目编码：07。

【操作向导】

①出纳登记支票簿；

②会计填制记0002号凭证。

借：管理费用/办公费（行政部）　100

　　管理费用/办公费（财务部）　200

　　管理费用/办公费（采购部）　700

　　管理费用/办公费（销售部）　800

　　管理费用/办公费（仓管部）　200

　　贷：银行存款/工行存款　2 000

（3）2023年1月3日，出纳员陈慧玲通过工行缴纳应缴未缴增值税136 000元，城市维护建设税9 520元，教育费附加4 080元，代缴个人所得税1 500元。当即收到各有关税金及附加缴款书收据联。结算方式：转账支票。票号：35602。附单据3张。现金流量项目编码：06。

【操作向导】

①出纳登记支票簿；

②会计填制记0003号凭证。

借：应交税费/未交增值税　13 600

　　应交税费/应交城市维护建设税　9 520

　　应交税费/应交个人所得税　1 500

　　应交税费/应交教育费附加　4 080

　　贷：银行存款/工行存款　28 700

（4）2023年1月3日，开出转账支票支付产品广告费6 000元，由销售部张晓燕领用。票号：35603。附单据2张。现金流量项目编码：07。

【操作向导】

①出纳登记支票簿；

②会计填制记0004号凭证。

借：销售费用/广告费　6 000

　　贷：银行存款/工行存款　6 000

（5）2023年1月3日，行政部杨心怡领用转账支票付报刊订阅费2 380元，全部列入行政部本期办公费。票号：35604。附单据2张。现金流量项目编码：07。

【操作向导】

①出纳登记支票簿；

②会计填制记0005号凭证。

借：管理费用/办公费（行政部）　2 380

　　贷：银行存款/工行存款　2 380

（6）2023年1月4日，出纳员陈慧玲开出现金支票，从银行提取现金3 000元。

票号：23648。附单据1张。保存后生成常用凭证，代号：01；说明：提现。

【操作向导】

①出纳登记支票簿；

②会计填制记0006号凭证。

借：库存现金 3 000

贷：银行存款/工行存款 3 000

③点击上方“常用凭证”右侧下拉按钮，选择“生成常用凭证”，录入代号“01”，录入说明“提现”并确认。

（7）2023年1月4日，销售部林杰支付业务招待费5 000元，以工行转账支票支付。票号：35605。附单据2张。现金流量项目编码：07。

【操作向导】

①出纳登记支票簿；

②会计填制记0007号凭证。

借：管理费用/其他费用 5 000

贷：银行存款/工行存款 5 000

（8）2023年1月5日，采购部陈良宇出差归来，报销差旅费2 635元，交回现金365元。附单据2张。现金流量项目编码：03。

【操作向导】

会计填制记0008号凭证。

借：库存现金 365

管理费用/差旅费 2 635

贷：其他应收款/个人往来 3 000

（9）2023年1月5日，委托工行代发职工工资93 565.80元。结算方式：其他。票号：60013。附单据1张。现金流量项目编码：05。

【操作向导】

会计填制记0009号凭证。

借：应付职工薪酬/工资 93 565.80

贷：银行存款/工行存款 93 565.80

【提示】保存凭证时应检查制单日期，确定为1月份。因为教学演示版的使用时间跨度为3个月，如果1月5日的凭证误填为4月5日，则关闭系统重新进入或恢复备份进入账套时，系统会提示该账套的演示期已到期，无法进入。解决方法是引入“实训三”备份数据，重新处理1月份业务。

### （二）凭证后续处理

1.出纳签字

由03操作员陈慧玲进行出纳签字操作。重点核对涉及银行存款收付业务的金额、结算方式、票号是否正确。

2.凭证审核

由账套主管刘志伟进行凭证审核操作。全面复核凭证录入是否正确。

3.凭证记账

（1）由02号操作员（学生本人姓名）进行记账。练习选定范围记账和不选范围直接记账：第一次记账选择记0001号~记0005号凭证；第二次不选择记账范围。

（2）练习恢复记账前状态操作。在期末对账界面中，按“Ctrl+H”组合键，激活恢复记账前状态功能，第一次执行恢复到最近一次记账前状态，第二次选择凭证范围恢复记账，选择记0002号凭证，第三次恢复到2023年1月月初状态。

（3）由02号操作员（学生本人姓名）将所有凭证一次性记账。在“凭证查询”功能中查询已记账凭证，凭证共9张，发生额合计为269 045.80元。

4.账套备份要求

录入凭证时，可按进度建立文件夹存放备份数据，如“业务3”“业务8”等；完成记账后在“实训四”文件夹中新建“完成记账”文件夹存放备份数据。

# 项目四

## 应收款、应付款管理系统

【技能目标】

1. 能根据企业核算要求进行应收款、应付款管理系统初始设置，录入应收款、应付款管理系统期初余额。
2. 掌握各类应收/应付单据及收款/付款单据的生成及流转程序和制单处理技能，发生误操作时能运用相应的取消操作功能进行纠错处理。

【思政目标】

1. 结合往来查询中的账龄分析，使学生认识到往来业务查询和分析都不是目的，要利用这些结果合理管控业务活动，积极参与管理，为决策服务。
2. 通过教学使学生认识到企业的应收账款和应付账款与企业信用问题息息相关，要杜绝恶意拖欠货款，诚实经营，引导学生树立法治观念和底线思维。

# 任务一 应收款、应付款管理系统初始设置

## ◆技能点4-1 往来管理系统初始设置

### 一、应收款、应付款管理系统参数设置

应收款、应付款管理系统参数设置均有常规选项定义、凭证选项定义、权限与预警定义、核销设置等项目，应付款管理系统还有收付款控制选择项目。这里仅介绍需要重点关注的参数。

#### （一）核算模型选择

系统提供简单核算和详细核算应用模型，用户必须选择其中一种方式，系统缺省选择详细核算方式。简单核算只是完成将购销系统传递过来的发票生成凭证传递给总账系统，适用于购销业务及往来业务不复杂，或者现销、现结业务很多的企业。详细核算可以对往来进行详细的核算、控制、查询、分析，适用于购销业务及往来业务比较复杂的企业，这种模式能追踪每一笔业务的应收及收款、应付及付款等情况，能将应收款、应付款核算到产品一级。

【提示】核算模型选项在系统启用时或者还没有进行任何业务（包括期初数据录入）才允许从简单核算改为详细核算；从详细核算改为简单核算随时可以进行，一旦有数据，则简单核算不能改回详细核算。

#### （二）汇兑损益计算方式选择

系统提供两种计算汇兑损益的方式，即外币余额结清时计算和月末计算两种方式。外币余额结清时计算，即仅当某种外币余额结清时才计算汇兑损益，在计算汇兑损益时，界面中仅显示外币余额为零且本币余额不为零的外币单据。月末计算，即每个月月末计算汇兑损益，在计算汇兑损益时，界面中显示所有外币余额不为零或者本币余额不为零的外币单据。

【提示】在账套使用过程中可以修改该参数。

#### （三）坏账处理方式选择

系统提供两种坏账处理的方式，即备抵法和直接转销法。备抵法有应收余额百分比法、销售收入百分比法、账龄分析法三种，需要在初始设置中录入坏账准备期初余额和计提比例及账龄区间等，并在坏账处理中进行后续处理。如果选择直接转销法，当坏账发生时，直接在坏账发生处将应收账款转为费用即可。

【提示】在账套使用过程中，如果当年已经计提过坏账准备，则此参数不可以修改，只能在下一年度修改。

#### （四）应收（应付）票据直接生成收（付）款单

如果选择“是”，则表示应收（应付）票据保存时，则同时生成收（付）款单。如果选择“否”，则表示应收（应付）票据保存后，不生成收（付）款单，需在票据

界面手工点“生成”按钮才可生成收（付）款单。默认选择“是”。

### （五）凭证选项定义

凭证选项可确定受控科目制单方式、非受控科目制单方式、控制科目依据、销售科目依据、月末结账前是否全部生成凭证、方向相反的分录是否合并、核销是否生成凭证、预收（预付）冲应收（应付）是否生成凭证、红票对冲是否生成凭证、凭证是否可编辑、单据审核后是否立即制单、凭证合并规则、收付款单制单表体科目是否合并、应收（应付）单制单表体科目是否合并、并账制单业务员是否合并。

## 二、应收款、应付款管理系统初始设置

应收款、应付款管理系统初始设置的功能主要有凭证科目设置、单据类型设置、账龄区间设置、报警级别设置，应收款管理系统还有坏账准备设置。

### （一）凭证科目设置

由于应收款、应付款管理系统业务类型较固定，生成的凭证类型也较固定，为了简化凭证生成操作，可以在此处将各业务类型凭证中的常用科目预先设置好，系统将依据制单规则在生成凭证时自动带入。凭证科目设置分基本科目设置、控制科目设置、产品科目设置、结算方式科目设置四部分。凭证科目设置的科目必须是最明细科目。

基本科目设置是核算应收（应付）款项时经常用到的科目，设置常用科目后系统将依据制单规则在生成凭证时自动带入。其主要包括应收（应付）科目、预收（预付）科目、销售收入（采购）科目、税金科目、现金折扣科目、汇兑损益科目、币种兑换差异科目设置。操作界面如图4-1所示。

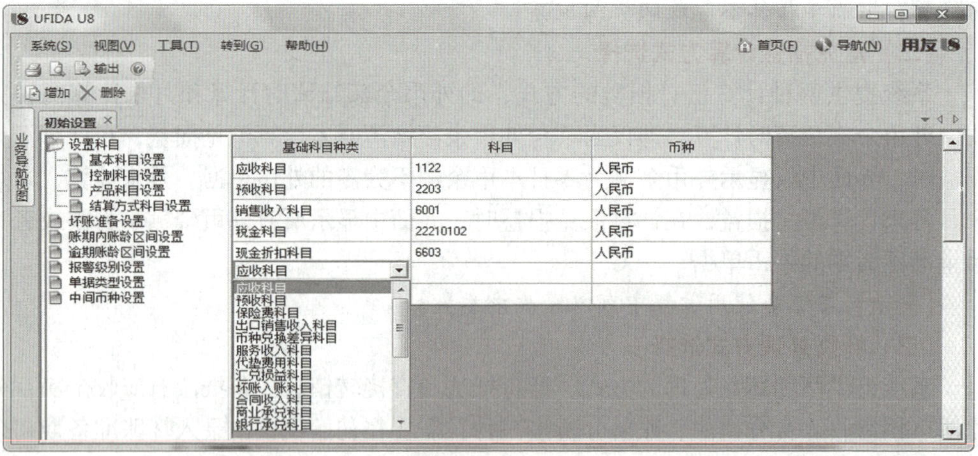


图4-1 基本科目设置

控制科目针对不同的供应商（客户）分别设置了不同的应付（应收）账款科目和预付（预收）账款科目。

产品科目针对不同的存货分别设置不同的采购科目（销售收入科目）、应交税金科目。

结算方式科目设置用于为每种结算方式设置一个默认的科目。

### （二）坏账准备设置

坏账准备设置功能用于定义应收款管理系统内计提坏账准备比率和设置坏账准备

期初余额，系统根据应收账款计提坏账准备。企业应于期末针对不包含应收票据的应收款项计提坏账准备，坏账准备设置根据应收款管理系统选项中所设置的坏账处理方式的不同而不同。选择销售收入百分比法及应收余额百分比法时应录入坏账准备期初余额和坏账计提比率，选择账龄分析法时录入坏账准备期初余额、选择账龄区间方案、针对账龄区间方案录入相应账龄区间的坏账计提比率。

微课

应收款管理系统初始设置

【提示】当做过任意一种坏账处理（坏账计提、坏账发生、坏账收回）后，则不能修改坏账准备数据，只允许查询。

## 三、应收款、应付款管理系统期初余额录入

通过期初余额功能，能够将正式启用账套前的所有应收（应付）业务数据录入到系统中，作为期初建账的数据，系统即可对其进行管理，这样既保证了数据的连续性，又保证了数据的完整性。需要录入的期初余额包括未结算完的发票和应收（应付）单、预收（预付）款单据、未结算完的应收（应付）票据以及未结算完毕的合同金额。这些期初数据必须是账套启用会计期间前的数据。期初余额录入后，可与总账系统对账。在日常业务中，可对期初发票、应收（应付）单、预收（预付）款单据等进行后续的核销、转账处理。在应收（应付）业务账表中查询期初数据。

【操作要点】

以应付款管理系统期初预付款为例。在业务工作导航目录中选择“财务会计→应付款管理→设置→期初余额”项，系统弹出“期初余额－查询”窗口，直接单击“确定”按钮，进入期初余额窗口。在期初余额主界面，列出的是所有客户、所有科目、所有合同结算单的期初余额，未录入期初余额时，期初余额明细表内容为空。单击“增加”按钮，在弹出的“单据类别”对话框中选择单据名称“预付款”，单据类型“应付单”，单击“确认”按钮，进入付款单录入界面。在付款单中，录入单据日期、供应商、结算方式、金额、摘要等栏目，在表体的“款项类型”栏选择“预付款”，表体其他栏目系统自动带入，单击“保存”按钮保存录入的数据，然后单击“退出”按钮返回期初余额主界面，如图4-2所示。

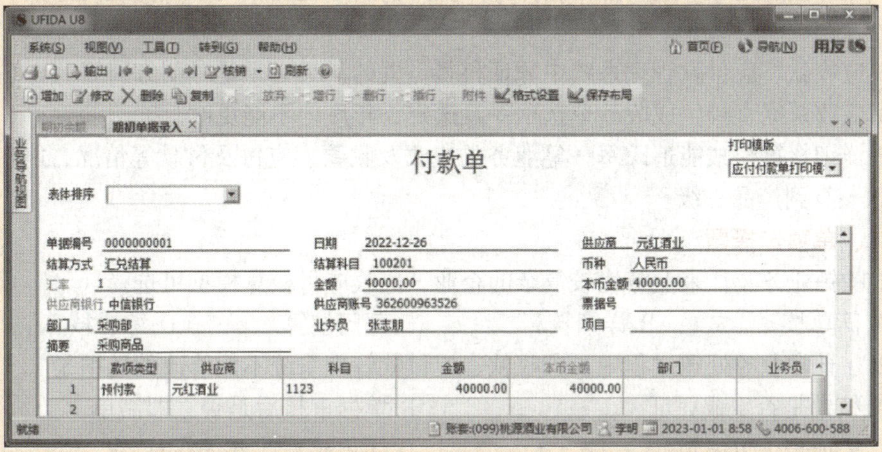


图4-2　期初付款单录入

期初余额录入完成后，在期初余额界面单击工具栏中的“对账”按钮，屏幕中列出各供应商往来科目与总账的对账情况，如图4-3所示。

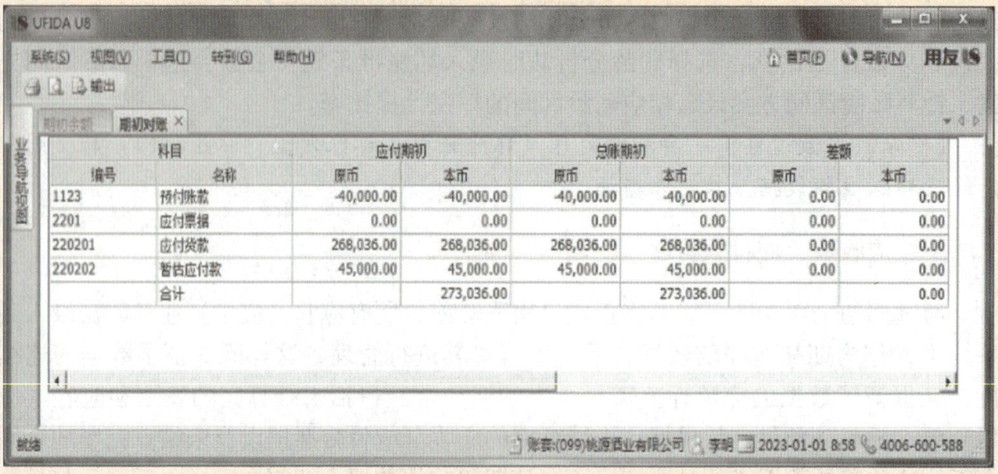


| 科目 | | 应付期初 | | 总账期初 | | 差额 | |
|---|---|---|---|---|---|---|---|
| 编号 | 名称 | 原币 | 本币 | 原币 | 本币 | 原币 | 本币 |
| 1123 | 预付账款 | -40,000.00 | -40,000.00 | -40,000.00 | -40,000.00 | 0.00 | 0.00 |
| 2201 | 应付票据 | 0.00 | 0.00 | 0.00 | 0.00 | 0.00 | 0.00 |
| 220201 | 应付货款 | 268,036.00 | 268,036.00 | 268,036.00 | 268,036.00 | 0.00 | 0.00 |
| 220202 | 暂估应付款 | 45,000.00 | 45,000.00 | 45,000.00 | 45,000.00 | 0.00 | 0.00 |
| | 合计 | | 273,036.00 | | 273,036.00 | | 0.00 |

图4-3 期初对账

微课
应收款管理系统期初余额录入

【易错节点】

（1）录入单据时“科目”栏漏填，会导致应收款、应付款管理系统与总账系统对账不平。

（2）录入期初预收（预付）款时，款项类型栏未选择“预收款”或“预付款”，核销时找不到款项。

# 标准习题

## 一、判断题

1. 做过坏账处理后，就不能修改坏账准备数据，只允许查询。（　　）

2. 核算模型选项在期初数据录入并试算平衡后才允许从简单核算改为详细核算。（　　）

3. 应收款、应付款管理系统中凭证科目设置的科目必须是最明细科目。（　　）

4. 应收票据直接生成收款单选项一旦选定，年度内不能更改。（　　）

5. 详细核算模式能追踪每一笔业务的应收及收款、应付及付款等情况，能将应收应付款核算到产品一级。（　　）

## 二、单项选择题

1. 购销业务及往来业务比较复杂的企业，应收应付核算模型可选择（　　）。

A. 简单核算　B. 详细核算　C. 部门核算　D. 综合核算

2. 在日常业务处理过程中，应收款、应付款管理系统不能修改的选项是（　　）。

A. 核销是否生成凭证　B. 单据审核后是否立即制单

C. 凭证是否可编辑　D. 简单核算改详细核算

3.应收款、应付款管理系统中的（　　）功能可以对不同的存货分别设置不同的采购科目或销售收入科目、应交税金科目。

A.基本科目设置　　B.控制科目设置

C.产品科目设置　　D.结算方式科目设置

4.不需要在应收款、应付款管理系统录入期初余额的单据是（　　）。

A.发票　　B.到货单　　C.收款单　　D.应付单

5.（　　）科目不需要在科目档案中指定为应收款管理系统的受控科目。

A.应收账款　　B.预收账款　　C.预付账款　　D.应收票据

**三、多项选择题**

1.坏账处理的备抵法有（　　）等。

A.应收余额百分比法　　B.销售收入百分比法

C.账龄分析法　　D.直接转销法

2.应付款管理系统初始设置的功能主要有（　　）。

A.凭证科目设置　　B.账龄区间设置　　C.坏账准备设置　　D.报警级别设置

3.应收款、应付款管理系统的凭证科目设置包括（　　）。

A.基本科目设置　　B.控制科目设置

C.产品科目设置　　D.结算方式科目设置

4.应收款、应付款管理系统录入期初余额，包括未结算完的（　　）。

A.发票　　B.应收（应付）单

C.预收（预付）款单据　　D.应收（应付）票据

5.坏账准备设置选择账龄分析法时需要（　　）。

A.录入坏账准备期初余额　　B.选择账龄区间方案

C.录入各区间坏账计提比率　　D.录入坏账准备科目

参考答案

# 任务二　应收款、应付款管理系统日常业务处理

## ◆技能点4-2　往来业务单据处理

### 一、应收/应付单据处理

#### （一）应收/应付单据录入

应收/应付单据录入是应收款、应付款管理系统处理的起点，业务模型不同，单据录入的类型也不同。

【单据录入规则】

（1）应收款管理系统和销售管理系统合成使用时，发票和代垫费用产生的应收单据由销售管理系统录入，应收款管理系统仅录入应收单。

（2）如果没有使用销售管理系统，则各类发票和应收单均应在应收款管理系统录入。

（3）应付款管理系统和采购管理系统合成使用时，发票由采购管理系统录入，应付款管理系统仅录入应付单。

（4）如果没有使用采购管理系统，则各类发票和应付单均应在应付款管理系统录入。

应收单的实质是一张凭证，用于记录销售业务之外所发生的各种其他应收业务。应收单表头中的信息相当于凭证中一条分录的信息，表头科目为核算该客户所欠款项的一个科目。应收单表头科目必须是应收款管理系统的受控科目。应收单表体信息可以不输入，保存时系统会自动形成一条方向相反、金额相等的记录。表体中的一条记录也相当于凭证中的一条分录。如果输入表体内容，表头、表体中的金额合计应借、贷方相等。

应付单的实质是一张凭证，用于记录采购业务之外所发生的各种其他应付业务。应付单表头中的信息相当于凭证中一条分录的信息，表头科目应该为核算所欠该供应商款项的一个科目。应付单表头科目必须是应付款管理系统的受控科目。应付单表体信息可以不输入，保存时系统会自动形成一条方向相反、金额相等的记录。表体中的一条记录也相当于凭证中的一条分录。如果输入表体内容，表头、表体中的金额合计应借、贷方相等。

【操作要点】

以应收款管理系统应收单为例。在业务工作导航目录中选择“财务会计→应收款管理→应收单据处理→应收单据录入”项，系统弹出“单据类别”对话框，单据名称选择“应收单”，单据类型选择“其他应收单”，单据方向包括正向和负向，若输入的单据为红字单据，可选择方向为负向。单击“确认”按钮，进入应收单编辑界面，单击“增加”按钮，进行单据录入。录入完成后单击“保存”按钮，即可保存当前新增应收单。

### （二）应收/应付单据审核

应收款、应付款管理系统提供手工审核、自动批审功能。这里以应收单据为例进行介绍。

【操作要点】

（1）自动批审。在业务工作导航目录中选择“财务会计→应收款管理→应收单据处理→应收单据审核”项，系统显示“应收单查询条件”对话框。输入查询条件后，单击“批审”按钮，系统根据当前的过滤条件将符合条件的未审核单据全部进行一次性的后台审核处理。批审完成后，系统提交单据批审报告，自动批审报告显示成功的张数以及明细审核单据。

（2）手工批审。可在输入过滤条件后，进入单据列表界面，进行选择。在选择标志一栏里，双击鼠标打上“Y”标记，也可以单击“全选”按钮将所有的单据全部选中，然后点击工具栏中的“审核”按钮将当前选中的单据全部审核，如图4-4所示。

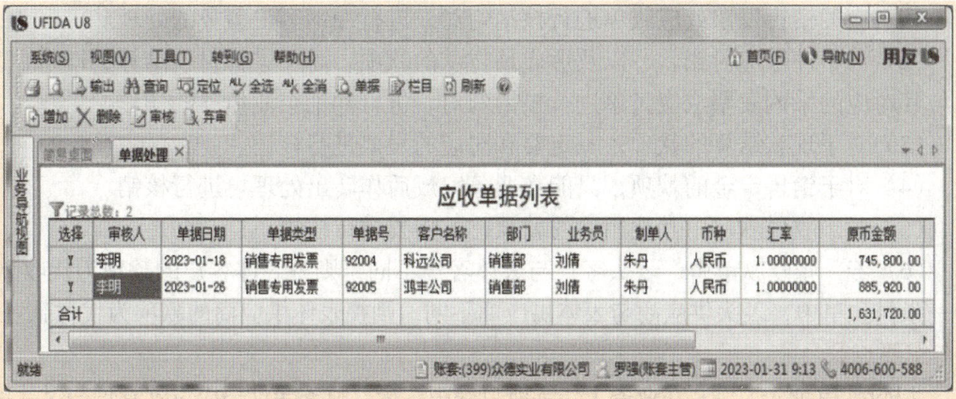


图4-4　应收单据列表

（3）单张审核。在单据列表界面，双击单据记录或单击“单据”按钮，则进入单据卡片界面进行单张审核，单击“审核”按钮审核当前单据。审核后，系统会询问是否要立即制单。若选择“是”，则立即显示当前应收（应付）单据的凭证界面；如果不想立即制单，则可以在“制单处理”功能中集中处理。

【提示】

（1）在应收（应付）单据列表界面中可显示所有应收（应付）单据，包括从采购管理系统和销售管理系统传入的单据。默认查询条件是“未审核”“未制单”单据。如需查询“已审核”“已制单”“已现结发票”“未完全报销”单据，可单击“查询”按钮在查询条件对话框中勾选相关选项。

（2）在应收（应付）单据列表界面，可以进行应收（应付）单的增加、修改、删除等操作。

微课

用户权限分配与往来单据处理

【故障诊断】

问题描述：某操作员进行应收/应付单据审核时，在单据列表中看不到任何单据，以账套主管身份进入时则可以看到单据。

原因分析：在数据权限分配功能中，未对用户权限进行分配。

解决方法：在数据权限分配功能中，业务对象选择“用户”，为操作员设置对目标操作员所做单据进行查询、修改、删除、审核、弃审、关闭等权限。设置完成后重新登录，即可查看到需要审核的应收/应付单据。

## 二、收/付款单据处理

收款单据录入，是将已收到的客户款项（包括客户支付的销售定金）或退回客户的款项，录入到应收款管理系统，包括收款单与付款单（即红字收款单）的录入。收款单的款项类型分为应收款、预收款、其他费用、现款结算、销售定金。付款单据录入，是将支付供应商款项及供应商退回的款项，录入到应付款管理系统，包括付款单与收款单（即红字付款单）的录入。付款单的款项类型分为应付款、预付款、其他费用。

【单据处理规则】

（1）对于冲销应收账款，以及形成预收款的款项，需要进行收款结算，即将收款单与其对应的销售发票或应收单进行核销勾对，进行冲销客户债务的处理。

（2）对于冲销应付账款，以及形成预付款的款项，需要进行付款结算，即将付款单与其对应的采购发票或应付单进行核销勾对，进行冲销企业债务的操作。

（3）对于现款结算的款项，一定要和对应的发票进行核销。

（4）对于销售定金的款项，只能在业务完成后作转出处理再进行核销。

（5）对于收付款单中其他用途的款项，不需要进行核销。

（6）若一张收款单中，表头客户与表体客户不同，则视表体客户的款项为代收款；若一张付款单中，表头供应商与表体供应商不同，则视表体供应商的款项为代付款。

【操作要点】

以付款单录入为例，在业务工作导航目录中选择“财务会计→应付款管理→付款单据处理→付款单据录入”项，进入收付款单录入界面，单击“增加”按钮，录入各栏目，单击“保存”按钮，保存付款单后即可进行预付、核销等后续处理，如图4-5所示。

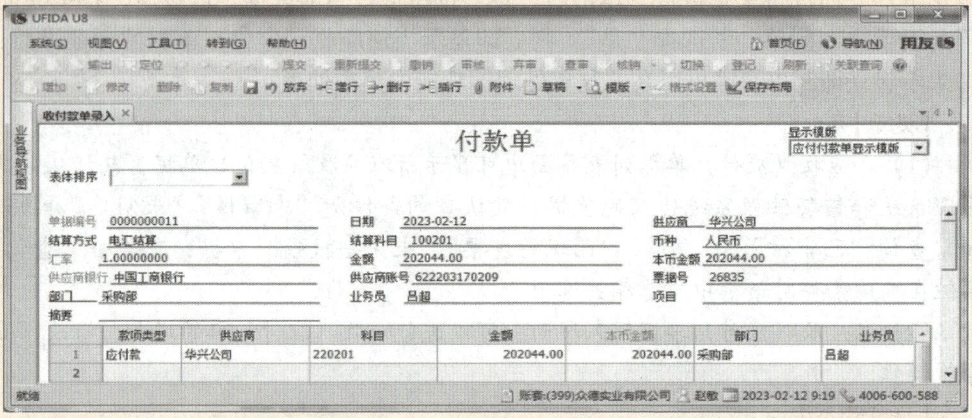


图4-5　增加付款单

若预付了一个供应商的款项，当时还没有发生采购业务，可在付款单上单击“预付”按钮，将该笔款项全部作为预付款。

单击“审核”按钮审核后，系统会询问是否立即制单。可选择立即制单，也可选择在制单处理中统一进行制单。选择立即制单，则系统弹出凭证卡片，可进行修改并保存。

在“付款单据录入”功能中，单击“切换”按钮则可新增收款单；在“收款单据录入”功能中，单击“切换”按钮则可新增付款单。

如果录入收款单的收款类型为“销售定金”，应点击“增加”按钮右侧的下拉按钮选择“销售定金”项。

微课

往来单据审核后立即制单的操作

## 三、核销处理

核销处理指用户日常进行的收款核销应收款或付款核销应付款的工作。收款单据核销的作用是解决收回客商款项核销该客商应收款的处理，建立收款与应收款的核销记录，付款单据核销的作用是处理付款核销应付款，建立付款与应付款的核销记录，加强往来款项的管理。在核销处理界面，可进行收、付款单据的批量核销。系统提供两种批量核销方式：手工核销、自动核销。手工核销加强了往来款项核销的灵活性，自动核销加强了往来款项核销的效率性。

### （一）手工核销

【操作要点】

以收款核销为例，在业务工作导航目录中选择“财务会计→应收款管理→核销处理→手工核销”项，进入核销过滤条件界面。选择需要进行核销处理的客户，单击“确认”按钮，进入单据核销界面，上边列表显示该客户可以核销的收付款单记录，下边列表显示该客户符合核销条件的对应单据，如图4-6所示。手工输入本次结算金额，也可单击“分摊”按钮，系统将当前收付款单列表中的本次结算金额合计自动分摊到被核销单据列表的本次结算栏中。核销顺序依据被核销单据的排序顺序。单击“栏目→单据”按钮，可进行单据列表顺序的设置，来更改当前被核销单据的排序。本次结算，上下列表中的结算金额合计必须保持一致，点击“保存”按钮，系统保存该收付款单核销信息，完成本次核销操作。

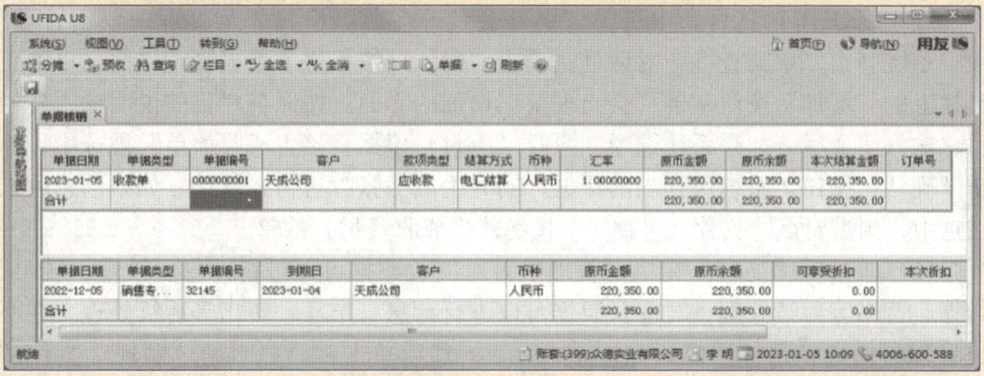


图4-6　手工核销

【手工核销规则】

（1）手工核销时一次只能显示一个客户的单据记录，若需要对代付款进行处理，则需要在过滤条件中输入该代付单位，进行核销。

（2）一次只能对一种收付款单类型进行核销，即在手工核销的情况下需要将收款单和付款单分开核销。

（3）手工核销保存时，若收付款单列表的本次结算金额合计不等于被核销单据列表的本次结算金额合计，系统将提示用户“结算金额不相等，不能保存”。

（4）核销时可以修改本次结算金额，但是不能大于该记录的原币余额。

（5）核销的记账日期为处理时的注册日期，保存时必须保证核销的借贷双方本币金额相等。

（6）若发票中同时存在红蓝记录，则核销时先进行单据的内部对冲。

（7）可以根据收付款单单张取消核销处理。

### （二）自动核销

【操作要点】

以收款核销为例，在业务工作导航目录中选择“财务会计→应收款管理→核销

微课

收付款核销及制单处理

处理→自动核销”项，进入核销过滤条件界面。输入过滤条件，单击“确认”按钮，自动核销时提供进度条，以便了解核销进程。核销完成后，提交自动核销报告，显示已核销的情况和未核销的原因。

【自动核销规则】

（1）自动核销可依据核销规则对多个客户/供应商的单据进行核销处理。

（2）自动核销允许在取消操作中按客户/供应商进行分别取消核销处理。

## 四、票据管理

票据管理功能可以记录银行承兑汇票和商业承兑汇票的详细信息及处理情况，查询应收（应付）票据。要进行票据科目的管理，必须将“应收票据”科目设置为应收受控科目，将“应付票据”科目设置为应付受控科目。

【操作要点】

（1）增加票据。当开出或收到商业汇票时，需要将该商业汇票录入票据管理中。在业务工作导航目录中选择“财务会计→应收（应付）款管理→票据管理”项，系统弹出“票据查询”对话框，单击“确认”按钮进入票据管理界面，单击工具栏上的“增加”按钮，屏幕会出现票据增加的界面。按照各栏目的说明输入各栏目，输入完成后，如果系统选项“应收（应付）票据直接生成收款单”被选中，单击“确认”按钮，系统保存当前票据，同时生成一张收（付）款单。如果该选项未被选中，则需要点“收款（付款）”按钮才生成收（付）款单。

（2）票据后续处理。在票据管理中，对应收票据可以进行计息、贴现、转出、结算、背书等后续处理，对应付票据可以进行计息、结算、转出等后续处理。在票据管理界面选择目标票据，如图4-7所示，然后单击工具栏上的“贴现”“背书”“转出”“结算”“计息”等按钮，就可以对当前的票据进行相应的后续处理。

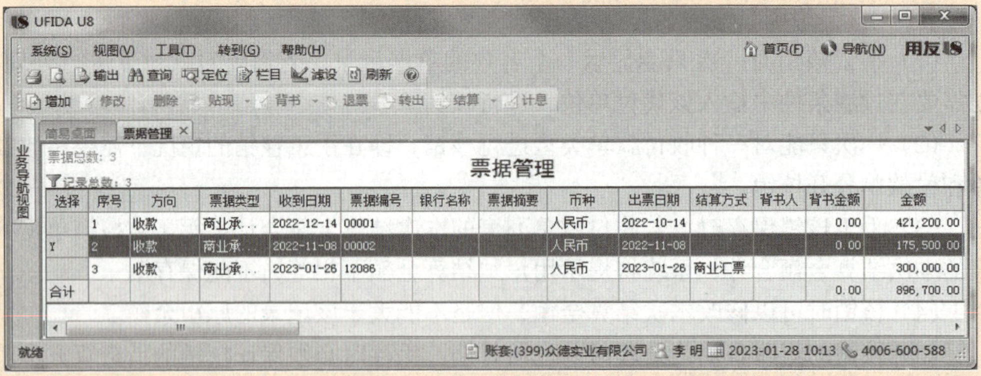


图4-7 票据处理

【提示】

（1）收到或签发日期在已经结账月的票据不能被删除。

（2）票据所形成的收（付）款单已经核销的不能被修改、删除。

（3）已经进行过计息、结算、转出等处理的票据不能被修改、删除。

（4）票据贴现、转出后，将不能再对其进行其他处理。

## 五、转账处理

应收款转账处理提供应收冲应收、预收冲应收、应收冲应付、红票对冲功能。应收冲应收是指将一家客户的应收款转到另一家客户中。通过应收冲应收功能将应收账款在客户之间进行转入、转出，实现应收业务的调整，解决应收款业务在不同客户间入错户或合并户问题。预收冲应收用于处理客户的预收款（红字预收款）和该客户应收款（红字应收款）之间的转账核销业务。应收冲应付是用客户的应收账款来冲抵供应商的应付款项。通过应收冲应付功能将应收款业务在客户和供应商之间进行转账，实现应收业务的调整，解决应收债权与应付债务的冲抵。红票对冲可实现客户的红字应收单据与其蓝字应收单据、收款单与付款单之间进行冲抵的操作。

应付款转账处理提供应付冲应付、预付冲应付、应付冲应收、红票对冲功能。应付冲应付是指将一家供应商的应付款转到另一家供应商中，实现应付业务的调整，解决应付款业务在不同供应商间入错户或合并户问题。预付冲应付用于处理供应商的预付款和该供应商应付款之间的转账核销业务。应付冲应收用于供应商的应付账款来冲抵客户的应收款项，实现应付业务的调整，解决应收债权与应付债务的冲抵。红票对冲可实现供应商的红字应付单据与其蓝字应付单据、收款单与付款单之间进行冲抵的操作。

【操作要点】

以预付冲应付为例，在业务工作导航目录中选择“财务会计→应付款管理→转账→预付冲应付”项，进入预付冲应付处理窗口。系统提供自动转账功能，单击“自动转账”按钮，系统会自动进行成批的预付冲应付工作。也可以进行单个供应商的预付冲抵应付工作，选择目标供应商，单击“过滤”按钮，系统会将该供应商所有满足条件的预付款的日期、转账方式、金额等项目列出。可以在转账金额一栏里输入每一笔预收款的转账金额。单击“应付款”选项卡，单击“过滤”按钮，系统会将该供应商所有满足条件的应付款的单据类型、单据编号、单据日期、单据金额、转账金额等项目列出。在转账金额一栏里输入每一笔应付款的转账金额，每一笔预付款的转账金额不能大于其余额，双击本行，系统将余额自动填充为转账金额，单击“确定”按钮，系统执行转账操作，如图4-8所示。

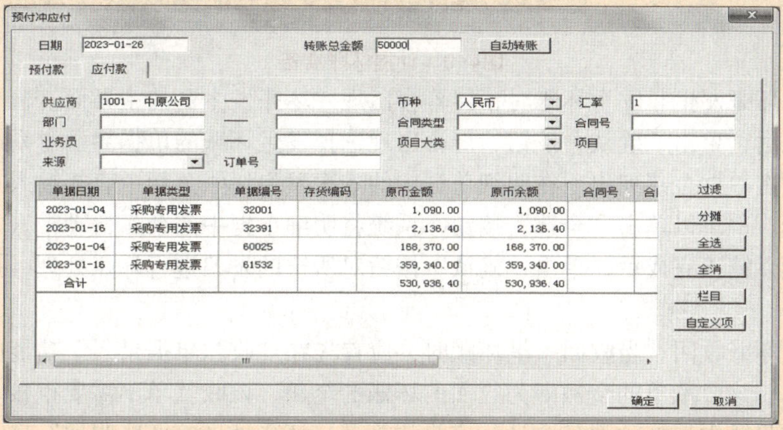


图4-8　预付冲应付

## 六、坏账处理

坏账处理指系统提供的计提应收坏账准备处理、坏账发生后的处理、坏账收回后的处理等功能。坏账处理的作用是系统自动计提应收款的坏账准备，当坏账发生时即可进行坏账核销，当被核销坏账又收回时，即可进行相应处理。

【操作要点】

（1）计提坏账准备。在业务工作导航目录中选择“财务会计→应收款管理→坏账处理→计提坏账准备”项，进入坏账准备计提界面，系统根据初始设置中设定的坏账准备计提方法计算出本次计提金额。选用销售收入百分比法的，系统自动算出当年度销售收入总额，并根据计提比率计算出本次计提金额；选用应收账款百分比法的，系统自动算出当年度应收账款总额，并根据计提比率计算出本次计提金额（如图4-9所示），应收账款的总额默认值为本会计年度最后一天的所有未结算完的发票和应收单余额之和减去预收款数额；选用账龄分析法的，系统自动算出各区间应收余额，并根据计提比率计算出本次计提金额。如果确认此次计提成功，单击工具栏中的“OK确认”按钮确认此次操作。确认后，本年度将不能再次计提坏账准备，并且不能修改坏账参数。如果没有点击“OK确认”按钮就退出，则此次操作无效。

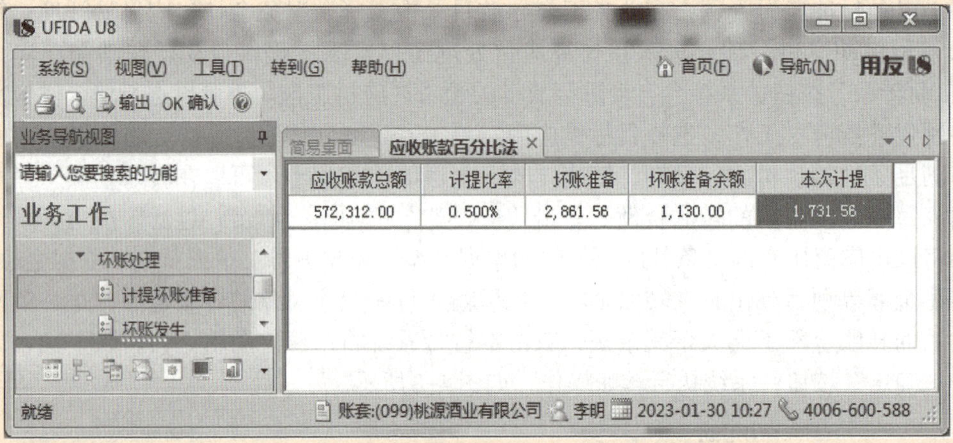


图4-9 计提坏账准备

（2）坏账发生。发生坏账时，屏幕会出现“坏账发生”的主界面。输入全部必需的信息后，单击“确认”按钮，屏幕出现选择发生坏账的单据界面。系统将满足条件的所有单据全部列出。在明细单据中的本次发生坏账金额中直接输入本次坏账发生金额。也可以单击“全选”按钮，系统将明细单据中的余额自动带入本次发生坏账金额。输入完成后，单击“确认”按钮对所选的发票进行坏账处理，执行记账功能。

（3）坏账收回。当收回一笔坏账时，应首先在“收款单据录入”功能中录入一张收款单，该收款单的金额即为收回的坏账的金额，该收款单不需要审核。在业务工作导航目录中选择“财务会计→应收款管理→坏账处理→坏账收回”项，输入必需的信息后，单击“确认”按钮保存此次操作。

## 七、取消操作

在应收、应付往来处理各环节中，可能由于各种原因造成操作失误，为方便修改，系统提供取消操作功能。取消操作类型包括恢复付款单的核销前状态、恢复收款单的核销前状态、恢复坏账处理前状态、恢复票据处理前状态、恢复转账处理前状态、恢复计算汇兑损益前状态、恢复并账处理前状态等。

【操作要点】

在业务工作导航目录中选择“财务会计→应收/应付款管理→其他处理→取消操作”项，在“操作类型”下拉框中选择恢复的类型，如图4-10所示。输入取消操作条件后，系统将满足取消条件的处理列出。在选择标志一栏里双击鼠标，表示要将此业务恢复到处理前的状态；也可以在有标记的一栏里双击鼠标，取消选择。选择完成后，单击“确定”按钮执行取消操作。

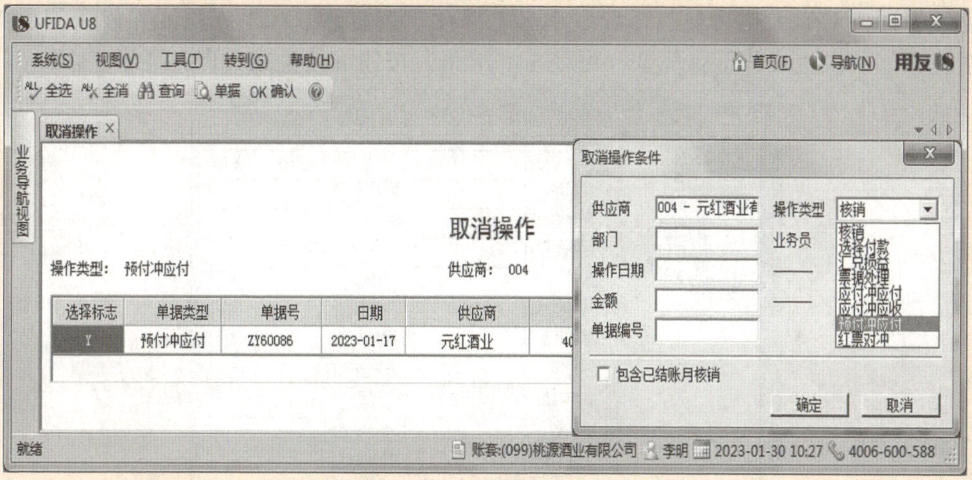


图4-10　取消操作

【提示】

(1) 如果坏账处理日期、票据处理日期、转账处理日期在已经结账的月份内，则不能被恢复。

(2) 如果收（付）款单日期在已经结账的月份内，选择“包含已结账月核销”可以取消以前月份的核销记录。

(3) 如果核销业务、票据处理业务、转账业务已经制单，应先删除其对应的凭证再进行恢复。

(4) 票据转出后所生成的应收（应付）单如果已经进行了核销等处理，不能进行取消操作。

(5) 票据背书的对象如果是应付账款系统的供应商，且应付账款系统该月份已经结账，则也不能恢复。

(6) 票据计息和票据结算后，如果又进行了其他处理，则不能进行取消操作。

微课

如何取消往来单据操作?

## 八、制单处理

制单即生成凭证，并将凭证传递至总账记账。系统在各个业务处理的过程中都提供了实时制单的功能，系统还提供了一个统一制单的平台，在制单处理功能中快速、成批生成凭证，并可依据规则进行合并制单等处理。制单类型包括发票制单、应收单制单、应付单制单、合同结算单制单、收付款单制单、核销制单、票据处理制单、并账制单、现结制单、坏账处理制单、转账制单、汇兑损益制单等。

【操作要点】

以发票制单为例，在业务工作导航目录中选择“财务会计→应收（应付）款管理→制单处理”项，系统弹出“制单查询”对话框，如图4-11所示，选择“发票制单”，单击“确定”按钮。系统会将日期小于等于当前业务日期的所有未制单已经记账的发票全部列出。选择要进行制单的单据，在“选择标志”一栏双击，系统会在该栏目给出一个序号，表明要将该单据制单。单击工具栏上的“制单”按钮，进入凭证界面。对有关栏目适当修改后单击“保存”按钮，系统生成凭证并传递到总账系统。如一次生成若干张凭证，可单击“下张”按钮继续生成并保存凭证。

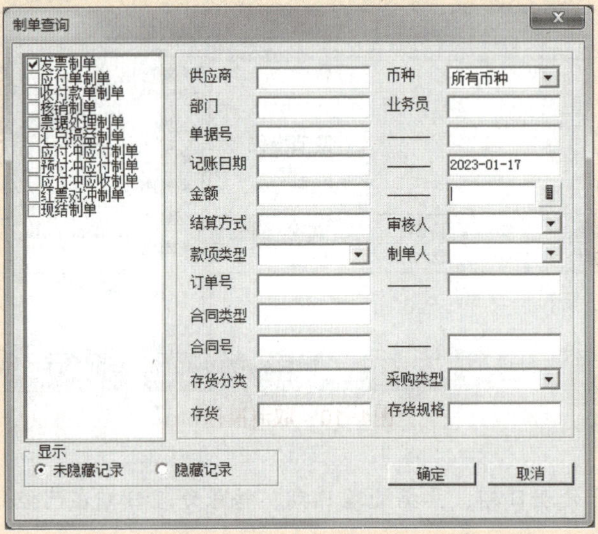


图4-11 制单查询

【提示】

（1）若希望在生成凭证的过程中系统自动形成凭证的摘要内容，可以点击“摘要”按钮进行摘要设置。

（2）各种制单类型均可以实现合并制单处理，只有坏账处理制单暂时只能独立制单。

【实用技巧】如何删除外部系统生成的记账凭证？

在应收款管理、应付款管理、薪资管理、固定资产管理、存货核算等系统生成的凭证不能在总账系统作废删除。要删除上述系统生成的凭证，应先在相关系统的“凭证查询”或“凭证列表”中删除生成的凭证。外部系统删除凭证后，总账系统“填制凭证”功能中该凭证即标记为“作废”，执行“凭证整理”功能即可彻底删除子系统生成的凭证。若总账系统参数选中了“同步删除业务系统凭证”选项，外部系统删除凭证时相应地将总账系统的凭证同步删除。各外部系统删除凭证的路径如下：

应收款管理系统：财务会计→应收款管理→单据查询→凭证查询。

应付款管理系统：财务会计→应付款管理→单据查询→凭证查询。

存货核算系统：供应链→存货核算→财务核算→凭证列表。

薪资管理系统：人力资源→薪资管理→统计分析→凭证查询。

固定资产管理系统：财务会计→固定资产→处理→凭证查询。

# 标准习题

## 一、判断题

1.在应收单据列表界面，可以进行应收单的增加、修改、删除等操作。（　　）

2.应收单据自动批审完成后，系统会询问是否要立即制单。（　　）

3.进行自动收款核销时，在核销过滤条件界面，不必选择需要进行核销处理的客户。（　　）

4.坏账收回录入的收款单不需要审核。（　　）

5.预收冲应收用于处理客户的预收款和该客户红字应收款之间的转账核销业务。（　　）

6.计提坏账准备时，应收账款的余额默认值为本会计年度最后一天的所有已结算完的发票和应收单余额之和减去预收款数额。（　　）

## 二、单项选择题

1.下列各项中，属于应付款管理系统取消操作的是（　　）。

A.删除记账凭证　B.取消转账　C.取消月末结账　D.取消期初记账

2.在应收款管理系统不能进行的取消操作是（　　）。

A.取消应收单记账　B.取消核销

C.取消正常单据记账　D.取消转账

3.在应收款管理系统中，只有（　　）暂时只能独立制单

A.发票制单　B.应收单制单

C.预收冲应收制单　D.坏账处理制单

4.在应收款管理系统中，坏账准备计提可（　　）。

A.随时进行　B.每月一次

C.每年一次　D.根据企业需要确定

5.收付款单核销时可以修改本次结算金额，但是不能（　　）该记录的原币余额。

A.大于　B.小于　C.等于　D.不等于

### 三、多项选择题

1.应付票据可以进行（　　）等后续处理。

A.计息　　B.贴现　　C.转出　　D.背书

2.在应收单据列表界面中可查询（　　）的单据。

A.未审核　　B.未制单　　C.未完全报销　　D.已审核

3.在应收款管理系统中，如果收款单日期、坏账处理日期、票据处理日期、转账处理日期在已经结账的月份内，不能被恢复的操作有（　　）。

A.取消核销　　B.取消坏账处理　　C.取消票据处理　　D.取消转账处理

4.在应收款管理系统中，票据（　　）后，将不能再对其进行其他处理。

A.贴现　　B.背书　　C.转出　　D.计息

5.应付款转账处理提供（　　）功能。

A.应付冲应付　　B.预付冲应付　　C.应收冲应付　　D.红票对冲

参考答案

# 任务三　应收款、应付款管理系统期末处理

## ◆技能点4-3　往来管理系统期末处理

当月应收应付业务已全部处理完毕，就需要执行月末结账功能，只有月末结账后，才可以开始下月工作。应收款管理系统与销售管理系统集成使用，在销售管理系统结账后，才能对应收款管理系统进行结账处理。应付款管理系统与采购管理系统集成使用，在采购管理系统结账后，才能对应付款管理系统进行结账处理。

【操作要点】

在业务工作导航目录中选择“财务会计→应收（应付）款管理→期末处理→月末结账”项，选择结账月份，双击结账标志一栏，标志选择该月进行结账。单击“下一步”按钮，系统将列示月末结账的检查结果，可以点击其中任意一项，以检查其详细信息。单击“完成”按钮，执行结账功能，系统提示“×月份结账成功”，如图4-12所示。

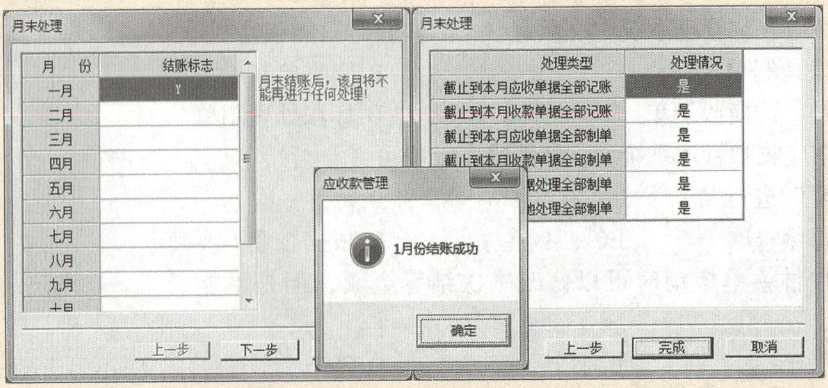


图4-12　应收款管理系统月末结账

【月结规则】

1.一次只能选择一个月进行结账。

2.如果前一个月没有结账，则本月不能结账。

3.如果本月的收（付）款单还有未审核的，不能结账。

4.当选项中设置审核日期为单据日期时，本月的发票和应收（应付）单在结账前应该全部审核。

5.当选项中设置审核日期为业务日期时，截止到本月月末还有未审核单据，照样可以进行月结处理。如果还有合同结算单未审核，仍然可以进行月结处理。

微课

应收、应付款管理系统月末结账

6.当选项中设置月结时必须将当月单据以及处理的业务全部制单，则月结时检查到当月有未制单的记录，则不能进行月结处理。

7.当选项中设置月结时不用检查是否全部制单，则无论当月有无未制单的记录，均可以进行月结处理。

【实用技巧】如何取消应收（应付）款管理月结？

在业务工作导航目录中选择“财务会计→应收（应付）款管理→期末处理→取消月结”项，选择需要取消结账的月份，双击结账标志一栏，单击“确认”按钮，系统执行取消结账功能。

# 标准习题

## 一、判断题

1.在应收款管理系统选项中设置审核日期为单据日期时，若截止到本月月末还有未审核单据，照样可以进行月结处理。（　　）

2.当应付款管理系统选项中设置月结时不用检查是否全部制单，则无论当月有无未制单的记录，均可以进行月结处理。（　　）

3.应付款管理系统与销售管理系统集成使用，在销售管理系统结账后，才能对应付款管理系统进行结账处理。（　　）

## 二、单项选择题

1.下列关于应收款管理系统月末结账的说法中，错误的是（　　）。

A.一次只能选择一个月进行结账　　B.上月结账后，才能进行本月结账

C.结账后不能取消结账　　D.本月有收款单未审核的，不能结账

2.期末结账时，正确的结账顺序是（　　）。

A.应收款管理→销售管理→总账　　B.销售管理→应收款管理→总账

C.总账→应收款管理→销售管理　　D.总账→销售管理→应收款管理

3.当下列各项发生时，应收款管理系统不能取消月结的是（　　）。

A.本月应付款管理系统已结账　　B.本月销售管理系统已结账

C.本月采购管理系统已结账　　D.本月总账系统已结账

## 三、多项选择题

1. 如选项中设置月结时必须将当月单据以及处理的业务全部制单，截至本月（　　）的处理情况均为“是”时，可以办理应收款管理系统月末结账。

A. 应收单据全部记账并制单　　B. 收款单据全部记账并制单

C. 票据处理全部制单　　D. 其他处理全部制单

2. 如果存在（　　）等情况，则不能办理应付款管理系统月末结账。

A. 本月有未审核的付款单　　B. 上月应付款管理系统未结账

C. 本月采购管理系统未结账　　D. 本月总账系统未结账

3. 当应收款管理系统选项中设置审核日期为单据日期时，本月的（　　）在结账前应该全部审核。

参考答案

A. 发票　　B. 出库单　　C. 应收单　　D. 发货单

# 项目实训

## 实训五　往来核算

### 一、实训目的

掌握应收款、应付款管理系统初始设置及收付款结算的操作方法。

### 二、实训内容

1. 应收款、应付款管理系统初始设置。

2. 收、付款结算及凭证处理。

3. 账套数据备份。

### 三、实训准备

引入“实训四”中的“完成记账”备份数据。

### 四、实训资料

#### （一）初始设置

1. 系统启用及权限设置

账套主管刘志伟在企业应用平台以2023年1月1日启用应收款、应付款管理系统。系统管理员为02号操作员（学生本人姓名），全选“公用目录设置”，全选“应收款管理”，去掉其中的“日常处理-收款单据处理-卡片编辑”；全选“应付款管理”，去掉其中的“日常处理-付款单据处理-卡片编辑”；为03号操作员全选“应收款管理-日常处理-收款单据处理”，去掉其中的“收款单审核、收款单弃审”；全选“应付款管理-日常处理-付款单据处理”，去掉其中的“付款单审核、付款单弃审”。

2. 应收款管理系统初始设置

（1）在选项中将坏账处理方式设置为应收余额百分比法，自动计算现金折扣。

（2）基本科目设置。应收科目：1122；预收科目：2203；销售收入科目：6001；销售退回科目：6001；税金科目：22210102；现金折扣科目：6603；票据费用科目：

6603；商业承兑科目：1121；代垫费用科目：100201。

（3）结算方式科目设置。现金结算的科目设为1001，其他所有结算方式的科目设为100201，选入本单位账号，币种全部为人民币。在基础档案中新增本单位开户银行（或在“本单位账号”栏目右侧点击省略号按钮进入参照界面编辑本单位开户银行）：编码为01；账户名称为桃源酒业有限公司；开户银行为中国工商银行南阳市分行；所属银行编码为01-中国工商银行；银行账号为321765617165。

（4）坏账准备设置。提取比率为0.5%；坏账准备期初余额为1 130元；坏账准备科目为1231；对方科目为6701。

（5）期初余额录入。

录入应收票据期初余额。单据类型：应收票据-商业承兑汇票；票据编号：76301；开票单位：中兴超市；票据面值及票据余额：36 000；科目：1121；签发日期及收到日期：2022年12月20日；到期日：2023年3月20日。

在基础设置的单据编号设置中将销售专用发票、采购专用发票的编号方式改为完全手工编号。应收账款期初余额见表4-1。

表4-1　应收账款期初余额　金额单位：元

| 单据类型 | 客户简称 | 科目 | 开票日期 | 发票号 | 销售货物 | 销售数量（件） | 价税合计 |
|---|---|---|---|---|---|---|---|
| 销售专用发票 | 新丰酒业 | 1122 | 2022-12-12 | XS71035 | 元红酒 | 100 | 81 360 |
| 销售专用发票 | 三味酒业 | 1122 | 2022-12-18 | XS71062 | 声闻酒 | 60 | 81 360 |
| 销售专用发票 | 福泰超市 | 1122 | 2022-12-23 | XS71068 | 松花酒 | 50 | 36 000 |
| | | | | | 桑落酒 | 40 | 20 000 |

录入完成后点击“对账”按钮，查看是否与总账期初余额相符。

3. 应付款管理系统初始设置

（1）在账套参数设置的“常规”页签中选择“自动计算现金折扣”，在“凭证”页签中将“单据审核后立即制单”复选框的标记去掉，改为单据审核后不立即制单。

（2）基本科目设置。应付科目：220201；预付科目：1123；采购科目：1401；税金科目：22210101；现金折扣科目：6603。

（3）结算方式科目设置。现金结算的科目设为1001，其他所有结算方式的科目设为100201，选入本单位账号，币种全部为人民币。

（4）期初余额录入。应付货款期初余额见表4-2，暂估应付款及预付账款期初余额见表4-3。

表4-2　应付货款期初余额　金额单位：元

| 单据类型 | 供应商名称 | 科目 | 开票日期 | 发票号 | 采购货物 | 采购数量（件） | 价税合计 |
|---|---|---|---|---|---|---|---|
| 采购专用发票 | 松花酒业 | 220201 | 2022-11-22 | ZY32608 | 松花酒 | 160 | 81 360 |
| 采购专用发票 | 声闻酒业 | 220201 | 2022-12-03 | ZY41226 | 声闻酒 | 110 | 101926 |
| 采购专用发票 | 桑落酒业 | 220201 | 2022-12-24 | ZY56834 | 桑落酒 | 250 | 84 750 |

表4-3 暂估应付款及预付账款期初余额 金额单位：元

| 单据类型 | 日期 | 供应商编码 | 结算方式 | 科目 | 金额 | 部门 | 业务员 | 摘要 |
|---|---|---|---|---|---|---|---|---|
| 其他应付单 | 2022-12-30 | 001 | | 220202 | 45 000 | 采购部 | 徐文斌 | 暂估入库 |
| 预付款 | 2022-12-26 | 004 | 汇兑结算 | 1123 | 40 000 | 采购部 | 张志朋 | 采购商品 |

录入完成后点击“对账”按钮，查看是否与总账期初余额相符。

### （二）收付结算业务

1.2023年1月6日，收到银行通知，新丰酒业以汇兑方式支付货款81 360元，结算票号为20357。

【操作向导】

①03号操作员在“应收款管理→收款单据处理→收款单据录入”中录入收款单。

②02号操作员在“应收款管理→收款单据处理→收款单据审核”中打开该收款单办理审核，审核后选择立即制单，生成记0010号凭证。现金流量项目编码：01。

借：银行存款/工行存款 81 360

　　贷：应收账款 81 360

③02号操作员在凭证生成后关闭填制凭证窗口，在收款单中点击“核销”按钮办理收款单据核销。

2.2023年1月6日，将2023年3月20日到期的商业承兑汇票办理贴现。贴现方式：同城；贴现率：3.8%；结算科目：100201；结算方式：其他；票号：52003。

【操作向导】

02号操作员在“应收款管理→票据管理”中办理票据贴现并立即制单，生成记0011号凭证。现金流量项目编码：01。

借：银行存款/工行存款 35 722.60

　　财务费用 277.40

　　贷：应收票据 36 000

3.2023年1月8日，签发票号为31026的银行汇票101 926元，偿付前欠声闻酒业货款。

【操作向导】

①03号操作员在“应付款管理→付款单据处理→付款单据录入”中开出付款单。

②02号操作员在“应付款管理→付款单据处理→付款单据审核”中打开该付款单办理审核，然后点击“核销”按钮办理核销。

③02号操作员在“应付款管理→制单处理”中选择收付款单制单，生成记0012号凭证。现金流量项目编码：04。

借：应付账款/应付货款 101 926

　　贷：银行存款/工行存款 101 926

4.2023年1月8日，签发并承兑票号为79021的商业承兑汇票84 750元，偿付前欠桑落酒业货款，到期日为2023年1月28日，结算方式为“其他”。

【操作向导】

①02号操作员在“应付款管理→票据管理”中开出商业承兑汇票。

②03号操作员在“应付款管理→付款单据处理→付款单据录入”中点击“末张”按钮，找到系统自动生成的付款单（注意：不是点击“增加”按钮新增付款单），点击“修改”按钮，录入结算科目2201。

③02号操作员在“应付款管理→付款单据处理→付款单据审核”中打开该付款单办理审核，然后点击“核销”按钮办理核销。

④02号操作员在“应付款管理→制单处理”中选择收付款单制单，生成记0013号凭证。

| | | |
|---|---|---|
| 借：应付账款/应付货款 | 84 750 | |
| 　　贷：应付票据 | | 84 750 |

在“总账→凭证→查询凭证”中查询全部凭证，凭证共13张，发生额合计为573 081.80元。

在账套备份文件夹中新建“实训五”文件夹，备份账套数据。

# 项目五

## 薪资管理系统

【技能目标】

1. 能根据企业需要建立工资账套，设置工资项目和人员档案，准确设置常规工资项目的计算公式。
2. 能正确进行工资变动和汇总，办理银行代发及代扣款项处理，自主完成企业各项工资计提分摊项目的设置及凭证生成操作。

【思政目标】

1. 薪资管理的多工资类别中业务处理有严格的流程，如果流程出现差错，很多操作将无法进行，因而在教学中要培养学生科学严谨的工作作风和求真务实的行为品质，要求学生严格按流程规范操作，避免因流程差错影响业务处理的最终结果。
2. 通过薪资管理系统对个人所得税的计算与扣缴功能，结合明星偷税漏税案例，教育学生不要以身试法，不为利益所诱惑，让学生感受到国家对会计造假等违法事件零容忍的态度和国家严厉打击违法犯罪的决心，在心中形成一条自我约束的法律红线。

# 任务一　薪资管理系统初始设置

## ◆技能点5-1　薪资管理系统初始设置

### 一、新建工资账套

新建工资账套是整个薪资管理系统正确运行的基础。当启动薪资管理系统时，如所选账套为首次使用，系统将自动进入建账向导，分参数设置、扣税设置、扣零设置、人员编码等四步，逐步完成整套工资的建账工作。

【操作要点】

在业务工作导航目录中选择“人力资源→薪资管理”项，首次启动薪资管理系统，系统弹出“建立工资套”对话框，如图5-1所示，选择工资类别个数，单击“下一步”按钮，选择“是否从工资中代扣个人所得税”，单击“下一步”按钮，选择是否扣零，单击“下一步”按钮，人员编码与公共平台的人员编码保持一致，无须在薪资管理系统设置。单击“完成”按钮完成工资账套建立。

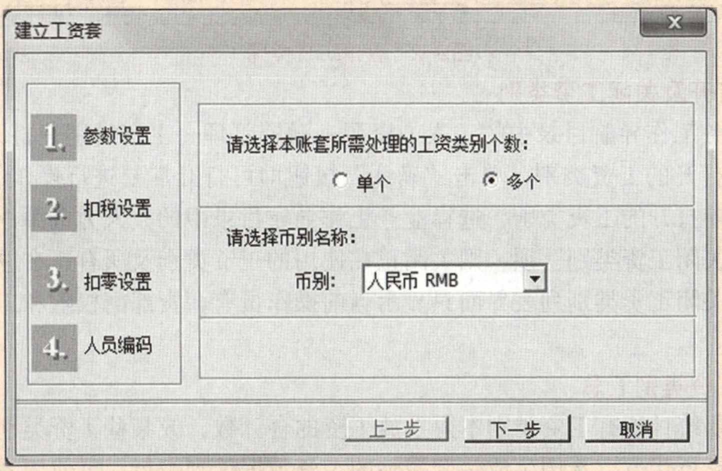


图5-1　建立工资套

工资类别个数选择方法：如果单位按周或月多次发放工资，或者是单位中有多种不同类别（部门）的人员，工资发放项目不尽相同，计算公式亦不相同，但需进行统一工资核算管理，可选择“多个”工资类别；如果单位中所有人员的工资统一管理，而人员的工资项目、工资计算公式全部相同，选择“单个”工资类别，可提高系统的运行效率。

### 二、工资类别管理

新建账套时或在系统选项中选择多个工资类别，可进入工资类别管理功能。

### （一）新建工资类别

【操作要点】

在业务工作导航目录中选择“人力资源→薪资管理→工资类别→新建工资类别”项，进入新建工资类别向导，在工资类别名称栏输入类别名称，单击“下一步”按钮，进入向导第二步，选择新建工资类别所包含的部门，如选择全部部门可单击“选定全部部门”按钮，如图5-2所示。单击“完成”按钮，系统提示“是否以××××年×月×日为当前工资类别的启用日期?”，选择“是”。

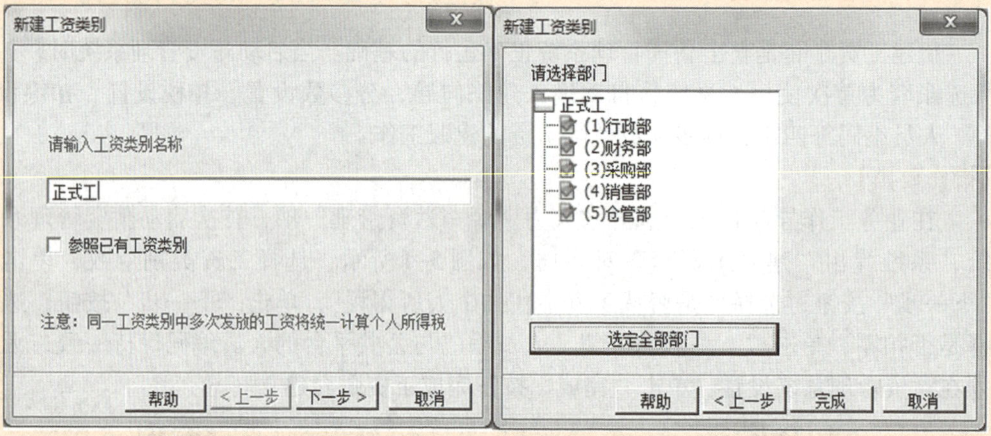


图5-2 新建工资类别

微课

工资账套启用及新建工资类别

### （二）打开及关闭工资类别

选择业务工作导航目录中的“人力资源→薪资管理→工资类别→打开工资类别”项。选择要打开的工资类别，单击“确认”按钮即可打开需要进行操作的工资类别。若要关闭当前打开的工资类别，选择业务工作导航目录中的“人力资源→薪资管理→工资类别→关闭工资类别”项，则关闭正在使用的工资类别及所有正在进行的功能操作。打开和关闭工资类别列表界面只显示当前操作员有薪资部门权限和工资项目权限的工资类别。

### （三）工资类别汇总

如果需要统计所有工资类别本月发放工资的合计数，或某些工资类别中的人员工资都由一个银行代发，希望生成一套完整的工资数据传到银行，可使用系统提供的工资类别汇总功能。汇总工资类别可在多个工资类别中，将部门编号、人员编号、人员姓名相同人员的工资数据进行合计。汇总工资类别的使用方法与其他工资类别的使用方法相同。

【操作要点】

关闭所有打开的工资类别，在业务工作导航目录中选择“人力资源→薪资管理→维护→工资类别汇总”项，系统弹出“工资类别汇总”对话框，在工资类别栏目框中选择需汇总的工资类别，在已选工资类别前的“□”中标上“√”，如图5-3所示。单击“确定”按钮，系统生成汇总工资类别，系统默认工资类别编号为“998”。在“打开工资类别”功能中可见自动生成的汇总工资类别。

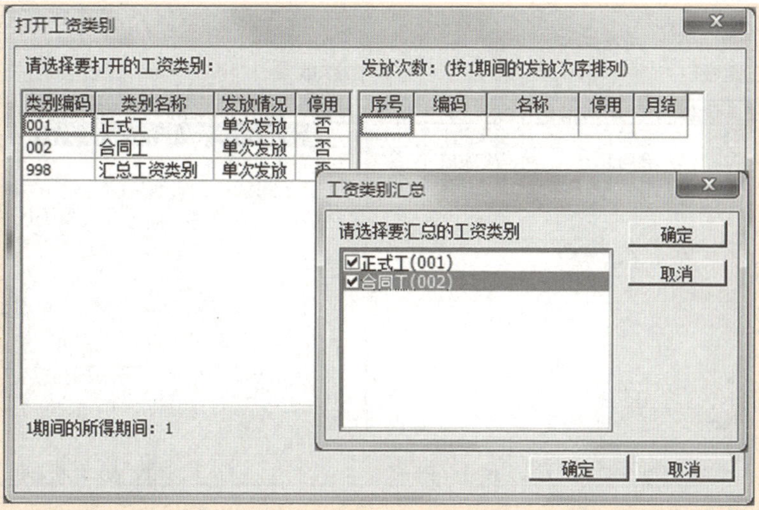


图5-3　汇总工资类别

【汇总规则】

1.在汇总前的系统检查中如果发现人员编号相同但人员姓名不同、人员编号和姓名相同但部门不同、人员不同但银行账号相同等三种情况，系统不予汇总。

2.所选工资类别中必须有汇总月份的工资数据。

3.如为第一次进行工资类别汇总，需在汇总工资类别中设置工资项目计算公式。如每次汇总的工资类别一致，则公式不需重新设置。如与上一次所选择的工资类别不一致，则需重新设置计算公式。

4.汇总工资类别不能进行月末结算和年末结算。

## 三、初始设置

### （一）发放次数管理

发放次数管理是对发放次数进行增加、修改、删除以及停用的功能。如果企业每个月发放工资或薪金的次数不止一次，就要建立新的发放次数。比如，周薪、补发以前期间工资、年终奖等都要用到多次发放。发放次数管理要在关闭工资类别后才能进入。

【操作要点】

（1）升级多次。关闭所有打开的工资类别，在业务工作导航目录中选择“人力资源→薪资管理→设置→发放次数管理”项，进入“多次发放管理”窗口。新建工资类别的发放情况默认为“单次发放”，如需要进行多次发放，选中该工资类别，单击“升级多次”按钮，在增加的“本次发放名称”后的编辑框中输入发放次数的名称，单击“完成”按钮即可将本工资类别升级为可进行多次发放的工资类别。

（2）新增发放次数。选中多次发放的工资类别后，单击“增加次数”按钮，输入发放次数名称并单击“完成”按钮，即可新增一个发放次数，如图5-4所示。

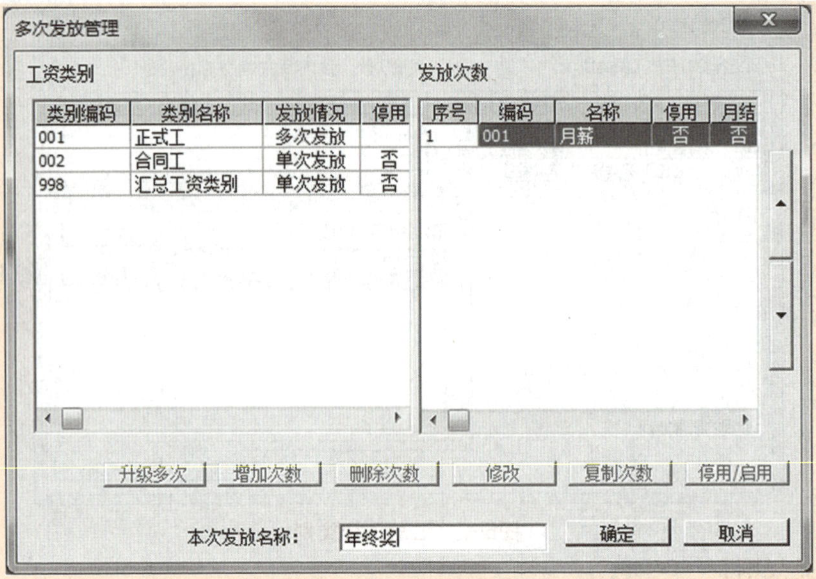


图5-4 发放次数管理

### （二）人员附加信息设置

运用人员附加信息设置功能可增加人员信息，丰富人员档案的内容，便于对人员进行更加有效的管理。例如，增加设置人员的性别、民族、婚否等。

【操作要点】

在业务工作导航目录中选择“人力资源→薪资管理→设置→人员附加信息”项，进入“人员附加信息设置”对话框；单击“增加”按钮，可输入附加信息名称或从参照栏中选择系统提供的信息名称。再次单击“增加”按钮，保存新增名称并可继续增加下一条记录。选中“是否参照”，单击“参照档案”按钮，可以设置人员附加信息的参照值。选中“是否必输项”，则在录入人员档案时此附加信息必须输入内容，不能为空。

【提示】

（1）已使用过的人员附加信息不可删除，但可以修改。

（2）当一个字段设置为“必输项”时，仅对以后增改人员档案时进行控制，以前已经存在的记录不作改变。

### （三）工资项目设置

工资项目设置即定义工资项目的名称、类型、长度、小数、增减项等。系统默认固定工资项目为“应发合计”“扣款合计”“实发合计”。如果在“选项”设置中选择“代扣个人所得税”，则系统在工资项目中自动添加“扣税合计”“代扣税”“代付税”等预置工资项目。这些工资项目不能被删除和重命名。其他项目可根据需要自行定义或参照增加，如基本工资、岗位工资、加班费、事假扣款等。

【操作要点】

在业务工作导航目录中选择“人力资源→薪资管理→设置→工资项目设置”项，进入工资项目设置界面，在多类别工资核算的情况下，关闭工资类别后，才能新增工资项目。单击“增加”按钮，在工资项目列表中增加一空行，可直接输入工资项目或在“名称参照”中选择工资项目名称，并设置新建工资项目的类型、长度、小数位数和工资增减项，如图5-5所示。增项直接计入应发合计，减项直接计入扣款合计。若工资项目类型为字符型，则小数位不可用，增减项为“其他”。单击“确定”按钮保存设置，单击“重命名”按钮可修改工资项目名称；选择要删除的工资项目，单击“删除”按钮，确认后即可删除。

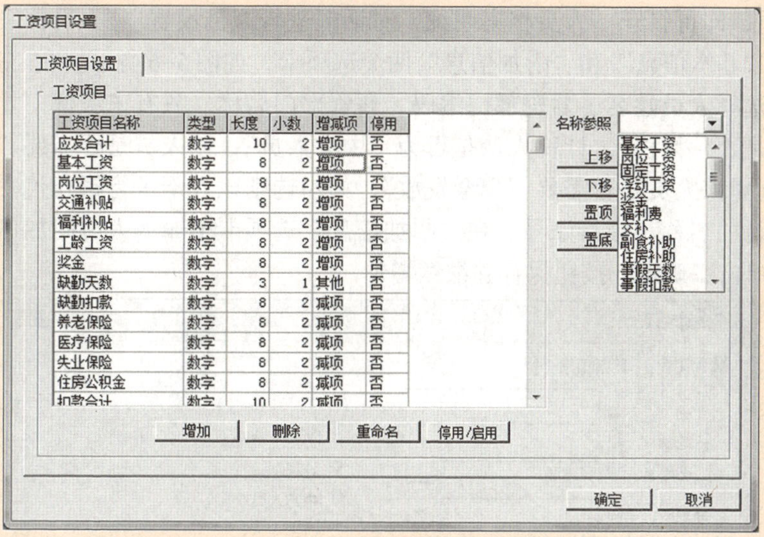

图5-5 工资项目设置

【提示】

(1) 可单击界面上的向上箭头、向下箭头，调整工资项目的排列顺序。

(2) 工资项目一经使用，数据类型不允许修改。

(3) 如果增减项选择为“其他”项，则不直接参与应发合计与扣款合计。

【故障诊断】

(1) 问题描述：工资项目无法新增。

原因分析：在多类别工资核算的情况下，工资项目只能在关闭工资类别的状态下新增，打开工资类别时只能在原有工资项目中参照增加

解决方法：关闭当前工资类别，再进入工资项目功能即可新增工资项目。

(2) 问题描述：工资项目无法删除。

原因分析：某工资项目增加后，没有使用，也没有在公式中设置，在工资变动表中，该项目的所有人员都没有数据，但是该工资项目无法删除。该工资项目被删除时，系统提示“该工资项目已使用不能删除”。

解决方法：该工资项目在工资报表中已经被使用。在薪资管理系统的统计分析账表功能中找到有该项目的报表，修改这个报表，将该项目删除，再回到工资项目功能中删除该工资项目。

微课

工资项目排序对工资变动计算的影响

微课

多类别工资下的工资项目设置

### (四) 人员档案

人员档案用于登记工资发放人员的姓名、职工编号、所在部门、人员类别等

信息，处理员工的增减变动等。人员档案的操作是针对某个工资类别进行的，当需要处理的工资类别个数为多个时，应先打开相应的工资类别。在业务工作导航目录中选择“人力资源→薪资管理→设置→人员档案”项，即可进入人员档案管理功能。

【操作要点】

（1）增加人员档案。在人员档案中单击“增加”图标，或选择右键菜单中的“增加”项，即可打开“人员档案明细”对话框进行人员设置。“人员档案明细”对话框包括“基本信息”和“附加信息”两个选项卡，如图5-6所示。在“基本信息”选项卡中选择人员姓名、薪资部门编码、薪资部门名称。只有末级部门才能设置人员。选择是否“计税”，计税人员是否为“中方人员”，该人员是否需要“核算计件工资”。选择该人员是否需要“现金发放”，如勾选则该人不进行银行代发。选择代发工资银行的名称和银行账号。在“附加信息”选项卡中输入人员附加信息。输入完毕后，单击“确定”按钮保存并继续增加。

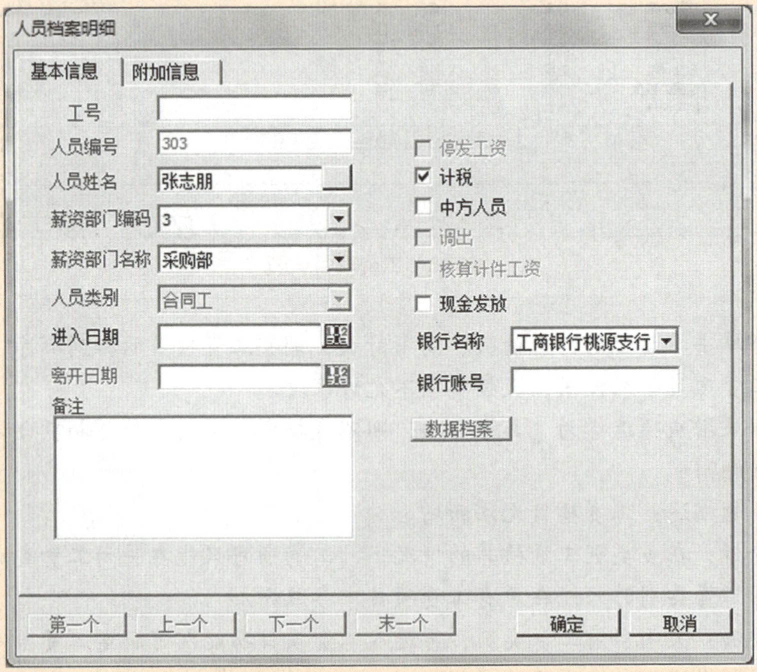


图5-6 增加人员档案

人员编号、人员姓名、人员类别来源于公共平台的人员档案信息，薪资管理系统不能修改，要在公共平台中修改，系统会自动将修改信息同步到薪资管理系统。修改路径：基础档案→机构人员→人员档案。

（2）批量增加人员档案。在“人员档案”中单击“批增”按钮，即进入“人员批量增加”对话框（如图5-7所示）。左侧显示当前工资类别的部门树。任何条件都不需输入，直接点击“查询”按钮，将所有未进入本工资类别的人员全部筛选显示；可以按照系统预制的条件进行精确筛选；若预置条件无法满足查询需求时，可通过“高级查询”设置条件筛选人员。核对薪资部门或双击“薪资部门”选择对应人员的部门。若公共档案中人员对应的行政部门为末级部门且在当前工资类别/发放次数对应部门范围中，则系统自动带入，否则要手工选择。单击“确定”按钮即将本次选中人员批量增加为当前工资类别/发放次数中的人员。

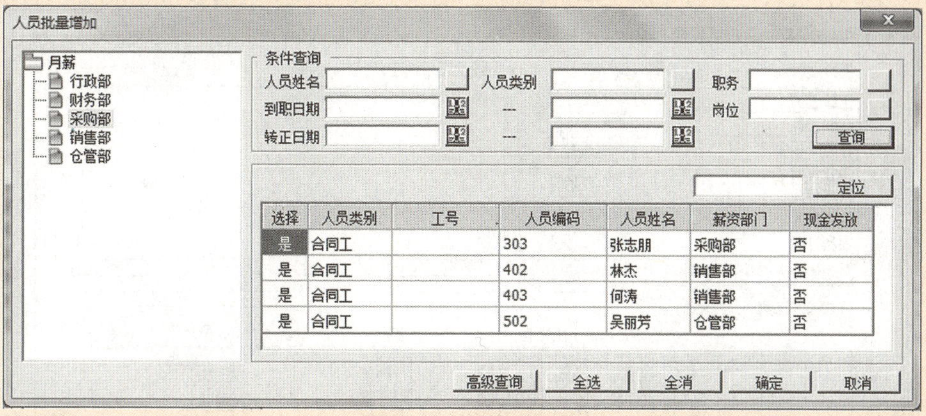


图5-7　人员批量增加

### （五）工资项目计算公式设置

工资项目计算公式定义，用于确定某些工资项目的计算公式和工资项目之间的运算关系。运用公式可直观表达工资项目的实际运算过程，灵活地进行工资计算处理。定义公式可通过选择工资项目、运算符、关系符、函数等组合完成。

系统固定的工资项目“应发合计”“扣款合计”“实发合计”的计算公式，由系统根据工资项目设置的“增减项”自动给出。

在单类别工资核算的情况下，设置“人员档案“后，“工资项目”功能中的“公式设置”选项卡即由灰色变为黑色，可直接进入定义；在多类别工资核算的情况下，各工资类别工资项目的计算公式需要分别设置，在关闭工资类别的状态下，“工资项目”功能中没有“公式设置”选项卡，打开工资类别才能在该类别的“工资项目”功能中设置工资项目计算公式。

【提示】

（1）定义工资项目计算公式要符合逻辑，系统将对公式进行合法性检查，不符合逻辑的系统将给出错误提示。

（2）定义公式时要注意先后顺序，先得到的数应先设置公式。应发合计、扣款合计和实发合计公式应是公式定义框的最后三个公式，且实发合计的公式要在应发合计和扣款合计公式之后。可通过单击公式框的上下箭头调整计算公式顺序。

【实用技巧】

（1）对于不同部门、不同类别人员有不同发放标准的工资项目，以及有不同扣款标准的缺勤扣款项目，可运用条件取值函数iff进行定义。

（2）“工龄工资”项目取数公式定义。以每年20元计算工龄工资为例，如果取数公式定义为“工龄*20”，则需要在项目设置功能中设置“工龄”项目，并且在工资变动功能中的“工龄”栏录入职员的工龄数据，才能计算出工龄工资。如果定义取数公式时在“公式输入参照”的“工资项目”栏选择“人员．工龄”项，定义为“人员．

工龄*20”，如图5-8所示，则不必单独设置“工龄”项目，且不必在工资变动功能中录入工龄数据，系统能自动从人员档案中获取职员的工龄数据。

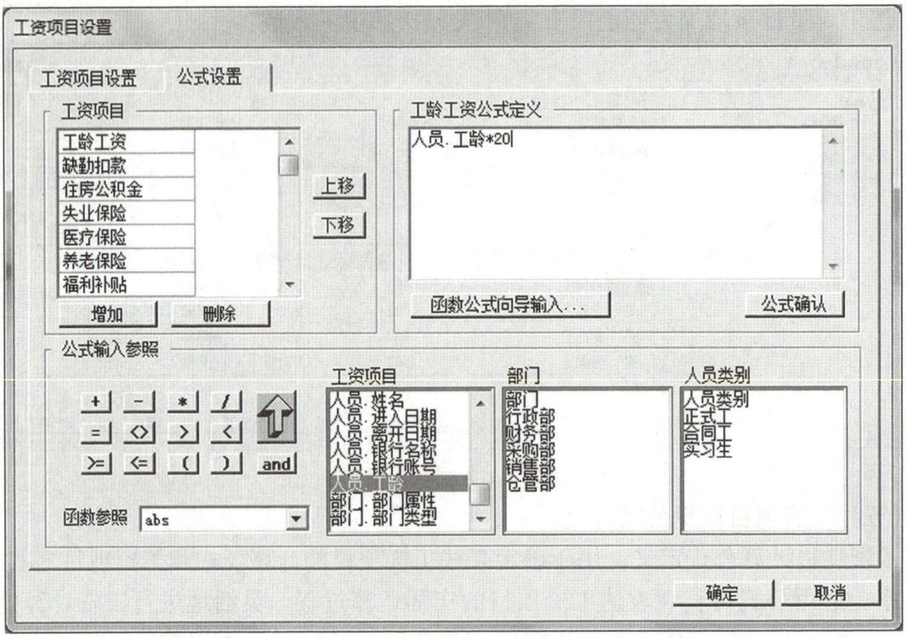


图5-8　工龄工资公式定义

微课

条件取值函数iff定义举例

【故障诊断】

（1）问题描述：发现“应发合计”计算公式中出现“缺勤扣款”项且无法从公式中删除。

原因分析：系统自动将列为“增项”的工资项目列入“应发合计”计算公式，将列为“减项”的工资项目列入“实发合计”计算公式。

解决方法：在“工资项目”功能中将“缺勤扣款”的增减项改为“减项”即可。

（2）问题描述：在多类别工资核算的情况下，新建工资类别已设置了工资项目，但“公式设置”选项卡显示为灰色，不能进入定义计算公式。

原因分析：该工资类别未录入人员档案。

解决方法：先将该工资类别的人员档案录入，再到“工资项目”功能设置工资项目计算公式。

### （六）工资账参数调整

系统在建立新的工资套后，或由于业务的变更，发现一些工资账参数与核算内容不符，可以在“人力资源→薪资管理→设置→选项”功能中进行工资账参数的调整，包括对以下参数的修改：扣零设置、扣税设置、参数设置和调整汇率等。

【操作要点】

（1）如何设置扣缴个人所得税。在“选项”界面选择“扣税设置”选项卡，单击“编辑”按钮，选中“从工资中代扣个人所得税”；设置工资的扣税工资项目，系统默认为“实发合计”。在实际业务中，因可能存在免税收入项目和税后列支项目，有时需要单独设置一个工资项目来计算应纳税工资；设置月度工资和年终奖的扣税方式：不扣税、代扣税、代付税，工资和年终奖可采用不同的扣税方式，如工资为代扣税，而年终奖为代付税，如图5-9所示。

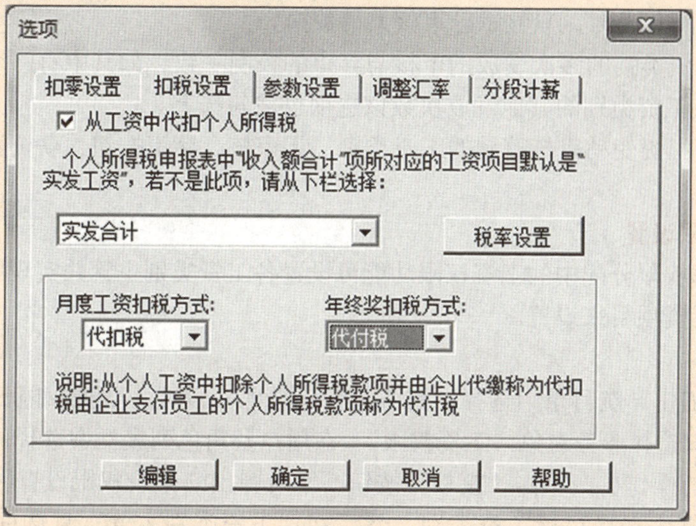


图5-9　扣税设置

（2）如何设置税率表。在“选项”界面选择“扣税设置”选项卡，单击“编辑”按钮，再点击“税率设置”按钮，进入税率表设置功能，代扣税和代付税税率表需要分别设置。税率表定义界面初始为国家颁布的工资、薪金所得所适用的七级超额累进税率，税率为3%至45%，费用基数为3 500元，附加费用为2 800元。用户可根据单位需要调整费用基数和附加费用以及税率，可增加级数也可删除级数。当增加新的一级时，新增级数的下限等于上一级的上限，如调整上一级的上限，则新的级数的下限将随之改变。设置完成后单击“确认”按钮，系统将自动计算并生成新的个人所得税申报表。设置完成后单击“确认”按钮，系统将自动计算并生成新的个人所得税申报表。

（3）如何启用工资变动审核控制。在“选项”界面选择“参数设置”选项卡，单击“编辑”按钮，选中“是否启用工资变动审核控制”，单击“确定”按钮，保存设置。启用工资变动审核控制的工资类别，在工资变动功能中增加“审核”“弃审”按钮，选择具体薪资数据后，点击“审核”，则已计算的数据完成审核。审核后的数据不允许修改，不参与工资计算、替换、取数、数据接口导入等操作。

【税率表设置规则】

1.级次及下限不允许改动。

2.系统设定上一级的上限与下一级的下限相同。

3.删除时不能跨级删除，必须从末级开始删除。

4.税率表只剩一级时将不允许再删除。

5.税率修改不影响以前期间的税率设置，所得期间为以前期间时，仍根据原税率进行计算。

【审核控制规则】

1.完成计算后的薪资数据才允许审核。

2.当前工资类别的薪资数据全部审核后，才能够进行月末处理。

3.进行银行代发时，只显示已审核人员数据。

4.同一工资类别的多次发放的审核与弃审的控制一致，如其中有一个发放次数勾选该项，则该工资类别的其他发放次数该选项也被勾选上。

5.未启用工资变动审核控制的工资类别，无审核、弃审按钮，薪资数据不受是否审核控制。

### （七）权限设置

利用数据权限分配中的工资权限功能可设置各工资类别主管并实现将操作员的权限分部门按工资项目来设置。

【操作要点】

在业务工作导航目录中选择“财务会计→总账→设置→数据权限分配”项，在权限浏览窗口选择业务对象“工资权限”。在用户及角色列表框中选择需设置工资类别主管权限的操作员，单击“授权”按钮，系统弹出“记录权限设置”窗口，在工资类别下拉框中选择目标工资类别，然后在“工资类别主管”复选框中打上“√”标记，这时全部部门和全部工资项目都从左侧的“禁用”框移入右侧的“可用”框，单击“保存”按钮，系统提示“保存成功，重新登录门户，此配置才能生效!”。非工资类别主管操作员的工资权限则需要分别进行部门权限和工资项目权限的选择并保存，如图5-10所示。

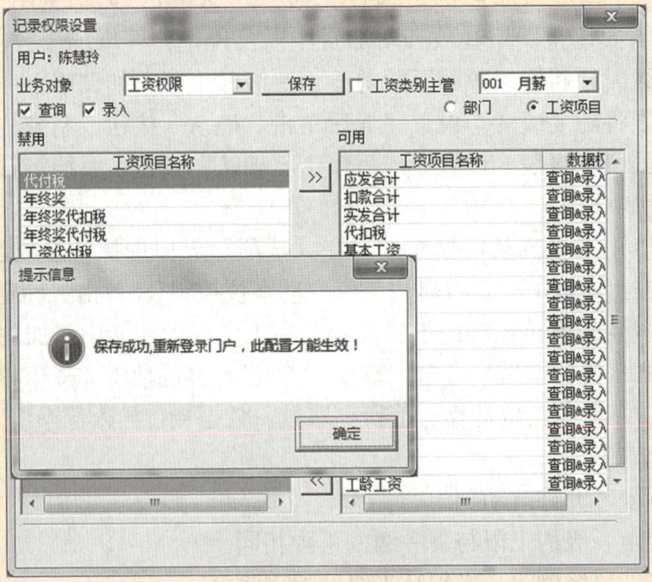


图5-10　工资权限设置

# 标准习题

## 一、判断题

1.在人员附加信息中，当一个字段设置为“必输项”时，仅对以后增改人员档案时进行控制。（　）

2.薪资管理系统建账完成后，所有建账参数均不能修改。（　）

3.工资类别汇总时所选工资类别中必须有汇总月份的工资数据。（　）

4.如果企业中每个月发放工资或薪金的次数不止一次，就要建立新的发放次数。发放次数管理要在关闭工资类别后才能进入。（　）

5.在薪资管理系统中，定义公式时可不考虑计算的先后顺序，系统可以自动识别。（　）

6.在薪资管理系统中，应先设置工资项目，再进行公式设置。（　）

7.扣税、扣零等设置一经设定不得修改。（　）

8.薪资管理系统能自动生成个人所得税扣缴申报表。（　）

9.应发工资、实发工资等项目的数据类型可以是数值型也可以是字符型。（　）

10.工资项目设置完成后，工资项目的名称不允许修改，而项目的数据类型允许修改。（　）

11.在薪资管理系统中，扣除个人所得税的税率可以任意修改。（　）

12.在薪资管理系统中，不同部门的人员编码可以重复。（　）

13.薪资管理系统默认以应发合计作为个人所得税的扣税基数。（　）

14.初次进入薪资管理系统时应选择单个工资类别或者多个工资类别，选定后即不可更改。（　）

15.在多类别工资核算的情况下，工资项目只能在关闭工资类别的状态下新增，打开工资类别时只能在原有工资项目中参照增加。（　）

## 二、单项选择题

1.在一套工资账中，可同时处理（　）个工资类别。

A.1个　B.2个　C.3个　D.多个

2.设置工资项目属于薪资管理系统的（　）。

A.数据维护　B.系统初始化　C.日常业务处理　D.期末业务处理

3.如果工资建账时选择了扣零处理，且扣零至角，则（　）票面必须选择。

A.壹角　B.壹元　C.拾元　D.壹佰元

4.若企业实行普通工资管理，则需要（　）。

A.设置单个工资类别　B.设置多个工资类别

C.不设置工资类别　D.都不对

5.在增加工资项目时，如果在“增减项”一栏选择“其他”，则该工资项目的数据（　　）。

A.自动计入应发合计

B.自动计入扣款合计

C.既不计入应发合计，也不计入扣款合计

D.既计入应发合计，也计入扣款合计

6.新建工资类别如需要进行多次发放，选中该工资类别，单击（　　）按钮，在增加的“本次发放名称”后的编辑框中输入发放次数的名称，单击“完成”按钮即可。

A.“升级多次”　B.“增加次数”　C.“复制次数”　D.“修改次数”

7.在设置个人所得税税率表时，不能修改的栏目是（　　）。

A.应纳税所得额上限　B.应纳税所得额下限

C.税率　D.速算扣除数

8.当批量增加人员档案时，任何条件都不输入直接点击（　　）按钮，将所有未进入本工资类别的人员全部筛选显示。

A.“查询”　B.“筛选”　C.“确定”　D.“过滤”

9.在定义工龄工资取数公式时，如需自动从人员档案中获取工龄数据，在“公式输入参照”的“工资项目”栏应选择（　　）项。

A.“工龄”　B.“人员-工龄”　C.“人员．工龄”　D.“人员*工龄”

10.在启用工资变动审核控制的情况下，进行（　　）时，只显示已审核人员数据。

A.工资变动处理　B.工资分摊　C.银行代发　D.期末处理

## 三、多项选择题

1.必须在打开工资类别的情况下才能进行的操作有（　　）。

A.增加人员档案　B.增加部门　C.增加人员类别　D.关闭工资类别

2.建立工资套参数设置包括（　　）等。

A.参数设置　B.扣税设置　C.扣零设置　D.人员编码

3.工资项目设置中包括设置（　　）。

A.工资项目名称　B.类型　C.增减项　D.计算公式

4.下列各项中，不能在薪资管理系统初始化中完成的有（　　）。

A.人员调离　B.工资款项数据管理

C.工资附加信息变更　D.扣缴个人所得税

5.在工资项目公式设置中，（　　）项目无须定义公式，由系统自动给出。

A.“应发合计”　B.“代扣税”　C.“扣款合计”　D.“实发合计”

6.薪资管理系统必不可少的工资项目有（　　）。

A.应发合计　B.扣款合计　C.实发合计　D.奖金

7.薪资管理系统正常使用之前必须做好（　　）等设置。

A.部门设置　B.项目大类设置　C.人员类别设置　D.收发类别设置

8.下列各项中，适合于在单个工资类别账中使用的有（　　）。

A.人员调动　　　　B.汇总工资类别　　C.数据上报　　　　D.数据采集

9.下列工资项目中，（　　）的“增减项”应设置为“其他”。

A.本月扣零　　　　B.日工资　　　　　C.缺勤天数　　　　D.加班天数

10.在薪资管理系统的人员档案中，（　　）来源于公共平台的人员档案信息，薪资管理系统不能修改。

A.人员编号　　　　B.人员姓名　　　　C.人员类别　　　　D.薪资部门

参考答案

# 任务二　薪资管理系统业务处理

## ◆技能点5-2　薪资管理系统业务处理

### 一、工资变动

工资变动功能用于日常工资数据的调整变动以及工资项目增减等工资数据处理工作，首次进入工资变动功能前，需先设置工资项目及其计算公式，然后再进行数据录入。

#### （一）工资数据处理

在业务工作导航目录中选择“人力资源→薪资管理→业务处理→工资变动”项，进入工资变动后屏幕显示所有人员的所有项目供查看，如图5-11所示。可直接修改数据，也可以通过系统提供的过滤、定位、替换等功能加快录入或修改。在工资变动界面中，点击鼠标右键可选择工资项目设置、页编辑、重新计算、数据汇总、项目过滤、数据刷新、动态计算、数据排序等操作。

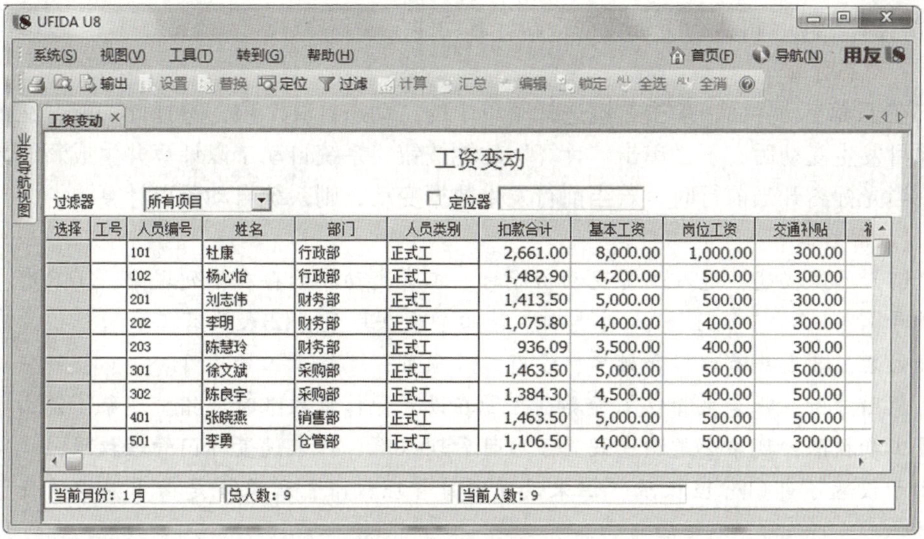


| 选择 | 工号 | 人员编号 | 姓名 | 部门 | 人员类别 | 扣款合计 | 基本工资 | 岗位工资 | 交通补贴 |
|---|---|---|---|---|---|---|---|---|---|
| | | 101 | 杜康 | 行政部 | 正式工 | 2,661.00 | 8,000.00 | 1,000.00 | 300.00 |
| | | 102 | 杨心怡 | 行政部 | 正式工 | 1,482.90 | 4,200.00 | 500.00 | 300.00 |
| | | 201 | 刘志伟 | 财务部 | 正式工 | 1,413.50 | 5,000.00 | 500.00 | 300.00 |
| | | 202 | 李明 | 财务部 | 正式工 | 1,075.80 | 4,000.00 | 400.00 | 300.00 |
| | | 203 | 陈慧玲 | 财务部 | 正式工 | 936.09 | 3,500.00 | 400.00 | 300.00 |
| | | 301 | 徐文斌 | 采购部 | 正式工 | 1,463.50 | 5,000.00 | 500.00 | 500.00 |
| | | 302 | 陈良宇 | 采购部 | 正式工 | 1,384.30 | 4,500.00 | 400.00 | 500.00 |
| | | 401 | 张晓燕 | 销售部 | 正式工 | 1,463.50 | 5,000.00 | 500.00 | 500.00 |
| | | 501 | 李勇 | 仓管部 | 正式工 | 1,106.50 | 4,000.00 | 500.00 | 300.00 |

图5-11　工资变动

### 1. 项目过滤

如果只需对某些项目进行录入，可使用项目过滤功能选择特定项目进行录入。在工资变动界面，单击“过滤”按钮或者选择右键菜单中的“项目过滤”项，显示过滤条件框，选择要显示的项目到“已选项目”栏，确定后，工资变动表中只显示已选工资项目。

### 2. 自动定位

如果需录入某个指定部门或人员的数据，可先单击“定位”图标，让系统自动定位到所需要的部门或人员上，然后录入。

### 3. 数据替换

如果需按某个条件统一调整数据，可使用数据替换功能。在工资变动界面，单击“替换”按钮，选择工资项目，录入替换内容及替换条件并点击“确定”按钮实现数据替换。

### 4. 数据筛选

如果需按某些条件筛选符合条件的人员进行录入，可使用数据筛选功能。

### 5. 数据排序

为方便录入和查询工资数据，系统提供数据排序功能，在工资变动界面选择右键菜单中的“排序”项，然后选择需排序的列及排序的方式。

### 6. 重新计算

在修改了某些数据、重新设置了计算公式、进行了数据替换或在个人所得税中执行了自动扣税等操作后，最好调用本功能对个人工资数据重新计算，以保证数据正确。通常实发合计、应发合计、扣款合计在修改完数据后不自动计算合计项，如要检查合计项是否正确，可先执行重新计算，如果不执行重新计算，在退出工资变动时，系统会自动提示重新计算。在工资变动界面单击“计算”图标或者选择右键菜单中的“重新计算”项，可执行工资数据重新计算功能。

### 7. 动态计算

在工资变动界面，单击右键选择菜单中的“动态计算”项，选择此功能，在数据或项目发生变动后，不必单击“计算”功能按钮，系统自动予以计算并生成新的数据表。当光标离开当前行时，若当前行发生数据变动，则系统自动予以计算。

【故障诊断】

(1) 问题描述：进入工资变动功能时，工资变动界面存在下列现象：①只有“人员编号”“姓名”“部门”“人员类别”等四个表头栏目；②表头有工资项目，没有部门和姓名；③表头有部门和姓名，没有工资项目；④缺少工资项目。

原因分析：账套主管或工资类别主管在设置操作员权限时出错。现象①是由于未设置工资权限；现象②是由于设置了项目管理权限，但未设置部门管理权限；现象③是由于设置了部门管理权限，但未设置项目管理权限；现象④是由于漏设项目管理权限。

解决方法：在“数据权限分配”功能中对该操作员的工资管理权限进行修改并保存。

（2）问题描述：在工资变动功能中进行工资重新计算时，系统提示“计算异常［第N条公式被终止］”。

原因分析：第N条计算公式中标点符号、四则运算符号可能是在中文状态下输入的。

解决方法：在工资项目功能中修改第N条计算公式，在英文状态下输入标点符号、四则运算符号。

### （二）工资变动审核

启用工资变动审核控制的工资类别，工资变动节点中会增加“审核”“弃审”按钮，选择具体薪资数据后，点击“审核”按钮，则已计算的数据完成审核，如有数据未审核，则弹出提示。审核后的数据不允许修改，不参与工资计算、替换、取数、数据接口导入等操作。

## 二、个人所得税扣缴

个人所得税是根据《中华人民共和国个人所得税法》对个人的所得征收的一种税。薪资管理系统提供了个人所得税自动计算功能，用户只需自定义所得税税率，系统自动计算个人所得税，既减轻了用户的工作负担，又提高了工作效率。

【操作要点】

在业务工作导航目录中选择“人力资源→薪资管理→业务处理→扣缴所得税额”项，进入个人所得税申报模板编辑窗口，可选择“个人所得税年度申报表”“个人信息登记表”“扣缴个人所得税报表”“扣缴汇总报告表”等打开查看，也可新建、修改报表。可通过“输出”功能导出扣缴所得税的Excel格式报表进行申报操作。扣缴所得税能查询到无权限的部门所得税数据，这里只受功能权限控制，不受数据权限控制。

【故障诊断】

问题描述：在“个人所得税扣缴申报表”的“扣缴所得税额”栏中，有职工代扣税数额，而工资变动中“代扣税”栏目没有任何数据。

原因分析：在工资项目的公式设置中，实发合计的公式排位错误。

解决方法：在工资项目的公式设置中，将实发合计的公式调整到应发合计和扣款合计公式之后，再重新进行工资变动计算。

## 三、银行代发

目前社会上许多单位发放工资时都采用职工凭工资卡去银行取款。这样做既减轻了财务部门发放工资的繁重工作，又有效地避免了财务去银行提取大笔款项所承担的风险，同时还提高了对员工个人工资的保密程度。

银行代发工资的设置包括银行文件格式设置、银行代发输出格式设置和银行代发文件磁盘输出。

银行文件格式设置是根据银行的要求，设置提供给银行的数据中所包含的项目，以及项目的数据类型、长度和取值范围等。在银行代发界面单击“格式”按钮，或右击并选择“格式”项，即可进入该功能。

银行代发输出格式设置，是根据银行的要求设置向银行提供的数据，是以何种文件形式存放在磁盘中，且在文件中各数据项目是如何存放和区分的。在银行代发界面单击“方式”按钮，或右击并选择“方式”项，即可进入该功能。

银行代发文件磁盘输出是指按用户已设置好的格式和设定的文件名，将数据输出到指定的地方。在银行代发界面单击“传输”按钮，或右击并选择“传输”项，即可进入该功能。进行磁盘输出时，系统在传输转换时会自动将文本文件格式的字段类型全部转换为字符型。

银行代发能查询到无权限的部门工资数据，这里只受功能权限控制，不受数据权限控制，如图5-12所示。

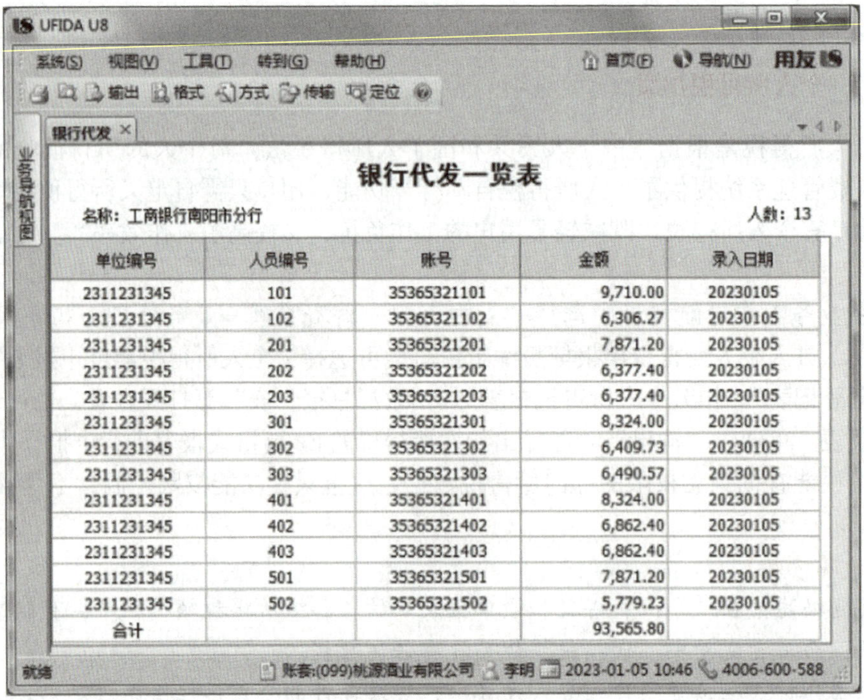


| 单位编号 | 人员编号 | 账号 | 金额 | 录入日期 |
| --- | --- | --- | --- | --- |
| 2311231345 | 101 | 35365321101 | 9,710.00 | 20230105 |
| 2311231345 | 102 | 35365321102 | 6,306.27 | 20230105 |
| 2311231345 | 201 | 35365321201 | 7,871.20 | 20230105 |
| 2311231345 | 202 | 35365321202 | 6,377.40 | 20230105 |
| 2311231345 | 203 | 35365321203 | 6,377.40 | 20230105 |
| 2311231345 | 301 | 35365321301 | 8,324.00 | 20230105 |
| 2311231345 | 302 | 35365321302 | 6,409.73 | 20230105 |
| 2311231345 | 303 | 35365321303 | 6,490.57 | 20230105 |
| 2311231345 | 401 | 35365321401 | 8,324.00 | 20230105 |
| 2311231345 | 402 | 35365321402 | 6,862.40 | 20230105 |
| 2311231345 | 403 | 35365321403 | 6,862.40 | 20230105 |
| 2311231345 | 501 | 35365321501 | 7,871.20 | 20230105 |
| 2311231345 | 502 | 35365321502 | 5,779.23 | 20230105 |
| 合计 | | | 93,565.80 | |

图5-12　银行代发

微课

汇总工资类别银行代发操作处理

## 四、工资分摊

工资分摊是指对当月发生的工资费用进行工资总额的计算、分配及各种经费的计提，并制作自动转账凭证，传递到总账系统供登账处理之用。月末，企业要对各部门、各类人员的工资等费用进行分配核算，在薪资管理系统中，可以灵活设置各项费用的计提基数并计提职工教育经费、养老保险、医疗保险等费用。此外，还要对各部门人员的工资进行工资费用和其他费用的分配，并编制会计分录。

【操作要点】

（1）工资分摊类型设置。在业务工作导航目录中选择“人力资源→薪资管理→业务处理→工资分摊”项，打开“工资分摊”对话框，单击“工资分摊设置”按钮，进入“分摊类型设置”对话框，单击“增加”按钮，输入计提类型名称和分摊计提比例。单击“下一步”按钮，进入“分摊构成设置”对话框，进行“部门名称”“人员类别”“项目”“借方科目”“贷方科目”等设置，所有构成项目均可参照输入。单击“完成”按钮，便可增加一个新的分摊类型。单击“修改”按钮可修改一个已设置的工资分配计提类型。单击“删除”按钮可删除一个已设置的工资分配计提类型，已分配计提的类型不能删除，最后一个类型不能删除。

微课

汇总工资类别工资分摊设置

（2）工资分摊。在“工资分摊”对话框中，选择“计提费用类型”，单击选择参与分摊的核算部门，将“明细到工资项目”复选框打上“√”，如图5-13所示。单击“确定”按钮，进入“工资分摊一览表”，选中“合并科目相同、辅助项相同的分录”复选框。单击工具栏中的“制单”按钮，编制工资费用分配凭证。选择凭证类别，确定制单日期，涉及辅助核算的科目还应输入相应辅助核算资料，单击“保存”按钮，凭证左上角显示“已生成”字样，代表该凭证已传递到总账系统。工资分摊中能查询到无权限的部门工资数据，这里只受功能权限控制，不受数据权限控制。

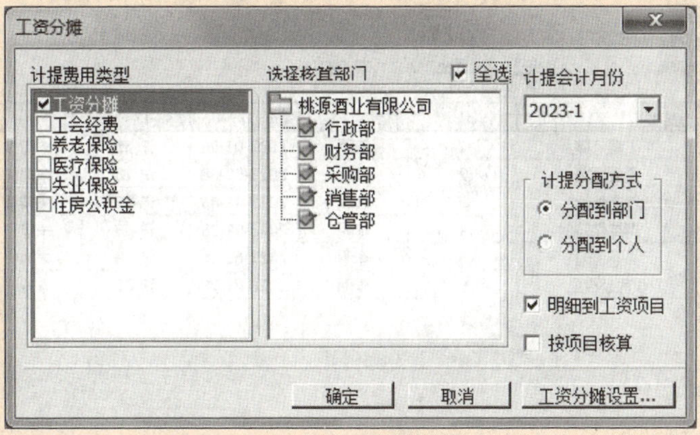


图5-13　工资分摊

【故障诊断】

问题描述：进行工资分摊时，工资分摊明细界面“工资分摊一览表”下方没有“合并科目相同、辅助项相同的分录”复选框。

原因分析：屏幕分辨率设置问题。

解决方法：可将屏幕分辨率调整为“1 024×768”或“1 440×900”，也可单击工资分摊界面右上角的“向下还原”按钮，窗口缩小后即可看到“合并科目相同、辅助项相同的分录”复选框。

微课

工资分摊凭证的生成及修改

## 五、工资数据统计查询

### （一）账表查询

薪资管理系统的统计分析功能提供工资表及工资分析表的查询。工资表包括“工资发放签名表”“工资发放条”“工资卡”“部门工资汇总表”“人员类别工资汇总表”等由系统提供的原始表。工资表主要用于本月工资的发放和统计，可以进行修改和重建。工资分析表是以工资数据为基础，对部门、人员类别的工资数据进行分析和比较，产生各种分析表，供决策人员使用。工资分析表包括：工资项目分析表（按部门）、员工工资汇总表（按月）、分部门各月工资构成分析表、工资增长情况、部门工资项目构成分析表、员工工资项目统计表、分类统计表（按部门、按项目、按月）。

### （二）凭证查询

薪资管理系统传输到总账系统的凭证，可通过凭证查询来修改、删除和冲销等。在业务工作导航目录中选择“人力资源→薪资管理→统计分析→凭证查询”项，系统弹出“凭证查询”对话框，如图5-14所示。光标停在某行时，可对所选凭证进行查询、修改操作。单击“凭证”按钮，则进入凭证查询界面，对凭证进行查询。单击“单据”按钮，则进入原始单据界面，可追踪查询原始单据，并可对工资原始单据进行打印输出。单击“删除”按钮，则可对标志为“未审核”的凭证进行删除操作。单击“冲销”按钮，则可对标志为“记账”的凭证进行红字冲销操作。单击“退出”按钮，则返回工资管理主界面。

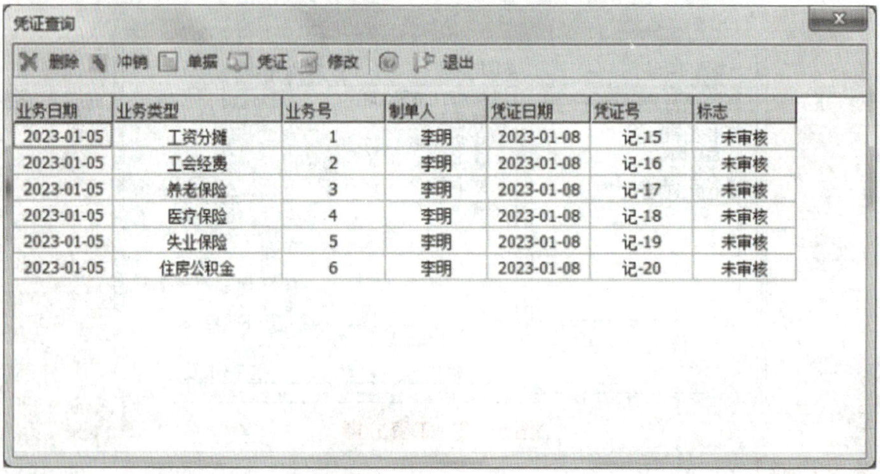


| 业务日期 | 业务类型 | 业务号 | 制单人 | 凭证日期 | 凭证号 | 标志 |
|---|---|---|---|---|---|---|
| 2023-01-05 | 工资分摊 | 1 | 李明 | 2023-01-08 | 记-15 | 未审核 |
| 2023-01-05 | 工会经费 | 2 | 李明 | 2023-01-08 | 记-16 | 未审核 |
| 2023-01-05 | 养老保险 | 3 | 李明 | 2023-01-08 | 记-17 | 未审核 |
| 2023-01-05 | 医疗保险 | 4 | 李明 | 2023-01-08 | 记-18 | 未审核 |
| 2023-01-05 | 失业保险 | 5 | 李明 | 2023-01-08 | 记-19 | 未审核 |
| 2023-01-05 | 住房公积金 | 6 | 李明 | 2023-01-08 | 记-20 | 未审核 |

图5-14 凭证查询

## 六、期末处理

月末结转是指将当月数据经过处理后结转至下月。每月工资数据处理完毕后均可进行月末结转。由于在工资项目中，有的项目是变动的，即每月的数据均不相同，在每月工资处理时，均需将其数据清零，而后输入当月的数据，此类项目即为清零项目。

【操作要点】

在业务工作导航目录中选择“人力资源→薪资管理→业务处理→月末处理”项，系统弹出“月末处理”对话框，选择办理月末处理的工资类别，选择清零项目。单击“确定”按钮，系统提示“是否确认月结，所选清零工资项目将清零?”，选择“是”完成月末结转，如图5-15所示。

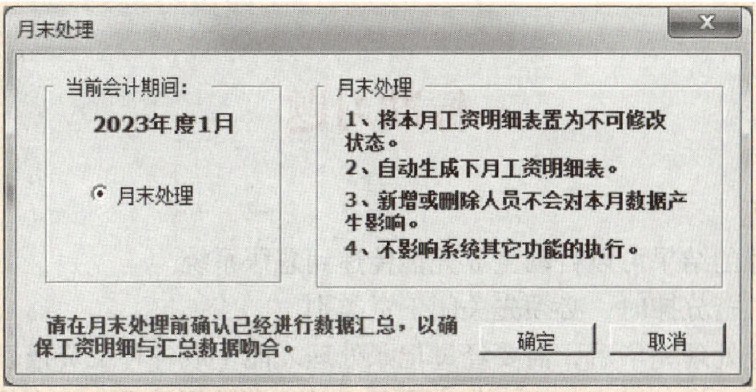


图5-15　薪资管理月末处理

【月结规则】

(1) 若为处理多个工资类别，或未打开工资类别，则进入月结批量处理；若打开具体工资类别，则对当前工资类别（发放次数）进行月末结算。

(2) 若本月工资数据未汇总，系统将不允许进行月末结转。

(3) 进行期末处理后，当月数据将不再允许变动。

(4) 月末处理功能只有主管人员才能执行。

(5) 在多次发放的工资类别下，各个发放次数的结账要按照打开工资类别界面中设置的顺序依次进行。

(6) 同一个工资类别中必须将当月所有未停用的发放次数全部月结后，才能进行下月业务处理。

(7) 若已启用工资变动审核控制，则只有该工资类别的工资数据全部审核后才允许进行月末处理。

【回退操作功能：薪资管理系统反结账】

薪资管理系统提供反结账功能，在薪资管理系统结账后，发现还有一些业务或其他事项需要在已结账月进行账务处理，可使用反结账功能，取消已结账标记。

在业务工作导航目录中选择“人力资源→薪资管理→业务处理→反结账”项，屏幕显示反结账界面，选择要反结账的工资类别，确认即可，如图5-16所示。多工资类别要在关闭工资类别的状态下才能使用反结账功能。在总账系统已结账或成本管理系统上月已结账的情况下，不允许反结账。

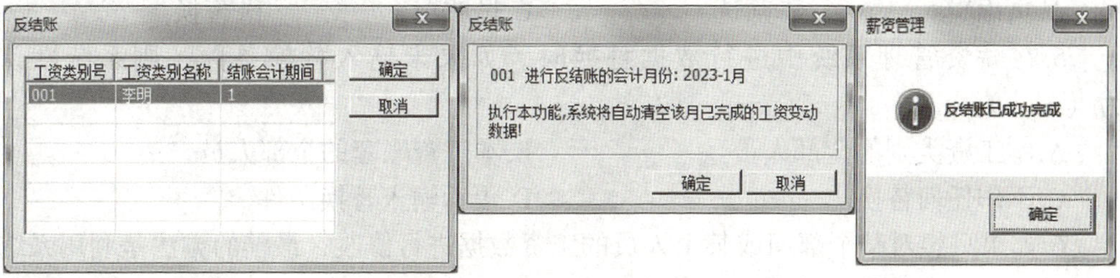


图5-16　薪资管理系统反结账

# 标准习题

## 一、判断题

1.工资分摊的结果可以自动生成凭证传递到总账系统。（ ）

2.在进行工资分摊时，必须先关闭工资类别。（ ）

3.工资业务处理完毕后，需要经过记账处理才能生成各种工资报表。（ ）

4.薪资管理系统的日常处理工作中需录入的工资数据就是由工资项目计算公式得到的数据。（ ）

5.薪资管理系统月末处理后，会将本月工资明细表置为不可修改状态，并自动生成下月工资明细表。（ ）

6.采用银行代发工资的企业必须使用工资分钱清单这一功能。（ ）

7.工资分摊时若不选择“明细到工资项目”，则分摊一览表中系统不列出借方科目和贷方科目。（ ）

8.银行代发文件设置为TXT（定长文件）时，默认数值型输出小数点。（ ）

9.审核后的工资数据不允许修改，但可参与工资取数、数据接口导入等操作。（ ）

10.多工资类别要在打开工资类别的状态下才能使用反结账功能。（ ）

## 二、单项选择题

1.在“工资变动”窗口中，需要输入数据的工资项目是（ ）。

A.缺勤扣款 B.缺勤天数 C.实发合计 D.扣款合计

2.薪资管理系统的反结账功能在（ ）的情况下不能执行。

A.已做工资表 B.非主管人员

C.总账系统已结账 D.采购管理系统已结账

3.下列各项中，在月末处理中一般需要清零处理的是（ ）。

A.基本工资 B.岗位工资 C.养老保险金 D.缺勤天数

4.如果需按某个条件统一调整数据，最佳方法是利用系统提供的（ ）功能。

A.页编辑 B.筛选 C.过滤器 D.替换

5.在薪资管理系统中进行数据替换时，如果未输入替换条件，则系统默认为（ ）。

A.本工资类别的全部人员 B.本工资账套的全部人员

C.不作任何替换 D.提示输入替换条件

6.如果只想对某个部门或某个人员的工资数据进行修改，最佳的方法是利用系统提供的（ ）功能。

A.页编辑 B.筛选 C.替换 D.过滤器

7.对符合某个条件的人员的统一工资项目进行统一修改，最合适的修改方法是（ ）。

A.批数据替换　　B.逐个修改　　C.过滤器　　D.以上都不是

8.如果不希望在工资发放条中显示某个工资项目，可以通过（　　）功能做到。

A.新建表　　B.修改表　　C.删除表　　D.重建表

9.工资变动中修改了工资数据，未进行重新计算和汇总就退出工资变动功能时，（　　）。

A.系统不允许退出　　B.系统提示计算和汇总

C.系统自动计算和汇总　　D.系统不作提示

10.银行代发工资的设置不包括（　　）。

A.银行文件格式设置　　B.工资分钱清单

C.银行代发输出格式设置　　D.代发文件磁盘输出

## 三、多项选择题

1.为便于用户录入和查询工资数据，系统提供的便利功能有（　　）。

A.筛选　　B.定位　　C.替换　　D.排序

2.在进行工资分配时，计提分配方式分为（　　）。

A.分配到部门　　B.交叉分配　　C.分配到个人　　D.以上都不是

3.薪资管理系统提供的数据输出主要有（　　）。

A.工资条　　B.工资发放表　　C.工资费用分配表　　D.工资汇总表

4.薪资管理系统传递到总账中的凭证，在薪资管理系统中可以进行（　　）。

A.冲销　　B.删除　　C.记账　　D.审核

5.薪资管理系统必不可少的工资项目有（　　）。

A.应发合计　　B.扣款合计　　C.实发合计　　D.奖金

6.在工资分摊构成设置中，需要设置的内容有（　　）。

A.部门　　B.人员类别　　C.工资项目　　D.科目

7.下列关于薪资管理系统月末处理的说法中，正确的有（　　）。

A.自动生成下月工资明细表

B.将本月工资明细表设置为不可修改状态

C.删除人员会影响本月数据

D.删除人员不会影响本月数据

8.下列账表中，属于工资表的有（　　）。

A.部门工资汇总表　　B.员工工资汇总表（按部门）

C.工资变动汇总表　　D.工资发放条

9.在薪资管理系统中，只受功能权限控制，不受数据权限控制的功能有（　　）。

A.工资变动　　B.扣缴所得税　　C.银行代发　　D.工资分摊

10.下列关于薪资管理系统月末处理的说法中，正确的有（　　）。

A.若本月工资数据未汇总，系统将不允许进行月末结转

B.若未打开工资类别，系统将不能进行月结处理

C.月末处理功能只有主管人员才能执行

D.进行期末处理后，当月数据将不再允许变动

参考答案

# 项目实训

## 实训六　薪资核算与管理

### 一、实训目的

了解用友U8薪资管理系统的基本操作过程，掌握薪资管理系统初始化、日常业务处理、工资分摊及月末处理的操作。

### 二、实训内容

1. 启用工资账套。
2. 薪资管理系统基础设置。
3. 工资变动、工资分摊处理。
4. 账簿资料查询、月末结账。
5. 账套数据备份。

### 三、实训准备

引入“实训五”备份数据。

### 四、实训资料

#### （一）初始设置

1. 启用薪资管理系统

账套主管刘志伟在企业应用平台中以2023年1月1日启用薪资管理系统。

2. 操作员及权限

为02操作员（学生本人姓名）新增薪资管理系统所有功能权限；授予陈慧玲薪资管理系统下列功能权限：工资类别、工资变动、工资分钱清单、扣缴所得税、银行代发、维护。

3. 启用薪资管理账套

工资类别个数：单个；核算币种：人民币RMB；要求代扣个人所得税；不进行扣零处理。

4. 选项调整

在“设置→选项”中点击“编辑”按钮，勾选“是否启用工资变动审核”；在“扣税设置”页签点击“税率设置”按钮，将税率表的基数改为5 000，将1至3级的应纳税所得额上限分别改为3 000、12 000、25 000，将2至7级的速算扣除数分别改为210、1 410、2 660、4 410、7 160、15 160。

5. 银行档案设置

在“基础档案→收付结算→银行档案”中进行设置。银行编码：001；银行名称：工商银行南阳市分行；个人账户规则：账号定长为11位，录入时需要自动带出的账号长度为8位。

6.增设工资项目

增设工资项目见表5-1。

表5-1　增设工资项目

| 项目名称 | 类型 | 长度 | 小数位数 | 增减项 |
|---|---|---|---|---|
| 基本工资 | 数字 | 8 | 2 | 增项 |
| 岗位工资 | 数字 | 8 | 2 | 增项 |
| 交通补贴 | 数字 | 8 | 2 | 增项 |
| 福利补贴 | 数字 | 8 | 2 | 增项 |
| 奖金 | 数字 | 8 | 2 | 增项 |
| 缺勤天数 | 数字 | 3 | 1 | 其他 |
| 缺勤扣款 | 数字 | 8 | 2 | 减项 |
| 养老保险 | 数字 | 8 | 2 | 减项 |
| 医疗保险 | 数字 | 8 | 2 | 减项 |
| 失业保险 | 数字 | 8 | 2 | 减项 |
| 住房公积金 | 数字 | 8 | 2 | 减项 |
| 应发工资 | 数字 | 8 | 2 | 其他 |
| 社保计提基数 | 数字 | 8 | 2 | 其他 |

调整工资项目排列顺序：基本工资、岗位工资、交通补贴、福利补贴、奖金、应发合计、缺勤天数、缺勤扣款、应发工资、养老保险、医疗保险、失业保险、住房公积金、代扣税、年终奖、工资代扣税、年终奖代扣税、扣税合计、扣款合计、实发合计、社保计提基数（包含系统自带项目）。

7.设置人员档案

人员档案（见表5-2）。

表5-2　人员档案

| 薪资部门 | 人员编号 | 人员姓名 | 人员类别 | 银行账号 | 中方人员 | 是否计税 |
|---|---|---|---|---|---|---|
| 行政部 | 101 | 杜康 | 正式工 | 35365321101 | 是 | 是 |
| 行政部 | 102 | 杨心怡 | 正式工 | 35365321102 | 是 | 是 |
| 财务部 | 201 | 刘志伟 | 正式工 | 35365321201 | 是 | 是 |
| 财务部 | 202 | （学生本人姓名） | 正式工 | 35365321202 | 是 | 是 |
| 财务部 | 203 | 陈慧玲 | 正式工 | 35365321203 | 是 | 是 |

续表

| 薪资部门 | 人员编号 | 人员姓名 | 人员类别 | 银行账号 | 中方人员 | 是否计税 |
|---|---|---|---|---|---|---|
| 采购部 | 301 | 徐文斌 | 正式工 | 35365321301 | 是 | 是 |
| 采购部 | 302 | 陈良宇 | 正式工 | 35365321302 | 是 | 是 |
| 采购部 | 303 | 张志朋 | 合同工 | 35365321303 | 是 | 是 |
| 销售部 | 401 | 张晓燕 | 正式工 | 35365321401 | 是 | 是 |
| 销售部 | 402 | 林杰 | 合同工 | 35365321402 | 是 | 是 |
| 销售部 | 403 | 何涛 | 合同工 | 35365321403 | 是 | 是 |
| 仓管部 | 501 | 李勇 | 正式工 | 35365321501 | 是 | 是 |
| 仓管部 | 502 | 吴丽芳 | 合同工 | 35365321502 | 是 | 是 |

8.设置工资计算公式（见表5-3）

表5-3 工资计算公式

| 工资项目 | 定义公式 |
|---|---|
| 交通补贴 | iff（部门="采购部" or 部门="销售部"，500，300） |
| 福利补贴 | 500 |
| 社保计提基数 | 基本工资+岗位工资 |
| 养老保险 | 社保计提基数*0.08 |
| 医疗保险 | 社保计提基数*0.02 |
| 失业保险 | 社保计提基数*0.01 |
| 住房公积金 | 社保计提基数*0.12 |
| 缺勤扣款 | iff（缺勤天数<=2，（基本工资/30）*缺勤天数*0.5，（基本工资/30）*缺勤天数） |
| 应发工资 | 基本工资+岗位工资+交通补贴+福利补贴+奖金-缺勤扣款 |

9.工资权限设置

在数据权限分配的工资权限中，设置02号操作员（学生本人姓名）为工资类别主管权限，设置陈慧玲为全部部门管理权限、全部工资项目管理权限。

10.账套数据备份

在"实训六"文件夹中新建"完成基础设置"文件夹并进行账套数据备份。

## （二）工资数据处理

由操作员陈慧玲处理。

1.工资变动

2023年1月份工资及考勤情况见表5-4。

表5-4 2023年1月份工资及考勤情况 金额单位：元

| 姓名 | 基本工资 | 岗位工资 | 奖金 | 缺勤天数（天） |
|---|---|---|---|---|
| 杜康 | 8 000 | 2 000 | 1 500 | |
| 杨心怡 | 5 500 | 1 000 | 1 000 | 2.5 |
| 刘志伟 | 6 500 | 1 500 | 1 000 | |
| （学生本人姓名） | 5 000 | 1 000 | 1 000 | |
| 陈慧玲 | 5 000 | 1 000 | 1 000 | |
| 徐文斌 | 6 500 | 1 500 | 1 300 | |
| 陈良宇 | 5 000 | 1 000 | 1 000 | 2 |
| 张志朋 | 5 000 | 1 000 | 1 000 | 1 |
| 张晓燕 | 6 500 | 1 500 | 1 300 | |
| 林杰 | 5 000 | 1 000 | 1 300 | |
| 何涛 | 5 000 | 1 000 | 1 300 | |
| 李勇 | 6 500 | 1500 | 1 000 | |
| 吴丽芳 | 5 000 | 1 000 | 800 | 2.5 |

录入后计算工资数据并汇总，应发合计为116 600元，应发工资为115 475元，代扣税为1 094.20元，实发合计为93 565.80元。核对正确后单击“全选”按钮，然后单击“审核”按钮办理审核。

2.银行代发

银行模板：工商银行南阳市分行；单位编号：12311231345；录入日期：总长度8，日期20230105。

标志行设在末行，设“合计人数”和“实发合计”两列。

文件方式设置为TXT（定长文件），高级设置中选择数值型输出小数点，数值型要千分位分隔符。

3.账套数据备份及文件输出

在“实训六”文件夹中新建“完成银行代发”文件夹并进行账套数据备份。

将银行代发数据输出到“完成银行代发”文件夹，文件名为“2023年1月银行代发一览表. xls”，保存类型选择Excel 97-2000（*.xls）。

单击“传输”按钮，输出“TXT（定长文件）”到“完成银行代发”文件夹，文件名为“202301薪资管理”。

### （三）工资分摊及月末处理

由02号操作员（学生本人姓名）处理。

登录日期：2023年1月8日。

1.工资分摊设置

工资分摊设置见表5-5。

表5-5　　工资分摊设置

| 计提类型名称 | 计提比例 | 项目 | 行政部、财务部、采购部、仓管部 | | 销售部 | |
|---|---|---|---|---|---|---|
| | | | 借 | 贷 | 借 | 贷 |
| 工资分摊 | 100% | 应发工资 | 660201 | 221101 | 660101 | 221101 |
| 工会经费 | 2% | 应发工资 | 660206 | 221101 | 660206 | 221101 |
| 养老保险 | 20% | 社保计提基数 | 660205 | 221102 | 660105 | 221102 |
| 医疗保险 | 6% | 社保计提基数 | 660205 | 221102 | 660105 | 221102 |
| 失业保险 | 2% | 社保计提基数 | 660205 | 221102 | 660105 | 221102 |
| 住房公积金 | 12% | 社保计提基数 | 660205 | 221103 | 660105 | 221103 |

注：表内各项目均按“正式工”“合同工”分别设置。

2.代扣工资处理

根据工资汇总数据，本月应发工资为115 475元，其中：代扣养老保险7 240元，代扣医疗保险1 810元，代扣失业保险905元，代扣住房公积金10 860元，代扣个人所得税1 094.20元，实发工资93 565.80元。实发工资已委托银行代发，结转代扣工资。

【操作向导】

02号操作员在总账系统填制0014号凭证，单据1张。

借：应付职工薪酬/工资　　21 909.20

　　贷：应付职工薪酬/社会保险　　9 955

　　　　应付职工薪酬/住房公积金　　10 860

　　　　应交税费/应交个人所得税　　1 094.20

3.生成工资分摊凭证

制单时合并科目相同、辅助项相同的分录，附单据张数均为1张。

【操作向导】

02号操作员在薪资管理系统的工资分摊中，选择全部计提费用类型，选择全部部门，选择“明细到工资项目”，点击“确定”按钮，在各种费用分摊一览表界面，勾选“合并科目相同、辅助项相同的分录”。点击“制单”按钮生成凭证。

（1）工资分摊，生成记0015号凭证。

借：销售费用/工资　　26 900

　　管理费用/工资　　88 575

　　贷：应付职工薪酬/工资　　115 475

（2）计提工会经费，生成记0016号凭证。

借：管理费用/其他费用　　2 309.50

　　贷：应付职工薪酬/工资　　2 309.50

（3）计提养老保险，生成记0017号凭证。

借：销售费用/社保费 4 000

管理费用/社保费 14 100

贷：应付职工薪酬/社会保险 18 100

（4）计提医疗保险，生成记0018号凭证。

借：销售费用/社保费 1 200

管理费用/社保费 4 230

贷：应付职工薪酬/社会保险 5 430

（5）计提失业保险，生成记0019号凭证。

借：销售费用/社保费 400

管理费用/社保费 1 410

贷：应付职工薪酬/社会保险 1 810

（6）计提住房公积金，生成记0020号凭证。

借：销售费用/社保费 2 400

管理费用/社保费 8 460

贷：应付职工薪酬/住房公积金 10 860

在“总账→凭证→查询凭证”中查询全部凭证，凭证共20张，发生额合计为748 975.50元。

4.月末处理

进行月末处理并练习反结账功能。结账时选择清零项目“缺勤天数”“缺勤扣款”并保存本次选择结果。

在“实训六”文件夹中新建“完成工资结账”文件夹并进行账套数据备份。

# 项目六

## 固定资产管理系统

【技能目标】

1. 能根据企业需要启用固定资产账套，设定核算参数，完成各项初始设置。
2. 掌握固定资产增减变动及折旧计提等业务的处理流程和操作技能，学会在计提折旧后撤销资产减少的回退操作技能。

【思政目标】

1. 固定资产管理系统对操作日期的要求是用友财务软件中最严格的，一旦以某日期进行了业务操作，用这个日期之前的日期进入只能查看，而不能进行资产增减变动处理，可结合这一特性进行科学、严谨、细致的工作作风教育。
2. 通过实训来纠正理解上的偏差，修改错误的操作，帮助学生深刻认识到细微的操作差错不仅影响个人工作效率，还会影响企业的经济效益，使学生意识到会计工作除了会计专业知识还需要有认真负责的态度和诚信的会计行为。

# 任务一　固定资产管理系统初始设置

## ◆技能点6-1　固定资产管理系统初始设置

### 一、固定资产账套启用及参数设置

#### （一）启用固定资产账套

第一次使用固定资产管理系统时，系统自动进入“初始化账套向导”功能。操作步骤依次为：约定及说明、启用月份、折旧信息、编码方式、账务接口、完成。

【操作要点】

在业务工作导航目录中选择“财务会计→固定资产”项，系统提示“这是第一次打开此账套，还未进行过初始化，是否进行初始化?”，单击“是”进入固定资产初始化账套向导之“约定及说明”对话框；选择“我同意”并单击“下一步”按钮，进入“启用月份”对话框；确定启用月份，单击“下一步”按钮，进入“折旧信息”对话框；进行是否计提折旧、主要折旧方法、折旧汇总分配周期等选择后单击“下一步”按钮，进入“编码方式”对话框；设置资产类别编码方式及固定资产编码方式，单击“下一步”按钮，进入“账务接口”对话框，如图6-1所示。设置固定资产和累计折旧对账科目，单击“下一步”按钮，进入“完成”对话框。系统将初始化结果进行汇总，若设置无误，单击“完成”按钮，系统提示“已经完成了新账套的所有设置工作，是否确定所设置的信息完全正确并保存对新账套的所有设置?”，选择“是”，系统提示“已成功初始化本固定资产账套!”，单击“确定”按钮即可进入固定资产管理系统。

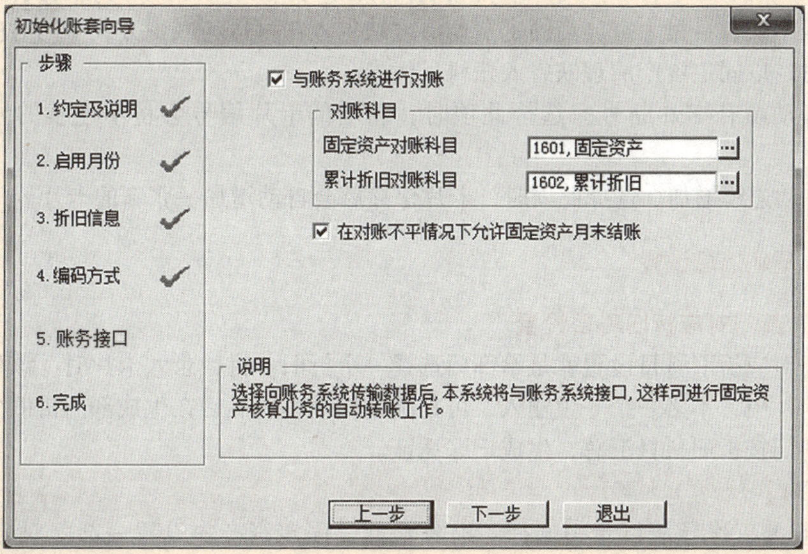


图6-1　初始化账套向导

### （二）系统参数设置

在业务工作导航目录中选择“财务会计→固定资产→设置→选项”项，可进入“选项”对话框设置系统参数，包括账套初始化中设置的参数和其他一些账套在运行中用到的一些参数或判断。如业务发生后是否立即制单、月末结账前是否一定要完成制单登账业务、固定资产及累计折旧缺省入账科目设定等。选项内容中基本信息选项的内容不能修改，编码方式选项卡中的资产编号自动编码方式不能修改，其他选项可单击“编辑”按钮进行修改。

【关键参数说明】

1.新增资产当月计提折旧。选择此项，则在资产类别功能点增加资产类别时“新增资产当月计提折旧”默认选中。

2.当“月初已计提月份=可使用月份-1”时将剩余折旧全部提足（工作量法除外）。选择此项，当资产还差一个月就提足使用年限时，当月会将未计提折旧的应计折旧额一次性提足。否则即使已计提月份已经超过使用年限，也将按折旧公式逐月计提。

3.业务发生后立即制单。用于确定制单的时间，可修改。没有制单的原始单据的资料收集到批量制单功能中统一处理。

4.月末结账前一定要完成制单登账业务。有可能一些经济业务在其他系统已制作凭证，为避免重复制单，可不在此判断框内打勾。

5.按资产类别设置缺省科目。若选中此项，则“固定资产对账科目”和“累计折旧对账科目”可以多选，但最多只能选10个；同时可以在“资产类别”中录入缺省入账科目。

6.固定资产缺省入账科目、累计折旧缺省入账科目、减值准备缺省入账科目、增值税进项税额缺省入账科目、固定资产清理缺省入账科目。在固定资产管理系统中制作记账凭证时，凭证中上述科目的缺省值将根据这里的设置确定，当这些设置为空时，凭证中缺省科目为空。当固定资产清理缺省入账科目与减少方式中的对应入账科目冲突时，以固定资产清理缺省入账科目优先。

微课

固定资产管理系统启用及初始设置

7.自动填补卡片断号。选择此项时，新增的卡片编号会将不连续的编号自动补足。

8.自动连续增加。选择此项时，卡片保存后会自动增加一张新的卡片。

## 二、基础信息设置

### （一）部门对应折旧科目设置

部门对应折旧科目设置就是给部门选择一个折旧科目，录入卡片时，该科目自动显示在卡片中，不必一个一个输入，可提高工作效率。然后在生成部门折旧分配表时每一个部门按折旧科目汇总，生成记账凭证。

【操作要点】

在业务工作导航目录中选择“财务会计→固定资产→设置→部门对应折旧科目”项，进入“部门对应折旧科目”编辑窗口。在左侧“固定资产部门编码目录”

中选择要设置科目的部门。单击工具栏上的“修改”按钮或选择右键菜单中的“编辑”项，在数据编辑区输入折旧科目编码或单击参照图标参照选择折旧科目，系统自动显示科目名称；部门编码和部门名称在部门档案中设置，在这里只可查看，不能修改。直接按回车键或单击工具栏上的“保存”按钮保存修改内容，如图6-2所示。

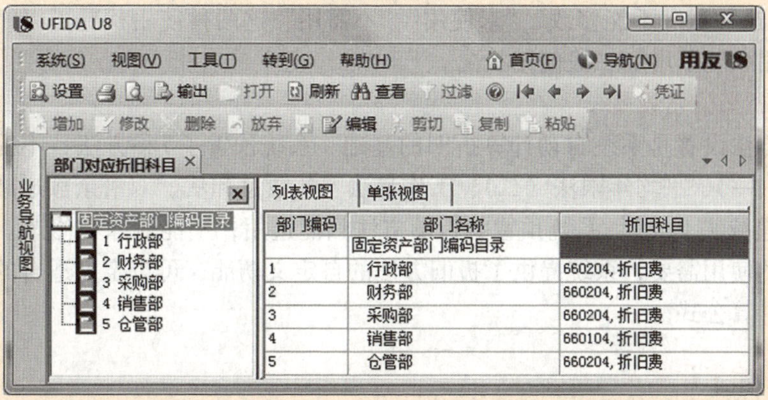


图6-2　部门对应折旧科目

### （二）资产类别设置

固定资产的种类繁多，规格不一，要强化固定资产管理、及时准确地做好固定资产核算工作，必须科学地做好固定资产的分类，为核算和统计管理提供依据。企业可根据自身的特点和管理要求，确定一个较为合理的资产分类方法。

【操作要点】

在业务工作导航目录中选择“财务会计→固定资产→设置→资产类别”项，进入资产类别设置界面。单击工具栏中的“增加”按钮，类别编码栏由系统自动编号，在编辑区输入类别编码、类别名称、使用年限、净残值率、计量单位、计提属性、缺省入账科目等资产类别信息，单击“保存”按钮完成资产类别增加操作。类别编码、类别名称、计提属性、卡片样式不能为空。

### （三）增减方式设置

增减方式包括增加方式和减少方式两类。增加方式系统预置了直接购入、投资者投入、捐赠、盘盈、在建工程转入、融资租入等6种。减少方式系统预置了出售、盘亏、投资转出、捐赠转出、报废、毁损、融资租出、拆分减少等8种。通常情况下只需进行对应入账科目的设置，如果系统提供的增减方式不能满足本企业的需要，可自定义增减方式。

【操作要点】

在业务工作导航目录中选择“财务会计→固定资产→设置→增减方式”项，进入增减方式设置界面。在增减方式目录表中选择要新增的增减方式，单击“增加”按钮，在编辑区输入增减方式名称和对应入账科目，若在选项中选中“执行事业单位会计制度”，还可对增加方式是否使用列支科目进行选择，如选中“列支科目”，还要确定具体的借贷方科目。

### （四）使用状况设置

明确资产的使用状况，可以正确地计算和计提折旧，也便于统计固定资产的使用情况，提高资产的利用效率。系统预置了3种一级使用状况：使用中、未使用、不需用，其中“使用中”下设在用、季节性停用、经营性出租、大修理停用等二级使用状况。系统预置的使用状况不能删除。只能有3种一级使用状况，不能增加、删除。“使用中”这种状况不能修改，“未使用”“不需用”这两种使用状况可以修改。可以在一级使用状况下增加二级使用状况。

### （五）折旧方法设置

折旧方法设置是系统自动计算折旧的基础。系统预置了7种方法：不提折旧、平均年限法（一）、平均年限法（二）、工作量法、年数总和法、双倍余额递减法（一）、双倍余额递减法（二）。系统预置的折旧方法只能选用，不能删除和修改。如果不能满足企业的使用需要，系统提供了折旧方法的自定义功能，可以定义适合的折旧方法的名称和计算公式。

## 三、原始卡片录入

原始卡片中的固定资产是固定资产账套启用前本公司已经存在的固定资产，其开始使用日期必须在固定资产启用会计期间之前。企业在使用固定资产管理系统进行核算前，必须将原始卡片资料录入系统，保持历史资料的连续性。

【操作要点】

在业务工作导航目录中选择“财务会计→固定资产→卡片→录入原始卡片”项，系统弹出“资产类别参照”对话框，从中选择要录入的卡片所属的资产类别。双击选中的资产类别或单击“确定”按钮，显示“固定资产卡片”窗口，根据资料录入或参照选择各项目的内容，如图6-3所示。单击“保存”按钮后，系统提示数据已成功保存，并显示空白卡片供继续录入。

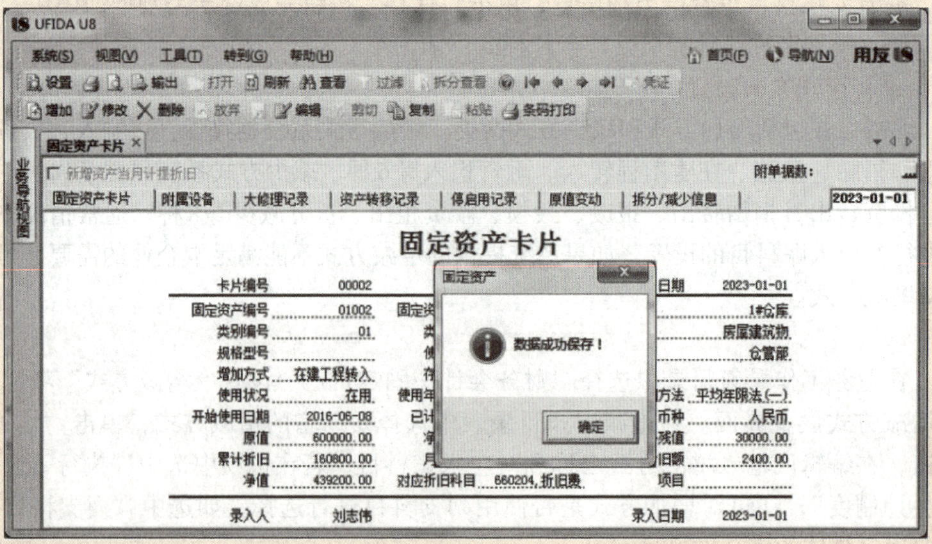


图6-3 录入原始卡片

微课

固定资产原始卡片录入

【卡片录入须知】

（1）“原值”“累计折旧”“累计工作量”处录入的一定是卡片录入月月初的值，否则将会出现计算错误。

（2）其他选项卡录入的内容只是为管理卡片进行的设置，不参与计算，并且除附属设备外，其他内容在录入月结账后除“备注”外不能修改和输入，由系统自动生成。

（3）已计提月份必须严格按照该资产已经计提的月份数，不包括使用期间停用等不计提折旧的月份，否则不能正确计算折旧。

（4）单个资产对应多个使用部门时，各部门的使用比例之和必须为100%。

（5）单个资产对应单个使用部门时，卡片上使用部门列示部门名称，可根据科目参照修改。

（6）单个资产对应多个使用部门时，卡片上的对应折旧科目处不许输入，只能按使用部门选择时的设置确定。

【实用技巧】复制固定资产卡片。

在购入一批相同或相近的资产的情况下，通过卡片复制可减少工作量。当需要复制的固定资产卡片处于查看状态时，单击“编辑”图标并在弹出菜单中选择“复制”项。系统弹出“固定资产”对话框，输入资产编号范围及卡片复制数量，单击“确定”按钮，系统提示“卡片批量复制完成。”，单击“确定”按钮，复制出一张或多张处于已保存状态的卡片，如需修改存放部门等栏目内容，可在“卡片管理”功能中进行修改。

微课

如何成批复制固定资产卡片

完成固定资产原始卡片录入后，可执行固定资产管理系统提供的对账功能来查看固定资产管理系统管理的固定资产的价值及累计折旧数额和账务处理系统中固定资产科目及累计折旧科目的数值是否相等。在业务工作导航目录中选择“财务会计→固定资产→处理→对账”项，系统提示对账结果。

【提示】固定资产管理系统对操作日期要求严格，例如，本月固定资产增减变动业务已经处理到10日，那么，如果以10日之前的日期作为操作日期注册进入固定资产管理系统时则不能进行日常业务处理。因而，完成固定资产原始卡片录入并与总账对账平衡后，要进行一次账套数据备份。

## 标准习题

### 一、判断题

1. 一套固定资产核算软件可以同时为多个单位管理固定资产卡片，核算固定资产的变动。（　）

2. 在固定资产管理系统中，固定资产卡片的结构是统一的，固定不变的，不能进行修改。（　）

3. 在固定资产管理系统中，新增资产当月是否计提折旧可选择。（　）

4. 固定资产管理系统预置的折旧方法，只能选用，不能删除和修改。（ ）

5. 使用固定资产管理系统可以不计提折旧。（ ）

6. 在固定资产管理系统中录入原始卡片之后，总账系统不必再录入固定资产与累计折旧的期初余额。（ ）

7. 固定资产编号是资产的管理者给资产所编的编号，可以在输入卡片时手工输入，也可以选用自动编码的形式自动生成。（ ）

8. 固定资产管理系统只能有3种一级使用状况，不能增加、删除，可以在一级使用状况下增加二级使用状况。（ ）

9. 固定资产卡片格式可以根据不同单位的需要自行定义。（ ）

10. 即使在固定资产管理系统参数中设置了“业务发生后立即制单”，业务发生时也可以不制单直接退出，然后在“批量制单”功能中进行处理。（ ）

## 二、单项选择题

1. 在固定资产管理系统中，设置部门对应折旧科目所指的科目是（ ）。

A. 成本或费用科目　　B.“累计折旧”科目

C.“固定资产”科目　　D. 任意科目

2. 固定资产附属设备选项卡上的数据（ ）计算。

A. 参与　　B. 不参与

C. 根据用户设置决定是否参与　　D. 有时候影响

3. 在固定资产卡片录入中，（ ）项目是自动给出的，不能更改。

A. 录入人　　B. 固定资产名称　　C. 存放地点　　D. 对应折旧科目

4. 某企业固定资产管理系统初始化完成后，发现误将本账套计提折旧参数设为否，应采用的更改方法是（ ）。

A. 以后在录入固定资产卡片时修改该项

B. 用“上一步”到折旧信息中修改

C. 在“设置/选项”中进行重新设置

D. 重新初始化账套

5. 在固定资产使用状况中，可修改的使用状况是（ ）。

A. 使用中　　B. 在用　　C. 未使用　　D. 大修理停用

6. 当需要复制的固定资产卡片处于（ ）状态时，应单击“编辑”图标并在弹出菜单中选择“复制”项。

A. 新增　　B. 修改　　C. 查看　　D. 输出

7. 若在选项中选中“执行事业单位会计制度”，设置固定资产增减方式时还可对（ ）是否使用列支科目进行选择。

A. 增加方式　　B. 减少方式　　C. 增减方式　　D. 借贷科目

8. 当（ ）缺省入账科目与减少方式中的对应入账科目冲突时，以系统选项中设置的缺省入账科目优先。

A. 固定资产清理　　B. 资产减值准备　　C. 累计折旧　　D. 固定资产

9. 单个资产对应多个使用部门时，卡片上的（ ）处不许输入，只能按使用部门选择时的设置确定。

A.资产编号　B.使用部门　C.对应折旧科目　D.使用状况

10.在固定资产基础设置项目中，（　）可进行对应入账科目设置。

A.资产类别　B.增减方式　C.折旧方法　D.使用状况

## 三、多项选择题

1.在固定资产管理系统中，初始化设置后仍可修改的项目有（　）。

A.与总账系统对账　B.本账套是否计提折旧

C.账套启用月份　D.业务发生后是否立即制单

2.如果在“选项”中的对账设置了“立即制单”，在（　）完成后，系统会自动调出有一部分缺省内容的不完整凭证。

A.资产增加　B.原值变动　C.累计折旧调整　D.资产减少

3.下列工作中，属于固定资产初始化的操作有（　）。

A.固定资产卡片项目定义　B.折旧方法定义

C.原始卡片录入　D.固定资产使用工作量信息录入

4.在定义固定资产类别时，（　）等项目不能为空。

A.类别编码　B.名称　C.计提属性　D.计量单位

5.在固定资产原始卡片的录入中，对应折旧科目项目可通过（　）的方式录入。

A.直接输入该科目编号

B.直接输入该科目名称

C.根据所选择的使用部门自动带出

D.单击“对应折旧科目”按钮，在参照界面选择需要的科目

6.在固定资产管理系统中，不可修改的参数有（　）。

A.基本信息　B.折旧信息

C.固定资产自动编码方式　D.缺省入账科目

7.下列关于新卡片录入的说法中，正确的有（　）。

A.新卡片第一个月不提折旧　B.新卡片累计折旧均为零

C.录入的原值一定是卡片录入月月初的值

D.录入的原值一定是卡片录入月月末的值

8.固定资产管理系统中不可修改和删除的折旧方法有（　）。

A.不提折旧　B.平均年限法　C.工作量法　D.年数总和法

9.在录入固定资产卡片时，录入的（　）一定是卡片录入月月初的值，否则将会出现计算错误。

A.原值　B.累计折旧　C.累计工作量　D.净残值

10.若选中“按资产类别设置缺省科目”参数，则（　）可以多选。

A.固定资产对账科目　B.累计折旧对账科目

C.减值准备对账科目　D.固定资产清理对账科目

参考答案

# 任务二 固定资产业务处理

## ◆技能点6-2 固定资产业务处理

### 一、资产增加

“资产增加”操作也称“新增资产卡片”，与“录入原始卡片”相对应。资产通过原始卡片录入还是通过“资产增加”录入，在于资产的开始使用日期，只有当开始使用日期的期间等于录入的期间时，才能通过“资产增加”录入。

【操作要点】

以资产增加日为操作日期登录企业应用平台，在业务工作导航目录中选择“财务会计→固定资产→卡片→资产增加”项，在“资产类别参照”对话框中选择相应类别，单击“确认”按钮进入“固定资产卡片”窗口，系统显示单张卡片编辑界面，录入或参照选择各项目的内容。资产的主卡片录入后，单击其他选项卡，输入附属设备及其他信息。附属选项卡上的信息只供参考，不参与计算。单击“保存”按钮，系统保存数据后显示一张空白卡片。

【提示】

（1）录入的原值一定是卡片录入月月初的价值，否则将会出现计算错误。

（2）如果录入的累计折旧、累计工作量不是零，说明是旧资产，该累计折旧或累计工作量是在进入本企业前的值。

（3）已计提月份必须严格按照该资产在其他单位已经计提或估计已计提的月份数，不包括使用期间停用等不计提折旧的月份，否则不能正确计算折旧。

### 二、采购资产

采购资产是指根据入库单中的存货结转生成的固定资产卡片。当采购管理系统存有业务类型是固定资产采购的入库单时，其数据可以直接传递到固定资产管理系统的“采购资产”功能点，选择入库单结转生成卡片。可结转生成固定资产卡片的入库单须满足：业务类型为固定资产采购；必有订单；结转生成卡片的存货已经全部结算。与选中订单对应的入库单必须一次结转完毕，不允许分次结转。

【操作要点】

微课

增加固定资产及采购资产的处理

在业务工作导航目录中选择“财务会计→固定资产→卡片→采购资产”项，进入后分订单、入库单上下列表显示。选择一条订单记录，入库单列表自动显示与订单号、存货编号相对应的入库单记录。单击“增加”按钮进入采购资产分配设置界面，设置资产类别、开始使用日期、存货数量、抵扣增值税、新增资产当月计提折旧。在采购资产分配设置中通过快捷键“Ctrl+Alt+G”激活修改状态就可以对采购订单的单价进行修改。单击“确定”按钮进入固定资产卡片界面，补充资产信息并保存。采购资产卡片不在固定资产管理系统制单，而在应付款管理系统制单。

## 三、资产减少

资产在使用过程中总会由于各种原因（如毁损、出售、盘亏等）退出企业，该部分操作称为“资产减少”。本系统提供资产减少的批量操作，为同时清理一批资产提供方便。

【操作要点】

在业务工作导航目录中选择“财务会计→固定资产→卡片→资产减少”项，进入资产减少操作界面。选择要减少的资产，然后单击“增加”按钮，将资产添加到资产减少表中。在表内输入资产减少的信息：减少日期、减少方式、清理收入、增值税、清理费用、清理原因。单击“确定”按钮，即完成该（批）资产的减少。

【实用技巧】查询已减少资产：在卡片管理界面，从卡片列表上边的下拉框中选择“已减少资产”，则列示的即是已减少的资产集合，双击任一行，可查看该资产的卡片。

【回退操作功能：撤销已减少资产】

在卡片管理列表中选择“已减少资产”，在显示出的已减少资产列表中，将鼠标定位在需要撤销减少的资产记录上。这时，左侧业务工作导航目录中新增“撤销减少”功能项，上方工具栏上的“撤销减少”按钮由灰色变成黑色可用状态，如图6-4所示。单击工具栏中的“撤销减少”按钮或在业务工作导航目录中选择“财务会计→固定资产→卡片→撤销减少”项，系统提示“确实要恢复［×××××］号卡片的资产吗?”，选择“是”即可成功恢复被减少的资产。

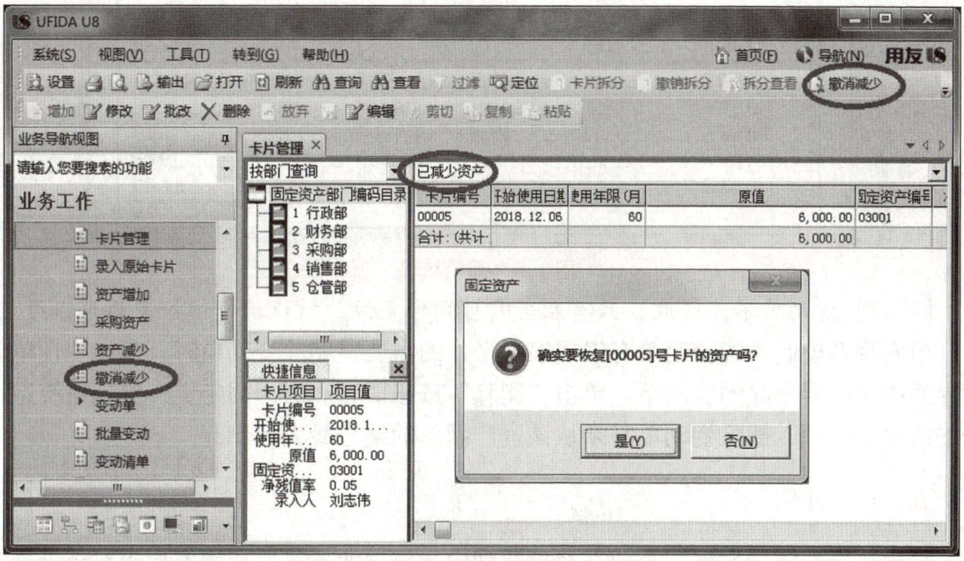


图6-4　撤销减少

【提示】通过资产减少操作减少的资产只有在减少的当月可以恢复。如果资产减少操作已制作凭证，必须删除凭证后才能恢复。

微课

如何撤消已减少资产?

## 四、资产变动

资产在使用过程中，可能会涉及调整卡片上的一些项目，固定资产管理系统把与计算和报表汇总有关的项目的调整称为资产变动操作，此类操作必须留下原始凭证，制作的原始凭证称为变动单。资产变动操作包括原值增加、原值减少、部门转移、使用状况调整、折旧方法调整、累计折旧调整、使用年限调整、工作总量调整、净残值（率）调整、资产类别调整、计提减值准备、转回减值准备、增值税调整、位置调整等。其他项目的修改，如名称、编号、自定义项目等的变动，可直接在卡片上进行。

【操作要点】

以部门转移为例，在业务工作导航目录中选择“财务会计→固定资产→卡片→变动单→部门转移”项，屏幕显示部门转移固定资产变动单界面。输入卡片编号或资产编号，系统自动列出资产的名称、开始使用日期、规格型号、变动前部门、存放地点。输入变动后的使用部门、新的存放地点及变动原因，如图6-5所示。单击“保存”按钮，系统提示数据保存成功，即完成该变动单操作。卡片上相应的项目（使用部门、存放地点）根据变动单而改变。

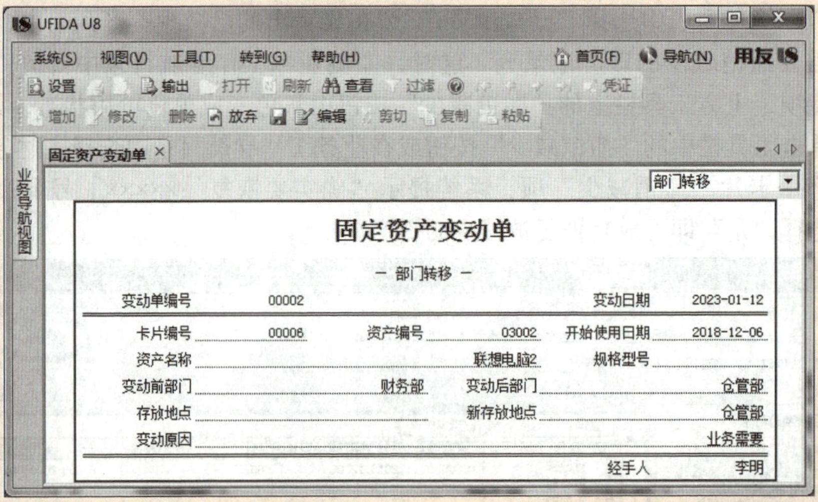


图6-5　部门转移

【提示】变动单不能修改，只有在当月可删除重做，所以请仔细检查后再保存。

当发现系统制作的变动单有误或根据操作的需要要删除变动单时，可在变动单管理界面中选中要删除的变动单，单击“删除”按钮即可。因为固定资产管理系统遵循严格的序时管理，删除变动单必须从该资产制作的编号最大的删起。

## 五、资产评估

随着市场经济的发展，企业在经营活动中会根据业务需要或国家要求对部分资产或全部资产进行评估和重估，而其中固定资产评估是资产评估中很重要的部分。资产评估主要完成的功能是：将评估机构的评估数据手工录入或定义公式录入到系统；根据国家要求手工录入评估结果或根据定义的评估公式生成评估结果。

【操作要点】

在业务工作导航目录中选择“财务会计→固定资产→卡片→资产评估”项，在资产评估管理界面单击“增加”按钮，进入“评估资产选择”窗口，在左侧的“可评估项目”列表中选择要评估的项目，选择要评估的资产，制作资产评估单。选择评估项目和评估资产后，必须录入评估后数据或通过自定义公式生成评估后数据，系统才能生成评估单，评估单显示评估资产所评估的项目在评估前和评估后的数据。当表中列出的资产有一个项目发生变化，表示该资产已评估，“评估状态”一列就会自动作“Y”标记。若评估结束后，某一资产的“评估状态”中标志为空，表示该资产在评估前后没有变化，请将该资产移出。评估单完成后，单击“保存”按钮，系统询问“是否确实要进行资产评估?”，选择“是”，固定资产卡片上的数据根据评估单而改变，制单后将变动数据传输到总账系统。

【评估规则】

1.评估后的数据必须满足以下公式：原值-净值=累计折旧>=0；净值>=净残值率*原值；工作总量>=累计工作量。

2.原值、累计折旧和净值三个中只能选两个，并且必须选择两个，另一个通过公式“原值-累计折旧=净值”推算得到。

## 六、资产盘点

固定资产盘点是在对固定资产进行实地清查后，将清查的实物数据录入固定资产管理系统与账面数据进行比对，并由系统自动生成盘点结果清单的过程。

【操作要点】

1.选择要盘点的范围。进行资产盘点时，每次要进行盘点的范围可能不同，可以根据需要从系统给定的盘点范围中选择。在业务工作导航目录中选择“财务会计→固定资产→卡片→资产盘点”项，在资产盘点管理界面点击“增加”按钮，进入“新增盘点单—数据录入”窗口，单击“范围”按钮，进入“盘点范围设置”窗口，选择实际盘点的发生日期，再选中要进行盘点的方式及对应该方式的明细分类，如图6-6所示。三种供选盘点方式为：按资产类别盘点、按使用部门盘点、按使用状态盘点。可以同时选择按资产类别盘点及按使用部门盘点，按使用状态盘点不能与其他盘点方式同时选择。

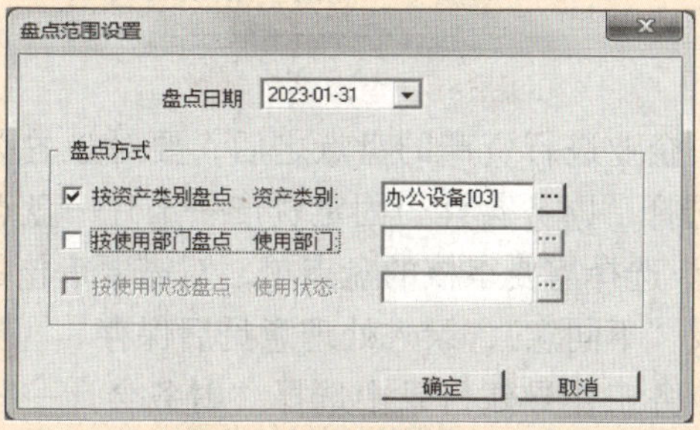


图6-6 盘点范围设置

2.进行项目设置。每次盘点的侧重点不同，要录入的盘点数据与要核对的数据也不尽相同，系统提供相关卡片项目供选择。在“新增盘点单—数据录入”窗口，单击“栏目”按钮，进入“核对项目”窗口，如图6-7所示。核对项目为生成盘点结果清单时要与系统内卡片进行核对的项目。录入项目为实际盘点数据需要录入的项目。

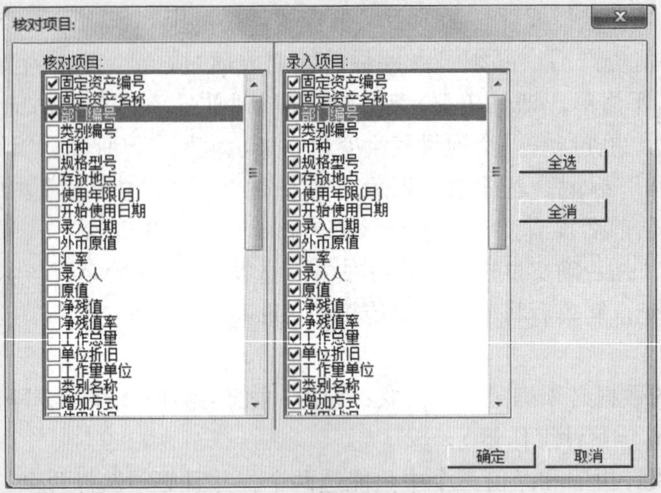


图6-7　设置核对项目

3.录入盘点数据并生成盘点结果清单。根据所选盘点范围以及项目设置，录入盘点数据，生成盘点结果清单供企业对比分析。单击“增行”按钮，系统新增一行，录入对应各项目的实际盘点数据。单击“核对”按钮，系统将根据当前盘点单中的数据同系统内盘点日期的卡片数据相比较生成结果清单，如图6-8所示，可以查看固定资产是与实际相符，还是出现了盘盈盘亏，也可选中“过滤掉相符情况”单独查看盘盈及盘亏的资产清单。单击工具栏上的“保存”按钮，将盘点单保存在系统内供查询。

图6-8　盘点结果清单

4.盘点盈亏确认。企业进行资产的盘点之后，要对盘盈盘亏结果进行审核。在业务工作导航目录中选择“财务会计→固定资产→卡片→盘点盈亏确认”项，进入“盘点盈亏确认”窗口。选择需要审核的盘点单，对需要审核的盘盈或盘亏记录进行审核，选择“同意”或“不同意”，录入处理意见后保存。

5.资产盘盈。在业务工作导航目录中选择“财务会计→固定资产→卡片→资产盘盈”项，进入“资产盘盈”窗口。先选择需要处理的盘点单，再选择需要进行盘盈处理的盘点单，录入待盘盈资产的开始使用日期及资产类别，单击“盘盈资产”

按钮进入所选记录的资产卡片补充资产信息并保存。盘盈资产的操作是增加资产卡片的操作，要求先录入开始使用日期及资产类别才能进行资产增加。

6.资产盘亏。在业务工作导航目录中选择“财务会计→固定资产→卡片→资产盘亏”项，进入“资产盘亏”窗口。先选择需要处理的盘点单，在需要审核记录的“选择”栏打上“Y”标记；再选择需要进行盘亏处理的盘点单；单击“盘亏资产”按钮进入资产减少窗口对所选记录的资产进行减少处理。盘亏资产将进行资产减少操作，需要先计提折旧才可进行。

【实用技巧】要在盘点前打印出可供对比的固定资产清单，可在卡片管理中点击“编辑”后选择“列头编辑”，选中要打印显示的栏目并调整显示顺序后即可打印。

## 七、固定资产折旧计提

自动计提折旧是固定资产管理系统的主要功能之一，系统每期计提一次折旧，并自动生成折旧分配表，然后制作记账凭证。

【操作要点】

（1）工作量输入。当账套内有固定资产使用工作量法计提折旧的时候，每月计提折旧前必须录入固定资产当月的工作量。在业务工作导航目录中选择“财务会计→固定资产→处理→工作量输入”项，系统显示当月需要计提折旧，并且折旧方法是工作量法的所有固定资产的工作量信息。如果本月是最新的未结账的月份，该表可编辑，可输入本月工作量。单击“保存”按钮，即完成工作量输入工作。

（2）计提本月折旧。在业务工作导航目录中选择“财务会计→固定资产→处理→计提本月折旧”项，系统提示是否已经正确输入工作量，确认后系统将自动计提各个固定资产当期的折旧额，并将当期的折旧额自动累加到累计折旧项目，并询问是否查看折旧清单。折旧清单显示所有应计提折旧的资产所计提折旧数额的列表，单期的折旧清单中列示了资产名称、计提原值、本月计提折旧额、累计折旧等信息，如图6-9所示。

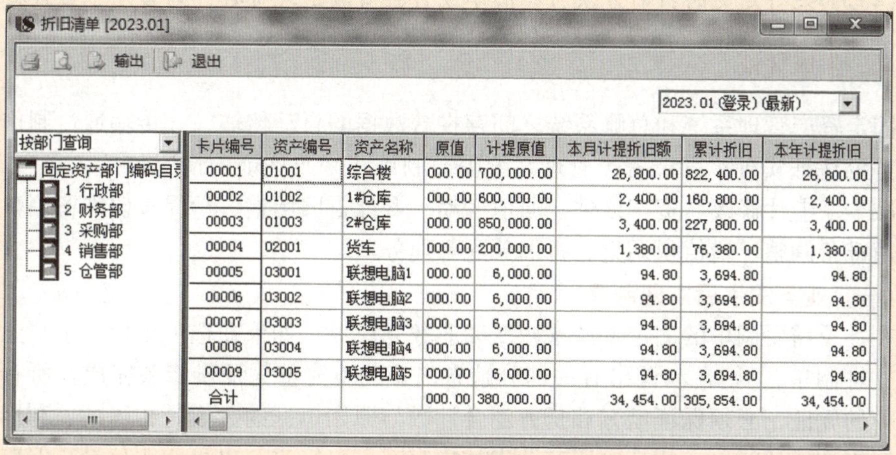


图6-9　折旧清单

（3）折旧分配表。在“折旧清单”窗口单击“退出”按钮，系统自动生成折旧分配表，如图6-10所示。折旧分配表是制作记账凭证、将折旧费用入账的依据。系统提供两种类型的折旧分配表：部门折旧分配表和类别折旧分配表，但是制作记账凭证时只能依据一个表。选择好分配依据后单击“凭证”按钮，系统生成折旧计提分配凭证，对凭证类别等栏目进行设置后单击“保存”按钮，将凭证传递至总账系统。

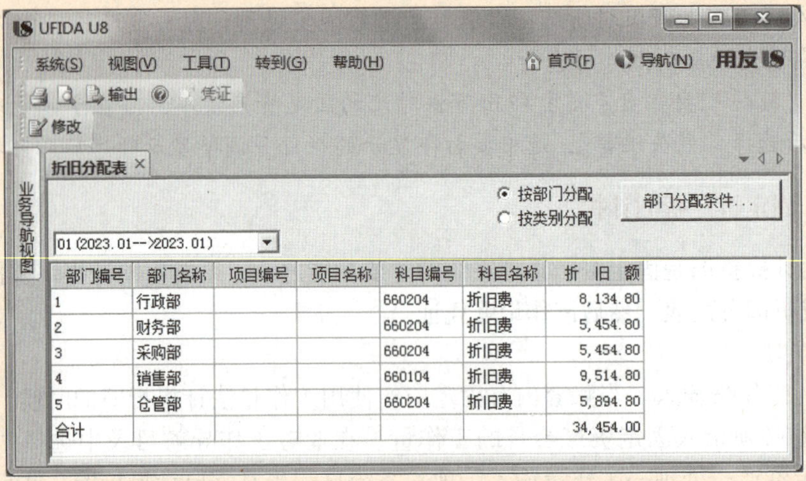


图6-10 折旧分配表

【提示】

（1）在一个期间内可以多次计提折旧，每次计提折旧后，只是将计提的折旧累加到月初的累计折旧，不会重复累计。

（2）如果上次计提折旧已制单并把数据传递到总账系统，则必须删除该凭证才能重新计提折旧。

（3）计提折旧后又对账套进行了影响折旧计算或分配的操作，必须重新计提折旧，否则系统不允许结账。

（4）如果自定义的折旧方法月折旧率或月折旧额出现负数，则自动中止计提。

微课

固定资产折旧计提

## 八、生成凭证

固定资产管理系统和总账系统之间存在着数据的自动传输，该传输通过制作传送到账务的凭证实现。固定资产管理系统需要制单或修改凭证的情况包括：资产增加、资产减少、卡片修改、资产评估、原值变动、累计折旧调整、计提减值准备调整、转回减值准备调整、增值税调整、折旧分配等业务。

### （一）业务发生后立即制单

在涉及需要制单的固定资产增减变动业务完成后，如果在选项中设置了“业务发生后立即制单”，则自动调出有一部分缺省内容的不完整凭证供修改完成。所有本系统制作的凭证，必须保证借方和贷方的合计数与原始单据的数值是相等的。利用折旧分配表制作凭证时，该凭证中所有缺省的内容都可以修改，也可增删分录，但应当保证借贷方合计等于本月计提的折旧额。

### （二）批量制单

完成任何一笔需制单的业务的同时，可以立即制单并传输到总账系统，也可以在当时不制单（去掉“选项”中“业务发生后立即制单”复选框的“√”），而在月底利用固定资产管理系统提供的批量制单功能，来完成制单工作。批量制单功能可同时将一批需制单业务连续制作凭证传输到总账系统，可以避免多次制单的烦琐。

【操作要点】

在业务工作导航目录中选择“财务会计→固定资产→处理→批量制单”项，屏幕显示批量制单界面，表中列示的内容是直至本次制单，所有固定资产管理系统应制而没有制单的业务，如图6-11所示。在“制单选择”页面选择需要制单的业务，单击“制单设置”选项卡，选择该项业务涉及的会计科目及部门，并选择合并科目及辅助项相同的分录。设置完成后，单击“制单”按钮，系统根据设置生成凭证，选择凭证类别、输入摘要、附件等栏目后单击“保存”按钮，系统在凭证的左上角显示“已生成”字样。返回批量制单界面后，已经完成制单的资产增减变动业务已经从批量制单业务列表中移除。

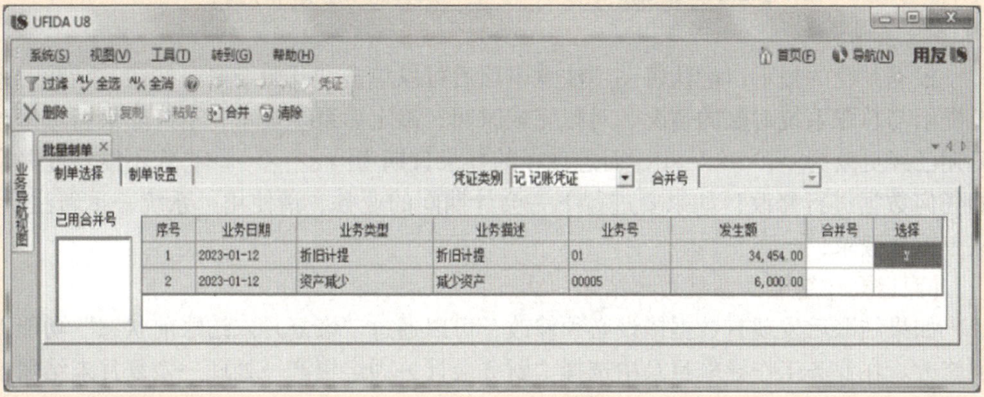


图6-11　批量制单

## 九、对账及结账

系统在运行过程中，应保证本系统管理的固定资产的价值和总账系统中固定资产科目的数值相等。而两个系统的资产价值是否相等，通过执行本系统提供的对账功能检验。对账操作不限制执行的时间，任何时候均可进行对账。系统在执行月末结账时自动对账一次，给出对账结果，并根据初始化或选项中的判断确定不平情况下是否允许结账。在业务工作导航目录中选择“财务会计→固定资产→处理→对账”项，屏幕即显示对账结果。

【故障诊断】

问题描述：固定资产管理系统增加资产并制单处理后，与总账对账不平。

原因分析：资产变动后生成的凭证传递到总账后未进行审核记账。

解决方法：由相关操作员进入总账系统，对固定资产管理系统传递过来的凭证进行审核、记账。

月末结账每月进行一次，结账后当期的数据不能修改。在业务工作导航目录中选择“财务会计→固定资产→处理→月末结账”项，若该月未计提折旧或计提折旧后又进行了资产增减及变动处理，则不允许办理结账，若满足结账条件，系统弹出月末结账对话框，如图6-12所示。

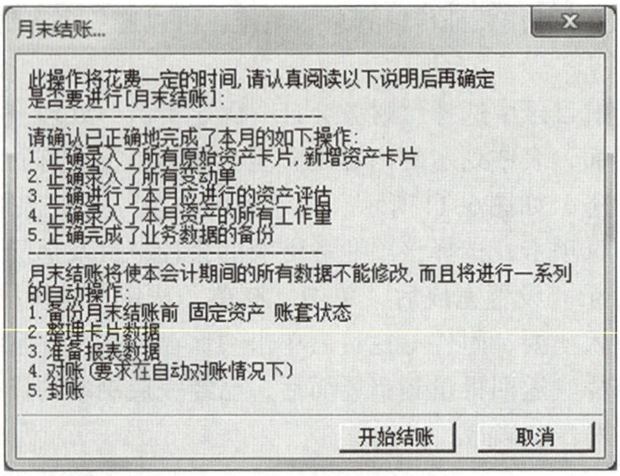


图6-12　月末结账

微课

固定资产管理系统对账及结账

根据系统的提示，确认每一项注意事项后可以单击“开始结账”按钮，结账时系统提示与总账系统对账的情况、对账完成时间，确定后系统提示“本账套最新可修改日期已经更改为××××-××-××，而您现在的登录日期为××××-××-××，您不能对此账套的任何数据进行修改！如果要进行下一会计期间的业务，请使用‘系统→重新注册’菜单重新登录！”。

【回退操作功能：恢复月末结账前状态】

如果结账后发现有数据错误必须修改，可以通过“恢复月末结账前状态”功能返回修改。在业务工作导航目录中选择“财务会计→固定资产→处理→恢复月末结账前状态”项，屏幕显示提示信息，提醒要恢复到的日期。单击“是”，系统即执行本操作，如图6-13所示，完成后系统提示“成功恢复账套月末结账前状态！”。

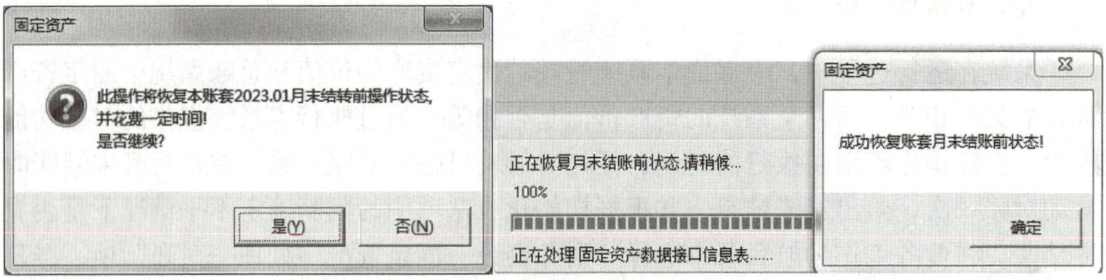


图6-13　恢复月末结账前状态

【提示】该功能不适用于跨年度恢复数据；如果其他管理系统提取了本系统的某期数据，则该期无法反结账；此外，恢复到某个月月末结账前状态后，原结账后所做的工作将被删除。

# 标准习题

## 一、判断题

1. 固定资产日常处理的业务主要有固定资产的增加、减少和变动。（　　）

2. 在固定资产管理系统中，本月增加的资产不能进行变动处理。（　　）

3. 固定资产减少功能可以随时调用。（　　）

4. 在固定资产管理系统中，新增固定资产都是通过"初始数据录入"功能录入系统的。（　　）

5. 固定资产管理系统和总账系统对账不平，则无法进行期末结账。（　　）

6. 误减少的资产必须重新输入。（　　）

7. 对于本月减少的固定资产，软件中不再计提折旧。（　　）

8. 对于固定资产管理系统传递到总账系统中的凭证，若发现该凭证制作错误，在总账系统中可通过凭证修改功能进行更改。（　　）

9. 在固定资产管理系统中，已记账的凭证不能通过"处理/凭证查询"功能删除。（　　）

10. 计提折旧后又改变了某一固定资产的折旧方法，必须重新计提折旧，否则无法结账。（　　）

11. 通过"资产增加"功能录入新增固定资产卡片时，卡片中"开始使用日期"栏的年份和月份不能修改。（　　）

12. 已减少的固定资产，其原值、累计折旧等信息无法再显示。（　　）

13. 即使在固定资产管理系统参数中设置了"业务发生后立即制单"，业务发生时也可以不制单直接退出，然后在"批量制单"功能中进行处理。（　　）

14. 固定资产变动单一经生成，其业务内容即记入相关固定资产卡片的辅助卡片中，不能删除。（　　）

15. 在固定资产管理系统中，当发生原值调整、使用年限调整、工作总量调整时，当月计提的折旧额不变，下月按变化后的值计算折旧。（　　）

16. 在固定资产管理系统中，固定资产卡片只要作过一次月末结账就不能删除。（　　）

17. 在固定资产管理系统修改凭证时，系统缺省的分录的金额与原始单据相关，不能修改。（　　）

18. 如果其他管理系统提取了固定资产管理系统的某期数据，则该期固定资产管理系统无法进行反结账操作。（　　）

## 二、单项选择题

1. 本月不需计提折旧的是（　　）。

A. 原始卡片录入　B. 新增卡片录入　C. 原值增加　D. 资产减少

2. 固定资产管理系统在一个期间内（　　）。

A.只能计提一次折旧 B.可以多次计提折旧
C.允许分类别计提折旧 D.允许按折旧方法分次计提折旧
3.下列资产变动中，需要制单的是（ ）。
A.使用部门转移 B.使用状况变动 C.原值变动 D.类别调整
4.在固定资产账套（ ）才能办理资产减少业务。
A.计提折旧前 B.计提折旧后
C.与总账对账平衡后 D.完成初始化设置后
5.如果上次计提折旧已制单并把数据传递到总账系统，则必须（ ）该凭证才能重新计提折旧。
A.冲销 B.修改 C.删除 D.都可以
6.如果要查看各项固定资产的新旧程度数据，可查询（ ）。
A.固定资产折旧明细表 B.固定资产原值一览表
C.固定资产统计表 D.役龄资产统计表
7.某项固定资产在使用中，下列项目发生了变动，（ ）不需要通过变动单就可以修改。
A.原值调整 B.累计折旧调整 C.部门转移 D.资产编号变动
8.本月购进材料一批，会计误作为固定资产，已制作相关凭证，那么删除该固定资产的方式是（ ）。
A.直接使用固定资产减少功能
B.删除相关凭证后，再删除固定资产卡片
C.直接删除固定资产卡片
D.删除相关凭证后，再使用固定资产减少功能
9.下列关于固定资产管理系统中资产减少功能的运用的说法中，正确的是（ ）。
A.账套计提折旧前，要减少某项资产，可以通过“资产减少”功能实现
B.账套计提折旧后，要减少某项资产，可以通过“删除卡片”功能实现
C.当月减少的固定资产，可在当月恢复
D.上月减少的固定资产，可在本月恢复
10.下列事项中，需要填制资产变动单的是（ ）。
A.资产名称变动 B.使用状况变动 C.资产编号变动 D.自定义项目变动

## 三、多项选择题

1.要将有关数据通过记账凭证的形式传输到总账系统的事项有（ ）。
A.增加资产 B.原值调整 C.部门转移 D.折旧年限调整
2.在固定资产管理系统的“账表管理”中可查询（ ）。
A.使用状况分析表 B.折旧方法说明表
C.评估变动表 D.固定资产原值统计表
3.查看卡片时，可查看其（ ）。
A.历史状态 B.变动清单 C.最新记录 D.原始记录

4.固定资产管理系统不允许结账，可能的原因有（　　）。

A.本月未提折旧

B.提取本月折旧后，又改变了某项固定资产的折旧方法

C.有固定资产增加，但未制单

D.对账不平

5.企业需要对某项固定资产的净值进行评估，在选择评估项目时，选择（　　）是正确的。

A.“净值”　　B.“原值”、“累计折旧”和“净值”

C.“原值”和“净值”　　D.“净值”和“累计折旧”

6.计提折旧时，如果自定义的折旧方法的月折旧额或月折旧率出现负数，系统将（　　）计提折旧。

A.继续　　B.等待用户设置

C.自动终止　　D.不需用户手动终止

7.下列关于固定资产管理系统的说法中，正确的有（　　）。

A.固定资产卡片录入是固定资产初始化的主要内容

B.固定资产的日常处理主要包括固定资产增减变动的处理和折旧计算

C.固定资产的输出往往以固定资产报表输出为主

D.固定资产数据存储量大，而日常工作量小

8.固定资产评估后的数据必须满足的公式有（　　）。

A.原值-净值=累计折旧>=0　　B.净值>=净残值率*原值

C.工作总量>=累计工作量　　D.累计工作量>=工作总量

9.要进行（　　）操作，必须先删除相应的凭证，否则系统禁止这些操作。

A.已制作凭证的卡片　　B.已制作凭证的变动单

C.重新计提分配折旧　　D.资产减少恢复

10.下列关于固定资产变动单的说法中，正确的有（　　）。

A.变动单不能修改　　B.变动单可以修改

C.只有在当月可删除重做　　D.可以跨月删除重做

参考答案

# 项目实训

## 实训七　固定资产核算与管理

### 一、实训目的

掌握固定资产管理系统初始化、日常业务处理、月末处理的操作。

### 二、实训内容

1.启用固定资产管理系统。

2.固定资产管理系统初始化设置、录入原始卡片。

3.固定资产日常业务操作。

4.折旧计提、制单。

5.与总账对账、办理月末结账。

6.账套数据备份。

## 三、实训准备

引入“实训六”中的“完成工资结账”备份数据。

## 四、实训资料

### （一）初始设置

1.启用固定资产管理系统

账套主管刘志伟在企业应用平台中以2023年1月1日启用固定资产管理系统。

2.操作员及权限

为02操作员（学生本人姓名）新增固定资产模块全部权限。

3.启用固定资产账套

固定资产主要折旧方法为“平均年限法（一）”，折旧汇总分配周期为一个月；当“月初已计提月份=可使用月份-1”时将剩余折旧全部提足。资产类别编码方式为“2-1-1-2-0-0-0-0”；固定资产编码方式采用自动编码方式，编码方式为“类别编码＋序号”；序号长度为“3”。要求与总账系统进行对账，固定资产对账科目为“1601 固定资产”，累计折旧对账科目为“1602 累计折旧”，在对账不平的情况下不允许月末结账。

4.固定资产管理系统参数设置

业务发生后要立即制单，月末结账前一定要完成制单登账业务；固定资产缺省入账科目为1601，累计折旧缺省入账科目为1602，减值准备缺省入账科目为1603，增值税进项税额缺省入账科目为22210101，固定资产清理缺省入账科目为1606。

5.部门对应折旧科目

部门对应折旧科目见表6-1。

表6-1 部门对应折旧科目

| 部门编码 | 部门名称 | 贷方科目 |
|---|---|---|
| 1 | 行政部 | 660204 折旧费 |
| 2 | 财务部 | 660204 折旧费 |
| 3 | 采购部 | 660204 折旧费 |
| 4 | 销售部 | 660104 折旧费 |
| 5 | 仓管部 | 660204 折旧费 |

6.资产类别设置

资产类别设置见表6-2。

表6-2　资产类别设置

| 类别编码 | 类别名称 | 使用年限 | 净残值率 | 计提属性 | 折旧方法 | 卡片样式 |
|---|---|---|---|---|---|---|
| 01 | 房屋建筑物 | 20 | 5% | 总提折旧 | 平均年限法（一） | 通用样式 |
| 02 | 运输设备 | 8 | 5% | 正常计提 | 工作量法 | 含税卡片样式 |
| 03 | 办公设备 | 5 | 5% | 正常计提 | 平均年限法（一） | 含税卡片样式 |

7.固定资产增减方式

固定资产增减方式及对应入账科目见表6-3。

表6-3　固定资产增减方式及对应入账科目

| 增减方式 | | 对应入账科目 |
|---|---|---|
| 增加方式 | 直接购入 | 银行存款——工行存款（100201） |
| | 投资者投入 | 实收资本（4001） |
| | 捐赠 | 营业外收入（6301） |
| | 盘盈 | 以前年度损益调整（6901） |
| | 在建工程转入 | 在建工程（1604） |
| 减少方式 | 出售 | 固定资产清理（1606） |
| | 盘亏 | 待处理财产损溢（1901） |
| | 投资转出 | 长期股权投资（1511） |
| | 捐赠转出 | 固定资产清理（1606） |
| | 报废 | 固定资产清理（1606） |

8.录入原始卡片

录入原始卡片资料见表6-4。

表6-4　录入原始卡片资料　金额单位：元

| 固定资产名称 | 综合楼 | 1#仓库 | 2#仓库 | 货车 | 联想电脑1~5 |
|---|---|---|---|---|---|
| 类别编号 | 01 | 01 | 01 | 02 | 03 |
| 固定资产编号 | 01001 | 01002 | 01003 | 02001 | 03001~03005 |
| 使用部门 | 行政部30%；财务部20%；采购部20%；销售部30% | 仓管部 | 仓管部 | 销售部 | 行政部、财务部、采购部、销售部、仓管部各1台，分5张卡片 |
| 增加方式 | 在建工程转入 | 在建工程转入 | 在建工程转入 | 直接购入 | 直接购入 |
| 可使用年限 | 20 | 20 | 20 | 8 | 5 |
| 开始使用日期 | 2016-05-23 | 2016-06-08 | 2016-06-08 | 2018-10-20 | 2018-12-06 |
| 使用状况 | 在用 | 在用 | 在用 | 在用 | 在用 |

续表

| 固定资产名称 | 综合楼 | 1#仓库 | 2#仓库 | 货车 | 联想电脑1~5 |
|---|---|---|---|---|---|
| 原值 | 6 700 000 | 600 000 | 850 000 | 200 000 | 6 000 |
| 增值税 | | | | 34 000 | 1 020 |
| 累计折旧 | 1 795 600 | 158 400 | 224 400 | 75 000 | 3 600 |
| 总工作量（千米） | | | | 400 000 | |
| 累计工作量（千米） | | | | 150 000 | |

【提示】卡片03001录入完成后，复制到卡片03002~03005，卡片数量为4张。复制成功后在03002卡片点击“修改”按钮，修改资产名称为“联想电脑2”，删除原使用部门“行政部”，选择使用部门“财务部”，保存后修改下一张卡片。

9.对账

在固定资产管理系统的“处理”中执行“对账”功能，对账平衡后在“实训七”文件夹中新建“初始设置完成”文件夹，进行账套数据备份。

### （二）日常业务

2023年1月发生如下业务，由02号操作员处理。

1.2023年1月9日，行政部杨心怡经手购入惠普多功能一体机一台，价款为3 000元，增值税为390元，预计使用年限为5年，净残值率为5%，采用“平均年限法（一）”计提折旧。款项以开出票号为35606的转账支票支付。机器由行政部使用。附单据2张。

【操作向导】

①03号操作员陈慧玲登记支票簿。

②02号操作员在“固定资产→卡片→资产增加”中新增固定资产卡片，保存后制单生成记0021号凭证，现金流量项目编码为13，录入结算方式及票号。附单据2张。

借：固定资产　　3 000
　　应交税费/应交增值税/进项税额　　390
　　贷：银行存款/工行存款　　3 390

2.2023年1月10日，财务部陈慧玲开出35607号转账支票，付3#仓库工程尾款34 900元。3#仓库工程完工交付仓管部使用，结转工程成本450 000元。

【操作向导】

①03号操作员陈慧玲登记支票簿。

②02号操作员在总账系统填制记0022号凭证，现金流量项目编码为13。附单据2张。

借：在建工程　　34 900
　　贷：银行存款　　34 900

③02号操作员在“固定资产→卡片→资产增加”中新增固定资产卡片，结转工程成本，生成记0023号凭证。附单据1张。

借：固定资产 450 000

贷：在建工程 450 000

3.2023年1月11日，2#仓库大修理停用，填制固定资产变动单。

【操作向导】

02号操作员在“固定资产→卡片→变动单”中选择使用状况调整，选择卡片编号为00003、资产编号为01003的卡片，变动后使用状况及变动原因均填“大修理停用”。

4.2023年1月11日，录入运输设备本月工作量3 000千米，计提2023年1月折旧并制单。

【操作向导】

02号操作员在“固定资产→处理”中选择工作量输入，录入工作量；计提折旧，按部门分配，生成记0024号凭证。附单据1张。

借：管理费用/折旧费 8 134.80

管理费用/折旧费 5 454.80

管理费用/折旧费 5 454.80

销售费用/折旧费 9 514.80

管理费用/折旧费 5 894.80

贷：累计折旧 34 454

5.2023年1月12日，行政部使用的联想电脑损坏报废，无残值回收，无清理费用，经批准结转清理损失。

【操作向导】

①02号操作员在“固定资产→卡片”中选择资产减少，办理资产减少手续后生成记0025号凭证。附单据1张。

借：累计折旧 3 694.80

固定资产清理 2 305.20

贷：固定资产 6 000

②02号操作员在总账系统填制0026号凭证，结转清理损失。附单据1张。

借：营业外支出 2 305.20

贷：固定资产清理 2 305.20

**（三）对账与结账**

1.出纳陈慧玲进行出纳签字。在支票登记簿中将35606号支票进行报销处理，在报销日期栏录入“2023.01.09”，在实际金额栏录入“3 390”。

2.账套主管刘志伟注册进入总账系统，对已生成凭证进行审核。

3.02号操作员（学生本人姓名）进行记账。

4.02号操作员（学生本人姓名）在固定资产管理系统与总账进行对账，对账平衡后办理固定资产管理系统月末结账。

在“总账→凭证→查询凭证”中查询已记账凭证，凭证共26张，发生额合计为1 280 024.70元。

在“实训七”文件夹中新建“完成结账”文件夹，进行账套数据备份。

# 项目七

## 供应链管理系统

【技能目标】

1. 能根据企业经营管理需要进行采购管理、销售管理、库存管理、存货核算等系统的初始化设置。
2. 掌握供应链系统日常业务处理及月末处理的操作技能，在发生误操作时，能熟练进行反向操作回退至误操作所在原始单据进行处理。

【思政目标】

1. 供应链业务涉及的部门、人员、操作环节多，学习中要强调身心参与，注重手脑并用，树立正确的劳动观念，掌握基本操作能力及团队合作能力。
2. 供应链业务中本课程以介绍常规购销存业务为主，还有许多非常规特殊业务无暇介绍，教学中要引导学生利用软件自带的帮助文件，掌握更全面的业务操作技能，培养探索与开拓精神。

# 任务一 供应链管理系统初始设置

## ◆技能点7-1 供应链管理系统初始设置

### 一、采购管理系统初始设置

#### （一）采购管理系统选项设置

采购管理系统参数的设置将决定用户使用系统的业务流程、业务模式、数据流向。在进行选项设置之前，一定要详细了解选项开关对业务处理流程的影响，并结合企业的实际业务需要进行设置。采购选项设置将对采购管理系统的所有操作员和客户端的操作生效，故要慎重设定或修改。

业务选项主要有普通业务必有订单、直运业务必有订单、受托代销业务必有订单、启用受托代销、退货必有订单等；超单据控制主要有允许超订单到货及入库、允许超计划订货、允许超请购订货、订单变更等；价格管理主要有入库单是否自动带入单价、手工录入、参考成本、最新成本等；结算选项有商业版费用是否分摊到入库成本、选单只含已审核的发票记录等；权限控制有检查存货权限、检查部门权限、检查操作员权限、检查供应商权限、检查业务员权限、检查金额审核权限等，如图7-1所示。其中，“直运业务必有订单”显示销售管理选项，不可修改；“启用受托代销”选项只有在建立账套时选择企业类型为“商业”或“医药流通”的账套才可选；“退货必有订单”选项只有在启用“普通业务必有订单”时才可用。

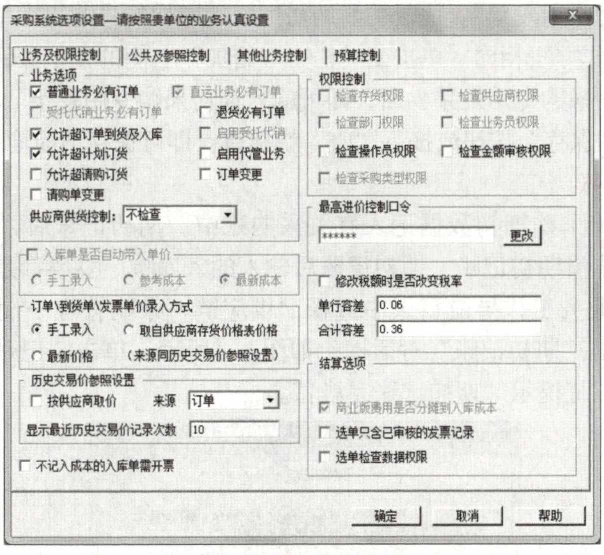


图7-1 采购系统选项设置

#### （二）期初暂估入库

期初暂估入库是将启用采购管理系统前没有取得供货单位采购发票，不能进行采购结算的入库单输入系统，以便取得发票后进行采购结算。期初暂估入库数据在“采购入库单”功能中输入。采购管理系统期初记账前增加的采购入库单标题显示“期初采购入库单”，如图7-2所示，执行采购期初记账后增加的采购入库单标题显示为“采购入库单”，两者操作方法相同。在期初采购入库单中，“仓库”“供货单位”“存货编码”“数量”等栏目必须输入或参照录入，其他栏目可输入也可不输入。“入库类别”栏目将影响到制单时存货对方科目能否自动带出。

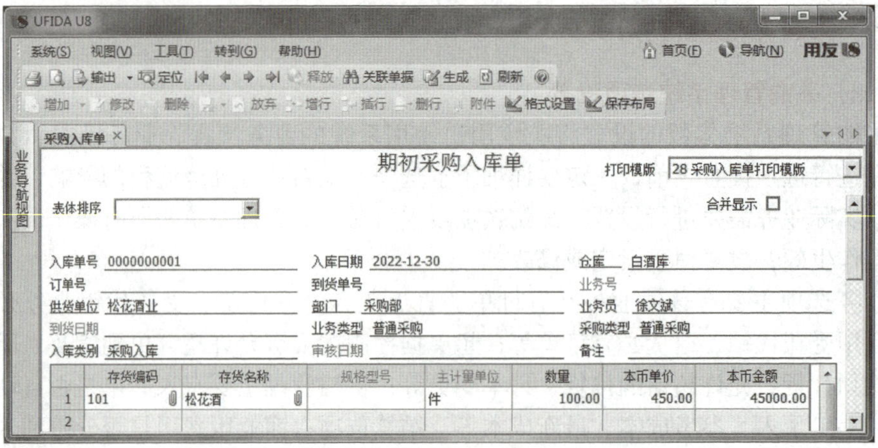


图7-2 期初采购入库单

## （三）期初在途存货

期初在途存货是将启用采购管理系统前已取得供货单位采购发票，货物没有入库，不能进行采购结算的发票输入系统，以便货物入库填制入库单后进行采购结算。期初在途存货数据在“采购发票”功能中输入。采购管理系统期初记账前增加的采购发票标题显示为“期初专用发票”。执行采购期初记账后增加的采购入库单标题显示为“专用发票”，两者操作方法相同。单击工具栏中“增加”右侧的下拉按钮，选择“专用发票”项，进入期初采购专用发票界面，即可输入期初采购专用发票。单据输入正确后，单击工具栏上的“保存”按钮或按下“F6”快捷键，即可保存当前输入的发票。

## （四）期初记账

期初记账是将采购期初数据记入有关采购账中。期初记账后，期初数据不能增加、修改，除非取消期初记账。期初记账后输入的入库单、发票都是启用月份及以后月份的单据。在业务工作导航目录中选择“供应链→采购管理→设置→采购期初记账”项，系统弹出“期初记账”对话框，如图7-3所示。单击“记账”按钮，对期初数据进行记账，系统提示“期初记账完毕！”。

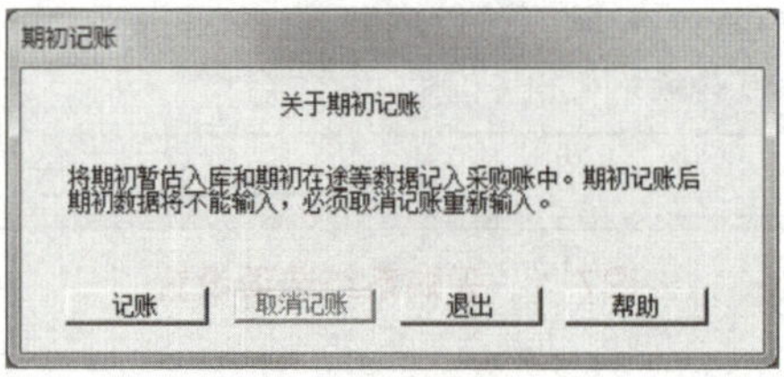


图7-3 期初记账

【业务规则】

1.没有期初数据时，也可以期初记账，以便输入日常采购单据。

2.系统启用日期与启用自然日期不同，系统启用日期为当前会计月的第一天，期初数据以系统启用日期为准，启用日期以前的数据为期初数据。

【回退操作功能：取消采购期初记账】

在业务工作导航目录中选择“供应链→采购管理→设置→采购期初记账”项，在系统弹出的“期初记账”对话框中单击“取消记账”按钮即可。已有其他会计月份结账，或者存货核算系统、库存管理系统已经期初记账，或者采购管理系统有结算单时，需要删除单据或恢复到之前状态后才能取消期初记账。

微课

采购管理系统初始设置

微课

如何设置业务单据的必输项？

微课

如何调整因删除单据所产生的编号空缺？

## 二、销售管理系统初始设置

### （一）销售管理系统选项设置

销售管理系统选项设置界面有业务控制、其他控制、信用控制、可用量控制、价格管理等5个选项卡，如图7–4所示。用鼠标单击选项的选择框，如果单击前无对勾标记，单击后选择框出现对勾标记，表示选择为“是”；否则表示选择为“否”。单击“确定”按钮保存本次选择结果并关闭本窗口，单击“取消”按钮则不保存本次选择结果。

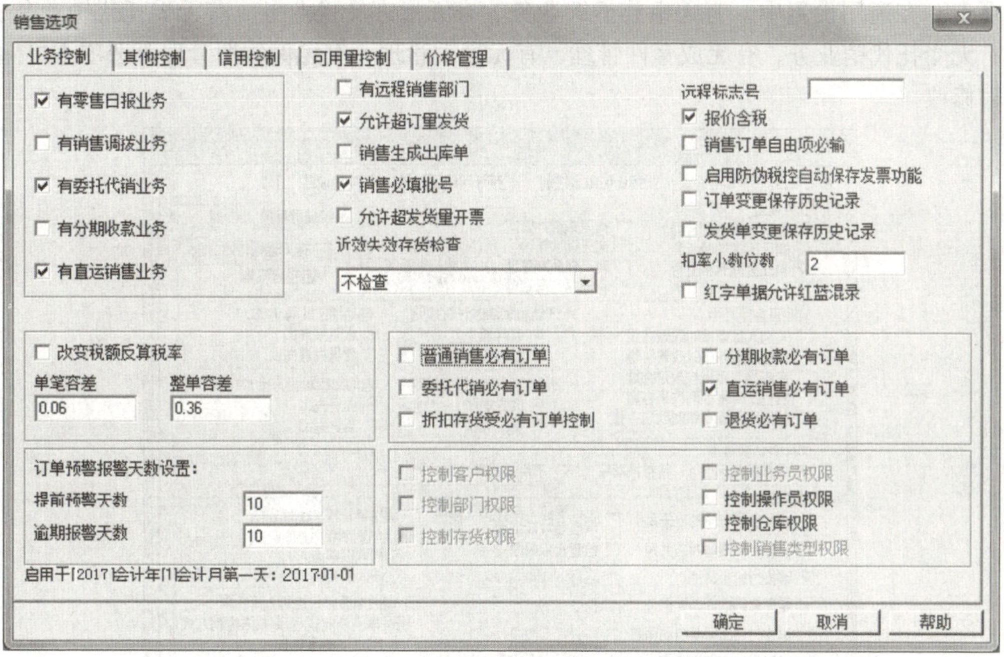


图7–4　销售选项

若选中“销售生成出库单”选项，销售管理系统的发货单、销售发票、零售日报、销售调拨单在审核/复核时，自动生成销售出库单，并传到库存管理系统和存货核算系统，库存管理系统不可修改出库数量，即一次发货一次全部出库。否则，销售出库单由库存管理系统参照销售发货单生成；在参照时，可以修改本次出库数量，即一次发货多次出库。生成销售出库单后不可修改出库存货、出库数量。

### （二）期初单据录入

销售管理系统初次使用时需要录入的单据有期初发货单和期初委托代销发货单。期初发货单可处理建账日之前已经发货、出库但尚未开发票的业务，包括普通销售、分期收款发货单。期初发货单按照正常发货单录入，发货日期小于系统启用日期。期初发货单不影响现存量、可用量、待出库数等数据。期初发货单可以修改、删除、审核、弃审。菜单路径为“供应链→销售管理→设置→期初录入→期初发货单”。

微课

销售管理系统初始设置

期初委托代销发货单可以录入启用日之前已经发生但未完全结算的委托代销发货单。期初委托代销发货单只需录入未完全结算的数据。期初委托代销发货单可以修改、删除、审核、弃审。菜单路径为“供应链→销售管理→设置→期初录入→期初委托代销发货单”。

## 三、库存管理系统初始设置

### （一）库存管理系统参数设置

微课

存货期初数据取数与审核

在业务工作导航目录中选择“供应链→库存管理→初始设置→选项”项，即可进入库存选项设置界面设置库存管理系统参数，如图7-5所示。库存管理系统参数设置界面有通用设置、专用设置、预计可用量控制、预计可用量设置、其他设置等5个选项卡。在通用设置中，有无组装拆卸业务、有无形态转换业务、有无委托代销业务、有无受托代销业务、有无成套件管理、有无批次管理、有无保质期管理等选项不可随时修改。

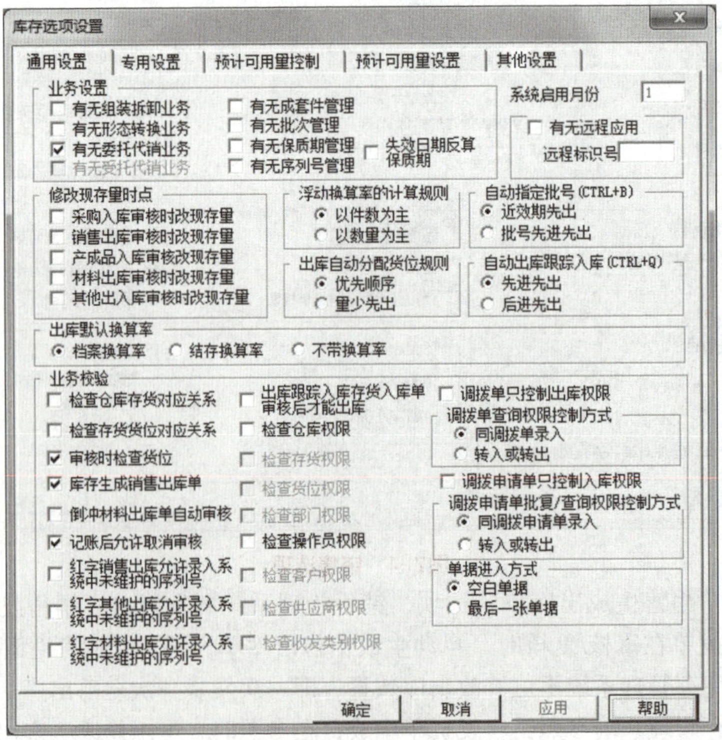


图7-5 库存选项设置

### （二）期初结存录入

为保证其数据的连贯性，初次使用库存管理系统时应先输入全部存货的期初余额。不进行批次、保质期管理的存货，只需录入各存货期初结存的数量。进行批次管理、保质期管理、出库跟踪入库管理的存货，需录入各存货期初结存的详细数据，如批号、生产日期、失效日期、入库单号等。进行货位管理的存货，还需录入货位。

【操作要点】

在业务工作导航目录中选择“供应链→库存管理→初始设置→期初结存”项，进入库存期初数据录入功能。在仓库下拉框中选择需要输入期初数据的仓库，单击“修改”按钮进入录入状态。在工具栏中单击“选择”按钮选择存货，或者单击“增行”按钮增加存货，当前仓库期初数据输入完毕后，单击“保存”按钮保存数据，也可重新选择仓库，录入其他仓库的期初数据，如图7-6所示。如果存货核算系统已经录入存货期初余额，则可以单击“修改”按钮进入单据录入状态，再单击“取数”按钮从存货核算系统获取存货期初余额。完成录入或取数后，可单击“对账”按钮将库存管理系统的期初数据与存货核算系统相同月份的期初数据核对。核对无误后，办理审核工作，期初结存的审核实际是期初记账的过程。审核后的单据为有效单据，可以被其他单据或其他系统参照、使用，可逐项审核也可执行批审。

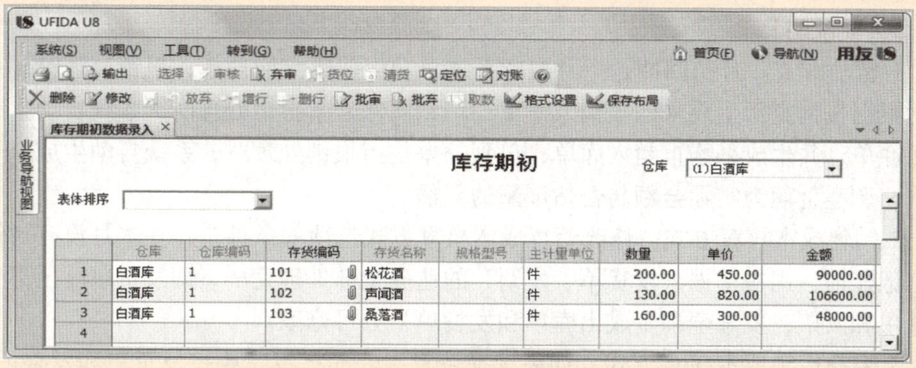


图7-6 库存期初数据录入

## 四、存货核算系统初始设置

### （一）存货核算系统参数设置

存货核算系统参数设置有核算方式、控制方式、最高最低控制等三个选项卡。主要包括核算方式、暂估方式、零成本出库选择等选项，除核算方式和暂估方式选定后不能修改外，其他选项在使用过程中可以修改。在业务工作导航目录中选择“供应链→存货核算→初始设置→选项→选项录入”项，即可进入“选项录入”对话框设置存货核算系统参数，如图7-7所示。

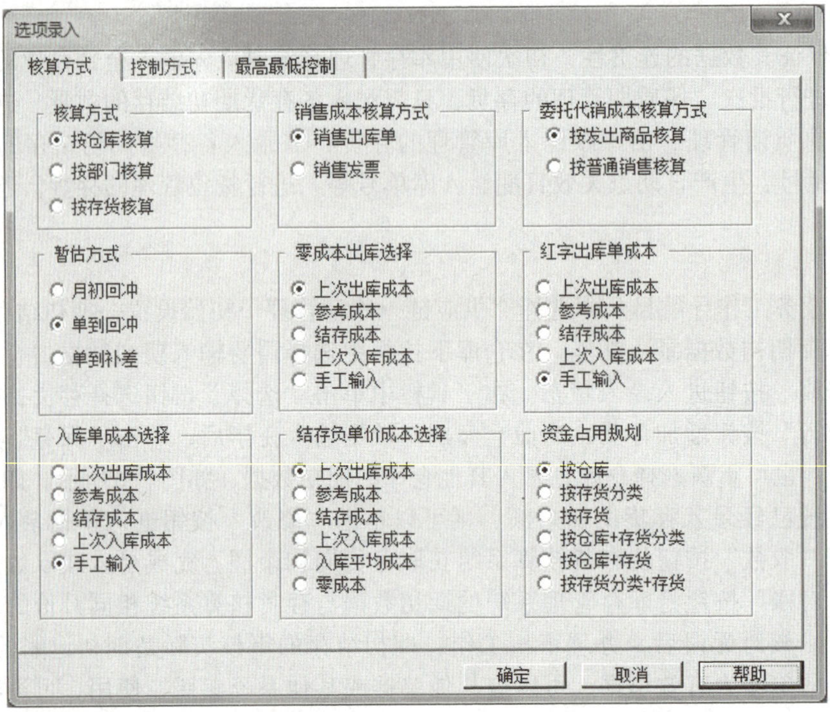


图7-7 存货核算系统参数设置

【选项说明】

1.暂估方式。月初回冲是指月初时系统自动生成红字回冲单，报销处理时，系统自动根据报销金额生成采购报销入库单；单到回冲是指报销处理时，系统自动生成红字回冲单，并生成采购报销入库单；单到补差是指报销处理时，系统自动生成一笔调整单，调整金额为实际金额与暂估金额的差额。

2.销售成本核算方式。修改销售成本核算方式选项的条件是：在本月没有对销售单据记账前，销售单据（发货单、发票）的业务全部处理完毕（即发货单已全部生成出库单和发票，发票全部生成出库单和发货单）方可修改。

3.委托代销成本核算方式。如果选择按发出商品核算，则按发货单和发票记账。如果选择按普通销售核算，则按系统选项中的销售成本核算方式中选择的销售发票或销售出库单记账。如果发货单全部生成销售发票或销售出库单，而且对应的销售发票或销售出库单全部记账，则可修改选项。如果发货单对应的销售出库单或销售发票全部未记账，也可修改选项。

## （二）期初余额

存货核算系统期初余额录入与库存管理系统期初余额录入的操作方法相同。全部存货的期初数据录入完成后用鼠标单击工具栏上的“记账”按钮，系统开始记账操作，记账后“记账”按钮变为“恢复”按钮。执行期初记账后，系统把期初差异分配到期初单据上，并把期初单据的数据记入存货总账、存货明细账、差异账、委托代销/分期收款发出商品明细账。

【记账须知】

（1）期初数据录入完毕，必须执行期初记账操作后，才能开始日常业务核算，在未记账的情况下，只允许进行单据录入、账表查询。

（2）没有期初数据的用户，可以不录入期初数据，但必须执行期初记账操作。

（3）期初记账后，存货的核算方式和计价方式、核算自由项不能修改。

（4）期初数据记账是针对所有期初数据进行记账操作。在进行期初数据记账前，必须确认所有期初数据全部录入完毕并且正确无误，再进行期初记账。

【回退操作功能：恢复存货期初记账】

如果发现存货期初余额有错误，而此时还没有录入单据，可在存货核算系统的“期初余额”窗口中单击工具栏上的“恢复”按钮，将期初数据恢复到记账前状态，重新输入或修改期初数据。如果已输入日常单据，则需要删除单据后才能再恢复记账。

恢复存货期初记账的条件：存货明细账中只有存货的期初数据和未生成凭证的暂估回冲单；发出商品明细账中只有发出商品的期初数据；价格调整单中没有数据；出入库调整单中没有数据。只有同时满足上述4个条件时，才能恢复期初记账。

### （三）科目设置

科目设置功能用于设置存货核算系统中生成凭证所需要的各种存货科目、差异科目、分期收款发出商品科目、委托代销科目、运费科目、税金科目、结算科目、对方科目等，在制单之前，应先在存货核算系统中将存货科目设置正确、完整，否则无法生成科目完整的凭证。

在业务工作导航目录中选择“供应链→存货核算→初始设置→科目设置”项下的相关科目设置功能，进入相关科目设置编辑窗口。

#### 1.存货科目

用于设置存货核算系统中生成凭证所需要的各种存货科目、差异科目、分期收款发出商品科目、委托代销科目、直运科目。

#### 2.对方科目

用于设置存货核算系统中生成凭证所需要的存货对方科目（即收发类别）所对应的会计科目。可根据收发类别、存货分类、部门、项目分类、项目和存货设置对方科目。

#### 3.税金科目

用于设置存货核算系统中采购结算生成凭证所需要的增值税科目。

#### 4.运费科目

用于设置存货核算系统中对采购业务制单时生成凭证所需要的运费科目。

#### 5.结算科目

用于设置存货核算系统中对采购结算制单时生成凭证所需要的结算科目。

#### 6.应付科目

用于设置存货核算系统中采购结算生成凭证所需要的应付科目。若总账系统选项中未选择外系统可使用应收应付往来科目，则存货核算系统中不允许使用应付受控

微课

存货核算及库存管理系统初始设置

科目。

### 7.非合理损耗科目

用于设置存货核算系统中采购结算生成凭证所需要的非合理损耗科目。

### 8.应收出口退税科目

用于设置存货核算系统中退税单生成凭证所需要的应收出口退税科目。

# 标准习题

## 一、判断题

1.在采购管理系统中，如果没有采购期初数据，则不需进行期初记账便可进行日常采购业务处理。（ ）

2.库存管理系统是否已进行期初记账并不影响库存管理系统的日常业务处理。（ ）

3.在库存管理系统中可以针对不同的仓库分别进行期初记账的操作。（ ）

4.在采购管理系统中，如果期初记账后发现有期初数据未输入计算机，可以先取消记账，再输入期初数据。（ ）

5.在采购管理系统中，只有进行采购期初记账后才能进行日常采购业务处理。（ ）

6.在采购管理系统中，如果没有期初记账，则不能进行采购结算。（ ）

7.在销售管理系统中，允许先发货后开票和开票直接发货两种模式同时存在。（ ）

8.销售管理系统中生成销售出库单时可以修改本次出库数量，即一次发货支持多次出库。（ ）

9.期初数据记账是针对所有仓库的期初数据进行记账操作。（ ）

10.库存管理系统与存货核算系统共享期初数据。（ ）

## 二、单项选择题

1.采购管理系统的期初数据应包括（ ）。

A.期初采购订单　　B.期初采购发票

C.期初销售发票　　D.期初销售出库单

2.在采购管理系统中，进行（ ）操作后方可进行日常采购业务处理。

A.录入期初采购订单　　B.录入期初采购入库单

C.录入期初采购发票　　D.采购期初记账

3.下列关于采购期初记账的说法中，不正确的是（ ）。

A.月末结账后不能取消期初记账

B.期初记账后，期初数据不能修改

C.没有期初数据时不必进行期初记账

D.没有期初数据时也可以进行期初记账

4.期初在途存货数据在（　　）功能中输入。

A.采购入库单　B.采购发票　C.采购订单　D.供应商往来

5.如果在销售选项中设置了由销售管理系统生成销售出库单，则销售出库单由（　　）生成。

A.销售订单　B.销售发货单　C.销售发票　D.销售报价单

6.在销售管理系统中，在开票直接发货的业务模式下，发货单由销售部门根据（　　）产生。

A.销售订单　B.销售发票　C.采购订单　D.生产订单

7.下列各项中，不是存货核算系统的暂估方式的是（　　）。

A.月初回冲　B.月末回冲　C.单到补差　D.单到回冲

8.生成（　　）后不可修改出库存货、出库数量。

A.销售发货单　B.销售订单　C.销售发票　D.销售出库单

9.在采购管理系统中，（　　）选项只有在建立账套时选择企业类型为“商业”或“医药流通”的账套才可选。

A.启用受托代销　B.启用委托代销　C.启用代管业务　D.启用直运业务

10.在采购管理系统中，“退货必有订单”选项只有在启用（　　）时才可用。

A.普通业务必有订单　B.委托代销必有订单

C.受托代销必有订单　D.直运业务必有订单

## 三、多项选择题

1.采购管理系统的期初数据应包括（　　）。

A.期初采购订单　B.期初采购入库单

C.期初采购发票　D.期初销售发票

2.在第一次使用库存管理系统时，应做好（　　）工作。

A.录入期初数据　B.期初记账　C.结转上年数据　D.系统参数设置

3.采购管理系统在（　　）情况下，不能取消采购期初记账。

A.已有其他会计月份结账　B.存货核算系统已经期初记账

C.库存管理系统已经期初记账　D.采购管理系统已有结算单

4.在期初采购入库单中，（　　）等栏目必须输入或参照录入。

A.仓库　B.供货单位　C.存货编码　D.数量

5.存货核算系统科目设置功能中的存货科目用于设置存货核算系统中生成凭证所需要的（　　）。

A.存货科目　B.增值税科目　C.委托代销科目　D.直运科目

6.存货核算系统的科目设置功能中需要设置的科目有（　　）。

A.运费科目　B.税金科目　C.结算科目　D.应收科目

7.存货核算系统中采购结算生成凭证所需要设置的科目有（　　）。

A.结算科目　B.税金科目　C.运费科目　D.非合理损耗科目

8.存货核算系统选项设置中（　　）选定后不能修改。

A.核算方式　B.销售成本核算方式

C.暂估方式　　　　　　　　　　　　D.入库单成本选择

9.在库存管理系统通用设置中，（　　）等选项不可随时修改。

A.有无组装拆卸业务　　　　　　　　B.有无形态转换业务

C.有无委托代销业务　　　　　　　　D.有无受托代销业务

10.若选中销售管理系统的“销售生成出库单”选项，销售管理系统的（　　）在审核/复核时，自动生成销售出库单。

参考答案

A.发货单　　　　B.销售发票　　　　C.零售日报　　　　D.销售调拨单

# 任务二　供应链业务日常处理

## ◆技能点7-2　采购业务单据及凭证处理

### 一、采购业务基本流程

采购业务处理的起点是企业内部向采购部门提出采购申请，填写请购单，再由采购部门向供应商发出采购询价单，与供应商之间签订采购合同、购销协议后填写采购订单。这里介绍的采购业务基本流程是执行采购订单后货物及单据到达企业的不同情况下业务处理及财务处理的基本做法。

#### （一）单货同到业务

**1.业务处理**

采购管理系统填制并审核到货单；库存管理系统对照到货单生成采购入库单并审核；采购管理系统对照采购入库单生成采购发票（若付现还应办理现结手续），办理采购结算。

**2.账务处理**

账务处理方法分为结算制单和单货分别制单两种。

（1）结算制单。这种方法的特点是购进货物不通过“材料采购”或“在途物资”科目核算。应付款管理系统进行应付单据审核（不制单），存货核算系统办理正常单据记账，然后生成凭证，选择采购入库单（报销记账），在未生成凭证单据一览表界面，在“已结算采购入库单自动选择全部结算单上单据（包括入库单、发票、付款单），非本月采购入库单按蓝字报销单制单”选项前打勾，选中需制单的结算单生成凭证；付款时在应付款管理系统填制付款单，审核后进行制单处理，生成付款结算凭证。

（2）单货分别制单。这种方法的特点是固定对应关系，购进货物均通过“材料采购”或“在途物资”科目核算。应付款管理系统进行应付单据审核并制单，若货款未付选择发票制单，若货款已付则选择现结制单，生成购货付款凭证；存货核算系统办理正常单据记账，然后生成凭证，选择采购入库单（报销记账），生成存货入库凭证；付款时在应付款管理系统填制付款单，审核后进行制单处理，生成付款结算凭证。

### （二）货先到单后到业务

#### 1. 货到时的业务处理

在采购管理系统填制并审核到货单；在库存管理系统生成并审核采购入库单。货到时不进行财务处理。

#### 2. 单到时的业务处理

在采购管理系统生成采购发票，办理采购结算。

#### 3. 单到时的账务处理

与单货同到业务的处理方法相同。

若到月末尚未收到采购发票，需要办理暂估入库手续。在存货核算系统办理结算成本处理、正常单据记账，然后生成凭证，选择采购入库单（暂估记账），生成存货暂估入库凭证。

### （三）单先到货后到业务

#### 1. 单到时的业务处理

在采购管理系统填制并复核采购发票。

#### 2. 货到时的业务处理

在采购管理系统填制到货单；在库存管理系统生成并审核采购入库单；在采购管理系统办理采购结算。

#### 3. 货到时的账务处理

与单货同到业务的处理方法相同。

若到月末尚未到货，在应付款管理系统审核应付单据后，选择发票制单，生成购货凭证，借记“材料采购（在途物资）”科目和“应交税费”科目，贷记“应付账款”科目。

## 二、业务环节主要工作

微课

填制购销订单时不能参照已设定存货项目

### （一）填制并审核请购单

采购请购是指企业内部向采购部门提出采购申请，或采购部门汇总企业内部采购需求提出采购清单。请购是采购业务处理的起点，用于描述和生成采购的需求，如采购什么货物、采购多少、何时使用、谁用等内容；同时，也可为采购订单提供建议内容，如建议供应商、建议订货日期等。采购请购单是可选单据，用户可以根据业务需要选用。

【操作要点】

在业务工作导航目录中选择“供应链→采购管理→请购→请购单”项，进入采购请购单界面。单击“增加”按钮录入请购资料，表头栏目中单据日期必填，表体栏目中存货编码、数量、需求日期必填。保存后单击“审核”按钮审核请购单。

### （二）填制/参照生成并审核采购订单

采购订单是企业与供应商之间签订的采购合同、购销协议等，主要内容包括采购什么货物、采购多少、由谁供货、什么时间到货、到货地点、运输方式、价格、运费等。通过采购订单的管理，可以帮助企业实现采购业务的事前预测、事中控制、事后统计。采购订单可以手工录入，也可以参照请购单、销售订单、ROP采购计划生成；直运采购订单必须参照直运销售订单生成。采购订单可以修改、删除、审核、弃审、变更、关闭、打开、锁定、解锁。已审核但未关闭的采购订单可以参照生成采购到货单、采购入库单、采购发票。采购订单是可选单据，但参数设为必有订单时，采购订单必有。

【操作要点】

在业务工作导航目录中选择“供应链→采购管理→采购订货→采购订单”项，进入采购订单界面，如图7-8所示。单击“增加”按钮录入订单资料，单击“生单”右侧下拉按钮，可选择参照来源生成订单。保存后单击“审核”按钮审核订单。

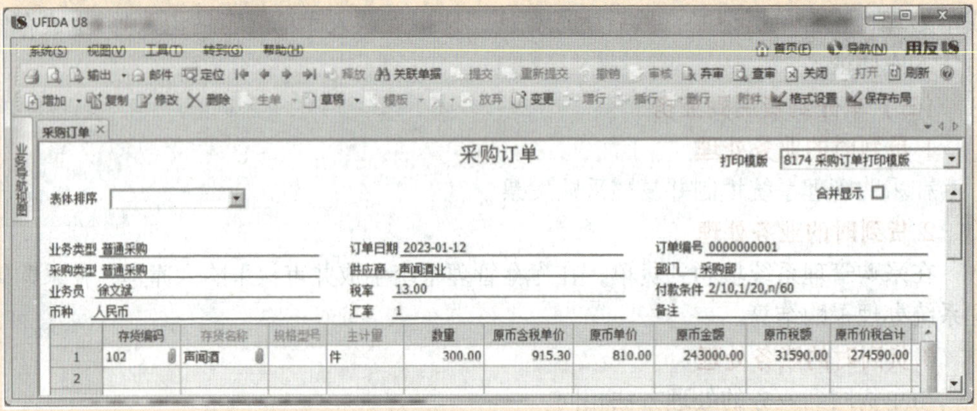


图7-8　采购订单

### （三）填制/参照生成并审核到货单

采购到货是采购订货和采购入库的中间环节，一般由采购业务员根据供方通知或送货单填写，确认对方所送货物、数量、价格等信息，以入库通知单的形式传递到仓库作为保管员收货的依据。采购到货单是可选单据，用户可以根据业务需要选用。

【操作要点】

在业务工作导航目录中选择“供应链→采购管理→采购到货→到货单”项，进入到货单界面。单击“增加”按钮录入数据，还可单击“生单”右侧下拉按钮，参照采购订单生成。保存后单击“审核”按钮审核到货单。

### （四）填制/参照生成并审核采购入库单

采购入库单是根据采购到货签收的实收数量填制的单据。采购入库单按进出仓库方向分为：蓝字采购入库单、红字采购入库单；按业务类型分为：普通采购入库单、受托代销入库单（商业）、委外加工入库单（工业）、代管采购入库单、一般贸易进口入库单、进料加工入库单。红字入库单是采购入库单的逆向单据。采购入库单可以手工增加，也可以参照采购订单、采购到货单生成。库存管理系统未启用前，可在采购管理系统录入入库单据；库存管理系统启用后，必须在库存管理系统录入入库单据，在采购管理系统可查询入库单据，可根据入库单生成发票。

【操作要点】

在业务工作导航目录中选择“供应链→库存管理→入库业务→采购入库单”项，进入采购入库单界面，采购期初记账后增加的采购入库单上不再有“期初”字样。单击“增加”按钮可手工录入采购入库单，单击“生单”右侧下拉按钮可选择单据参照生成采购入库单，如图7-9所示。

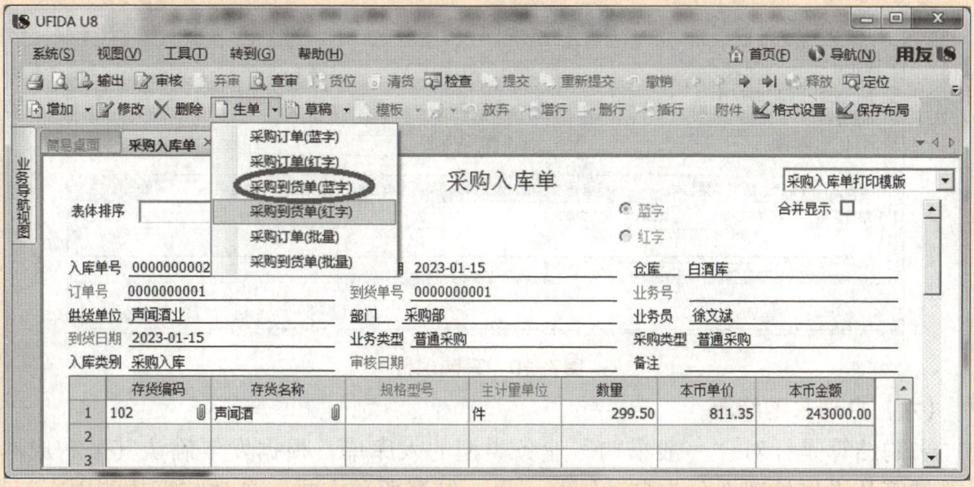

图7-9 参照生成采购入库单

【业务规则】

1.采购管理系统设置为采购必有订单业务模式时，对应业务类型的蓝字采购入库单不可手工新增，只能参照生成。

2.采购管理系统设置为退货必有订单时，红字采购入库单不可手工新增，只能参照生成。

### （五）填制/参照生成采购发票

采购发票是供应商开出的销售货物的凭证，系统将根据采购发票确认采购成本，并据以登记应付账款。企业在收到供货单位的发票后，如果没有收到供货单位的货物，可以对发票进行压单处理，待货物到达后，再输入系统作报账结算处理；也可以先将发票输入系统，以便实时统计在途货物。采购发票按业务性质分为：蓝字发票、红字发票。采购发票按发票类型分为：增值税专用发票、普通发票。

【操作要点】

在业务工作导航目录中选择“供应链→采购管理→采购发票”项下的相关发票项，进入采购发票编辑界面，单击“增加”按钮可手工录入采购发票，单击“生单”右侧下拉按钮可选择单据参照生成采购发票。采购发票可以修改、删除、现付、弃付。

【提示】参数设为必有订单时，采购发票（专用、普通）不可手工新增，只能参照生成。

【实用技巧】如何办理采购现付？

现付业务是指在采购业务发生时，立即付款开发票。在采购发票保存后就可以进行现付处理，已审核的发票不能再作现付处理。在需要办理现付的发票上单击“现付”按钮，系统弹出采购现付窗口，如图7-10所示，录入现付内容，单击“确定”按钮，则对当前单据进行现付处理，发票左上角注明“已现付”红色标记。单击“弃付”按钮，系统将当前单据弃付。支持全额现付和部分现付，结算金额不得大于应付金额。已现付的采购发票记账后不能取消现付。

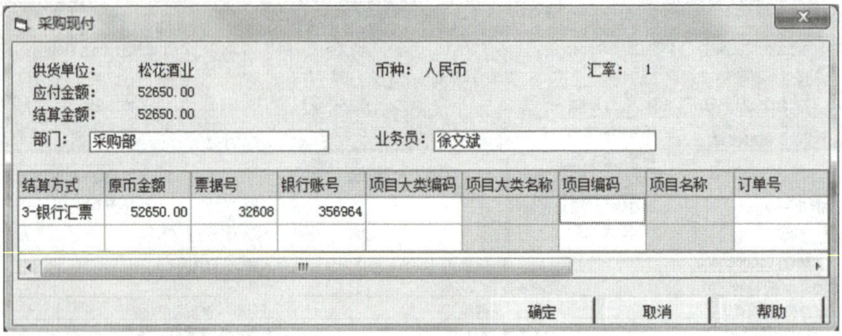


图7-10 采购现付

### （六）办理采购结算

采购结算是针对“一般采购”业务类型的入库单，根据发票确认其采购成本。采购结算从操作处理上分为自动结算、手工结算两种方式。自动结算功能中有三种结算模式：入库单和发票、红蓝入库单、红蓝发票。由计算机系统自动将相同供货单位的存货相同且数量相等的采购入库单和采购发票进行结算。使用“手工结算”功能可以进行正数入库单与负数入库单结算、正数发票与负数发票结算、正数入库单与正数发票结算、费用发票单独结算。手工结算时可以结算入库单中的部分货物，未结算的货物可以在今后取得发票后再结算。可以同时对多张入库单和多张发票进行报账结算。

【操作要点】

（1）自动结算。在业务工作导航目录中选择“供应链→采购管理→采购结算→自动结算”项，进入自动结算界面，显示条件过滤窗口。根据需要输入结算条件，系统根据输入的条件范围自动结算，并产生结算结果列表。如没有则系统提示“没有符合条件的单据，不能继续”。单击工具栏上的“退出”按钮或单击窗口右上角关闭按钮，结束自动结算。

（2）手工结算。在业务工作导航目录中选择“供应链→采购管理→采购结算→手工结算”项，进入手工结算界面，单击“选单”按钮，进入结算选单界面。单击“查询”按钮，显示入库单和采购发票的过滤条件界面，单击“确定”按钮返回结算选单界面，将符合过滤条件的采购发票记录带入发票列表（屏幕上方），并将入库单记录带入入库单列表（屏幕下方）。在需要结算的入库单和发票所在行打上选择标记“Y”，如图7-11所示，单击“确定”按钮返回手工结算界面，当前选择的结果将带入手工结算界面。如选单的记录为不同供应商记录，带入手工结算界面时系统会提示。

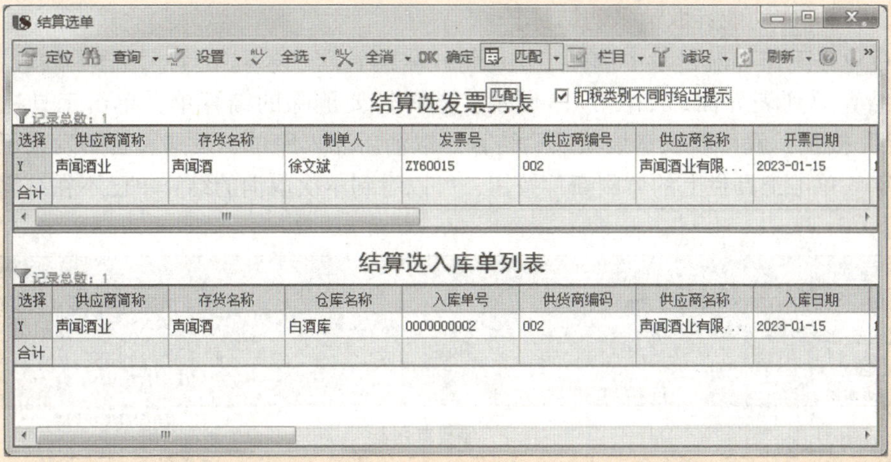


图7-11　结算选单

如果需要将采购运费摊入成本，可在“选单”时选择运费所在的专用发票记录，所选记录显示在窗口下方的结算费用列表。在手工结算窗口选择运费分摊方式“按金额”或“按数量”并单击“分摊”按钮，系统提示“费用分摊完毕，请检查”。单击“确定”按钮返回手工结算界面。单击“结算”按钮，系统把已结算的单据数据从屏幕上清除，并提示“完成结算!”，如图7-12所示。

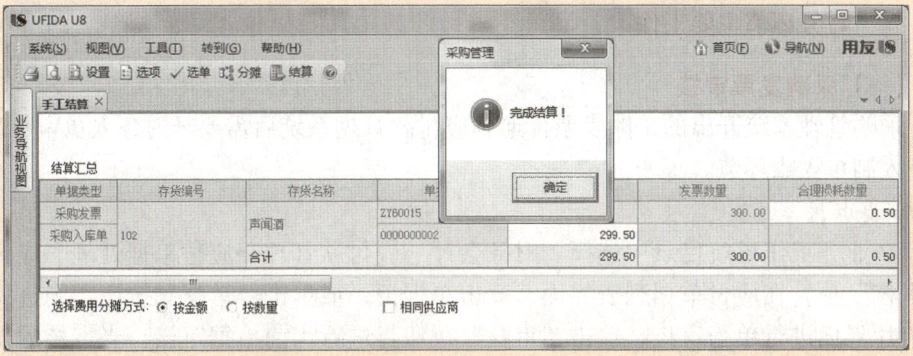


图7-12　手工结算

【实用技巧】发生商品溢缺时如何办理结算?

在采购报账结算时，如果入库数量与发票数量不一致，那么只能使用手工结算方式进行结算，并分两种情况进行“溢余短缺”结算处理。

（1）入库数量大于发票数量。对于采购溢余产生的入库数量大于发票数量，必须在选择发票时，在发票的附加栏“合理损耗数量”中输入溢余数量，溢余数量必须是负数。只有当“入库数量+合理损耗数量=发票数量”时才允许结算。

（2）入库数量小于发票数量。必须在选择发票时，在发票的附加栏输入“合理损耗数量”“非合理损耗数量”，还可同时处理“非合理损耗金额”和“转出进项税”。只有当“入库数量+合理损耗数量+非合理损耗数量=发票数量”时才允许结算。此外，还应确定“非合理损耗类型”以确保存货核算系统对非合理损耗金额和转出进项税的正确核算。

微课

如何取消采购结算?

**【回退操作功能：取消采购结算】**

在业务工作导航目录中选择“供应链→采购管理→采购结算→结算单列表”项，进入结算单列表界面，如图7-13所示。选择需要删除的结算单，单击工具栏上的“删除”按钮，就可以取消该项采购结算。取消后原入库单、发票、费用发票可以继续结算。单击工具栏上的“刷新”按钮，可以看到本次取消的结算单已不在结算单列表中。

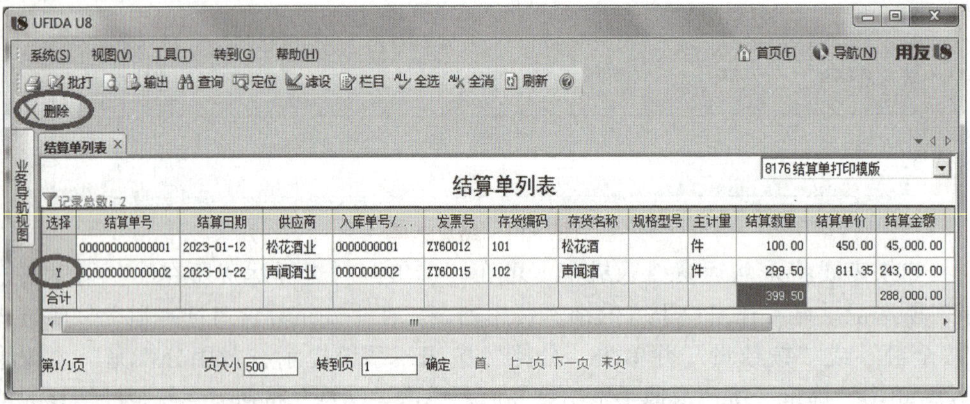


**图7-13　结算单列表**

## 三、财务环节主要工作

### （一）采购发票审核

采购管理系统开出的采购发票传递到应付款管理系统后需要经财务人员审核后才能进入制单入账环节。

**【操作要点】**

在业务工作导航目录中选择“财务会计→应付款管理→应付单据处理→应付单据审核”项，在应付单据列表界面，双击单据记录或单击“单据”按钮，则进入单据卡片界面进行单张审核，单击“审核”按钮将进行当前单据审核。当审核的发票是已经作过现付处理的，则系统在审核记账的同时，后台还将自动进行相应的核销处理。对于发票有剩余的部分，作应付账款处理。审核后，系统会询问是否需要立即制单。若选择是，则立即显示当前应付单据的凭证界面；如果不想立即制单，则可以在“制单处理”功能中集中处理。

### （二）采购发票制单

采购发票审核后的账务处理视采购业务的不同情况而定。采用结算制单方式核算的，采购发票在应付款管理系统审核后在存货核算系统统一制单；采用固定科目对应关系的及月末单到货未到的，在应付款管理系统制单。制单类型包括发票制单、现结制单。

**【操作要点】**

在业务工作导航目录中选择“财务会计→应付款管理→制单处理”项，系统弹出“制单查询”对话框，未办理现付的发票选择“发票制单”，已办理过现付的发票选择“现结制单”，单击“确定”按钮，如图7-14所示。系统会将日期小于等于当前业务日期的所有未制单已经记账的发票全部列出。选择要进行制单的单据，在“选择标志”一栏双击，系统会在该栏目给出一个序号，表明要将该单据制单。单击工具栏上的“制单”按钮，进入凭证界面。对有关栏目作适当修改后单击“保存”按钮，系统生成凭证并传递到总账系统。如一次生成若干张凭证，可单击“下张”按钮继续生成并保存凭证。采购业务制单生成的凭证借方科目通常为“在途物资”“应交税费/应交增值税/进项税额”，“发票制单”的贷方科目为“应付账款”，“现结制单”的贷方科目为“银行存款”（已现结部分）、“应付账款”（剩余未付货款）。

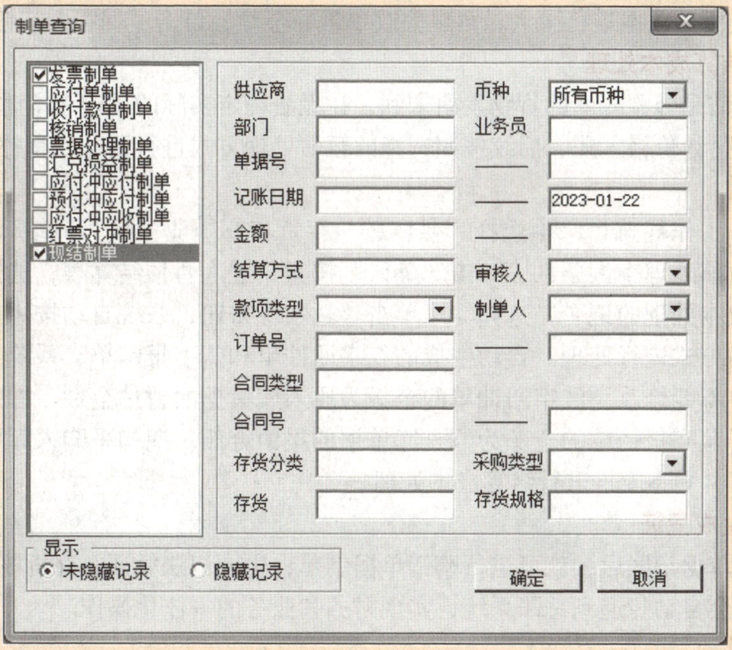


图7-14　制单查询

采购业务确认的应付账款后续处理事项，如付款单据录入及审核、核销处理、转账处理等操作详见“项目四 应收款、应付款管理系统”，这里不再赘述。

### （三）正常单据记账

在采购业务中，正常单据记账功能用于将采购入库单登记到存货明细账。

【操作要点】

在业务工作导航目录中选择“供应链→存货核算→业务核算→正常单据记账”项，系统弹出过滤条件选择窗口，单击“确定”按钮进入正常单据记账列表窗口，屏幕显示满足条件的单据。选择要进行记账的单据，单击工具栏上的“记账”按钮，系统执行记账后已记账单据不再显示在列表中。

【回退操作功能：恢复单据记账】

在业务工作导航目录中选择存货核算系统“业务核算”下的“恢复记账”项，系统弹出恢复单据记账条件选择窗口，单击“确定”按钮进入恢复记账界面，在所要取消记账的单据前的“选择”栏打“√”，再单击工具栏上的“恢复”按钮，系统即为选定单据取消记账。

### （四）暂估成本录入

对于没有成本的采购入库单，在存货核算系统进行暂估成本成批录入。

【操作要点】

在业务工作导航目录中选择“供应链→存货核算→业务核算→暂估成本录入”项，录入查询条件后，单击“确认”按钮进入采购入库单成本成批录入界面，系统显示满足条件的采购入库单。单击右上角下拉框选择成本单价，系统提供计划成本、参考成本、上次入库成本、上次出库成本、结存成本供选择。单击“录入”按钮，系统自动按所选成本进行录入，可以修改单价和金额，单击“保存”按钮即可。

### （五）结算成本处理

存货暂估是外购入库的货物发票未到，在无法确定实际的采购成本时，财务人员期末暂时按估计价格入账，后续按照选择的暂估处理方式进行回冲或者补差处理。

【操作要点】

在业务工作导航目录中选择“供应链→存货核算→业务核算→结算成本处理”项，输入暂估处理查询条件，单击“确认”按钮，进入暂估结算表；选择需要进行暂估入库成本处理的记录，选择完毕单击“暂估”按钮，系统自动按用户在系统选项中的暂估方式进行处理。自动生成的红字回冲单和蓝字报销单，系统直接记入明细账，用户不能修改。红字回冲单的金额为原入库单据的暂估金额，方向与原暂估金额相反。蓝字报销单的金额为原入库单据的报销金额。期初采购入库单若已和发票进行结算，则不能再进行结算成本处理。

### （六）生成凭证

出入库单据记账后，就可进行购销单据制单，生成记账凭证。存货核算系统生成的记账凭证会自动传递到总账系统，实现财务和业务的一体化操作。

【操作要点】

在业务工作导航目录中选择“供应链→存货核算→财务核算→生成凭证”项，屏幕显示生成凭证界面。单击工具栏上的“选择”按钮，在“查询条件”对话框中，系统默认全选单据，为避免差错，可单击“全消”按钮清空选择，然后根据不同情况自行选择单据。

（1）已办理采购结算，采用单货分别制单核算。将“采购入库单（报销记账）”项打“√”，如图7-15所示，单击“确定”按钮，系统显示“未生成单据凭证一览表”。从未生成单据凭证一览表中选择单据，单击工具栏上的“确定”按钮返回生成凭证界面，系统根据存货科目及存货对方科目中的设置列入采购入库业务涉及的科目，借方科目为“原材料”或“库存商品”，贷方科目为“在途物资”或“材料采购”。单击工具栏上的“生成”或“合成”按钮生成凭证，系统显示所生成的凭证，对有关栏目作适当修改后单击“保存”按钮保存凭证。

（2）已办理采购结算，采用结算制单核算。将“采购入库单（报销记账）”项打“√”，单击“确定”按钮，在未生成凭证单据一览表界面，在“已结算采购入库单

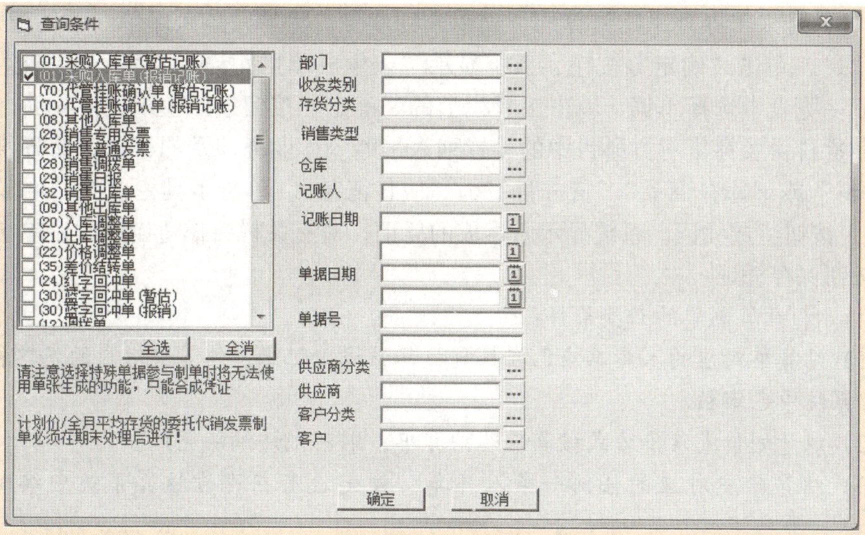


图7-15　查询条件

自动选择全部结算单上单据（包括入库单、发票、付款单），非本月采购入库单按蓝字报销单制单”选项前打“√”，在未生成凭证单据一览表界面选中需要制单的结算单，如图7-16所示，单击“确定”按钮返回生成凭证界面。制单科目借方取存货科目、税金科目，贷方科目取应付科目，若有部分现付情况，则贷方取结算科目，如图7-17所示。单击工具栏上的“生成”或“合成”按钮生成凭证，系统显示所生成的凭证，对有关栏目作适当修改后单击“保存”按钮保存凭证。

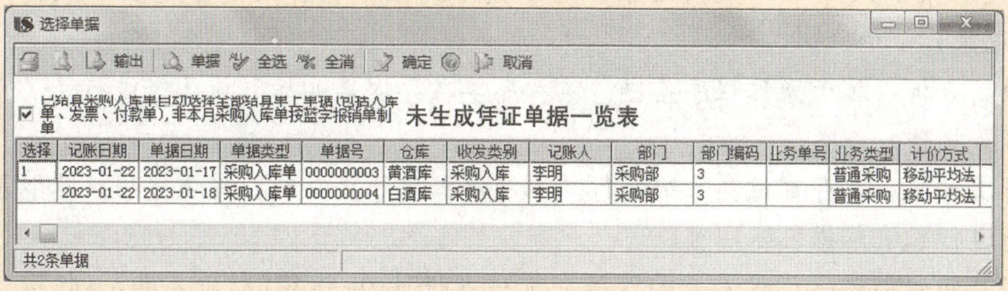


| 选择 | 记账日期 | 单据日期 | 单据类型 | 单据号 | 仓库 | 收发类别 | 记账人 | 部门 | 部门编码 | 业务单号 | 业务类型 | 计价方式 |
|---|---|---|---|---|---|---|---|---|---|---|---|---|
| 1 | 2023-01-22 | 2023-01-17 | 采购入库单 | 0000000003 | 黄酒库 | 采购入库 | 李明 | 采购部 | 3 | | 普通采购 | 移动平均法 |
| | 2023-01-22 | 2023-01-18 | 采购入库单 | 0000000004 | 白酒库 | 采购入库 | 李明 | 采购部 | 3 | | 普通采购 | 移动平均法 |

图7-16　选择单据

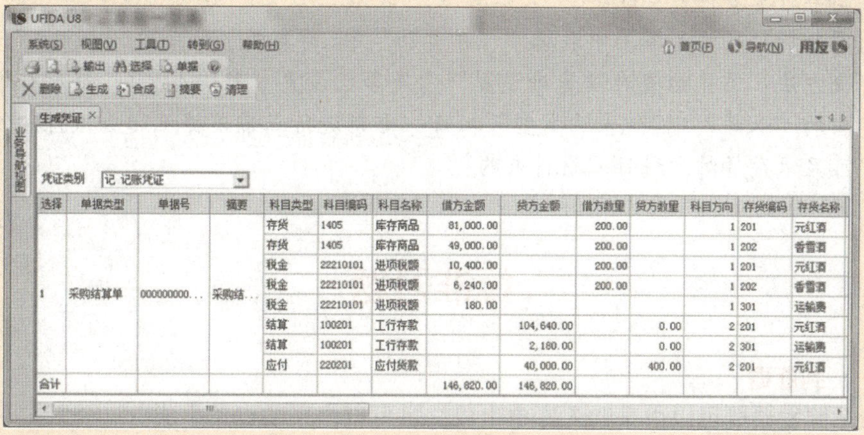


| 选择 | 单据类型 | 单据号 | 摘要 | 科目类型 | 科目编码 | 科目名称 | 借方金额 | 贷方金额 | 借方数量 | 贷方数量 | 科目方向 | 存货编码 | 存货名称 |
|---|---|---|---|---|---|---|---|---|---|---|---|---|---|
| 1 | 采购结算单 | 000000000... | 采购结... | 存货 | 1405 | 库存商品 | 81,000.00 | | 200.00 | | 1 | 201 | 元红酒 |
| | | | | 存货 | 1405 | 库存商品 | 49,000.00 | | 200.00 | | 1 | 202 | 香雪酒 |
| | | | | 税金 | 22210101 | 进项税额 | 10,400.00 | | 200.00 | | 1 | 201 | 元红酒 |
| | | | | 税金 | 22210101 | 进项税额 | 6,240.00 | | 200.00 | | 1 | 202 | 香雪酒 |
| | | | | 税金 | 22210101 | 进项税额 | 180.00 | | | | 1 | 301 | 运输费 |
| | | | | 结算 | 100201 | 工行存款 | | 104,640.00 | | 0.00 | 2 | 201 | 元红酒 |
| | | | | 结算 | 100201 | 工行存款 | | 2,180.00 | | 0.00 | 2 | 301 | 运输费 |
| | | | | 应付 | 220201 | 应付货款 | | 40,000.00 | | 400.00 | 2 | 201 | 元红酒 |
| 合计 | | | | | | | 146,820.00 | 146,820.00 | | | | | |

图7-17　生成凭证

微课
如何办理结算制单？

微课
采购结算制单时结算科目空缺的解决方法

微课
结算制单后如何修改单据？

（3）月末未办理采购结算的货到单未到业务。将“采购入库单（暂估记账）”项打“√”，单击“确定”按钮，系统显示“未生成单据凭证一览表”。从未生成单据凭证一览表中选择单据，单击工具栏上的“确定”按钮返回生成凭证界面，系统根据存货科目及存货对方科目中的设置列入采购入库业务涉及的科目，借方科目为“原材料”或“库存商品”，贷方科目为“应付账款”。单击工具栏上的“生成”或“合成”按钮生成凭证，系统显示所生成的凭证，对有关栏目作适当修改后单击“保存”按钮保存凭证。

【提示】结算制单的必要条件：

（1）结算单对应的入库单应已在存货核算系统中记账。结算单对应的发票在应付款管理系统中已审核。

（2）以计划价或售价方式核算采购结算单，则不允许编制凭证。

（3）结算单中对应的任何一条入库单必须是没有在存货核算系统中编制过凭证的。

（4）结算单中对应的任何一条发票必须是没有在应付款管理系统中编制过凭证的。

（5）单到补差不支持按结算单制单。

【故障诊断】

（1）问题描述：采购管理系统已经办理采购结算，存货核算系统中进行购销单据记账时，“采购入库单（报销记账）”中找不到该单据，而是出现在“采购入库单（暂估记账）”中。

原因分析：属于操作程序差错，该入库单在办理采购结算前已经进行了“正常单据记账”操作。

解决方法：在存货核算系统执行“取消单据记账”功能，将该单据记账取消，然后重新进行正常单据记账即可。

（2）问题描述：已设置采购入库存货对方科目为“1401材料采购”，但进行采购入库单制单时贷方科目空缺。

原因分析：采购入库单中漏填“入库类别”“采购类型”栏目。

解决方法：首先检查在“基础设置”中是否已设置“采购类型”；然后补填采购入库单中的“入库类别”“采购类型”栏目，重新进行正常单据记账后执行购销单据记账，可显示存货对方科目“材料采购”。

## 标准习题

### 一、判断题

1.采购发票既可以由采购入库单生成，也可以由采购订单生成。（　）

2.采购管理系统与库存管理及存货核算系统共用采购发票。（　）

3. 由采购管理系统填制并结算的入库单，在库存管理及存货核算系统中不能修改。（　　）

4. 在采购管理系统中，期初暂估业务的期初余额是已入库但未收到供货单位采购发票的业务。（　　）

5. 在采购管理系统中进行手工结算时，可以结算入库单中的部分货物，未结算的货物可以在今后取得发票后再结算。（　　）

6. 如果库存管理系统和采购管理系统、销售管理系统集成使用，采购入库单是采购人员在采购管理系统中录入的，库管员只需在库存管理系统中对采购入库单进行审核即可。（　　）

7. 采购管理系统的主要功能应包括采购订单和销售订单管理。（　　）

8. 在采购管理系统中，月末结账后不能取消期初记账。（　　）

9. 在采购管理系统中，当采购订单执行完成后则可以关闭采购订单。（　　）

10. 在采购管理系统中，只有采购订单执行完成后方可执行关闭采购订单的功能。（　　）

11. 在采购管理系统中填制采购入库单时，仓库是否录入由企业自己决定。（　　）

12. 在采购管理系统中，根据采购入库单生成的采购发票，其数量和单价均不能修改。（　　）

13. 采购结算也称采购报账，会计上的含义是指采购核算人员根据采购入库单、采购发票核算采购入库成本。（　　）

14. 在采购管理系统中经过采购结算后，如果入库单上没有记载单价和金额，则将发票上的金额写入入库单。（　　）

15. 采购入库单与采购发票可以分次结算，即入库单的一条记录可与采购发票多次结算。（　　）

16. 当采购入库单和采购发票上的采购数量一致时，就必须采用手工结算的方式进行结算。（　　）

17. 采购结算只选择未结算的入库单和采购发票，不限制业务发生的日期，因而可以跨月结算。（　　）

18. 取消采购结算可通过删除结算单明细表中的结算单来完成，取消结算后原入库单、发票、费用发票可以继续结算。（　　）

19. 采购管理系统与库存管理系统集成使用时，采购入库单可以在采购模块直接录入。（　　）

20. 存货核算系统与采购管理系统集成使用时，对于当期货到票未到、未结算的采购入库单的单价可以利用“暂估成本录入”进行批量修改。（　　）

## 二、单项选择题

1. 采购管理与库存管理及存货核算系统共用的单据是（　　）。

A. 采购发票　　B. 采购入库单　　C. 采购出库单　　D. 销售发票

2. 采购管理系统与库存管理系统集成使用时，日常采购业务不包括（　　）。

A.填制采购到货单　　B.填制采购入库单
C.填制采购发票　　D.进行采购结算

3.在采购管理系统中，在填制运费的专用发票时可以参照具有（　　）属性的存货。

A.外购　　B.生产耗用　　C.应税劳务　　D.销售

4.在采购管理系统中，进行采购结算的单据不包括（　　）。

A.采购订单　　B.采购入库单
C.采购专用发票　　D.采购运费发票

5.采购结算可以在（　　）结算。

A.填制采购入库单时　　B.填制采购发票时
C.填制采购退货单时　　D.填制采购订单时

6.如果库存管理系统没有和采购管理系统集成使用，采购入库单就需在（　　）系统中录入。

A.采购管理　　B.库存管理　　C.存货核算　　D.销售管理

7.在采购管理系统中，采购结算的自动结算不能将（　　）的采购入库单与采购发票进行结算。

A.供货单位相同　　B.存货相同　　C.数量相等　　D.供货单位不同

8.在采购管理系统中进行手工结算时，不能完成（　　）。

A.不同供货单位的结算　　B.正数发票与负数发票结算
C.正数入库单与正数发票结算　　D.负数入库单与负数发票结算

9.开在采购专用发票、普通发票、运费发票等票据上的采购费用，应设置为（　　）属性，否则开具采购发票时无法参照。

A.销售　　B.外购　　C.生产耗用　　D.劳务费用

10.如果采购结算操作错误或结算后发现结算单据有错误，需要取消该结算时，则可以利用采购结算列表的（　　）功能实现。

A.输出　　B.删除　　C.定位　　D.刷新

11.存货核算系统暂估入库单生成凭证时，只显示了存货科目没有显示对方科目，则原因是（　　）。

A.没有设置税金科目
B.没有进行科目设置中暂估科目的设置
C.没有设置结算科目
D.没有进行科目设置中的对方科目设置

12.启用了库存管理、存货核算、销售管理、采购管理系统，（　　）在存货核算系统录入。

A.采购入库单　　B.材料出库单　　C.销售出库单　　D.假退料单

13.当存货核算系统和采购管理系统集成使用时，下列描述中，不正确的是（　　）。

A.在存货核算系统可以直接查看采购入库单
B.已经结算了的采购入库单，在存货核算系统不能修改，只能记账

C.如果该采购入库单未结算，在存货核算系统可以先对其确定暂估单价再记账
D.对未记账的采购入库单可以生成凭证
14.月末未到货未付款的采购发票在应付款管理系统制单时应选择（　　）。
A.发票制单　B.应付单制单　C.现结制单　D.核销制单
15.采购现付操作在采购发票（　　）后就可以进行。
A.保存　B.复核　C.审核　D.结算

## 三、多项选择题

1.在采购业务中，（　　）属于可选单据。
A.采购请购单　B.采购入库单　C.采购订单　D.到货单
2.在采购管理系统中，采购发票可以以（　　）方式产生。
A.采购订单　B.采购入库单　C.采购发票　D.采购结算单
3.在采购管理系统中，可以进行采购结算的单据包括（　　）。
A.采购订单　B.采购入库单　C.采购专用发票　D.采购运费发票
4.采购结算可以在（　　）结算。
A.填制采购入库单时　B.填制采购发票时
C.结算功能中　D.填制采购订单时
5.在采购管理系统中进行手工结算时，可以完成（　　）。
A.正数入库单与负数入库单结算　B.正数发票与负数发票结算
C.正数入库单与正数发票结算　D.负数入库单与负数发票结算
6.在进行采购应付单据制单查询时，能被同时勾选的项目有（　　）。
A.发票制单　B.应付单制单　C.票据制单　D.现结制单
7.在采购管理系统中，在填制运费的专用发票时不能参照具有（　　）属性的存货。
A.外购　B.生产耗用　C.应税劳务　D.销售
8.在采购管理系统中，采购结算的自动结算是将（　　）的采购入库单与采购发票进行结算。
A.供货单位相同　B.存货相同
C.数量相等　D.供货单位不同
9.采购业务按结算制单方式核算时，生成的凭证不通过（　　）科目核算。
A.原材料　B.库存商品　C.在途物资　D.材料采购
10.进货短缺业务办理结算时，只有当（　　）之和等于发票数量时才允许结算。
A.入库数量　B.短缺数量
C.合理损耗数量　D.非合理损耗数量

参考答案

## ◆技能点7-3　销售业务单据及凭证处理

## 一、普通销售业务流程

在销售业务中，经销售报价、销售预订单等环节确定了销售订单后，进入销售订

单的执行阶段。这里介绍的普通销售业务流程是执行订单时先发货后开票或者开票直接发货而形成的两种业务模式。

### （一）先发货后开票业务模式

#### 1.业务处理

销售管理系统填制并审核发货单；销售管理系统根据发货单填制并复核销售发票；库存管理系统根据发货单生成并审核销售出库单（在销售选项中选中“销售生成出库单”时，销售发货单审核时系统自动生成销售出库单）。

#### 2.账务处理

应收款管理系统审核应收单据，确认销售收入，生成凭证，借记“应收账款（银行存款）”科目，贷记“应交税费”及“主营业务收入”科目；存货核算系统执行正常单据记账，并生成结转销售成本凭证，借记“主营业务成本”科目，贷记“库存商品”科目；办理销货款结算，收到销货款时，在应收款管理系统录入收款单据，审核后生成凭证，借记“银行存款”科目，贷记“应收账款”科目。

### （二）开票直接发货业务模式

#### 1.业务处理

销售管理系统填制并复核销售发票；销售发票复核时，自动生成销售发货单并审核；库存管理系统根据销售发票生成并审核销售出库单（在销售选项中选中“销售生成出库单”时，审核销售发货单时系统自动生成销售出库单）。

#### 2.账务处理

与先发货后开票业务模式相同。

## 二、业务环节主要工作

### （一）填制并审核销售报价单

销售报价是企业向客户提供货品、规格、价格、结算方式等信息，双方达成协议后，销售报价单转为有效力的销售订单。企业可以针对不同客户、不同存货、不同批量提出不同的报价、折扣率。销售报价单是可选单据，可根据业务的实际需要选用。

【操作要点】

在业务工作导航目录中选择“供应链→销售管理→销售报价→销售报价单”项，进入销售报价单编辑窗口。报价单可修改、删除、审核、弃审、关闭、打开。已审核未关闭的报价单可参照生成销售订单。但生成销售订单时，不进行数量的控制，即未关闭的报价单可以多次生成销售订单。

### （二）填制/参照生成并审核销售订单

销售订单是反映由购销双方确认的客户要货需求的单据。对于追求对销售业务进行规范化管理的工商企业而言，销售业务的进行须经历一个由客户询价、销售业务部门报价、双方签订购销合同（或达成口头购销协议）的过程。订单作为合同或协议的载体而存在，成为销售发货的日期、货物明细、价格、数量等事项的依据。

企业根据销售订单组织货源，并对订单的执行进行管理、控制和追踪。在先发货后开票业务模式下，发货单可以根据销售订单开具；在开票直接发货业务模式下，销售发票可以根据销售订单开具。销售订单是可选单据，但参数设为必有订单时，销售订单必有。

【操作要点】

在业务工作导航目录中选择“供应链→销售管理→销售订货→销售订单”项，进入销售订单编辑窗口。单击工具栏中的“增加”按钮，屏幕显示空白订单，根据资料输入订单表头和表体的各项内容，如图7-18所示。订单输入完毕后单击工具栏中的“保存”按钮保存数据。订单保存后，“审核”按钮为可操作状态，单击“审核”按钮审核订单。

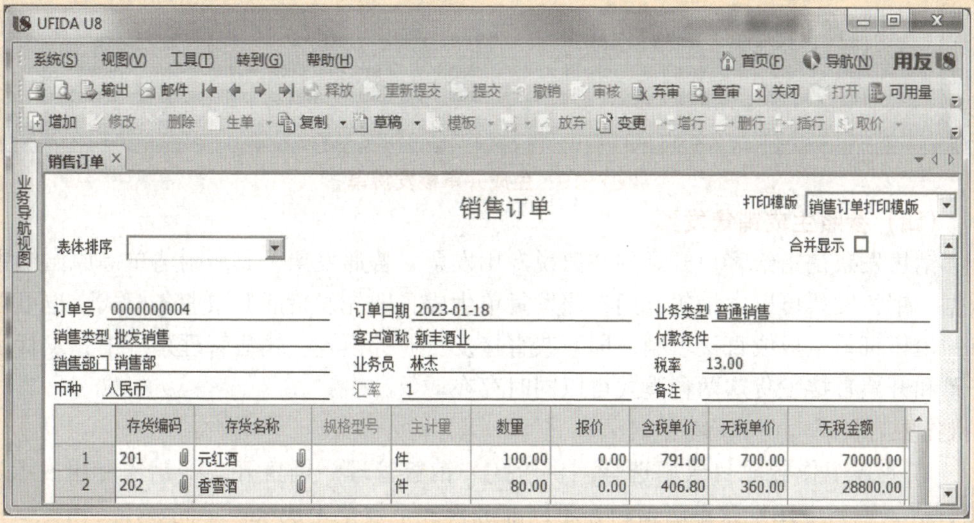


图7-18　销售订单

### （三）填制/参照生成并审核发货单

发货单是普通销售发货业务的执行载体。在先发货后开票业务模式下，发货单由销售部门根据销售订单产生，客户通过发货单取得货物的实物所有权。在开票直接发货业务模式下，发货单由销售部门根据销售发票产生，作为货物发出的依据。在此情况下，发货单只作浏览，不能进行增、删、改、审等操作。

【操作要点】

在业务工作导航目录中选择“供应链→销售管理→销售发货→发货单”项，进入发货单的编辑窗口。在先发货后开票业务模式下，发货单可以参照销售订单生成，可用来参照生成发货单的订单，必须是处于打开状态的已审核单据。单击工具栏中的“增加”按钮，屏幕显示空白发货单，系统弹出“参照订单”窗口。单击“确定”按钮，窗口中显示所有未关闭订单记录。订单选定后，单击“确定”按钮，回到发货单主窗口，选中的订单记录将被复制到发货单中，在表体仓库名称栏中选择发货仓库，单击“保存”按钮保存发货单，并进行审核操作，如图7-19所示。

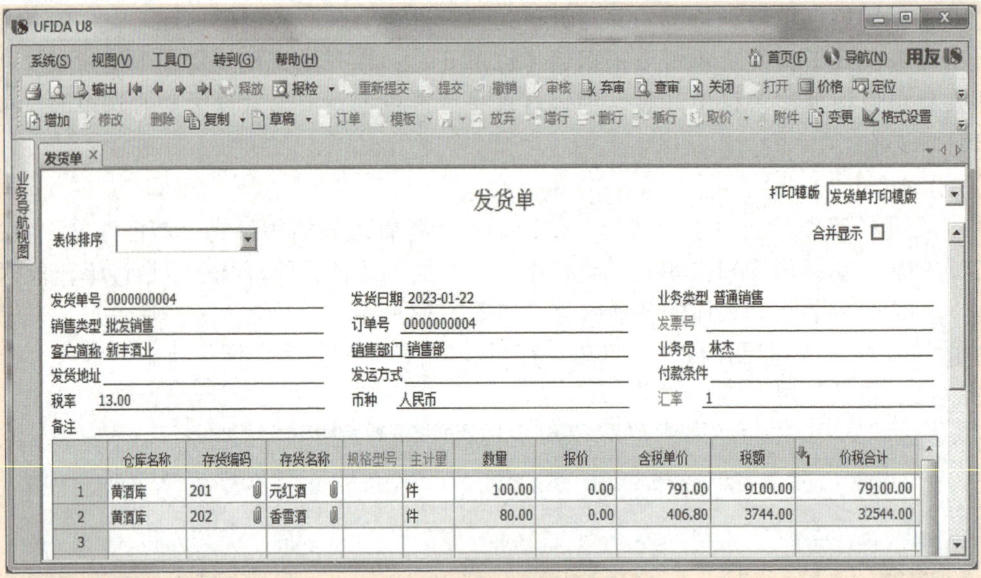


图7-19　生成并审核发货单

## （四）参照生成销售发票

销售发票是指给客户开具的增值税专用发票、普通发票及其所附清单等原始销售票据。销售发票可以由销售部门参照发货单生成，即先发货后开票业务模式，也可以参照销售订单生成或直接填制，即开票直接发货业务模式。销售管理系统中先发货后开票和开票直接发货这两种模式可以同时存在。

【操作要点】

在业务工作导航目录中选择“供应链→销售管理→销售开票→销售专用发票”项，进入销售专用发票编辑窗口。不同业务模式下发票生成来源不同。

（1）开票直接发货模式下，销售发票可以手工增加，也可以参照销售订单生成。在必有订单业务模式下，销售发票不可手工新增，只能参照生成；在直运业务模式下，直运销售发票可参照直运采购发票生成，参见直运业务。销售发票可以修改、删除、复核、弃复。销售发票复核时生成销售发货单；弃复时删除生成的发货单。

（2）先发货后开票模式下，参照销售发货单生成销售发票。根据委托代销发货单进行委托结算时自动生成委托代销发票。参照发货单开票、委托代销结算时，可以设置“蓝字记录按出库数开票/结算”。销售发票可以修改、删除、复核、弃复。

单击“增加”按钮，屏幕弹出“参照订单”对话框，单击“取消”按钮返回，单击工具栏上的“生单”按钮旁边的下拉按钮，选择“参照发货单”，在“发票参照发货单”对话框选择发货单，如图7-20所示。选定单据后，单击“确定”按钮，回到销售专用发票主窗口，选中的发货单记录被复制到销售发票中。单击“保存”按钮保存销售专用发票，单击“复核”按钮复核销售专用发票，如图7-21所示。

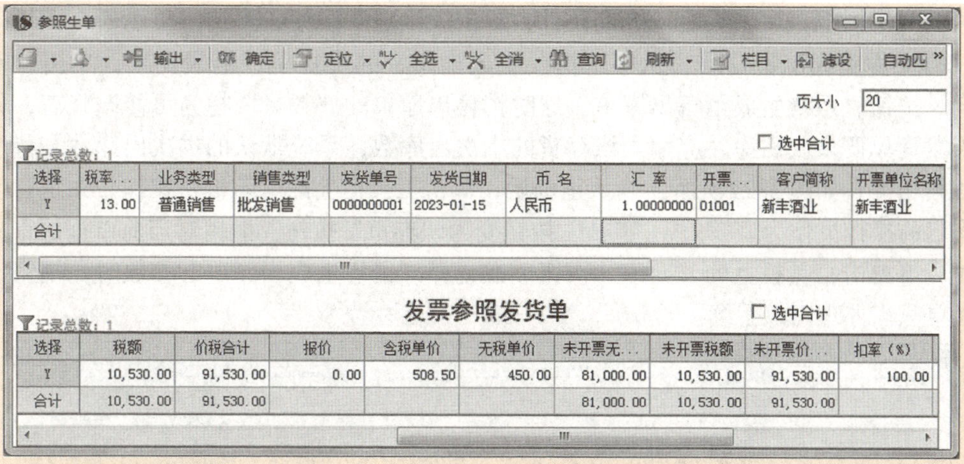


图7-20　参照生单

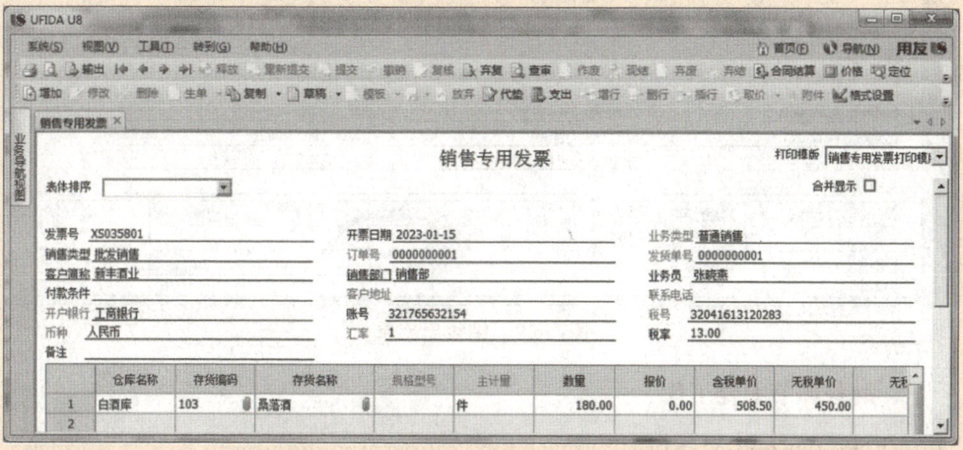


图7-21　生成并复核销售专用发票

若开票时收取全部或部分货款，在销售发票保存后就可以进行现收处理了。一张销售结算单据可以多次现收、全额现收、部分现收。在销售发票中，单击“现结”按钮，在弹出的销售现结窗口中输入结算方式、收款金额、票据号和银行账号，单击“确认”按钮即完成现收的录入，返回销售发票编辑窗口。

【提示】在销售管理系统选项设置中，以先发货后开票模式为主的，可将新增发票默认参照单据设为“参照订单”，以开票直接发货模式为主的设为“参照发货”。

### （五）销售出库单生成及审核

库存管理系统销售出库单的生成有两种方式：一种是销售管理系统的销售发货单或发票审核后直接生成销售出库单，传到库存管理系统，在库存管理系统进行审核；另一种方式是在库存管理系统根据销售管理系统的发货单或销售发票生成销售出库单。采用哪种方式，可以在库存管理系统或销售管理系统选项中设置。

【操作要点】

在业务工作导航目录中选择“供应链→库存管理→出库业务→销售出库单”项，进入销售出库单编辑界面。在工具栏中单击“生单”按钮，进入“销售发货单列表”对话框。在表头输入查询条件，单击“确定”按钮，系统将显示所有满足条件的发货单或销售发票，从中选择要生成出库单的发货单或销售发票，单击“确定”按钮，系统生成销售出库单。这时销售出库单的“数量”栏为可修改状态，如果发货单要多次出库，应输入该存货的本次出库数，系统默认的本次出库数与待发货数相等，如图7-22所示。确认正确后，单击工具栏上的“审核”按钮，系统自动将当前操作员作为审核人，“审核”按钮变为“弃审”按钮。撤销对当前单据的审核时，可单击工具栏上的“弃审”按钮。在选择“销售生成出库单”参数时，销售出库单只需办理审核手续。

微课

多次出库如何生成销售出库单?

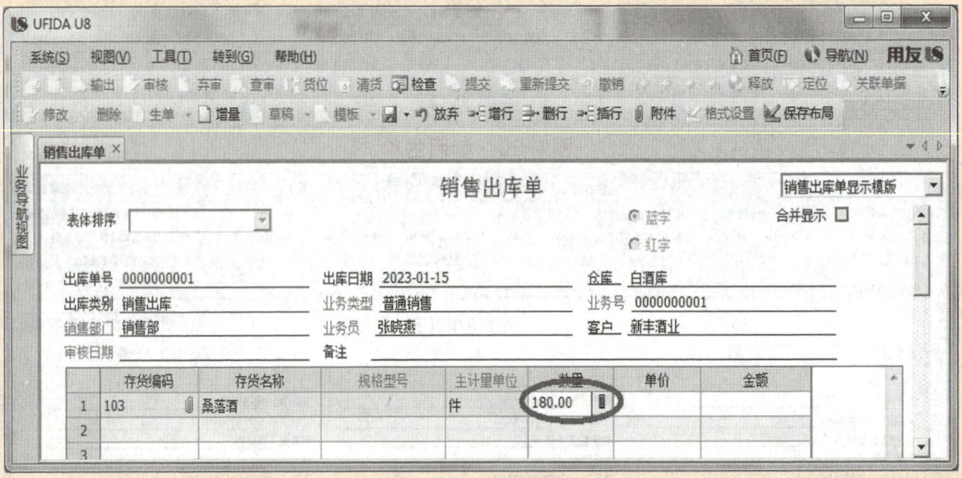


图7-22 销售出库单

## 三、财务环节主要工作

### （一）确认销售收入

【操作要点】

在业务工作导航目录中选择“财务会计→应收款管理→应收单据处理→应收单据审核”项，在应收单据列表界面，双击单据记录或单击“单据”按钮，则进入单据卡片界面进行单张审核，单击“审核”按钮对当前销售发票进行审核。审核后，系统会询问是否需要立即制单。若选择是，则立即显示当前应收单据的凭证界面；如果不想立即制单，则可以在“制单处理”功能中集中处理。

在业务工作导航目录中选择“财务会计→应收款管理→制单处理”项，系统弹出“制单查询”对话框，未办理现结的销售发票选择“发票制单”，已办理过现结的销售发票选择“现结制单”。生成凭证的借方科目为“应收账款”（未现结）、“银行存款”（已现结部分），贷方科目为“主营业务收入”“应交税费/应交增值税/销项税额”。

微课

零售日报业务处理

【易错节点】在先发货后开票模式下，销售发票未复核时，在应收款管理系统中进行应收单据审核时查询不到发票。开票直接发货模式下需要复核发票后才能自动生成发货单，则不会出现上述差错。

### （二）结转销售成本

财务人员在存货核算系统的“正常单据记账”功能中对库存管理系统审核后的销售出库单执行记账操作，并根据设定的存货计价方法结转销售成本。如采用全月平均法的需要到月末计算出平均单价后结转销售成本，采用移动平均法的则可在销售出库单记账后立即结转销售成本，在“生成凭证”功能中选择“销售出库单”，即可生成结转销售成本的凭证，如图7-23所示。

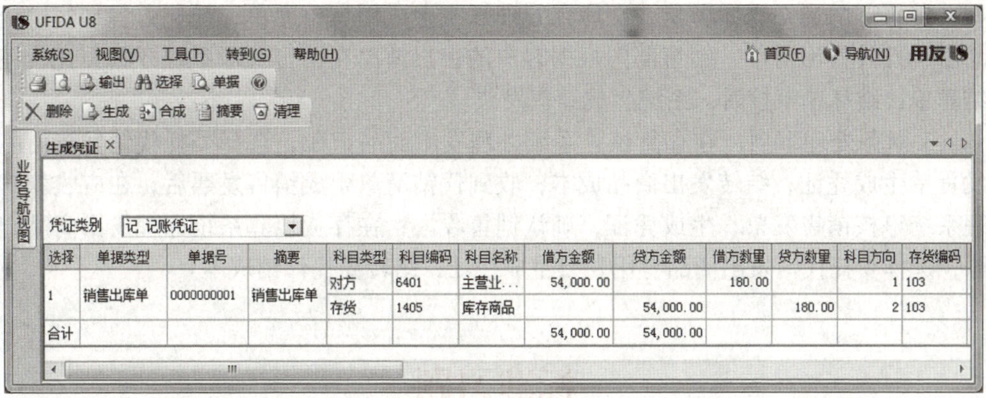


图7-23　生成凭证

## 四、特殊销售业务

### （一）直运销售业务

直运业务是指产品无须入库即可完成购销业务，由供应商直接将商品发给企业的客户，结算时，由购销双方分别与企业结算。直运业务包括直运销售业务和直运采购业务，没有实物的出入库，货物流向是直接从供应商到客户，财务结算通过直运销售发票、直运采购发票解决。

【操作要点】

（1）系统参数设置。销售管理系统的参数设置中必选“启用直运销售业务”，可选“直运销售必有订单”选项，销售管理系统的直运业务选项影响采购管理系统的直运业务。

（2）业务处理事项。在销售管理系统录入直运销售订单；在采购管理系统参照直运销售订单生成直运采购订单；在采购管理系统参照直运采购订单生成直运采购发票；在销售管理系统参照直运销售订单生成直运销售发票。

（3）财务处理事项。在应付款管理系统审核采购专用发票，选择发票制单，生成购货凭证；在应收款管理系统审核销售专用发票，制单生成凭证，确认销售；在存货核算系统办理直运销售记账，选择直运销售发票，生成凭证，结转销售成本。

微课
直运销售业务处理

### （二）委托代销业务

委托代销业务是指企业将商品委托他人进行销售但商品所有权仍归本企业的销售方式，委托代销商品销售后，受托方与企业进行结算，并开具正式的销售发票，形成销售收入，商品所有权转移。只有库存管理系统与销售管理系统集成使用时，才能在库存管理系统中使用委托代销业务。委托代销业务只能先发货后开票，不能开票直接发货。

【操作要点】

1.系统参数设置。销售管理系统的参数设置中必选“启用委托代销业务”，可选“委托代销必有订单”选项。

2.业务处理事项。销售部门签订委托代销合同或协议，在销售管理系统填制委托代销订单；销售部门根据委托代销订单在销售管理系统填制委托代销发货单并审核；销售部门通知仓库备货，在库存管理系统生成销售出库单；受托方售出代销商品后，开具售出清单，销售部门根据客户的售出清单在销售管理系统开具委托代销结算单；结算单审核后，系统生成销售发票。

微课

委托代销业务处理

3.财务处理事项。在存货核算系统办理发出商品记账，选择委托代销发出商品发货单生成凭证，结转发出商品成本；收到代销清单生成销售发票后，在应收款管理系统审核销售发票，生成凭证，确认销售收入；在存货核算系统办理发出商品记账，选择委托代销发出商品专用发票生成凭证，结转委托代销成本。

# 标准习题

## 一、判断题

1.销售管理系统中既可以根据销售订单开具发票，也可以根据汇总发货单开具发票。（　　）

2.在销售管理系统中，正向发票表示销售专用发票，负向发票则表示销售普通发票。（　　）

3.在先发货后开票业务模式下，发货单可以根据销售订单开具。（　　）

4.在开票直接发货业务模式下，销售发票可以根据销售订单开具。（　　）

5.销售订单填制后便可被参照生成销售发票或销售发货单。（　　）

6.在销售管理系统中，发货单是否审核不影响生成对应的销售发票。（　　）

7.在销售管理系统中，一张发票可以多次收款，同时多张发票可以一次收款。（　　）

8.如果本次入库的货物以前已有相同的入库单，可以用复制以前入库单的方法填制。（　　）

9.在销售选项中选中“销售生成出库单”，销售发货单审核时系统自动生成销售出库单。（　　）

10.在必有订单业务模式下，销售发票不可手工新增，只能参照生成。（　　）

## 二、单项选择题

1.销售管理与库存管理及存货核算系统共用的单据是（　　）。

A.销售发票　　B.销售发货单　　C.采购入库单　　D.采购发票

2.在销售管理系统中，在先发货后开票业务模式下，发货单由销售部门根据（　　）单据产生。

A.销售订单　B.销售发票　C.应收款单　D.采购订单

3.在开票直接发货业务模式下，销售出库单是（　　）。

A.手工输入　B.参照报价单生成

C.参照销售发货单生成　D.参照销售发票生成

4.在客户档案中未录入（　　），只能对该客户开具销售普通发票，不能对该客户开具销售专用发票。

A.税号　B.银行账号　C.地址　D.法人

5.销售管理系统新增发票时，默认是参照（　　）生成。

A.销售发货单　B.销售订单　C.销售发票　D.销售出库单

6.对于（　　），如果用户在单价和金额中输入了零，系统将认为是零成本出库，将不再计算此存货的出库成本。

A.入库单　B.出库单　C.采购单　D.报价单

7.填制材料出库单是（　　）系统的主要业务之一。

A.库存管理　B.采购管理　C.销售管理　D.存货核算

8.在产成品入库单上，只有存货属性为（　　）的才可以录入。

A.自制　B.在制　C.采购　D.生产耗用

9.下列关于销售出库单在存货核算系统的记账操作描述中，不正确的是（　　）。

A.先进先出、后进先出在记账时计算出库成本，回填到销售出库单上

B.移动平均核算的存货必须进行期末处理后方可将单价回填到销售出库单上

C.对于出库单已有金额的单据，可在记账时重新计算，由系统自动给出

D.已记账并已确认出库成本的销售出库单可以生成凭证

10.销售商品发货并开出销售专用发票后，在应收款管理系统先进行（　　）。

A.收款单据录入　B.收款单据审核

C.应收单据录入　D.应收单据审核

## 三、多项选择题

1.销售发票可以由（　　）单据生成。

A.销售发货单　B.采购入库单　C.销售订单　D.采购订单

2.在销售管理系统中，形成应收款项的单据主要包括（　　）。

A.销售专用发票　B.销售普通发票　C.采购应付单　D.其他应收单

3.在销售管理系统中，日常业务处理主要包括（　　）。

A.填制并审核销售订单　B.填制并审核销售发货单

C.填制销售发票　D.销售收款

4.在销售管理系统中，主要提供以下两种业务模式（　　）。

A.先发货后开票　B.先收款后发货

C.先开票后发货　D.开票直接发货

5.在销售管理系统中，在填制销售发票时不能参照具有（　　）属性的存货。

A.外购　B.生产耗用　C.应税劳务　D.内销

6.在销售管理系统中，在开票直接发货业务模式下，发货单不能根据（　　）

生成。

A.销售订单　　B.销售发票　　C.采购订单　　D.生产订单

7.下列关于存货核算系统与采购管理系统集成使用的描述中，正确的有（　　）。

A.在存货核算系统可以直接查看采购入库单

B.经过采购结算的采购入库单，在存货核算系统中就不能进行修改

C.采购入库单不需记账即可生成凭证传到总账

D.如采购入库单未进行采购结算，可在存货中确认其暂估单价

8.下列关于销售业务成本核算的描述中，正确的有（　　）。

A.存货核算系统可对销售出库单进行单价金额的修改

B.已记账的销售出库单可生成凭证传到总账

C.存货核算系统单独使用时，可进行直运销售特殊业务的成本核算

D.存货核算系统单独使用时，可在系统中直接录入销售出库单

9.下列关于销售出库单的描述中，正确的有（　　）。

A.单价、金额不能为0

B.单价、金额可以为空

C.单价、金额已填写的单据，在单据记账时默认会修改其成本数据

D.单价、金额已填写的单据，在期末处理时不会修改其成本数据

10.先发货后开票模式下，销售发票可以（　　）。

A.修改　　B.删除　　C.复核　　D.弃复

参考答案

# 任务三　供应链管理系统月末处理

## ◆技能点7-4　供应链管理系统月末处理

### 一、采购管理系统月末处理

采购管理系统月末结账是逐月将每月的单据数据封存，并将当月的采购数据记入有关账表中。

【操作要点】

在业务工作导航目录中选择“供应链→采购管理→月末结账”项，屏幕显示月末结账对话框。选择结账的月份，单击“结账”按钮，弹出对话框让用户确认“是否关闭订单”，选择“是”，弹出采购订单列表的过滤条件，用户输入条件，关闭符合条件的订单；选择“否”，计算机自动进行月末结账，将所选各月采购单据按会计期间分月记入有关报表中；选择“取消”，返回结账界面。单击“结账”按钮，计算机自动进行月末结账，将所选各月采购单据按会计期间分月记入有关账表中，如图7-24所示。

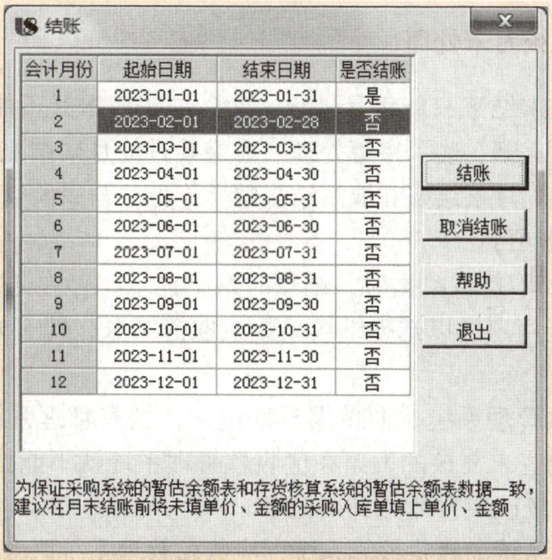


图7-24 采购月末结账

采购管理系统月末处理后，才能进行库存管理、存货核算、应付款管理等系统的月末处理。

【提示】

(1) 没有期初记账，将不允许月末结账。

(2) 月末结账后，已结账月份的采购管理系统入库单、采购发票不可修改、删除。

【供应链月结共同规则】

1.只有在当前会计月所有工作全部完成的前提下，才能进行月末结账，否则会遗漏某些业务。

2.不允许跳月结账，只能从未结账的第一个月逐月结账；不允许跳月取消月末结账，只能从最后一个月逐月取消。

3.只能对当前会计月进行结账，即只能对最后一个结账月份的下一个会计月进行结账。

4.月末结账后将不能再做当前会计月的业务，只能做下个会计月的日常业务。

5.上月未结账，本月单据可以正常操作，不影响日常业务的处理，但本月不能结账。

【回退操作功能：取消采购结账】

月末结账后，如果发现已月末结账月份的某单据输入有错误，需要取消结账进行修改，那么可以在月末结账功能中选中需要取消结账的月份，单击“取消结账”按钮，将该月的月末结账取消。

如果采购管理系统要取消月末结账，必须先通知库存管理系统、存货核算系统、应付款管理系统的操作人员，要求其取消月末结账。如果库存管理、存货核算、应付款管理系统中任何一个系统不能取消月末结账，那么也不能取消采购管理系统的月末结账。

## 二、销售管理系统月末处理

销售管理系统月末结账只能每月进行一次，结账后本月不能再进行发货、开票、代垫费用等业务的增、删、改、审等处理。如果某月的月末结账有错误，可以取消月末结账。销售管理系统月末结账和取消结账的操作方法与采购管理系统相同。

【销售月结注意事项】

（1）本月还有未审/复核单据时，结账时系统提示“存在未审核的单据，是否继续进行月末结账?”，用户可以选择继续结账或取消结账，即有未审/复核的单据仍可月末结账。

（2）如果应收款管理系统按照单据日期记账，销售管理系统本月有未复核的发票，月末结账后，这些未复核的发票在应收款管理系统就不能按照单据日期记账了，除非在应收款管理系统改成按业务日期记账。

（3）与库存管理系统、存货核算系统、应收款管理系统联合使用时，销售管理系统的月末结账应先于这些系统的月末结账，这些系统月末结账后，销售管理系统不能取消月末结账。

（4）本功能为独享功能，与系统中所有功能的操作互斥，即在操作本功能前，应确定其他功能均已退出；在网络环境下，要确定本系统所有的网络用户退出了所有的功能。

## 三、库存管理系统月末处理

### （一）库存盘点

企业的存货品种多、收发频繁，在日常存货收发、保管过程中，由于计量错误、检验疏忽、管理不善、自然损耗、核算错误以及偷窃、贪污等原因，会发生存货的盘盈、盘亏和毁损现象，从而造成存货账实不相符。为了保证企业库存资产的安全和完整，做到账实相符，企业必须对存货进行定期或不定期的清查，查明存货盘盈、盘亏、损毁的数量以及造成这些现象的原因，并据以编制存货盘点报告表，按规定程序报有关部门审批。经有关部门批准后，应进行相应的账务处理，调整存货账的实存数，使存货的账面记录与库存实物核对相符。

盘点时系统提供多种盘点方式，如按仓库盘点、按批次盘点、按类别盘点、对保质期临近多少天的存货进行盘点等等，还可以对各仓库或批次中的全部或部分存货进行盘点，盘盈、盘亏的结果自动生成其他出入库单。

盘点分为普通仓库盘点和倒冲仓库盘点两种类型。普通仓库盘点审核后盈亏数生成其他出入库单；倒冲仓库盘点是指对现场仓或委外仓进行盘点，盘点单审核后盈亏数分摊到生产订单或委外订单中生成材料出库单。

【操作要点】

在业务工作导航目录中选择“供应链→库存管理→盘点业务”项，进入盘点单操作界面，单击工具栏上的“增加”按钮或使用快捷键“F5”，系统自动新增一张空白的盘点单。选择盘点类型（普通仓库盘点或倒冲仓库盘点），录入盘点表头栏目，指定盘点仓库。单击工具栏上的“盘库”按钮，对整个仓库的存货进行盘点并生成盘点单；单击“选择”按钮，可以选择本次盘点的存货。该张盘点单被确认正确后，单击工具栏上的“保存”按钮或使用快捷键“F6”，则可保存该单据。将盘点表打印出来，到仓库中进行实物盘点。实物盘点后，打开盘点单，单击“修改”按钮，录入盘点数量，保存此张盘点单，如图7-25所示。如果先进行实物盘点后输入盘点单，则盘库后即可录入实存数。

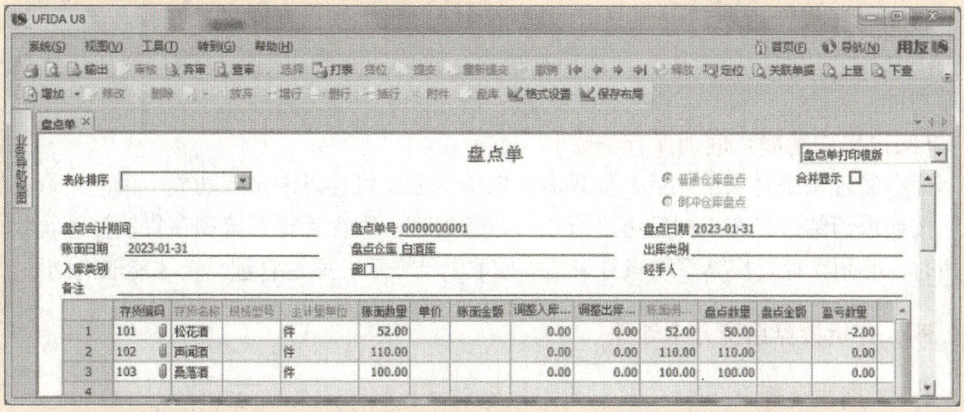


图7-25　盘点单

盘点单保存后需要进行审核，审核是库存管理系统对此单据确认的标志。单击“审核”按钮，系统根据不同情况自动生成相应单据。

审核普通仓库的盘点单时，根据盘点单生成其他出入库单，业务号为盘点单号，单据日期为当前的业务日期；所有盘盈的存货生成一张其他入库单，业务类型为盘盈入库；所有盘亏的存货生成一张其他出库单，业务类型为盘亏出库。

审核倒冲仓库的盘点单时，盈亏量不为0的记录生成其他出入库单或材料出库单。盈亏量不为0且盘点会计期间内有材料耗用时，将盈亏量分摊到生产订单、委外订单上，按正数、负数且部门相同的分别生成不同的材料出库单：正数的生成红字材料出库单，负数的生成蓝字材料出库单。盈亏量不为0但盘点会计期间内没有材料耗用的，则与普通仓库盘点相同，审核时生成其他出入库单。

微课
如何进行盘库处理？

【盘库须知】

（1）盘点前应将所有已办理实物出入库的单据处理完毕，否则账面数量会不准确。

（2）上次盘点仓库的存货所在的盘点单未审核之前，不可再对此仓库此存货进行盘点，否则系统提示错误。

（3）盘点单弃审时，同时删除生成的其他出入库单、材料出库单；生成的其他出入库单、材料出库单如已审核，则相对应的盘点单不可弃审。

### （二）月末结账

库存管理系统结账只能每月进行一次，结账后本月不能再填制单据。结账前应检查本会计月工作是否已全部完成，只有在当前会计月所有工作全部完成的前提下，才能进行月末结账。库存管理系统和采购管理系统及销售管理系统集成使用时，必须在采购管理系统和销售管理系统结账后，库存管理系统才能进行结账。

【操作要点】

在业务工作导航目录中选择“供应链→库存管理→月末结账”项，屏幕出现结账窗口。用鼠标单击“结账”按钮，系统开始进行合法性检查。如果检查通过，系统立即进行结账操作，结账后结账月份的“已经结账”栏显示为“是”；如果检查未通过，系统会提示不能结账的原因。

【库存月结注意事项】

月末结账操作与期初余额及出入库单据增、删、改操作互斥，在操作本功能前，应确定互斥的功能均已退出；在网络环境下，要确定本系统所有网络用户退出了所有互斥功能。

【回退操作功能：取消库存结账】

库存管理系统月末结账后，如果需要取消结账，可在月末结账功能中单击“取消结账”按钮取消结账状态，然后再进行该月业务处理。库存管理系统和存货核算系统集成使用时，必须在存货核算系统当月未结账或取消结账后，库存管理系统才能取消结账。

## 四、存货核算系统月末处理

### （一）期末处理

当日常业务全部处理完成后，可进行期末处理。存货期末处理功能是：计算按全月平均方式核算的存货全月平均单价及其本会计月出库成本；计算按计划价/售价方式核算的存货的差异率/差价率及其本会计月的分摊差异/差价；对已完成日常业务的仓库/部门/存货做处理标志。

【操作要点】

在业务工作导航目录中选择“供应链→存货核算→业务核算→期末处理”项，进入期末处理功能。在“未期末处理仓库”选项卡选择要处理的仓库，系统自动显示应期末处理的会计月份。如果要对期末处理后结存数量为零、结存金额不为零的存货自动生成出库调整单，可以选择“结存数量为零金额不为零生成出库调整单”选项。单击“检查”按钮，系统检测登录日期、仓库、存货等选择是否符合。单击“确定”按钮，系统处理后提示“期末处理完毕!”，如图7-26所示。

图7-26 存货核算系统期末处理

【回退操作功能：取消期末处理】

在存货核算系统选择“期末处理”，进入期末处理功能。在“已期末处理仓库”选项卡选择要取消期末处理的仓库，单击“确定”按钮，系统提示“恢复期末处理完毕!”。

### （二）月末结账

月末结账功能用来进行月末结账工作，对本月账簿做结账标志。如果和采购管理系统、销售管理系统、库存管理系统集成使用，必须在这些系统全部结账后，存货核算系统才能进行结账。月末结账后将不能再进行当前会计月的工作，只能做下个会计月的日常工作。

【操作要点】

在业务工作导航目录中选择“供应链→存货核算→业务核算→月末结账”项，进入月末结账功能。选择“月末结账”项，单击“确定”按钮进行结账，若满足结账条件，系统提示“月末结账完成！若想进行下月业务，请在系统菜单中选择‘重新注册’进行下月处理!”。

微课

供应链系统结账及取消结账操作

【回退操作功能：取消存货核算月末结账】

以已结账月份的下个月份注册进入存货核算系统，在月末记账功能中选择“取消结账”，系统显示取消结账月份，单击“确定”按钮，系统提示“恢复月末结账完成!”。

## 标准习题

### 一、判断题

1.采购管理系统可以连续将多个月的单据进行月末结账，但不允许跨月结账。（　）

2.库存管理系统和采购管理系统及销售管理系统集成使用时，必须在采购管理系统及销售管理系统结账后，库存管理系统才能进行结账。（　）

3.存货核算系统期末处理需要在采购管理、销售管理、库存管理系统结账后进行。（　）

4.存货核算系统必须与库存管理系统集成使用。（　）

5.采购管理系统上月未结账，本月单据可以正常操作，不影响日常业务的处理。（　）

6.与采购管理、库存管理、存货核算等系统联合使用时，销售管理系统的月末结账应先于这些系统的月末结账。（　）

### 二、单项选择题

1.存货核算期末处理后，回写出库成本的计价方式是（　）。

A.个别计价法　B.先进先出法　C.全月平均法　D.移动平均法

2.执行取消结账操作时，需要以已结账月份的下个月份注册进入的系统是（　）。

A.采购管理　　B.销售管理　　C.库存管理　　D.存货核算

3.（　　）系统月末结账操作与期初余额及出入库单据增、删、改操作互斥，在操作本功能前，应确定互斥的功能均已退出。

A.采购管理　　B.销售管理　　C.库存管理　　D.存货核算

4.（　　）系统月末结账操作为独享功能，与系统中所有功能的操作互斥。

A.采购管理　　B.销售管理　　C.库存管理　　D.存货核算

5.（　　）盘点的盘点单审核，盈亏量不为0的记录生成其他出入库单或材料出库单。

A.倒冲仓库　　B.普通仓库　　C.按批次　　D.按类别

**三、多项选择题**

1.销售管理系统当前月的月末结账功能必须在（　　）该月的月末结账之前完成。

A.采购管理系统　　B.库存管理系统

C.存货核算系统　　D.总账系统

2.如果（　　）中任何一个系统不能取消月末结账，那么也不能取消采购管理系统的月末结账。

A.库存管理系统　　B.销售管理系统

C.存货核算系统　　D.应付款管理系统

3.存货核算系统如果和（　　）集成使用，则必须在这些系统全部结账后，才能进行结账。

A.采购管理系统　　B.销售管理系统

C.库存管理系统　　D.应付款管理系统

4.在库存管理系统中，盘点单弃审时，同时删除生成的（　　）。

A.其他入库单　　B.其他出库单　　C.材料出库单　　D.材料入库单

5.（　　）中只能对当前会计月进行结账，即只能对最后一个结账月份的下一个会计月进行结账。

A.采购管理系统　　B.销售管理系统　　C.库存管理系统　　D.存货核算系统

参考答案

# 项目实训

## 实训八　供应链业务初始设置

**一、实训目的**

通过实训掌握采购管理、销售管理、库存管理、存货核算等系统初始化操作。

**二、实训内容**

1.建账及操作员设置。

2.供应链管理系统初始设置。

3. 账套数据备份。

## 三、实训准备

引入“实训七”中的“完成结账”备份数据。

## 四、实训资料

### （一）系统启用

账套主管刘志伟于2023年1月1日启用采购管理、销售管理、库存管理、存货核算系统。

账套主管刘志伟在“总账→设置→选项”的“凭证”页签中选中“同步删除业务系统凭证”。

### （二）操作员及权限

为02操作员（学生本人姓名）新增公共单据、存货核算模块全部权限。

### （三）仓库档案

仓库档案见表7-1。

表7-1　仓库档案

| 仓库编码 | 仓库名称 | 计价方式 |
|---|---|---|
| 1 | 白酒库 | 移动平均法 |
| 2 | 黄酒库 | 移动平均法 |

### （四）收发类别

收发类别见表7-2。

表7-2　收发类别

| 编码 | 名称 | 收发标志 |
|---|---|---|
| 1 | 入库 | 收 |
| 11 | 采购入库 | 收 |
| 12 | 其他入库 | 收 |
| 2 | 出库 | 发 |
| 21 | 销售出库 | 发 |
| 22 | 其他出库 | 发 |

### （五）采购类型

采购类型见表7-3。

表7-3　采购类型

| 采购类型编码 | 采购类型名称 | 入库类别 | 是否默认值 |
|---|---|---|---|
| 01 | 普通采购 | 采购入库 | 是 |
| 02 | 直运采购 | 采购入库 | 否 |

### （六）销售类型

销售类型见表7-4。

表7-4 销售类型

| 销售类型编码 | 销售类型名称 | 出库类别 | 是否默认值 |
|---|---|---|---|
| 01 | 批发销售 | 销售出库 | 否 |
| 02 | 门市零售 | 销售出库 | 否 |
| 03 | 委托代销 | 销售出库 | 否 |
| 04 | 直运销售 | 销售出库 | 否 |

### （七）费用项目分类

分类编码：1；分类名称：代垫费用。

### （八）费用项目

费用项目编码：1；费用项目名称：代垫费用。

### （九）付款条件

付款条件见表7-5。

表7-5 付款条件

| 付款条件编码 | 信用天数 | 优惠天数1 | 优惠率1 | 优惠天数2 | 优惠率2 |
|---|---|---|---|---|---|
| 01 | 30 | 15 | 1 | | |
| 02 | 60 | 10 | 2 | 20 | 1 |
| 03 | 90 | 30 | 2 | 60 | 1 |

### （十）单据设置

1.单据格式设置

“采购入库单”单据格式的采购类型、入库类别设为必输项；“销售出库单”单据格式的出库类别设为必输项。

【操作向导】

在“基础设置→单据设置→单据格式设置”中选择“库存管理→采购入库单→显示→采购入库单显示模板”，点击“表头项目”按钮，在“项目名称”窗口中选择“40采购类型”，在下方的“必输”项前打“√”，选择“42入库类别”，在“必输”项前打“√”，点击“确定”按钮退出，点击“保存”按钮保存设置。销售出库单的设置方法相同。

2.单据编号设置

在单据编号设置中将销售专用发票的前缀1设为手工输入，长度为2，规则为XS，并选为流水依据，流水号长度为6，起始值设为35801。

【操作向导】

在“基础设置→单据设置→单据编号设置”中选择“销售管理→销售专用发

票”，点击“修改”按钮，去掉“完全手工编号”项前的“√”，再按要求设置并保存。

### （十一）数据权限分配

业务对象：用户；04、05、06操作员，相互间及本人设置为可用所有数据权限（查询、删改、审核、弃审、撤消、关闭）。

【操作向导】

在“系统服务→权限→数据权限分配”中选择操作员“04 徐文斌”，点击“授权”按钮，业务对象选择“用户”，全选权限，将禁用窗口中的04、05、06操作员选入可用窗口并保存。同样设置05、06号操作员的权限。

### （十二）采购管理系统期初设置

1.采购选项设置。普通业务必有订单。

2.录入期初货到票未到业务。

在“采购管理→采购入库→采购入库单”中录入期初采购入库单：2022年12月30日，收到松花酒业发来的松花酒100件，单价为450元，已验收入白酒库，尚未收到专用发票，业务员为采购部徐文斌。

3.在“采购管理→设置→采购期初记账”中办理期初记账。

### （十三）销售管理系统期初设置

1.销售选项设置。有零售日报业务，有委托代销业务，有直运销售业务，直运销售必有订单。

2.在“销售管理→设置→期初录入”中录入期初委托代销发货单。

期初委托代销发货单见表7-6。

表7-6　期初委托代销发货单

| 客户简称 | 发货日期 | 部门 | 业务员 | 仓库 | 存货名称 | 数量（件） | 无税单价（元） |
|---|---|---|---|---|---|---|---|
| 福泰超市 | 2022-12-16 | 销售部 | 何涛 | 白酒库 | 松花酒 | 100 | 700 |
| 福泰超市 | 2022-12-16 | 销售部 | 何涛 | 白酒库 | 声闻酒 | 100 | 1 200 |
| 福泰超市 | 2022-12-16 | 销售部 | 何涛 | 白酒库 | 桑落酒 | 100 | 450 |
| 中兴超市 | 2022-12-25 | 销售部 | 何涛 | 黄酒库 | 元红酒 | 100 | 680 |
| 中兴超市 | 2022-12-25 | 销售部 | 何涛 | 黄酒库 | 香雪酒 | 100 | 380 |

【提示】在录入期初委托代销发货单时，按客户开出委托代销发货单，要注意销售类型，保存后办理审核。

### （十四）存货核算系统期初设置

1.选项设置。暂估方式：单到回冲；销售成本核算方式：销售出库单；委托代销成本核算方式：按发出商品核算。进项税转出科目：22210103 进项税额转出。

2.设置存货科目。存货科目见表7-7。

3.设置存货对方科目。存货对方科目见表7-8。

表7-7　存货科目

| 存货分类编码 | 存货分类名称 | 存货科目编码 | 存货科目名称 | 委托代销科目编码 | 委托代销发出商品科目名称 | 直运科目编码 | 直运科目名称 |
|---|---|---|---|---|---|---|---|
| 01 | 白酒 | 1405 | 库存商品 | 1406 | 委托代销商品 | 1401 | 材料采购 |
| 02 | 黄酒 | 1405 | 库存商品 | 1406 | 委托代销商品 | 1401 | 材料采购 |

表7-8　存货对方科目

| 收发类别编码 | 收发类别名称 | 对方科目编码 | 对方科目名称 | 暂估科目编码 | 暂估科目名称 |
|---|---|---|---|---|---|
| 11 | 采购入库 | 1401 | 材料采购 | 220202 | 暂估应付款 |
| 21 | 销售出库 | 6401 | 主营业务成本 | | |

4.录入存货期初余额。存货期初余额见表7-9。

表7-9　存货期初余额　金额单位：元

| 存货编码 | 存货名称 | 主计量单位 | 数量 | 单价 | 金额 |
|---|---|---|---|---|---|
| 101 | 松花酒 | 件 | 200 | 450 | 90 000 |
| 102 | 声闻酒 | 件 | 130 | 820 | 106 600 |
| 103 | 桑落酒 | 件 | 260 | 300 | 78 000 |
| 201 | 元红酒 | 件 | 90 | 420 | 37 800 |
| 202 | 香雪酒 | 件 | 65 | 240 | 15 600 |

【提示】在录入存货期初余额时，要注意分清货物所在仓库，录入完成后总金额与总账库存商品科目余额相符，为328 000元。

5.取委托代销发出商品期初数，录入单价并汇总。

【操作向导】

在“供应链→存货核算→初始设置→期初数据→期初委托代销发出商品”中，点击“取数”按钮，再点击“查询”按钮，系统显示期初委托代销发出商品，分别录入无税单价：松花酒450元、声闻酒816元、桑落酒300元、元红酒410元、香雪酒250元。

6.期初余额记账。

【操作向导】

在“供应链→存货核算→初始设置→期初数据→期初余额”中，点击“记账”按钮。记账成功后该按钮显示为“恢复”。

### （十五）库存管理系统初始设置

从存货核算系统取存货期初数，保存后进行批审。

【操作向导】

在“供应链→库存管理→初始设置→期初结存”中，点击“修改”按钮，再点击“取数”按钮，显示白酒库存货数据，保存后点击“批审”按钮。在右上角将仓库换为“黄河库”，同样进行修改、取数、保存、批审等操作，完成后点击“对账”按钮与存货核算系统对账。

将账套数据备份到“实训八”文件夹中。

# 实训九　供应链及往来业务核算与管理

## 一、实训目的

通过实训掌握供应链系统日常业务处理及月末处理的操作，理解采购管理系统、销售管理系统、库存管理系统、存货核算系统及总账系统间的数据传递关系。

## 二、实训内容

1.购销存业务日常处理。

2.往来业务日常处理。

3.供应链管理系统月末处理。

4.往来管理系统月末处理。

5.账套数据备份。

## 三、实训准备

引入“实训八”中的账套备份数据。

## 四、实训资料

实训9-1

原始凭证

### （一）日常业务处理

1.2023年1月12日，收到松花酒业有限公司开来上月已验收入库的100件松花酒的专用发票1张，票号为ZY60012，单价为450元。

【操作向导】

（1）业务环节。

04操作员在“采购管理→采购发票→专用采购发票”中参照期初入库单生成专用采购发票，保存后点击“结算”按钮办理采购结算。

（2）财务环节。

A.单货分别制单。

①02操作员在“应付款管理→应付单据处理→应付单据审核”中审核采购专用发票。

②02操作员在“应付款管理→制单处理”中选择发票制单生成记0027号凭证。

借：材料采购　45 000

　　应交税费/应交增值税/进项税额　5 850

　　贷：应付账款/应付货款　50 850

③02操作员在“存货核算→业务核算→结算成本处理”中选择该业务，点击“暂估”按钮办理结算成本处理。

④02操作员在“存货核算→财务核算→生成凭证”中选择红字回冲单和蓝字回冲单（报销），生成记0028号、记0029号凭证。

借：库存商品（红字）　45 000

　　贷：应付账款/暂估应付款（红字）　45 000

借：库存商品 45 000

贷：材料采购 45 000

B.结算制单。

①02操作员在“存货核算→财务核算→凭证列表”中删除记0028号、记0029号凭证。

②02操作员在“应付款管理→单据查询→凭证查询”中删除记0027号凭证。

③02操作员在“存货核算→财务核算→生成凭证”中选择红字回冲单和蓝字回冲单（报销），在“未生成凭证单据一览表”中选择红蓝回冲单并在表头“已结算采购入库单自动选择全部结算单上单据（包括入库单、发票、付款单），非本月采购入库单按蓝字报销单制单”（此后简称“结算制单”）选项前打勾，生成记0027号、记0028号凭证。

借：库存商品 （红字）45 000

贷：应付账款/暂估应付款 （红字）45 000

借：库存商品 45 000

应交税费/应交增值税/进项税额 5 850

贷：应付账款/应付货款 50 850

实训9-2

原始凭证

2.2023年1月12日，以汇兑方式偿付前欠松花酒业有限公司货款81 360元，结算票号为40023。

【操作向导】

财务环节：

①03操作员在“应付款管理→付款单据处理→付款单据录入”中录入付款单。

②02操作员在“应付款管理→付款单据处理→付款单据审核”中打开该付款单办理审核，然后点击“核销”按钮核销付款单；

③02操作员在“应付款管理→制单处理”中选择收付款单制单，生成记0029号凭证。现金流量编码：04。

借：应付账款/应付货款 81 360

贷：银行存款/工行存款 81 360

实训9-3

原始凭证

3.2023年1月12日，采购部徐文斌与声闻酒业有限公司签订订货合同，采购声闻酒300件，每件810元，付款条件为“2/10，1/20，n/60”，要求本月15日到货。

【操作向导】

业务环节：

04操作员在“采购管理→采购订货→采购订单”中填制采购订单并审核。

实训9-4

原始凭证

4.2023年1月12日，新丰酒业有限公司订购桑落酒180件，无税单价为450元，增值税税率为13%，要求本月15日发货，由销售部张晓燕经办。

【操作向导】

业务环节：

05操作员在“销售管理→销售订货→销售订单”中填制销售订单并审核。

5. 2023年1月13日，采购部陈良宇向元红酒业有限公司订购元红酒200件，单价为400元，香雪酒200件，单价为240元，要求本月17日到货。

实训9-5
原始凭证

【操作向导】

业务环节：

04操作员在“采购管理→采购订货→采购订单”中填制采购订单并审核。

6.2023年1月14日，收到福泰超市转账支票1张，票号为22147，金额为63 280元，支付前欠代销商品款。

实训9-6
原始凭证

【操作向导】

财务环节：

①03操作员在“应收款管理→收款单据处理→收款单据录入”中录入收款单。

②02操作员在“应收款管理→收款单据处理→收款单据审核”中打开该收款单，审核后选择立即制单，生成记0030号凭证，现金流量编码：01。

借：银行存款/工行存款　　63 280

　　贷：应收账款　　63 280

③凭证保存后返回收款单界面，点击“核销”按钮办理核销。

7.2023年1月15日，收到声闻酒业有限公司发来的货物及专用发票，发票号为ZY60015。收到声闻酒300件，验收入库时发现破损两瓶，属于合理损耗。货款未付，付款条件为“2/10，1/20，n/60”。

实训9-7
原始凭证

【操作向导】

（1）业务环节。

①04操作员在“采购管理→采购到货→到货单”中根据订单生成到货单并审核。

②06操作员在“库存管理→入库业务→采购入库单”中根据采购到货单（蓝字）生成采购入库单并审核，实收数量299.50件。

③04操作员在“采购管理→采购发票→专用采购发票”中根据采购订单生成专用采购发票。

④04操作员在“采购管理→采购结算→手工结算”中办理手工结算，选单后录入合理损耗数量0.50件。

（2）财务环节。

A.单货分别制单。

① 02操作员在“应付款管理→应付单据处理→应付单据审核”中审核采购专用发票。

②02操作员在“应付款管理→制单处理”中选择发票制单生成记0031号凭证。

借：材料采购　　243 000

　　应交税费/应交增值税/进项税额　　31 590

　　贷：应付账款/应付货款　　274 590

③02操作员在“存货核算→业务核算→正常单据记账”中办理正常单据记账。

④02操作员在“存货核算→财务核算→生成凭证”中选择采购入库单（报销记账）生成记0032号凭证。

借：库存商品 243 000

贷：材料采购 243 000

B.结算制单。

①02操作员在“存货核算→财务核算→凭证列表”中删除记0032号凭证。

②02操作员在“应付款管理→单据查询→凭证查询”中删除记0031号凭证。

③02操作员在“存货核算→财务核算→生成凭证”中选择采购入库单（报销记账），在“未生成凭证单据一览表”中选择采购入库单并在表头“结算制单”选项前打勾，生成记0031号凭证。附单据张数改为2张。

借：库存商品 243 000

应交税费/应交增值税/进项税额 31 590

贷：应付账款/应付货款 274 590

8.2023年1月15日，门市部累计向零散客户销售：松花酒42件，无税单价为750元；声闻酒56件，无税单价为1 300元；桑落酒48件，无税单价为500元；元红酒60件，单价为无税720元；香雪酒45件，单价为无税400元。全部为现销，款项全额收存银行。结算方式：其他。票号：20165。业务员：何涛。

实训9-8 原始凭证

【操作向导】

（1）业务环节。

①05操作员在“销售管理→零售日报→零售日报”中填制零售日报，保存后办理现结并复核。复核后系统自动生成发货单。

②06操作员在“库存管理→出库业务→销售出库单”中根据发货单分仓库生成销售出库单并审核。

（2）财务环节。

①02操作员在“应收款管理→应收单据处理→应收单据审核”中审核应收单据，查询条件界面要选中“包含已现结发票”，进入发票审核后立即制单生成记0032号凭证。现金流量编码：01。

借：银行存款/工行存款 214 135

贷：主营业务收入 189 500

应交税费/应交增值税/销项税额 24 635

②02操作员在“存货核算→业务核算→正常单据记账”中办理正常单据记账。

③02操作员在“存货核算→财务核算→生成凭证”中选择销售出库单合成记0033号凭证。

借：主营业务成本 114 882.32

贷：库存商品 114 882.32

实训9-9 原始凭证

9.2023年1月15日，发给新丰酒业有限公司桑落酒180件，本公司代垫运费1 200元，结算方式：其他，票号：68547，开出销售专用发票，货款尚未收到。

【操作向导】

（1）业务环节。

①05操作员在“销售管理→销售发货→发货单”中参照销售订单生成发货单并审核。

②05操作员在“销售管理→销售开票→销售专用发票”中参照发货单生成销售专用发票（XS035801）并复核，点击“代垫”按钮填写代垫费用单并审核。

③06操作员在“库存管理→出库业务→销售出库单”中参照发货单生成销售出库单并审核。

（2）财务环节

①02操作员在“应收款管理→应收单据处理→应收单据审核”中审核应收单据，审核后不立即制单。

②02操作员在“应收款管理→制单处理”中选择发票制单和应收单制单，合并生成记0034号凭证。现金流量编码：07。

借：应收账款 92 730

贷：主营业务收入 81 000

应交税费/应交增值税/销项税额 10 530

银行存款/工行存款 1 200

③02操作员在“存货核算→业务核算→正常单据记账”中办理正常单据记账。

④02操作员在“存货核算→财务核算→生成凭证”中选择销售出库单生成记0035号凭证。

借：主营业务成本 54 000

贷：库存商品 54 000

实训9-10 原始凭证

10.2023年1月15日，采购部张志朋向桑落酒业有限公司订购桑落酒200件，单价为300元，要求本月18日到货。

【操作向导】

业务环节：

04操作员在“采购管理→采购订货→采购订单”中填制采购订单并审核。

实训9-11 原始凭证

11.2023年1月16日，三味酒业有限公司向本公司订购声闻酒160件，双方的协商价格为1 250元/件，付款条件为“2/10，1/20，n/60”，要求本月18日和22日分两批发货，每次发货80件，开出销售专用发票，货款未收，由销售部张晓燕经办。

【操作向导】

（1）业务环节。

①05操作员在“销售管理→销售订货→销售订单”中填制销售订单并审核，按发货日期分为两行。

②05操作员在“销售管理→销售开票→销售专用发票”中参照销售订单生成销售专用发票（XS035802）并复核。系统自动生成发货单。

（2）财务环节。

02操作员在“应收款管理→应收单据处理→应收单据审核”中审核应收单据，审核后立即制单，生成记0036号凭证。

借：应收账款 226 000

贷：主营业务收入 200 000

应交税费/应交增值税/销项税额 26 000

12.2023年1月16日，新丰酒业有限公司向本公司订购声闻酒180件，无税单价为1 200元。本公司向声闻酒业有限公司订购声闻酒180件，原币单价为800元，要求本月21日将货物直接发给新丰酒业有限公司。由销售部林杰经办。

实训9-12

原始凭证

【操作向导】

业务环节：

①05操作员在“销售管理→销售订货→销售订单”中填制直运销售订单，订单表头的业务类型和销售类型均选择“直运销售”，保存后审核。

②04操作员在“采购管理→采购订货→采购订单”中增加采购订单，业务类型与采购类型选为直运采购，然后参照销售订单生成采购订单，选择供应商，输入原币单价及计划到货日期，保存后审核。

13.2023年1月16日，收到福泰超市委托代销结算清单，清单载明：销售松花酒96件，无税单价700元；声闻酒100件，无税单价1 200元；桑落酒92件，无税单价450元；增值税税率为13%。销售部根据清单开具相同金额的销售专用发票，并收到福泰超市开出的金额为200 000元的银行汇票一张，票号为62013，余款暂欠，财务人员进行确认收入及结转销售成本的账务处理。

实训9-13

原始凭证

【操作向导】

（1）业务环节。

①05操作员在“销售管理→委托代销→委托代销结算单”中参照委托代销发货单填制委托代销结算单，修改销售数量，录入无税单价，审核后选择“专用发票”生成销售专用发票（XS035803）。

②05操作员在“销售管理→销售开票→销售专用发票”中点击“末张”按钮找到XS035803销售专用发票，点击“现结”按钮办理现结并复核。

（2）财务环节。

①02操作员在“应收款管理→应收单据处理→应收单据审核”中审核销售专用发票（查询条件要选中“包含已现结发票”），审核后立即制单生成记0037号凭证。现金流量编码：01。

借：应收账款 58 318

银行存款/工行存款 200 000

贷：主营业务收入 228 600

应交税费/应交增值税/销项税额 29 718

②02操作员在“存货核算→业务核算→发出商品记账”中办理发出商品记账。

③02操作员在“存货核算→财务核算→生成凭证”中选择委托代销发出商品专用发票生成记0038号凭证，结转委托代销成本152 400元。

借：主营业务成本 152 400

贷：委托代销商品　　152 400

实训9-14
原始凭证

14.2023年1月17日，收到元红酒业有限公司根据1月13日订单发来的元红酒和香雪酒，发票号为ZY60086。其中：元红酒200件，单价为400元；香雪酒200件，单价为240元；增值税税率为13%。同时附有运费的专用发票，票号为YF84123，税率为9%，2 000元运费按合同规定由本公司承担，按采购数量分摊计入采购成本。经办人为采购部徐文斌。货物入黄酒库，货款上月已预付40 000元，余款当即以汇兑方式付清，结算票号为23506。

【操作向导】

（1）业务环节。

①04操作员在“采购管理→采购到货→到货单”中参照订单生成到货单并审核。

②06操作员在“库存管理→入库业务→采购入库单”中参照采购到货单（蓝字）生成采购入库单并审核。

③04操作员在“采购管理→采购发票→专用采购发票”中参照采购订单生成专用采购发票，点击“现付”按钮办理现付104 640元。在“采购管理→采购发票→专用采购发票”中填制运费专用发票并办理现付2 180元。

④04操作员在“采购管理→采购结算→手工结算”中办理手工结算，费用分摊方式选择“按数量”，点击“分摊”按钮分摊运费；点击“结算”按钮完成结算。

（2）财务环节。

A.单货分别制单。

①02操作员在“应付款管理→应付单据处理→应付单据审核”中审核专用采购发票，查询条件选择“包含已现结发票”；

②02操作员在“应付款管理→制单处理”中选择现结制单，合并生成记0039号凭证。现金流量编码：04。

借：材料采购　　130 000
　　应交税费/应交增值税/进项税额　　16 820
　　贷：应付账款/应付货款　　40 000
　　　　银行存款/工行存款　　106 820

③02操作员在“应付款管理→转账→预付冲应付”中办理预付冲应付手续，立即制单生成记0040号凭证。

借：预付账款（红字）　　40 000
借：应付账款/应付货款　　40 000

④02操作员在“存货核算→业务核算→正常单据记账”中办理正常单据记账。

⑤02操作员在“存货核算→财务核算→生成凭证”中选择采购入库单（报销记账）生成记0041号凭证。

借：库存商品　　130 000
　　贷：材料采购　　130 000

B.结算制单。

①02操作员在“存货核算→财务核算→凭证列表”中删除记0041号凭证。

②02操作员在“应付款管理→单据查询→凭证查询”中删除记0039号、0040号凭证。

③02操作员在“存货核算→财务核算→生成凭证”中选择采购入库单（报销记账），在“未生成凭证单据一览表”中选择采购入库单并在表头“结算制单”选项前打勾，生成记0039号凭证。现金流量编码：04，附单据张数改为3张。

借：库存商品　　130 000
　　应交税费/应交增值税/进项税额　　16 820
　　贷：银行存款　　106 820
　　　　应付账款/应付货款　　40 000

④02操作员在“应付款管理→制单处理”中选择预付冲应付制单，生成0040号凭证。

借：预付账款（红字）　　40 000
借：应付账款/应付货款　　40 000

15.2023年1月18日，按三味酒业有限公司要求发出声闻酒80件。

实训9-15
原始凭证

【操作向导】

（1）业务环节。

06操作员在“库存管理→出库业务→销售出库单”中参照发货单生单，在“销售发货单生单表体”中只选中第一行数据，出库数量为80件，生单后办理审核。

（2）财务环节。

①02操作员在“存货核算→业务核算→正常单据记账”中办理正常单据记账。

②02操作员在“存货核算→财务核算→生成凭证”中选择销售出库单生成记0041号凭证。

借：主营业务成本　　65 117.60
　　贷：库存商品　　65 117.60

16.2023年1月18日，新丰酒业有限公司向本公司订购元红酒100件，无税单价为700元，香雪酒80件，无税单价为360元，要求本月22日发货，由销售部林杰经办。

实训9-16
原始凭证

【操作向导】

业务环节：

05操作员在“销售管理→销售订货→销售订单”中填制销售订单并审核。

17.2023年1月18日，本月15日订购的桑落酒200件，单价300元，到货并验收入库196件，短缺4件是运输部门的责任，运输部门同意按含税采购价赔偿，收到票号为ZY60098的专用发票1张，货款未付。

实训9-17
原始凭证

02操作员在“基础设置→基础档案→业务”中新增非合理损耗类型：01，运输部门责任；02，管理不善。在“存货核算→初始设置→科目设置→非合理损耗科目”中将运输部门责任的非合理损耗科目设置为“122102客户往来”，管理不善的非合理损耗科目设置为“1901待处理财产损溢”。在客户档案中新增客户“达利运输”，编号为“03002”，工商银行账号为“321765062386”。

【操作向导】

（1）业务环节。

①04操作员在“采购管理→采购到货→到货单”中参照订单开出到货单并审核。

②06操作员在“库存管理→入库业务→采购入库单”中参照采购到货单（蓝字）生成采购入库单并审核，入库数量改为196件。

③04操作员在“采购管理→采购发票→专用采购发票”中参照订单生成采购专用发票。

④04操作员在“采购管理→采购结算→手工结算”中办理手工结算，在结算汇总中录入非合理损耗数量、非合理损耗金额、非合理损耗类型、进项税转出金额等，点击“结算”按钮完成采购结算。

（2）财务环节。

①02操作员在“应付款管理→应付单据处理→应付单据审核”中审核采购专用发票，不生成凭证。

②02操作员在“存货核算→业务核算→正常单据记账”中办理正常单据记账。

③02操作员在“存货核算→财务核算→生成凭证”中选择采购入库单（报销记账），在未生成凭证单据一览表界面，在表头“结算制单”选项前打勾，生成记0042号凭证，附单据2张。

| | | |
|---|---|---|
| 借：其他应收款/客户往来 | 1 356 | |
| 　　库存商品 | 58 800 | |
| 　　应交税费/应交增值税/进项税额 | 7 800 | |
| 　　应交税费/应交增值税/进项税额转出（红字） | 156 | |
| 　　贷：应付账款/应付货款 | | 67 800 |

18.2023年1月20日，销售部何涛和福泰超市续签代销协议，委托福泰超市代销松花酒，每件无税单价为700元；代销声闻酒，每件无税单价为1 200元；代销桑落酒，每件无税单价为450元。现向福泰超市发出松花酒、声闻酒、桑落酒各80件。

实训9-18

原始凭证

【操作向导】

（1）业务环节。

①05操作员在“销售管理→销售订货→销售订单”中填制并审核销售订单，注意业务类型和销售类型均选择“委托代销”。

②05操作员在“销售管理→委托代销→委托代销发货单”中参照订单生成委托代销发货单并审核。

③06操作员在“库存管理→出库业务→销售出库单”中参照委托代销发货单生成并审核销售出库单。

（2）财务环节。

①02操作员在“存货核算→业务核算→发出商品记账”中办理发出商品记账。

②02操作员在“存货核算→财务核算→生成凭证”中选择委托代销发出商品发货单生成记0043号凭证，结转发出商品成本125 117.60元。

借：委托代销商品 125 117.60

贷：库存商品 125 117.60

实训9-19 原始凭证

19.2023年1月21日，本公司收到声闻酒业有限公司的专用发票，票号为ZY60577，发票载明声闻酒180件，单价为800元，增值税税率为13%，货物已经发给新丰酒业有限公司，本公司尚未支付货款。

【操作向导】

（1）业务环节。

04操作员在“采购管理→采购发票→专用采购发票”中将业务类型选为“直运采购”，然后参照直运采购订单生成采购专用发票。

（2）财务环节。

①02操作员在“应付款管理→应付单据处理→应付单据审核”中审核专用采购发票

②02操作员在“应付款管理→制单处理”中选择发票制单，生成记0044号凭证。

借：材料采购 144 000

应交税费/应交增值税/进项税额 18 720

贷：应付账款/应付货款 162 720

实训9-20 原始凭证

20.2023年1月21日，本公司给新丰酒业有限公司开具销售专用发票，发票载明声闻酒180件，单价为1 200元，增值税税率为13%，款项尚未收到。

【操作向导】

（1）业务环节。

05操作员在“销售管理→销售开票→销售专用发票”中先将业务类型改为“直运销售”，然后参照直运销售订单生成销售专用发票（XS035804）并复核。

（2）财务环节。

①02操作员在“应收款管理→应收单据处理→应收单据审核”中审核销售专用发票，立即制单生成记0045号凭证。

借：应收账款 244 080

贷：主营业务收入 216 000

应交税费/应交增值税/销项税额 28 080

②02操作员在“存货核算→业务核算→直运销售记账”中办理直运销售记账。

③02操作员在“存货核算→财务核算→生成凭证”中选择直运销售发票，生成记0046号凭证。

借：主营业务成本 144 000

贷：材料采购 144 000

实训9-21 原始凭证

21.2023年1月22日，按三味酒业有限公司要求发出声闻酒80件。收到三味酒业有限公司汇来购货款221 480元，已扣除现金折扣4 520元，票号为31259。

【操作向导】

（1）业务环节。

06操作员在“库存管理→出库业务→销售出库单”中参照发货单生单，出库数量为80件，生单后审核销售出库单。

（2）财务环节。

①03操作员在“应收款管理→收款单据处理→收款单据录入”中录入收款单。

②02操作员在“应收款管理→收款单据处理→收款单据审核”中打开该收款单，审核后不立即制单，点击“核销”按钮进入单据核销界面，在下方双击选择2023-01-16的销售专用发票，系统填入本次折扣4 520元，本次结算221 480元，保存后完成核销。

③02操作员在“应收款管理→制单处理”中选择收付款单制单和核销制单，在应收制单列表中点击“合并”按钮，选中2023-01-22的收款单和核销单，去掉另外两张无关核销单的选择标志，点击“制单”按钮生成记0047号凭证，现金流量编码：01。

借：银行存款/工行存款　221 480

　　财务费用　4 520

　　贷：应收账款　226 000

④02操作员在“存货核算→业务核算→正常单据记账”中办理正常单据记账。

⑤02操作员在“存货核算→财务核算→生成凭证”中选择销售出库单生成记0048号凭证。

借：主营业务成本　65 117.60

　　贷：库存商品　65 117.60

实训9-22

原始凭证

22.2023年1月22日，按新丰酒业有限公司要求发出元红酒100件，单价为700元，香雪酒80件，单价为360元，开出销售专用发票，货款尚未收到。

【操作向导】

（1）业务环节。

①05操作员在“销售管理→销售发货→发货单”中参照销售订单生成发货单并审核。

②05操作员在“销售管理→销售开票→销售专用发票”中参照发货单生成销售专用发票（XS035805）并复核。

③06操作员在“库存管理→出库业务→销售出库单”中根据发货单生成并审核销售出库单。

（2）财务环节。

①02操作员在“应收款管理→应收单据处理→应收单据审核”中审核销售专用发票，立即制单生成记0049号凭证。

借：应收账款　111 644

　　贷：主营业务收入　98 800

　　　　应交税费/应交增值税/销项税额　12 844

②02操作员在“存货核算→业务核算→正常单据记账”中办理正常单据记账。

③02操作员在“存货核算→财务核算→生成凭证”中选择销售出库单生成记

0050号凭证。

借：主营业务成本　　60 260

　　贷：库存商品　　60 260

23.2023年1月23日，以汇兑方式支付声闻酒业有限公司货款269 098.20元，已扣除现金折扣5 491.80元，票号为61308。

实训9-23

原始凭证

【操作向导】

财务环节：

①03操作员在“应付款管理→付款单据处理→付款单据录入”中录入付款单。

②02操作员在“应付款管理→付款单据处理→付款单据审核”中审核付款单；点击“核销”按钮进入单据核销界面，双击下方2023-01-15的专用采购发票所在行，系统填入本次折扣5 491.80元，本次结算269 098.20元，保存后完成核销。

③02操作员在“应付款管理→制单处理”中选择收付款单制单和核销制单，在应付制单列表中点击“合并”按钮，选中2023-01-23的付款单和核销单，去掉另外三张无关核销单的选择标志，点击“制单”按钮生成记0051号凭证，其中财务费用改为借方红字。现金流量编码：04，附单据2张。

借：应付账款/应付货款　　274 590

　　财务费用（红字）　　5 491.80

　　贷：银行存款/工行存款　　269 098.20

24.2023年1月25日，收到中兴超市委托代销结算清单，清单载明：销售元红酒95件，无税单价为680元；香雪酒90件，无税单价为380元；增值税税率为13%。销售部根据清单开具销售发票，货款尚未收回。财务人员进行确认收入及结转销售成本的账务处理，元红酒的发出单价为410元，香雪酒的发出单价为250元。

实训9-24

原始凭证

（1）业务环节。

①05操作员在“销售管理→委托代销→委托代销结算单”中参照委托代销发货单填制委托代销结算单，修改销售数量，录入无税单价，审核后选择“专用发票”生成销售专用发票（XS035806）。

②05操作员在“销售管理→销售开票→销售专用发票”中点击“末张”按钮找到XS035806销售专用发票，点击“复核”按钮办理复核。

（2）财务环节。

①02操作员在“应收款管理→应收单据处理→应收单据审核”中审核销售专用发票，审核后立即制单生成记0052号凭证。

借：应收账款　　111 644

　　贷：主营业务收入　　98 800

　　　　应交税费/应交增值税/销项税额　　12 844

②02操作员在“存货核算→业务核算→发出商品记账”中办理发出商品记账。

③02操作员在“存货核算→财务核算→生成凭证”中选择委托代销发出商品专用发票生成记0053号凭证。

实训9-25

原始凭证

借：主营业务成本　　61 450

　　贷：委托代销商品　　61 450

25.2023年1月25日，新丰酒业有限公司要求退回元红酒20件，本公司同意退货，元红酒已验收入库。

【操作向导】

(1) 业务环节。

①05操作员在“销售管理→销售发货→退货单”中参照2023-01-18销售订单中的元红酒生成退货单并审核，退货数量改为“-20”。

②05操作员在“销售管理→销售开票→红字销售专用发票”中参照发货单生成红字销售发票XS035807（查询时选择发货单类型为红字记录）并复核。

③06操作员在“库存管理→出库业务→销售出库单”中生成红字销售出库单并审核。

(2) 财务环节。

①02操作员在“应收款管理→应收单据处理→应收单据审核”中审核红字销售发票并立即制单生成记0054号凭证。

借：应收账款（红字）　　15 820

　　贷：主营业务收入（红字）　　14 000

　　　　应交税费/应交增值税/销项税额（红字）　　1 820

②02操作员在“应收款管理→转账→红票对冲→手工对冲”的红票对冲条件中选择客户“新丰酒业”，在红票对冲界面双击1月22日的销售发票，系统填入对冲金额15 820元，保存后完成红票对冲。

③02操作员在“存货核算→业务核算→正常单据记账”中办理正常单据记账。

④02操作员在“存货核算→财务核算→生成凭证”中选择销售出库单生成记0055号凭证。

借：主营业务成本（红字）　　8 139

　　贷：库存商品（红字）　　8 139

实训9-26

原始凭证

26.2023年1月27日，收到中兴超市开出的转账支票一张，票号为25021，用于支付1月25日委托代销结算款111 644元。

【操作向导】

财务环节：

①03操作员在“应收款管理→收款单据处理→收款单据录入”中录入收款单。

②02操作员在“应收款管理→收款单据处理→收款单据审核”中选择收款单进行审核，审核后立即制单生成记0056号凭证。现金流量编码：01。

借：银行存款/工行存款　　111 644

　　贷：应收账款　　111 644

③02操作员关闭凭证，返回收款单界面点击“核销”按钮办理核销。

实训9-27

原始凭证

27.2023年1月31日，门市部累计向零散客户销售松花酒26件，单价为750元；声闻酒23.5件，单价为1 300元；桑落酒48件，单价为500元；元红酒62件，单价为720元；香雪酒72件，单价为400元。全部为现销，款项全额收存银行。结算方式：

其他。票号：65185。业务员：何涛。

【操作向导】

（1）业务环节。

①05操作员在“销售管理→零售日报→零售日报”中填制零售日报，保存后办理现结并复核。复核后系统自动生成发货单。

②06操作员在“库存管理→出库业务→销售出库单”中根据发货单分仓库生成销售出库单并审核。

（2）财务环节。

①02操作员在“应收款管理→应收单据处理→应收单据审核”中审核应收单据，查询条件界面要选中“包含已现结发票”，进入发票审核后立即制单生成记0057号凭证，现金流量编码：01。

借：银行存款/工行存款 166 663.70
　　贷：主营业务收入 147 490
　　　　应交税费/应交增值税/销项税额 19 173.70

②02操作员在“存货核算→业务核算→正常单据记账”中办理正常单据记账。

③02操作员在“存货核算→财务核算→生成凭证”中选择销售出库单合成记0058号凭证。

借：主营业务成本 88 066.08
　　贷：库存商品 88 066.08

实训9-28
原始凭证

28.2023年1月31日，对所有存货进行盘点：松花酒实存50件，声闻酒实存110件，桑落酒实存100件，元红酒实存88件，香雪酒实存68件。松花酒短缺2件为仓管员吴丽芳保管不当造成损毁，经领导指示，损失由吴丽芳承担50%。

【操作向导】

（1）业务环节。

①06号操作员在“库存管理→盘点业务”中按仓库增加盘点单，选择盘点仓库，点击“盘库”按钮，选择按仓库盘点，生成盘点单，在“盘点数量”栏录入存货实际盘存数，保存后审核，系统自动根据盘亏存货生成其他出库单。

②06号操作员在“库存管理→出库业务→其他出库单”中点击“末张”按钮，审核系统生成的其他出库单。

（2）财务环节。

①02号操作员在“存货核算→业务核算→正常单据记账”中办理正常单据记账。

②02号操作员在“存货核算→财务核算→生成凭证”中选择其他出库单生成记0059号凭证，录入对方科目编码“1901”，凭证中插入“22210103进项税额转出（红字）117元”，共计待处理财产损溢1 017元。

借：应交税费/应交增值税/进项税额转出（红字） 117
　　待处理财产损溢 1 017
　　贷：库存商品 900

③02号操作员在总账系统填制记0060号凭证，处理盘亏损失，由吴丽芳承担的50%列入其他应收款，其余列入管理费用。附单据1张。

| | | |
|---|---|---|
| 借：其他应收款/个人往来 | 508.50 | |
| 　　管理费用/其他费用 | 508.50 | |
| 　　贷：待处理财产损溢 | | 1 017 |

在“总账→凭证→查询凭证”中查询全部记账凭证，凭证共60张，发生额合计为5 022 770.80元。

### （二）期末处理

1.03号操作员出纳陈慧玲进行出纳签字。

2.01号操作员账套主管刘志伟注册进入总账系统，对已生成凭证进行审核。

3.02号操作员在总账系统对已审核凭证进行记账。

4.04号操作员在采购管理系统关闭已完成业务采购订单（采购订单列表中批量处理），办理月末结账。

5.05号操作员在销售管理系统关闭已完成业务销售订单（销售订单列表中批量处理），办理月末结账。

6.06号操作员在库存管理系统办理月末结账。

7.02号操作员在存货核算系统办理期末处理并进行月末结账。

将账套数据备份到“实训九”中的“完成期末处理”文件夹。日常业务处理过程中的备份由学生根据进度按业务号建立文件夹存放备份数据。

# 项目八

## 总账系统（二）

【技能目标】

1. 掌握银行对账单引入接口模板制作、银行对账及错账修改等操作技能。
2. 掌握总账系统自动转账定义及转账生成的操作技能，掌握总账系统期末对账、结账及反结账等操作技能。

【思政目标】

1. 银行对账是保证资金安全的最重要手段，通过银企对账能有效地加强企业的财务管理。通过教学实训强化学生遵纪守法的理念，在出纳岗位上要禁得住诱惑，忠于职守，廉洁奉公。培养会计人员的职业道德与职业操守，加强安全风险防控意识。
2. 通过准确无误地设置自动转账，培养学生苦心钻研、传承技艺的工匠精神，激励学生们刻苦钻研学习专业知识，提高专业素质。

# 任务一　银行对账

## ◆技能点8-1　银行对账

### 一、录入银行对账期初数据

为了保证银行对账的正确性，第一次使用银行对账功能进行对账之前，必须先将企业银行存款日记账余额、银行对账单余额及双方未达账项录入到系统中。在开始使用银行对账之后一般不再使用本功能。

【操作要点】

在业务工作导航目录中选择“财务会计→总账→出纳→银行对账→银行对账期初录入”项，选择银行科目后单击“确定”按钮，屏幕显示银行对账期初录入窗口，如图8-1所示。在“银行对账期初”窗口分别录入该银行账户的启用日期、单位日记账及银行对账单的调整前余额；单击“对账单期初未达项”按钮，录入启用日期前尚未进行两清勾对的银行对账单；单击“日记账期初未达项”按钮，录入期初未进行两清勾对的单位日记账。系统将根据调整前余额及期初未达项自动计算出银行对账单与单位日记账的调整后余额。若录入正确，则单位日记账与银行对账单的调整后余额应平衡。

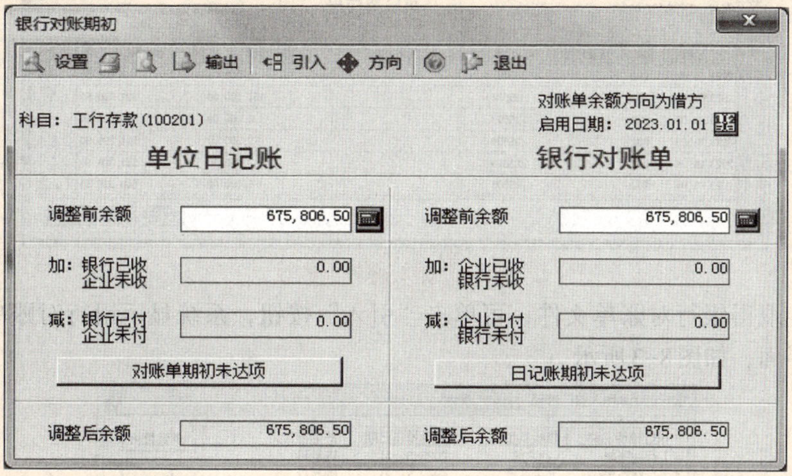


图8-1　录入银行对账期初

【提示】

（1）录入的银行对账单、单位日记账的期初未达项的发生日期不能大于等于此银行科目的启用日期。

（2）录入完单位日记账、银行对账单期初未达项后，不要随意调整启用日期，尤其是向前调，这样可能会造成启用日期后的期初数不能再参与对账。

（3）若某银行科目已进行过对账，在期初未达项录入中，对于已勾对或已核销的记录不能再修改。

(4) 银行对账单余额方向为借方时，借方发生表示银行存款增加，贷方发生表示银行存款减少；反之，借方发生表示银行存款减少，贷方发生表示银行存款增加。系统默认银行对账单余额方向为借方，单击“方向”按钮可调整银行对账单余额方向。

(5) 在执行对账功能之前，应将“银行对账期初”中的“调整后余额”调平，否则，在对账后编制银行存款余额调节表时，会造成银行存款与单位银行账的账面余额不平。

## 二、录入银行对账单

银行对账单是银行和企业之间对资金流转情况进行核对和确认的凭单。银行对账单功能用于录入或导入银行对账单。

【操作要点】

在业务工作导航目录中选择“财务会计→总账→出纳→银行对账→银行对账单”项，选择指定银行科目后进入银行对账单输入窗口，单击“增加”按钮可增加一笔银行对账单，录入日期、结算方式、票号、金额等信息后，系统在余额栏自动计算银行对账单最新余额，按回车键系统保存当前记录并新增一行记录，自动将上一条记录的日期携带下来，并处于输入状态，如图8-2所示。

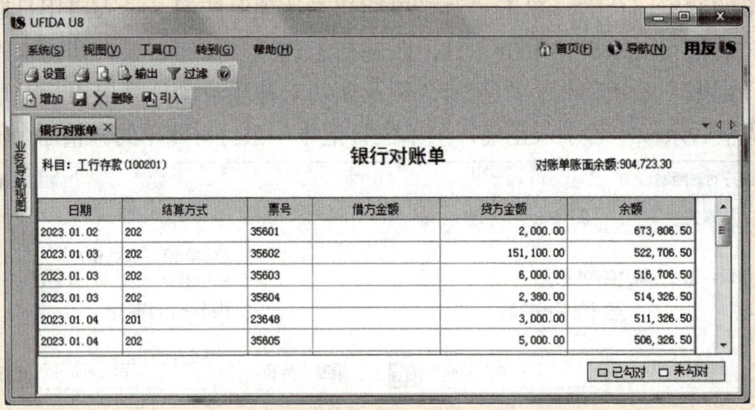


图8-2　录入银行对账单

若能取得银行对账单文件，可单击“引入”按钮，系统显示银行对账单引入接口管理界面，如图8-3所示。

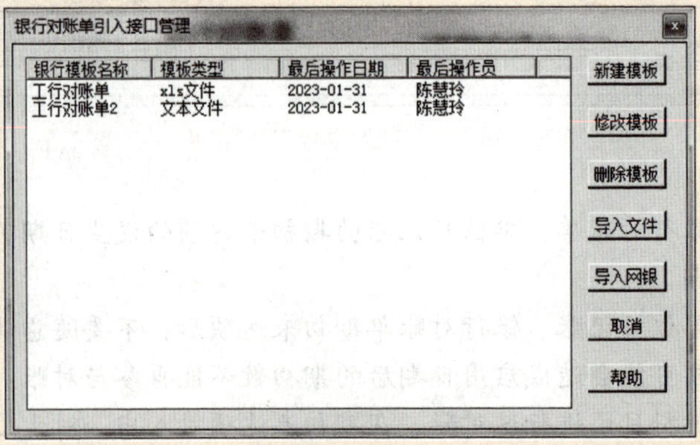


图8-3　银行对账单引入接口管理

单击“新建模板”按钮，屏幕显示模板制作向导对话框，输入模板名称，选择文件类型、日期格式、货币符号、金额格式等项目内容，如图8-4所示。单击“下一步”按钮，设置文本文件格式及文件格式，完成模板设置。

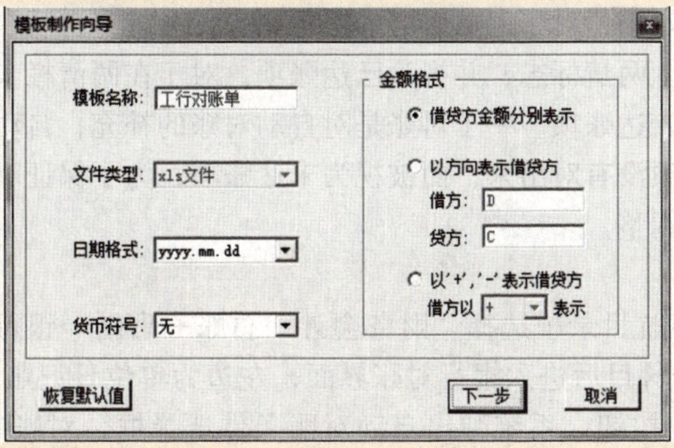


图8-4 模板制作向导

微课

自动对账功能失效了吗?

微课

对账单模板及对账文件常见问题

【故障诊断】

（1）问题描述：引入xls文件时，系统提示“日期长度不符”。

原因分析：

①模板中的日期格式为“yyyy.mm.dd”，录入日期数据时，月、日为1~9时，前面要加0补足两位，如2017年1月6日应录入“2017.01.06”，如果录入“2017.1.6”则系统报错。

②文件中有标题行时，模板中的起始行应设置为“2”，如果设为“1”则系统报错。

解决方法：日期录入错误的改对账单文件，起始行设置错误的修改模板。

（2）问题描述：引入txt文件时，系统提示“日期非法”，确定后提示“字段日期不能转换为日期，在第×行”。

原因分析：

①模板中的日期格式为“yyyy.mm.dd”，录入日期数据时，月、日为1~9时，前面要加0补足两位，如2017年1月6日应录入“2017.01.06”，如果录入“2017.1.6”则系统报错。

②日期分隔符用错，如“2017.01.06”录入时误为“2017，01.06”。

解决方法：根据提示在txt文件相应行次修改日期。

（3）问题描述：引入xls文件时，系统提示“有与模板中不相符的银行系统编码，请重新设置”，确定后提示“在导入第×行时出错”。

原因分析：

①模板中结算方式与文件中结算方式不符，如模板中将转账支票的源文件编码设为“202”，但对账单文件中该字段出现的是“转账支票”，系统不能识别。

②模板中账号与文件中账号不符，如模板中将100201工行存款的源文件编码设为“1”，但对账单文件中该字段出现的是“01”，系统不能识别。

解决方法：改对账单文件或修改模板，只要两者一致即可。

## 三、银行对账

银行对账采用自动对账与手工对账相结合的方式。自动对账是计算机根据对账依据自动进行核对、勾销，对于已核对上的银行业务，系统将自动在银行存款日记账和银行对账单双方写上两清标志，并视为已达账项，对于在两清栏未写上两清符号的记录，系统则视其为未达账项。手工对账是对自动对账的补充，自动对账后，可能还有一些特殊的已达账项没有对出来，而被视为未达账项，为了保证对账更彻底正确，可用手工对账来进行调整。

【操作要点】

在业务工作导航目录中选择“财务会计→总账→出纳→银行对账→银行对账”项，选择指定银行科目后进入银行对账界面，左边为单位日记账，右边为银行对账单。单击“对账”按钮，系统弹出自动对账条件选择框。对账单余额方向为借方时，方向相同、金额相同是必选条件；对账单余额方向为贷方时，方向相反、金额相同是必选条件；结算票号相同、结算方式相同、日期相差×之内为可选条件。在截止日期处直接或参照输入对账截止日期，系统默认的对账条件为日期相差12天之内，结算方式、票号相同。单击“确定”按钮，系统进行自动对账，对账两清的业务在“两清”栏加上标记“○”，且已两清的记录加了背景色，如图8-5所示。

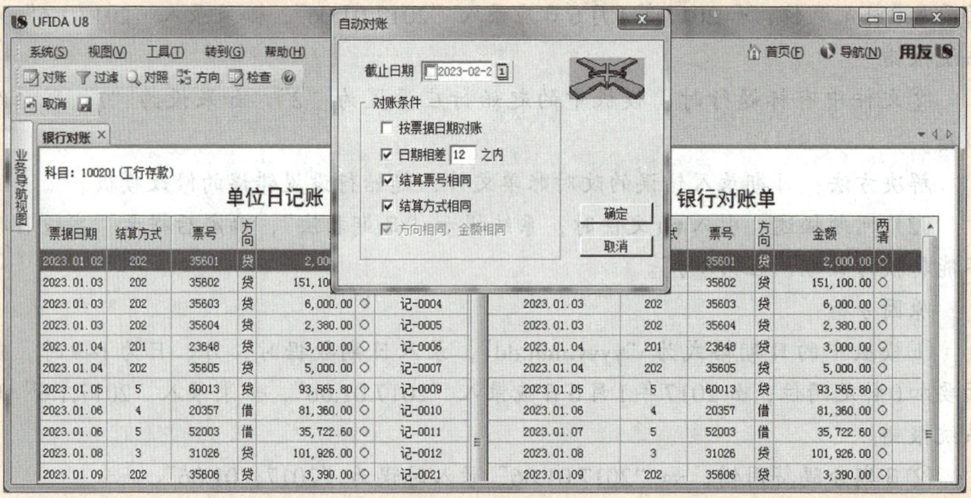


图8-5 自动对账

自动对账后，如果对账单中有记录同当前日记账相对应却未勾对上，可采用手工对账方式进行勾对：在当前单位日记账记录的“两清”区双击，将当前单位日记账标上两清标记“Y”，同样，双击银行对账单中对应的记录的两清区，标上两清标记“Y”。如果在对账单中有两笔以上记录同日记账对应，则所有对应的对账单都应标上两清标记。

如果要取消银行对账标志，系统提供了两种方式：

①手动取消勾对，双击要取消银行对账标志记录的“两清”区即可；

②自动取消勾对，单击“取消”按钮，屏幕显示反勾对月份范围录入窗口，选择要进行反对账的期间，单击“确定”按钮，系统将自动取消此期间已两清的银行

账的两清标志。

【故障诊断】

（1）问题描述：进行银行对账时，对账界面左边的单位日记账部分无记录。

原因分析：凭证未记账，或者前一次对账发现问题，反记账修改凭证后未重新记账。

解决方法：更换操作员，由有记账权限的操作员将未记账凭证记账，再由出纳进行银行对账。

（2）问题描述：存在期初未达账项并已录入，进行银行对账时，对账界面右边部分无记录。

原因分析：在银行科目选择对话框中起始月份选择为对账当月月份。

解决方法：重新进入银行对账功能，只确定对账结束月份即可。

微课

银行对账不符时如何处理?

## 四、编制余额调节表

在对银行账进行两清勾对后，便可调用此功能查询、打印银行存款余额调节表，以检查对账是否正确。

【操作要点】

在业务工作导航目录中选择“财务会计→总账→出纳→银行对账→余额调节表”项，屏幕显示所有银行科目的账面余额及调整余额。如要查看某科目的调节表，则将光标移到该科目上，然后单击“查看”按钮或双击该行，则可查看该银行账户的银行存款余额调节表。

【提示】

（1）在此查询到的余额调节表为截止到对账截止日期的余额调节表，若无对账截止日期，则为最新余额调节表。

（2）如果查询的余额调节表显示账面余额不平，请查看以下几处：“银行期初录入”中的“调整后余额”是否平衡；银行对账单录入是否正确；“银行对账”中勾对是否正确、对账是否平衡。如不平衡、不正确，请进行调整。

## 五、查询对账勾对情况

查询对账勾对情况功能用于查询单位日记账及银行对账单的对账结果。

【操作要点】

在业务工作导航目录中选择“财务会计→总账→出纳→银行对账→查询对账勾对情况”项，屏幕提示输入查询条件：输入要查找的银行科目，然后选择查询方式。系统提供显示全部、显示未达账、显示已达账等三种查询方式供选择，系统默认显示全部。输入查询条件后，单击“确定”按钮，屏幕显示查询结果。可以通过单击银行对账单、单位日记账选项卡切换显示对账情况。

## 六、核销已达账

在银行对账正确后，如果想将已达账删除并只保留未达账时，可使用核销已达账功能。

【操作要点】

在业务工作导航目录中选择“财务会计→总账→出纳→银行对账→核销银行账”项，选择要核销的银行科目，单击“确定”按钮，系统提示“您是否确实要进行银行账核销?”，选择“是”，系统提示“银行账核销完毕!”。核销后系统只显示未达账，但不影响银行日记账的查询和打印。如果银行对账不平衡，请不要使用本功能，否则将造成以后对账错误。

微课

如何进行反核销?

【回退操作功能：反核销】

点选“银行对账”菜单中的“核销银行账”，选择需要反核销的银行科目，按“Alt+U”组合键，系统提示“您是否确实要进行反核销?”，选择“是”，系统进一步提示“是否反核销此银行科目?”，选择“是”，系统提示“银行账核销完毕!”，单击“确定”按钮，在“核销银行账”对话框单击“取消”按钮，完成反核销操作，如果选择“确定”则再次核销。

## 标准习题

### 一、判断题

1.进行银行对账时，由于存在凭证输入不规范等情况，可能会造成一些特殊的已达账项未能被系统自动勾对出来，为了保证对账彻底准确，可以通过手工对账进行调整勾对。（ ）

2.启用日期前尚未进行两清勾对的银行对账单可单击“对账单期初未达项”按钮录入。（ ）

3.自动对账功能可实现一笔日记账记录与多笔对账单记录之间的勾对。（ ）

4.核销银行账后系统只显示未达账，但不影响银行日记账的查询和打印。（ ）

5.本月没有发生业务的账户不能查询、生成银行存款余额调节表。（ ）

6.在银行对账功能中，选择银行科目时可选择显示已核销银行账。（ ）

### 二、单项选择题

1.核销银行账界面按（ ）组合键可以进行反核销操作。

A.“Alt+U”　B.“Ctrl+U”　C.“Alt+H”　D.“Ctrl+H”

2.手工对账的两清标记是（ ）。

A.○　B.Y　C.￥　D.=

3.对账单余额方向为借方时，自动对账条件选择框中（ ）是必选条件。

A.方向相同、金额相同　B.方向相反、金额相同

C.结算票号相同　D.结算方式相同

4.点击“取消”按钮取消银行对账标志时，其范围是（ ）。

A.全部手工对账标志　B.全部自动对账标志

C.全部对账标志　D.选定行次对账标志

5.在执行对账功能之前，应将（ ）中的“调整后余额”调平，否则会造成银

行存款与单位银行账的账面余额不平。

A.银行对账期初　　B.对账单期初未达项

C.日记账期初未达项　　D.银行对账单

### 三、多项选择题

1.银行对账是指（　　）之间的核对。

A.银行对账单　　B.转账支票

C.银行存款日记账　　D.库存现金日记账

2.定义银行对账单模板时，金额格式可选（　　）。

A.借贷分别表示　　B.以方向表示

C.以“+”“-”表示　　D.以文字表示

3.在自动对账条件选择中，（　　）为可选条件。

A.结算票号相同　　B.结算方式相同

C.方向金额相同　　D.结算日期相同

4.银行对账单引入接口模板的文件类型可为（　　）。

A.文本文件　　B.dbf文件　　C.mdb文件　　D.xls文件

5.在查询对账勾对情况功能中，系统提供的查询方式有（　　）。

A.显示全部　　B.显示未达账　　C.显示已达账　　D.显示指定月份

参考答案

# 任务二　期末处理

## ◆技能点8-2　总账系统期末处理

### 一、自动转账定义

自动转账定义包括自定义转账设置、对应结转设置、销售成本结转设置、汇兑损益结转设置、期间损益结转设置、自定义比例结转设置、费用摊销和预提设置。

#### （一）自定义转账设置

自定义转账功能可以完成的转账业务主要有费用分配的结转、税金计算的结转、提取各项费用的结转、部门核算的结转、项目核算的结转、个人核算的结转、客户核算的结转、供应商核算的结转等。如果客户和供应商使用应收、应付款管理系统，那么在总账系统中不能按客户、供应商辅助项进行结转，只能按科目总数进行结转。若没有单独使用固定资产子系统、工资核算子系统，那么固定资产折旧的计提、工资及其附加费的计提均可设置自定义转账进行处理。

【操作要点】

在业务工作导航目录中选择“财务会计→总账→期末→转账定义→自定义转账”项，屏幕弹出自定义转账设置窗口。单击“增加”按钮，屏幕弹出凭证主要信息录入窗口。录入转账序号和转账说明，选择凭证类别，单击“确定”按钮返回自定义转账设置窗口；单击“增行”按钮，设置窗口增加一行空白记录，并将转账说明自动列入摘要栏，定义转账凭证分录信息，完成后单击“保存”按钮完成自动转账设置，如图8-6所示。

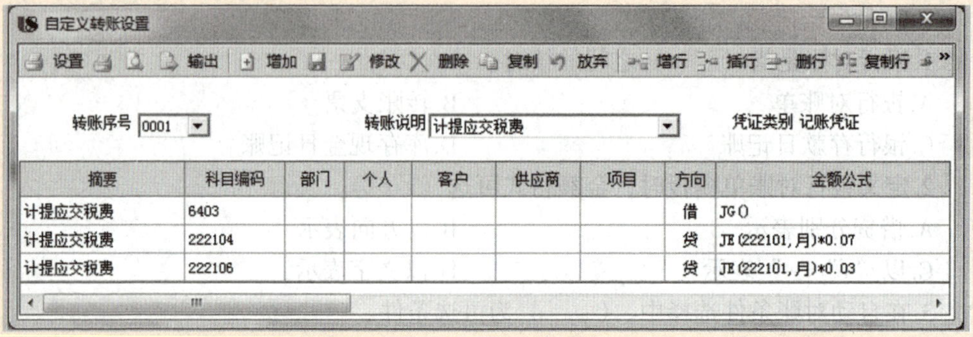


图8-6 自定义转账设置

微课

自定义转账设置举例

【自动转账金额公式定义提要】

1.取数函数格式。

函数名（科目编码，会计期间，方向，辅助项1，辅助项2）

在取数函数中，科目编码可以为非末级科目，各辅助项必须为末级，辅助项最多可定义两个。

2.函数内容说明。

（1）函数名。QC（期初余额）、WQC（外币期初余额）、SQC（数量期初余额）、QM（期末余额）、WQM（外币期末余额）、SQM（数量期末余额）、FS（发生额）、WFS（外币发生额）、SFS（数量发生额）、LFS（累计发生额）、WLFS（外币累计发生额）、SLFS（数量累计发生额）、JE（净发生额）、WJE（外币净发生额）、SJE（数量净发生额）、JG（取对方科目计算结果）、WJG（取对方科目外币计算结果）、SJG（取对方科目数量计算结果）、CE（借贷平衡差额）、WCE（外币借贷平衡差额）、SCE（数量借贷平衡差额）。

（2）科目编码。用于确定取哪个科目的数据，科目编码必须是总账系统中已定义的会计科目编码。如果转账凭证明细科目栏的科目与公式中的科目编码相同，则公式中的科目编码可省去不写。例如QM（）表示取当前分录左边科目栏定义的科目的月末余额。

（3）会计期间。可输入“年”或“月”或输入“1”“2”…“12”。如果输入“年”则按当前会计年度取数，如果输入“月”则按结转月份取数，如果输入“1”“2”等数字时，表示取此会计月的数据。会计期可以为空，为空时默认为“月”。当输入1~12的数字时，代表1~12的会计期，而不是自然月。例如QM（510201，月）、QM（510201，）都表示取510201科目结转月份的月末本币余额，QM（510201，3）表示取510201科目的第3个会计月的月末本币余额。

（4）方向。发生额函数或累计发生额函数的方向：用“J”或“j”或“借”或“Dr”（英文借方缩写）表示借方，用“D”或“d”或“贷”或“Cr”（英文贷方缩写）表示贷方，其意义为取该科目所选方向的发生额或累计发生额。余额函数的方向表示方式同上，但允许为空，其意义为取该科目所选方向上的余额，即：若余额在相同方向，则返回余额；若余额在相反方向，则返回0；若方向为空，则根据科目性质返回余额，如“1001库存现金”科目为借方科目，若余额在借方，则正常返回其余额，若余额在贷方，则返回负数。例如FS（410101，月，J）表示取410101科目的结转月份借方发生额，LFS（510101，7，贷）表示取510101科目的截止到7月的贷方累计发生额，QM（2103，月，贷）表示取2103科目的结转月份的贷方余额。

（5）辅助项。当科目为辅助核算科目时，可以指定辅助项取数。如果科目有两种辅助核算，则可输入两个末级辅助项。辅助项可输入编码也可输入名称，或者输入“*”，也可以不输入。如果输入辅助项，则按所输入的辅助项取数；如果输入“*”，则取科目总数；如果不输入，则按当前分录左边各辅助项栏中定义的辅助项取数。

（6）结果函数。如果输入JG（科目）则表示取转账中对方该科目发生额合计，如果输入JG（zzz）或JG（ZZZ）或JG（）则表示取对方所有科目发生额合计。

3.金额公式定义规则。

（1）本币取数函数与数量、外币取数函数可用“加、减、乘、除”及括号组合使用，加、减、乘、除分别用符号+、-、*、/表示。

（2）结果函数所在的转账分录若有辅助核算，则必须定义具体的辅助项。

（3）一张凭证中最多定义一个差额函数。

（4）一张凭证可以定义多个结果函数，但必须在同一方向。

（5）一张凭证可同时定义结果函数与差额函数，但必须在同一方向。

（6）如果一张凭证有差额函数，则在转账生成时总是最后执行差额函数。

【提示】定义自动转账凭证的取数公式时，在公式向导中选择“继续输入公式”，单击“下一步”后，如果出现的公式向导对话框中的栏目没有完全显示，可返回到上一步，再单击“下一步”，则屏幕显示恢复正常。

### （二）对应结转设置

对应结转可用于费用结转、费用分摊、应交税金结转、年度利润结转等转账业务，不仅可进行两个科目的一对一结转，还提供科目的一对多结转功能，对应结转的科目可为上级科目，但其下级科目的科目结构必须一致（相同明细科目），如有辅助核算，则两个科目的辅助账类也必须一一对应。本功能只结转期末余额。

【操作要点】

在业务工作导航目录中选择“财务会计→总账→期末→转账定义→对应结转”项，屏幕显示对应结转设置窗口。单击“增加”按钮，开始对应结转设置；输入转账凭证的编号、凭证类别、摘要、转出科目、转出科目名称和转出辅助项；点击“增行”按钮，增加一空行开始输入转入科目编码、转入科目名称、转入辅助项和结转系数等项；输入完成后单击“保存”按钮保存这张转账凭证的设置，如图8-7所示。

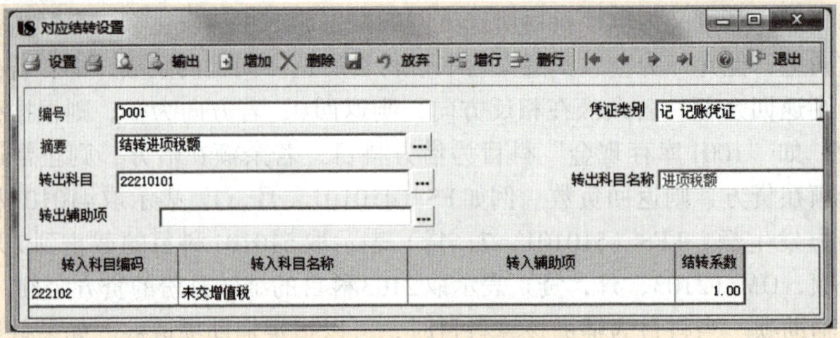


图8-7　对应结转设置

【提示】

（1）一张凭证可定义多行，转出科目及转出辅助项必须一致，转入科目及转入辅助项可不相同。

（2）转出科目与转入科目必须有相同的科目结构，但转出辅助项与转入辅助项可不相同。

（3）自动生成转账凭证时，如果同一凭证转入科目有多个，并且同一凭证的结转系数之和为1，则最后一笔结转金额为转出科目余额减当前凭证已转出的余额。

## （三）销售成本结转设置

销售成本结转，是将月末商品（或产成品）销售数量乘以库存商品（或产成品）的平均单价计算各类商品销售成本并进行结转。

【操作要点】

在业务工作导航目录中选择“财务会计→总账→期末→转账定义→销售成本结转”项，屏幕显示销售成本结转设置窗口。选择凭证类别，输入库存商品科目、商品销售收入科目、商品销售成本科目，可输入总账科目或明细科目，但要求这三个科目具有相同结构的明细科目，即要求库存商品科目和商品销售收入科目下的所有明细科目必须都有数量核算，且这三个科目的下级必须一一对应，输入完成后，系统自动计算出所有商品的销售成本，如图8-8所示。其中：数量=商品销售收入科目下某商品的贷方数量；单价=库存商品科目下某商品的月末金额÷月末数量；金额=数量×单价。

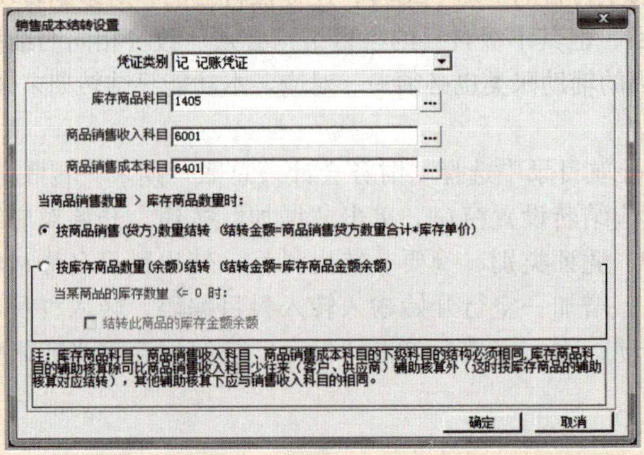


图8-8　销售成本结转设置

【提示】使用销售成本结转功能，要求库存商品科目、主营业务收入科目、主营业务成本科目及下级科目的结构必须相同，并且辅助账类必须完全相同，如辅助账类不同的科目结转成本，可在自定义转账功能中定义。金额公式：SFS（商品销售收入科目，月，贷）*（QM（库存商品科目，月）/SQM（库存商品科目，月）)，即商品销售收入科目下某商品的贷方数量*（库存商品科目下某商品的月末金额/月末数量）。

### （四）汇兑损益结转设置

汇兑损益结转用于期末自动计算外币账户的汇兑损益，并在转账生成中自动生成汇兑损益转账凭证，汇兑损益只处理以下外币账户：外汇存款户；外币现金；外币结算的各项债权、债务。不包括所有者权益类账户、成本类账户和损益类账户。

【操作要点】

在业务工作导航目录中选择“财务会计→总账→期末→转账定义→汇兑损益”项，屏幕显示汇兑损益结转设置窗口；在“汇兑损益入账科目”处输入汇兑损益科目的科目编码，将光标移到要计算汇兑损益的外币科目上按空格键选择需要计算汇兑损益的科目，或双击要计算汇兑损益的科目，系统在“是否计算汇兑损益”栏显示“Y”标志，单击“确定”按钮即可，如图8-9所示。

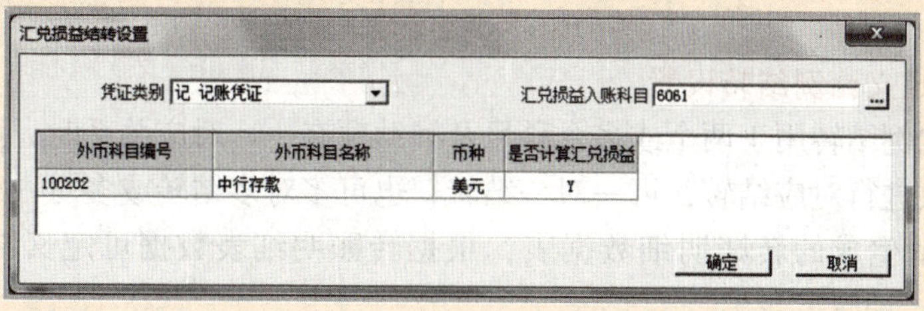


图8-9　汇兑损益结转设置

【提示】

（1）为了保证汇兑损益计算正确，填制某月的汇兑损益凭证时必须先将本月的所有未记账凭证先记账。

（2）汇兑损益入账科目若有辅助核算，则必须与外币科目的辅助账类一致或少于外币科目的辅助账类，且不能有数量外币核算。

（3）若启用了应收（应付）款管理系统，且在应收（应付）的选项中选择了“详细核算”，应先在应收（应付）款管理系统作汇兑损益，生成凭证并记账，再在总账作相应科目的汇兑损益。

### （五）期间损益结转设置

期间损益结转用于在一个会计期间终了将损益类科目的余额结转到本年利润科目中，从而及时反映企业利润的盈亏情况。

【操作要点】

在业务工作导航目录中选择“财务会计→总账→期末→转账定义→期间损益”项，屏幕显示期间损益结转设置窗口。在表格上方的“本年利润科目”栏中输入本年利润的科目编码“4103”，单击下方的表格，系统会自动将本年利润的科目名称和科目编码写入表中，如图8-10所示。

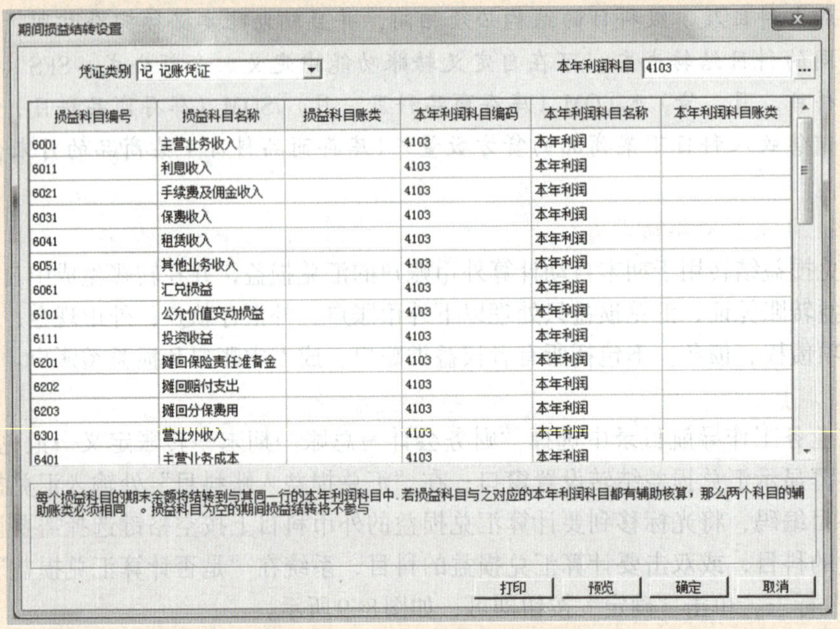


图8-10 期间损益结转设置

## （六）自定义比例结转设置

自定义比例结转用于两个或多个科目及辅助项有一一对应关系时，可将其余额按一定比例系数进行对应结转，可一对一结转，也可多对多结转或多对一结转。可在转账生成时显示生成的转账明细数据表，根据转账明细表数据可定义结转的金额和比率。

【操作要点】

在业务工作导航目录中选择“财务会计→总账→期末→转账定义→自定义比例结转”项，屏幕显示自定义比例结转设置窗口；单击“增加”按钮，开始自定义比例结转设置；输入转账凭证的编号、凭证类别、摘要、转出科目和转入科目方向等；单击“增行”按钮，增加一空行开始输入转入科目编码、转出科目编码；输入完成后点击“保存”按钮保存这张转账凭证的设置，如图8-11所示。

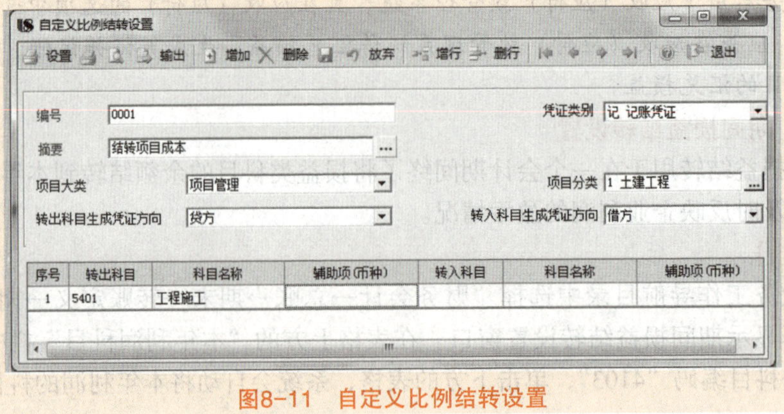


图8-11 自定义比例结转设置

### （七）费用摊销和预提设置

费用摊销和预提功能可实现分期等额摊销待摊费用和计提预提费用。费用摊销可针对已经计入待摊费用的数据进行分期摊销，按一定的结转比例或金额转入费用类科目。费用预提可按一定的结转比例或金额计提预提费用。可一对一结转，也可一对多结转。

【操作要点】

在业务工作导航目录中选择"财务会计→总账→期末→转账定义→费用摊销和预提"项，屏幕显示费用摊销和预提设置窗口。选择转账业务类型：费用摊销或费用预提；单击"增加"按钮，开始费用摊销和预提设置；输入转账凭证的编号、凭证类别、摘要、生成计划、待摊销凭证、待摊销科目（预提科目）、辅助项、待摊销总额（预提总额）、结转期数和结转金额等项；单击"增行"按钮，增加一空行开始输入转入费用科目、转入辅助项、摊销金额（预提金额）和结转比例等项，如图8-12所示；输入完成后单击"保存"按钮，保存这张转账凭证的设置。

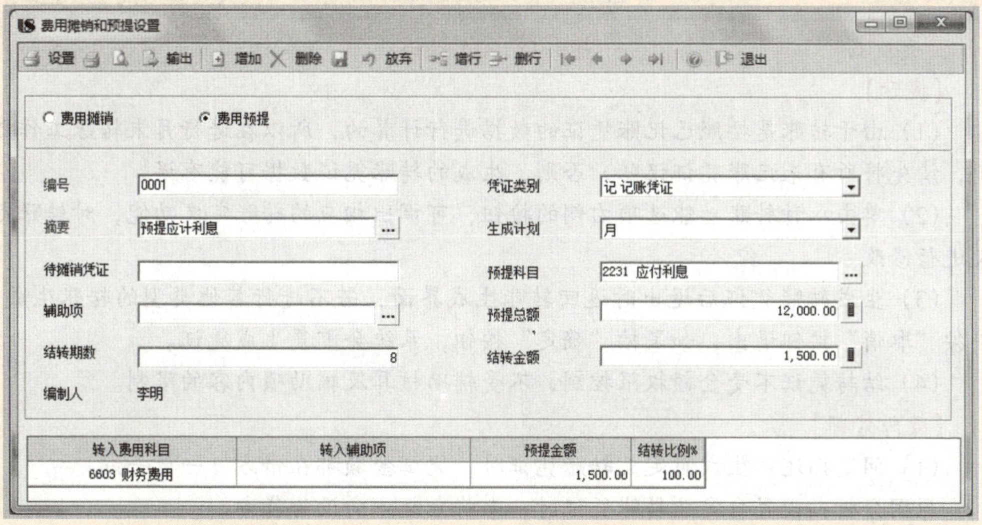


图8-12　费用摊销和预提设置

## 二、自动转账生成

在定义完转账凭证后，每月月末只需执行转账生成功能即可快速生成转账凭证，在此生成的转账凭证将自动追加到未记账凭证中。

【操作要点】

在业务工作导航目录中选择"财务会计→总账→期末→转账生成"项，选择要进行的转账工作、要进行结转的月份和要结转的凭证，在"是否结转"栏内选择是否结转，选中后显示不同的背景颜色，如图8-13所示。单击"确定"按钮，屏幕显示将要生成的转账凭证。若凭证类别、制单日期和附单据数与实际情况略有出入，可直接在当前凭证上进行修改。单击"保存"按钮将当前凭证追加到未记账凭证中，凭证左上角显示"已生成"字样。

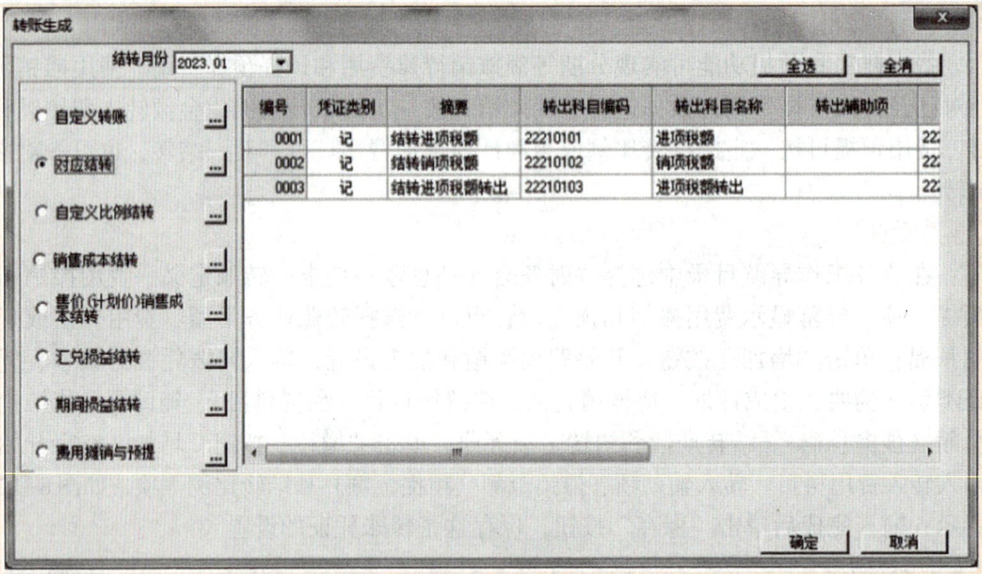


图8-13　转账生成

【提示】

(1) 由于转账是按照已记账凭证的数据进行计算的，所以在进行月末转账工作之前，请先将所有未记账凭证记账，否则，生成的转账凭证数据可能有误。

(2) 单击八种转账功能选项右侧的按钮，可调出相应的转账定义功能，对转账定义进行修改。

(3) 生成转账凭证后退出时返回转账生成界面，若不进行其他类型的转账生成，应按“取消”按钮退出，如果按“确定”按钮，系统会重复生成凭证。

(4) 结转凭证不受金额权限控制，不受辅助核算及辅助项内容的限制。

【故障诊断】

(1) 问题描述：生成自定义转账凭证时，凭证金额都在借方，一蓝一红。

原因分析：设置自定义转账凭证时，未将金额方向设为贷方。

解决方法：放弃当前生成的自定义转账凭证，返回自定义转账凭证设置功能，修改该凭证的金额方向。

(2) 问题描述：生成对应结转凭证时，系统提示“第××××号凭证余额均为零，不能生成凭证”。

原因分析：有两种可能：一是需要结转的科目本月确实未发生业务，没有发生额和余额，系统出现这个提示时应视为正常情况；二是该科目本月有业务发生，但凭证尚未记账。

解决方法：进行对应结转前，先将未记账凭证审核记账。

## 三、期末对账和结账

### (一) 对账

对账是对账簿数据进行核对，以检查记账是否正确，以及账簿是否平衡。它主要是通过核对总账与明细账、总账与辅助账数据来完成账账核对。一般说来，实行计算机记账后，只要记账凭证录入正确，计算机自动记账后各种账簿都应是正确、平衡的，但由于非法操作或计算机病毒或其他原因，有时可能会造成某些数据被破坏，因而引起账账不符，为了保证账证相符、账账相符，用户应经常使用本功能进行对账，至少一个月一次，一般可在月末结账前进行。

【操作要点】

在业务工作导航目录中选择“财务会计→总账→期末→对账”项，屏幕显示待对账的会计期间。双击要进行对账月份的“是否对账”栏，或将光标移到要进行对账的月份，单击“选择”按钮，选择对账月份。系统默认选中“检查科目档案辅助项与账务数据的一致性”选项。否则，只检查明细账、总账与辅助账的数据一致性，不再检查科目档案与明细账、辅助账的一致性。单击“对账”按钮，系统开始自动对账，如图8-14所示。若对账结果为账账相符，则对账月份的对账结果处显示“正确”。若对账结果为账账不符，则对账月份的对账结果处显示“错误”。按“错误”按钮可查看引起账账不符的原因。按“试算”按钮，可以对各科目余额进行试算平衡。

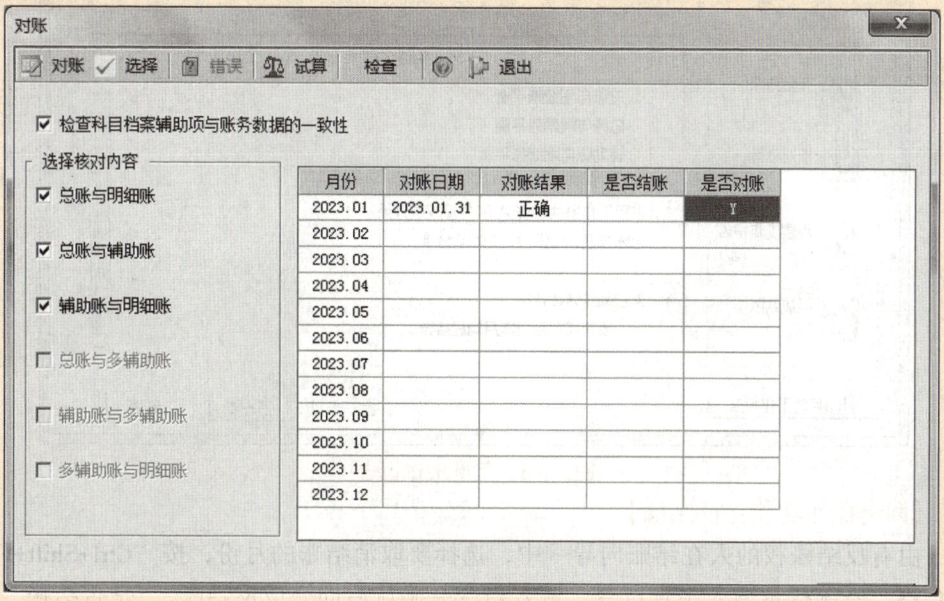


图8-14　对账

### （二）结账

在手工核算方式下，结账时应当结出每个账户的期末余额。需要结出当月发生额的，应当在摘要栏内注明“本月合计”字样，并在下面划通栏单红线。需要结出本年累计发生额的，应当在摘要栏内注明“本年累计”字样，并在下面划通栏单红线；全年累计发生额下面应当划通栏双红线。在电算化环境下，结账的做法与手工核算不同，结账的准确含义是“封账”，即结账后禁止在当期继续处理业务的各项功能，如不能输入、修改凭证，不能记账等。

【操作要点】

在业务工作导航目录中选择“财务会计→总账→期末→结账”项，进入结账功能，屏幕显示结账向导一“开始结账”，选择待结账的月份。单击“下一步”，屏幕显示结账向导二“核对账簿”。单击“对账”按钮，系统对要结账的月份进行账账核对，对账完成后，单击“下一步”，屏幕显示结账向导三“月度工作报告”，月度工作报告包括以下五个方面的内容：

①本月损益类未结转为零的一级科目；

②本月账面试算平衡情况；

③本月账账核对情况；

④本月工作量情况；

⑤其他系统结账状态。

月度工作报告如图8-15所示。查看工作报告后，单击“下一步”，屏幕显示结账向导四“完成结账”。单击“结账”按钮，若符合结账要求，系统将进行结账，否则不予结账。结账后，已结账月份在结账界面的“是否结账”栏显示“Y”标记。

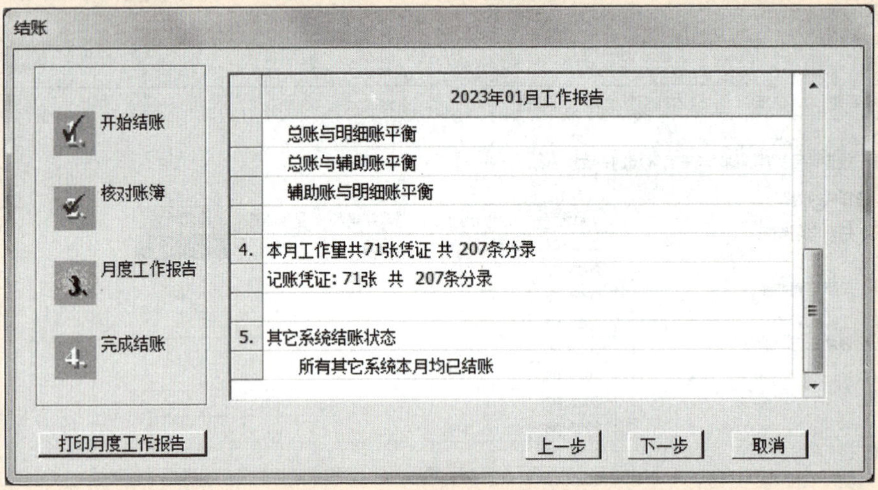


图8-15　月度工作报告

【回退操作功能：反结账】

由有反结账权的人在结账向导一中，选择要取消结账的月份，按“Ctrl+Shift+F6”组合键，系统提示输入主管口令，输入口令并确认后即完成反结账，“是否结账”栏的结账标记“Y”被取消。

【提示】

(1) 上月未结账，则本月不能记账，但可以填制、复核凭证。

(2) 本月还有未记账凭证时，则本月不能结账。

(3) 已结账月份不能再填制凭证。

(4) 若总账与明细账对账不符，则不能结账。

(5) 结账只能由有结账权的人进行；反结账操作只能由有反结账权的人进行。

(6) 若与其他系统联合使用，则其他系统未结账之前总账系统不得结账。

# 标准习题

## 一、判断题

1. 在总账系统中，上月未记账，本月可以先记账，但若上月未结账，则本月不能记账。（　　）

2. 每个月月末均需要先进行转账定义，再进行转账生成。（　　）

3. 若与其他系统联合使用，则其他系统未结账之前总账系统不得结账。（　　）

4. 在总账系统中定义期间损益结转自动转账分录时，若损益科目与本年利润科目都有辅助核算，则其辅助账类必须相同。（　　）

5. 在进行转账生成时，单击转账功能选项右侧的按钮，可调出相应的转账定义功能，对转账定义进行修改。（　　）

6. 总账系统的反结账操作只能由账套主管进行。（　　）

7. 转账生成的结转凭证不受金额权限控制，不受辅助核算及辅助项内容的限制。（　　）

8. 对应结转设置要求转出科目与转入科目必须有相同的科目结构和相同的辅助项。（　　）

9. 定义转账凭证金额公式时，取数函数的科目编码可以为非末级科目，各辅助项必须为末级。（　　）

10. 定义转账凭证金额公式时，一张凭证可同时定义结果函数与差额函数，但必须在同一方向。（　　）

## 二、单项选择题

1. 期末结转业务是企业在每个会计期间（　　）之前都要进行的固定业务。

A. 记账　　B. 凭证审核　　C. 出纳签字　　D. 结账

2. 在总账系统中，生成自动转账凭证前，需要将本月发生的经济业务（　　）。

A. 制成凭证　　B. 制成凭证并审核

C. 制成凭证并审核、记账　　D. 制成凭证并审核、记账、结账

3. 在总账系统中进行转账定义时，无须定义的是（　　）。

A. 凭证号　　B. 凭证类别　　C. 摘要　　D. 借贷方向

4. 下列关于结账操作的说法中，错误的是（　　）。

A. 上月未结账本月无法结账　　B. 结账在月末进行

C. 结账每月可以多次　　D. 结账每月只能一次

5. 定义自动转账金额公式时，如果不输入辅助项，则（　　）取数。

A. 不

B. 按当前分录左边各辅助项栏中定义的辅助项

C. 按科目总数

D. 按明细科目

6. 在用友软件的金额公式取数函数中，借方发生额的函数名是（　　）。

A.FS　　B.JF　　C.LFS　　D.JFS

## 三、多项选择题

1. 下列关于总账系统结账功能的说法中，正确的有（　　）。

A. 结账前，一般应进行数据备份　　B. 结账操作只能由会计主管进行

C. 已结账月份不能再填制记账凭证　　D. 结账功能每月可根据需要多次进行

2. 总账系统不能结账的原因可能有（　　）。

A. 当月有未记账凭证　　B. 上月未结账

C. 期初余额试算不平衡　　D. 子系统未结账

3. 自动转账凭证的使用条件有（　　）。

A. 每月有规律重复出现　　B. 科目基本不变

C. 数据来源基本不变　　D. 金额基本不变

4. 总账系统“转账定义”功能提供的多种转账功能有（　　）。

A. 自定义转账　　B. 对应结转　　C. 销售成本结转　　D. 期间损益结转

5. 自定义结转通常可用于（　　）方面的结转。

A. 费用分摊　　B. 提取各项费用　　C. 税金计算　　D. 费用分配

6. 当两个或多个科目及辅助项有一一对应关系时，可进行将其余额按一定比例系数进行对应结转，可（　　）。

A. 一对一结转　　B. 一对多结转　　C. 多对一结转　　D. 多对多结转

参考答案

7. 定义结果函数时，如果输入（　　）表示取对方所有发生额合计。

A.JG（zzz）　　B.JG（ZZZ）　　C.JG（2202）　　D.JG（　）

8. 发生额函数或累计发生额函数的借方用（　　）表示。

A.J　　B.j　　C. 借　　D.Dr

# 项目实训

## 实训十　银行对账

### 一、实训目的

掌握银行对账的操作方法。

### 二、实训内容

1. 录入银行对账期初。
2. 引入银行对账单。
3. 办理银行对账。
4. 查询银行存款余额调节表。
5. 核销银行账。
6. 账套数据备份。

## 三、实训准备

引入“实训九 完成期末处理”备份数据。

## 四、实训资料

### （一）录入银行对账期初

银行存款日记账（工行）及银行对账单（工行）月初余额均为675 806.50元，无未达账项。

### （二）引入银行对账单

1.新建对账单引入模板（xls文件）

选择文件中包含的字段：账号、结算方式。

【操作向导】

03操作员陈慧玲在“总账→出纳→银行对账→银行对账单”中点击“引入”按钮，在银行对账单引入接口管理界面点击“新建模板”按钮，选中账号、结算方式。

模板名称：工行对账单；文件类型：xls文件；日期格式：yyyy.mm.dd；货币符号：无；金额格式：借贷方金额分别表示。

字段转换对照表：账号的源文件编码“1”对应系统编码“100201”，源文件编码“2”对应系统编码“100202”。结算方式的源文件编码“1”“201”“202”“3”“4”“5”分别对应系统中的同名编码。

导入起始行：2；默认页签：1。对应对账单项目：账号位置为1，日期位置为2，结算方式位置为3，结算号位置为4，借方金额位置为5，贷方金额位置为6。

2.新建对账单文件

新建“2023年1月工行对账单. xls”文件，在工作表1中录入表8-1的内容并保存到“实训十”文件夹中。xlsx类型文件可通过“另存为”功能将保存类型改为xls类型文件。

表8-1　　2023年1月工行对账单　　金额单位：元

| 账号 | 日期 | 结算方式 | 结算号 | 借方金额 | 贷方金额 |
|---|---|---|---|---|---|
| 1 | 2023.01.02 | 202 | 35601 | | 2 000 |
| 1 | 2023.01.03 | 202 | 35602 | | 151 100 |
| 1 | 2023.01.03 | 202 | 35603 | | 6 000 |
| 1 | 2023.01.03 | 202 | 35604 | | 2 380 |
| 1 | 2023.01.04 | 201 | 23648 | | 3 000 |
| 1 | 2023.01.04 | 202 | 35605 | | 5 000 |
| 1 | 2023.01.05 | 5 | 60013 | | 93 565.80 |
| 1 | 2023.01.06 | 4 | 20357 | 81 360 | |
| 1 | 2023.01.07 | 5 | 52003 | 35 722.60 | |
| 1 | 2023.01.08 | 3 | 31026 | | 101 926 |
| 1 | 2023.01.09 | 202 | 35606 | | 3 390 |
| 1 | 2023.01.10 | 202 | 35607 | | 34 900 |
| 1 | 2023.01.12 | 4 | 40023 | | 81 360 |
| 1 | 2023.01.14 | 202 | 22147 | 63 280 | |
| 1 | 2023.01.15 | 5 | 20165 | 214 135 | |

续表

| 账号 | 日期 | 结算方式 | 结算号 | 借方金额 | 贷方金额 |
| --- | --- | --- | --- | --- | --- |
| 1 | 2023.01.15 | 5 | 68547 | | 1 200 |
| 1 | 2023.01.16 | 3 | 62013 | 200 000 | |
| 1 | 2023.01.17 | 4 | 23506 | | 106 820 |
| 1 | 2023.01.22 | 4 | 31259 | 221 480 | |
| 1 | 2023.01.23 | 4 | 61308 | | 269 098.20 |
| 1 | 2023.01.27 | 202 | 25021 | 111 644 | |
| 1 | 2023.01.31 | 5 | 65185 | 166 663.70 | |
| 1 | 2023.01.31 | 5 | 33261 | | 3 628.50 |

3.引入工行对账单

在银行对账单引入接口管理界面单击“导入文件”按钮，选择“实训十”文件夹中的“2023年1月工行对账单. xls”文件，导入工行对账单。导入记录23条，对账单账面余额为904 723.30元。

4.新建对账单引入模板（文本文件）

选择文件中包含的字段：账号、结算方式。

模板名称：工行对账单2；文件类型：文本文件；日期格式：yyyy-mm-dd；货币符号：无；金额格式：以‘+’、‘-’表示借贷方。

字段转换对照表：账号的源文件编码“1”对应系统编码“100201”，源文件编码“2”对应系统编码“100202”。结算方式的源文件编码“1”“201”“202”“3”“4”“5”分别对应系统中的同名编码。

文本文件格式：以分隔符区分字段；没有描述行；字段分隔符：逗号。

对应对账单项目：账号位置为1，日期位置为2，结算方式位置为3，结算号位置为4，金额位置为5。

5.修改对账单文件

打开“2023年1月工行对账单. xls”文件，另存为文本文件。

在“实训十”文件夹中打开“2023年1月工行对账单. txt”文件，删除第一行（原文件的标题行）；复制第二行字段间的空格，全部替换成“,”；复制文本中的“.01.”，全部替换成“-01-”；复制文本中的“,,”，全部替换成“, -”；保存文件。

6.引入工行对账单2

在银行对账单界面选中全部记录，点击“删除”按钮清空全部对账单记录，在银行对账单引入接口管理界面单击“导入文件”按钮，选择“工行对账单2”模板，选择“实训十”文件夹中的“2023年1月工行对账单. txt”文件，导入工行对账单。导入记录23条，对账单账面余额为904 723.30元。

### （三）进行银行对账（工行）

【操作向导】

自动对账条件选择结算方式相同、结算票号相同，对账后如果发现凭证中结算方式或结算票号差错，需要返回修改记账凭证，操作步骤如下：

①在银行对账界面，记录下对账不符的凭证号数。

②由账套主管刘志伟进行恢复记账前状态操作，可恢复到月初状态，再取消审核，如差错凭证不多，可指定凭证号恢复。

③由出纳陈慧玲取消出纳签字。

④由02号操作员（学生本人姓名）进行凭证修改。总账系统直接录入的凭证在填制凭证功能中修改，应收款管理系统、应付款管理系统、存货核算系统生成的凭证在相应系统修改。

⑤有错凭证全部修改正确后，再进行凭证后续处理（出纳签字、凭证审核、记账）。

⑥由出纳陈慧玲重新进行银行对账操作。

有许多同学前期实训过程中操作认真细致，自动对账全部相符，为练习记账后凭证修改功能，全体同学需要在“银行对账单”中，按表8-2手工修改业务的结算号，对账后按照上述6步程序进行凭证修改，直至全部对账正确。

表8-2　业务修改资料

| 账号 | 日期 | 结算方式 | 结算号 | 借方金额 | 贷方金额 |
| --- | --- | --- | --- | --- | --- |
| 1 | 2023.01.10 | 202 | 35607改为35608 |  | 34 900 |
| 1 | 2023.01.17 | 4 | 23506改为23605 |  | 106 820 |
| 1 | 2023.01.31 | 5 | 65185改为65158 | 16 663.70 |  |

### （四）查询银行存款余额调节表（工行），查询对账勾对情况

【提示】1月份银行存款余额调节表中未达账项为银行已付企业未付3 628.50元，调整后余额为904 723.30元。

### （五）核销银行账（工行），并练习反核销

【提示】反核销时在“核销银行账”功能中选择需要反核销的银行科目，按“Alt+U”组合键，系统提示“您是否确实要进行反核销?”，选择“是”，系统进一步提示“是否反核销此银行科目?”，选择“是”，系统提示“银行账核销完毕!”，单击“确定”按钮，在“核销银行账”对话框单击“取消”按钮，完成反核销操作。

将账套数据备份到“实训十”文件夹中。

# 实训十一　期末处理

## 一、实训目的

掌握总账系统、应收（应付）款管理系统期末处理的操作方法。

## 二、实训内容

1.期末转账定义。

2.期末转账生成。

3.期末凭证审核、记账。

4.对账、结账。

5.账套数据备份。

## 三、实训准备

引入“实训十”备份数据。

## 四、实训资料

### （一）期末转账定义

由02号操作员进行定义。

1.自定义转账设置

（1）计提城市维护建设税及教育费附加。

转账序号：0001，转账说明：计提应交税费；凭证类别：记账凭证；借方科目：6403；金额公式：JG（）；贷方科目1：222104；金额公式：JE（222101，月）*0.07；贷方科目2：222106；金额公式：JE（222101，月）*0.03。

设置金额公式时，结果函数JG（）可替换为差额函数CE（），净额函数JE可替换为期末函数QM，取数结果相同。

（2）计提应交企业所得税。

转账序号：0002，转账说明：计提应交企业所得税；凭证类别：记账凭证；借方科目：6801；金额公式：JE（4103，月）*0.25；贷方科目：222103，金额公式：JG（）。

2.对应结转设置

（1）编号：0001；摘要：结转进项税额；凭证类别：记账凭证；转出科目编码：22210101；转出科目名称：进项税额；转入科目编码：222102；转入科目名称：未交增值税；结转系数：1.00。

（2）编号：0002；摘要：结转销项税额；凭证类别：记账凭证；转出科目编码：22210102；转出科目名称：销项税额；转入科目编码：222102；转入科目名称：未交增值税；结转系数：1.00。

（3）编号：0003；摘要：结转进项税额转出；凭证类别：记账凭证；转出科目编码：22210103；转出科目名称：进项税额转出；转入科目编码：222102；转入科目名称：未交增值税；结转系数：1.00。

3.汇兑损益结转设置

凭证类别为记账凭证；汇兑损益入账科目为6061；中行存款（美元）计算汇兑损益。外币设置中录入美元1月末汇率6.5789。

4.期间损益结转设置

凭证类别为记账凭证；本年利润科目为4103。

5.费用摊销和预提设置

预提短期借款利息。编号：0001；摘要：预提应计利息；凭证类别：记账凭证；预提科目：2231 应付利息；预提总额：12 000元；结转期数：8；转入费用科目：6603 财务费用；预提金额：1 500元。

在“实训十一”文件夹中建立“完成转账定义”文件夹并进行账套数据备份。

## （二）期末业务处理

1.计提坏账准备

【操作向导】

02号操作员在应收款管理系统计提坏账准备，应收账款总额为572 312元，本次计提1731.56元，并生成记0061号凭证（确认后，本年度将不能再次计提坏账准备。这里因功能学习需要，设置计提坏账操作事项）。

借：资产减值损失　　1 731.56

　贷：坏账准备　　1 731.56

2.期末转账生成

在进行转账生成时，如果未记账凭证中的数据对本次生成凭证有影响，应对未记账凭证进行审核、记账后再生成。转账生成的凭证附单据数均为1张。

【操作向导】

（1）02号操作员进行自定义结转0001，生成记0062号凭证。

借：税金及附加　　8 110.77

　贷：应交税费/应交城市维护建设税　　5 677.54

　　　应交税费/应交教育费附加　　2 433.23

（2）02号操作员进行0001~0003的对应结转，生成记0063号、记0064号、记0065号凭证。

借：应交税费/应交增值税/进项税额（红字）　　81 170

　贷：应交税费/未交增值税（红字）　　81 170

借：应交税费/应交增值税/销项税额　　162 004.70

　贷：应交税费/未交增值税　　162 004.70

借：应交税费/应交增值税/进项税额转出　　273

　贷：应交税费/未交增值税　　273

（3）02号操作员进行汇兑损益结转，生成记0066号凭证。现金流量编码：23。

借：银行存款/中行存款　　5 551

　贷：汇兑损益　　5 551

（4）02号操作员进行费用预提0001，生成记0067号凭证。

借：财务费用　　1 500

　贷：应付利息　　1 500

（5）03号操作员对记0066号凭证进行出纳签字；账套主管刘志伟对记0061号~记0067号凭证进行审核；02号操作员对记0061~记0067号凭证进行记账。

（6）02号操作员进行期间损益结转，分别收支，生成记0068号、记0069号凭证。

借：主营业务收入　　1 246 190

　　汇兑损益　　5 551

　贷：本年利润　　1 251 741

借：本年利润　　1 017 069.73

贷：主营业务成本 797 154.60
税金及附加 8 110.77
销售费用/工资 26 900
销售费用/广告费 6 000
销售费用/折旧费 9 514.80
销售费用/社保费 8 000
管理费用/工资 88 575
管理费用/办公费/行政部 2 480
管理费用/办公费/财务部 200
管理费用/办公费/采购部 700
管理费用/办公费/销售部 800
管理费用/办公费/仓管部 200
管理费用/差旅费 2 635
管理费用/折旧费 24 939.20
管理费用/社保费 28 200
管理费用/其他费用 7 818
财务费用 805.60
资产减值损失 1 731.56
营业外支出 2 305.20

（7）账套主管刘志伟对记0068号、记0069号凭证进行审核。02号操作员对记0068号、记0069号凭证进行记账。

（8）02号操作员进行自定义结转0002，生成记0070号凭证。

借：所得税费用 58 667.82
贷：应交税费/应交企业所得税 58 667.82

（9）账套主管刘志伟对记0070号凭证进行审核。02号操作员对记0070号凭证进行记账。

（10）02号操作员进行期间损益结转，生成记0071号凭证。

借：本年利润 58 667.82
贷：所得税费用 58 667.82

（11）账套主管刘志伟对记0071号凭证进行审核。02号操作员对记0071号凭证进行记账。

在“总账→凭证→查询凭证”中查询已记账凭证，凭证共71张，发生额合计为7 506 918.20元。

### （三）对账、结账

1.02号操作员办理应收款管理系统及应付款管理系统月末结账。

2.02号操作员办理总账系统对账、结账。

3.查询并输出1月份科目汇总表，科目汇总级次为1~3级，以Excel 97-2000为保存类型保存到备份文件夹“实训十一”中，文件名为“2023年1月科目汇总表．xls”。

4.在文件夹“实训十一”中建立“完成结账”文件夹并进行账套备份。

2023年1月份科目汇总表见表8-3。

表8-3　2023年1月份科目汇总表　金额单位：元

| 科目编码 | 科目名称 | 金额合计借方 | 金额合计贷方 |
|---|---|---|---|
| 1001 | 库存现金 | 3 365 | 3 000 |
| 1002 | 银行存款 | 1 099 836.30 | 861 740 |
| 100201 | 工行存款 | 1 094 285.30 | 861 740 |
| 100202 | 中行存款 | 5 551 | 0 |
| 1121 | 应收票据 | 0 | 36 000 |
| 1122 | 应收账款 | 828 596 | 482 284 |
| 1123 | 预付账款 | -40 000 | 0 |
| 1221 | 其他应收款 | 4 864.50 | 3 000 |
| 122101 | 个人往来 | 3 508.50 | 3 000 |
| 122102 | 客户往来 | 1 356 | 0 |
| 1231 | 坏账准备 | 0 | 1 731.56 |
| 1401 | 材料采购 | 144 000 | 144 000 |
| 1405 | 库存商品 | 431 800 | 565 322.20 |
| 1406 | 委托代销商品 | 125 117.60 | 213 850 |
| 1601 | 固定资产 | 453 000 | 6 000 |
| 1602 | 累计折旧 | 3 694.80 | 34 454 |
| 1604 | 在建工程 | 34 900 | 450 000 |
| 1606 | 固定资产清理 | 2 305.20 | 2 305.20 |
| 1901 | 待处理财产损溢 | 1 017 | 1 017 |
| 资产小计 | | 3 092 496.40 | 2 804 703.96 |
| 2201 | 应付票据 | 0 | 84 750 |
| 2202 | 应付账款 | 582 626 | 550 960 |
| 220201 | 应付货款 | 582 626 | 595 960 |
| 220202 | 暂估应付款 | 0 | -45 000 |

续表

| 科目编码 | 科目名称 | 金额合计借方 | 金额合计贷方 |
|---|---|---|---|
| 2211 | 应付职工薪酬 | 115 475 | 174 799.50 |
| 221101 | 工资 | 115 475 | 117 784.50 |
| 221102 | 社会保险 | 0 | 35 295 |
| 221103 | 住房公积金 | 0 | 21 720 |
| 2221 | 应交税费 | 313 104.70 | 310 985.19 |
| 222101 | 应交增值税 | 162 004.70 | 162 004.70 |
| 22210101 | 进项税额 | 0 | 0 |
| 22210102 | 销项税额 | 162 004.70 | 162 004.70 |
| 22210103 | 进项税额转出 | 0 | 0 |
| 222102 | 未交增值税 | 136 000 | 81 107.70 |
| 222103 | 应交企业所得税 | 0 | 58 667.82 |
| 222104 | 应交城市维护建设税 | 9 520 | 5 677.54 |
| 222105 | 应交个人所得税 | 1 500 | 1 094.20 |
| 222106 | 应交教育费附加 | 4 080 | 2 433.23 |
| 2231 | 应付利息 | 0 | 1 500 |
| 负债小计 | | 1 011 205.70 | 1 122 994.69 |
| 4103 | 本年利润 | 1 075 737.55 | 1 251 741 |
| 所有者权益小计 | | 1 075 737.55 | 1 251 741 |
| 6001 | 主营业务收入 | 1 246 190 | 1 246 190 |
| 6061 | 汇兑损益 | 5 551 | 5 551 |
| 6401 | 主营业务成本 | 797 154.60 | 797 154.60 |
| 6403 | 税金及附加 | 8 110.77 | 8 110.77 |
| 6601 | 销售费用 | 50 414.80 | 50 414.80 |
| 660101 | 工资 | 26 900 | 26 900 |
| 660102 | 广告费 | 6 000 | 6 000 |
| 660104 | 折旧费 | 9 514.80 | 9 514.80 |
| 660105 | 社保费 | 8 000 | 8 000 |

续表

| 科目编码 | 科目名称 | 金额合计借方 | 金额合计贷方 |
| --- | --- | --- | --- |
| 6602 | 管理费用 | 156 547.20 | 156 547.20 |
| 660201 | 工资 | 88 575 | 88 575 |
| 660202 | 办公费 | 4 380 | 4 380 |
| 660203 | 差旅费 | 2 635 | 2 635 |
| 660204 | 折旧费 | 24 939.20 | 24 939.20 |
| 660205 | 社保费 | 28 200 | 28 200 |
| 660206 | 其他费用 | 7 818 | 7 818 |
| 6603 | 财务费用 | 805.60 | 805.60 |
| 6701 | 资产减值损失 | 1 731.56 | 1 731.56 |
| 6711 | 营业外支出 | 2 305.20 | 2 305.20 |
| 6801 | 所得税费用 | 58 667.82 | 58 667.82 |
| 损益小计 | | 2 327 478.55 | 2 327 478.55 |
| 合计 | | 7 506 918.20 | 7 506 918.20 |

# 项目九

## 报表处理系统

【技能目标】

1. 能独立制作符合标准规范的对外财务报表及符合企业管理需要的内部报表格式。
2. 能熟练运用用友账务函数定义企业对外财务报表各指标的取数公式。

【思政目标】

1. 在制作报表格式时让学生认识到要保证会计信息的质量，一定要遵守各级法规、规范、条例。作为未来的会计人，要密切关注相关文件，遵照执行，增强依法办事、遵规守纪的意识。
2. 勇于探索新知识技能，学有余力时自行学习课程未涉及的功能项，如各种内部报表的格式制作、供应链各模块取数函数的运用等，培养获取新知识的能力。

# 任务一 财务报表格式定义

## ◆技能点9-1 财务报表格式定义

### 一、报表系统基本概念

#### （一）格式状态和数据状态

财务报表将含有数据的报表分为两大部分来处理，即报表格式设计工作与报表数据处理工作。报表格式设计工作和报表数据处理工作是在不同的状态下进行的。按“Ctrl+D”组合键或单击左下角“格式/数据”按钮可以在格式状态和数据状态之间切换。

**1. 格式状态**

在格式状态下设计报表的格式，如表尺寸、行高列宽、单元属性、单元风格、组合单元、关键字、可变区等。报表的三类公式——单元公式（计算公式）、审核公式、舍位平衡公式也在格式状态下定义。在格式状态下所做的操作对本报表所有的表页都发生作用。在格式状态下不能进行数据的录入、计算等操作。在格式状态下所看到的是报表的格式，报表的数据全部都隐藏了。

**2. 数据状态**

在数据状态下管理报表的数据，如输入数据、增加或删除表页、审核、舍位平衡、做图形、汇总、合并报表等。在数据状态下不能修改报表的格式。在数据状态下看到的是报表的全部内容，包括格式和数据。

#### （二）单元

单元是组成报表的最小单位，单元名称由所在行、列标识。行号用数字1~9999表示，列标用字母A~IU表示。例如，D22表示第4列第22行的那个单元。单元有以下三种类型：

**1. 数值单元**

数值单元是报表的数据，在数据状态下输入。数值单元的内容必须是数字，数字可以直接输入也可以由单元中存放的单元公式运算生成。建立一个新表时，所有单元的类型默认为数值型。

**2. 字符单元**

字符单元是报表的数据，在数据状态下输入。字符单元的内容可以是汉字、字母、数字及各种键盘可输入的符号组成的一串字符，一个单元中最多可输入255个字符。字符单元的内容也可由单元公式生成。

**3. 表样单元**

表样单元是报表的格式，是定义一个没有数据的空表所需的所有文字、符号或数字。一旦单元被定义为表样，那么在其中输入的内容对所有表页都有效。表样单元在格式状态下输入和修改，在数据状态下不允许修改。一个单元中最多可输入255个字符。

由相邻的两个或更多的单元组成组合单元，可以组合同一行相邻的几个单元，可以组合同一列相邻的几个单元，也可以把一个多行多列的平面区域设为一个组合单元。这些单元必须是同一种单元类型（表样、数值、字符），在处理报表时将组合单元视为一个单元。

### （三）区域

区域由一张表页上的一组单元组成，自起点单元至终点单元是一个完整的长方形矩阵。在财务报表中，区域是二维的，最大的区域是一个二维表的所有单元（整个表页），最小的区域是一个单元。单元格区域可用鼠标选取，也可用键盘选取。

### （四）表页

一个财务报表最多可容纳99 999张表页，每一张表页是由许多单元组成的。一个报表中的所有表页具有相同的格式，但其中的数据不同。表页在报表中的序号在表页的下方以标签的形式出现，称为“页标”。页标用“第1页”~“第99999页”表示。

### （五）二维表和三维表

确定某一数据位置的要素称为“维”。在一张有方格的纸上填写一个数，这个数的位置可通过行和列（二维）来描述。如果将一张有方格的纸称为表，那么这个表就是二维表，通过行（横轴）和列（纵轴）可以找到这个二维表中任何位置的数据。如果将多个相同的二维表叠在一起，就需要增加一个找到某一个数据的要素，即表页号（Z轴）。这一叠表称为一个三维表。如果将多个不同的三维表放在一起，要从这多个三维表中找到一个数据，又需要增加一个要素，即表名。三维表中的表间操作即称为“四维运算”。

### （六）报表的大小

行数：1~9999（缺省值为50行）；列数：1~255（缺省值为7列）；行高：0~160毫米（缺省值为5毫米）；列宽：0~220毫米（缺省值为25毫米）；表页数：1~99999页（缺省值为1页）。

### （七）固定区及可变区

固定区是指组成一个区域的行数和列数的数量是固定的数目。设定好以后，在固定区域内其单元总数是不变的。可变区是屏幕显示一个区域的行数或列数是不固定的数目，可变区的最大行数或最大列数是在格式设计中设定的。

在一个报表中只能设置一个可变区，或是行可变区或是列可变区。行可变区是指可变区中的行数是可变的；列可变区是指可变区中的列数是可变的。设置可变区后，屏幕只显示可变区的第一行或第一列，其他可变行列隐藏在表体内。在以后的数据操作中，可变行列数可随着需要而增减。有可变区的报表称为可变表。没有可变区的表称为固定表。

### （八）关键字

关键字是游离于单元之外的特殊数据单元，可以唯一标识一个表页，用于在大量表页中快速选择表页。报表处理系统共提供了七种关键字，关键字的显示位置在格式状态下设置，关键字的值则在数据状态下录入，每个报表可以定义多个关键字。具体关键字如下所示：

单位名称：字符型（最大28个字符），为该报表表页编制单位的名称。

单位编号：字符型（最大10个字符），为该报表表页编制单位的编号。

年：数值型（1980～2099），该报表表页反映的年度。

季：数值型（1～4），该报表表页反映的季度。

月：数值型（1～12），该报表表页反映的月份。

日：数值型（1～31），该报表表页反映的日期。

日期：日期型，该报表表页反映的日期。

除此之外，还有自定义关键字功能，可以用于业务函数中。关键字的颜色可在设置单元格属性中定义。

#### （九）筛选

筛选是在执行命令或函数时，根据指定的筛选条件对报表中每一个表页或每一个可变行（列）进行判断，只处理符合筛选条件的表页或可变行（列）；不处理不符合筛选条件的表页或可变行（列）。筛选条件分为表页筛选条件和可变区筛选条件。表页筛选条件指定要处理的表页；可变区筛选条件指定要处理的可变行或可变列。筛选条件跟在命令、函数的后面，用“FOR<筛选条件>”来表示。

#### （十）关联

财务报表系统中的数据有着特殊的经济含义，因此报表数据不是孤立存在的，一张报表中不同表页的数据或多个报表中的数据可能存在着这样或那样的经济关系或勾稽关系，要根据这种对应关系找到相关联的数据进行引用，就需要定义关联条件。在多个报表之间操作时，主要通过关联条件来实现数据组织。

关联条件跟在命令、函数的后面，用“RELATION<关联条件>”来表示。如果有筛选条件，则关联条件应跟在筛选条件的后面。

## 二、财务报表①格式定义

### （一）制作全新的报表格式

【操作要点】

1. 创建空白表。

（1）新建报表。启动财务报表系统后，选择“文件”菜单中的“新建”项，或单击常用工具栏中的“新建”按钮，创建一个空白报表文件。

（2）设置表尺寸。选择“格式”菜单中的“表尺寸”项，在弹出的对话框中根据不同财务报表格式的需要调整行数和列数。系统默认的表尺寸为50行7列，制作资产负债表需要37行6列，制作利润表需要24行3列，制作现金流量表需要42行3列。

---

① 根据《〈企业会计准则第30号——财务报表列报〉应用指南》、《企业会计准则第30号——财务报表列报》（2014年修订）及《关于修订印发2019年度一般企业财务报表格式的通知》（财会〔2019〕6号），资产负债表和利润表的项目名称略有变化，但由于软件版本问题，本书仍按照修订前的报表格式进行讲解，但并不影响对软件操作的理解。

（3）根据报表格式初步调整列宽。目测调整可将光标停留在两个列标之间，出现图形时拖动鼠标改变列宽；精细调整可通过鼠标右键选择“列宽”项，或者在表格上方的格式工具栏中单击“列宽”按钮，在弹出的列宽对话框中输入列宽数据。

微课
资产负债表表头制作

2.表头制作。

（1）报表名称设置。在A1单元格输入报表名称，表名文字之间加一空格以加大间距，设定字体和字号，并加粗、加下划线。单击格式工具栏中的行高图标，将第一行的行高调整为15毫米。用鼠标点选第一行行标，选定第1行，单击鼠标右键或选择“格式”菜单中的“组合单元”项，在弹出的对话框中选择“按行组合”或“整体组合”按钮，将第一行的单元格合一，并将报表名称水平居中，如图9-1所示。

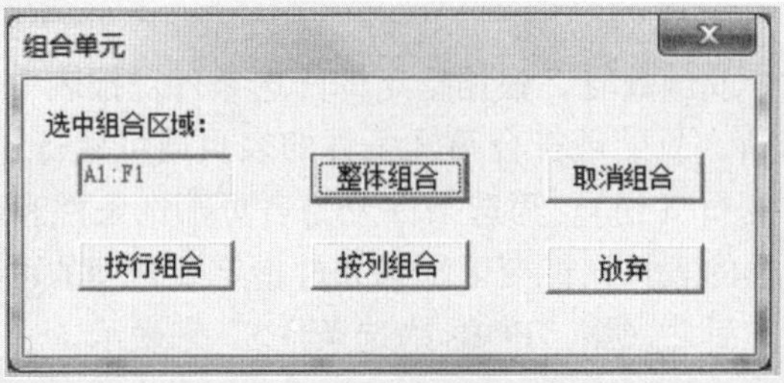


图9-1　组合单元

（2）在报表右侧录入报表编号及金额单位。如资产负债表为“会企01表”，利润表为“会企02表”。

（3）设置关键字。财务报表表头的单位名称及编报期间通常可设置为关键字。选取需要设置关键字的单元格，选择“数据”菜单中“关键字”下的“设置”项，在弹出的对话框中选择相应的关键字并点击“确定”按钮，如图9-2所示。确定后在选定单元中显示关键字名称为红色。每个关键字只能定义一次，第二次定义一个已经定义的关键字时，系统自动取消第一次的定义。每个单元中可以设置多个关键字，其显示位置由单元偏移量控制。

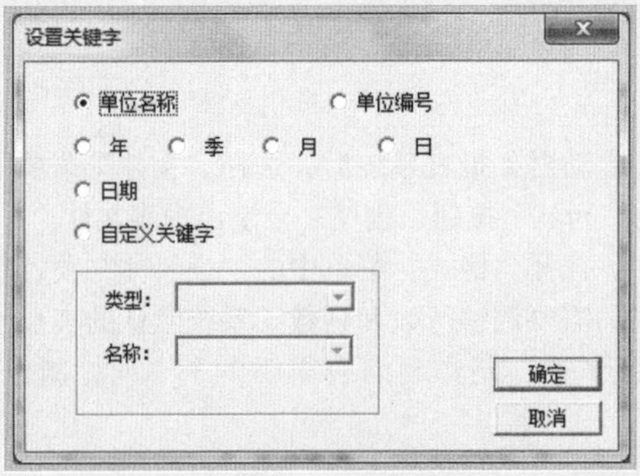


图9-2　设置关键字

（4）关键字偏移。财务报表的编报日期位于报表正中，如资产负债表为时点报表，需要设置关键字“年”“月”“日”，这三个关键字如果设在不同单元格，不利于偏移设置，因而最好设置在同一单元格，再将“年”向左偏移、“月”向右偏移、“日”向右偏移。在“数据”菜单中选择“关键字”下的“偏移”项，弹出“定义关键字偏移”对话框，在对话框中输入适当的关键字偏移量，如图9-3所示。设置偏移量后，可以改变关键字在单元中的位置。关键字偏移量的范围是［-300，300］，负数表示向左偏移，正数表示向右偏移。

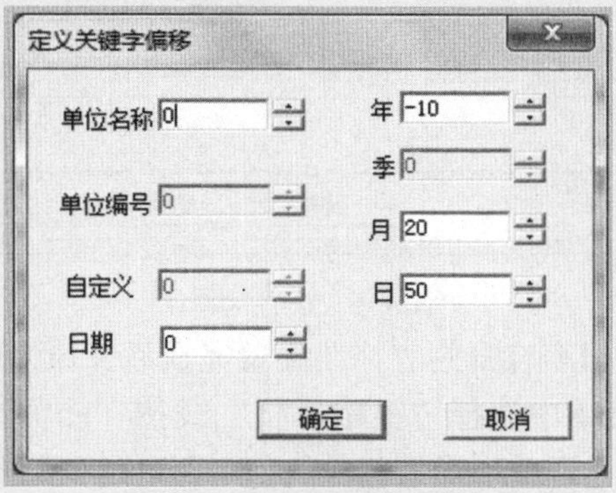


图9-3　定义关键字偏移

3.表体制作。

（1）输入报表格式中固定的文字和数字并进行对齐方式设置。例如，资产负债表中大类名称向左对齐，各大类中的指标名称缩进一个字，各大类合计项缩进两个字。

微课
资产负债表
表体制作

（2）为表体配置表格线。若配置封闭式外粗内细表格线，可先选定需要配置表格线的区域，然后选择“格式”菜单中的“区域画线”项，在弹出的区域画线对话框中，画线类型选择“网线”，样式选择细线，如图9-4所示。确认后再次打开“区域画线”对话框，画线类型选择“框线”，样式选择粗线。如果想删除区域中的表格线，在对话框中选择相应的画线类型，样式选择空线即可。要画斜线，选择“正斜线”或“反斜线”和样式。要删除斜线，选择“正斜线”或“反斜线”，样式选择空线。

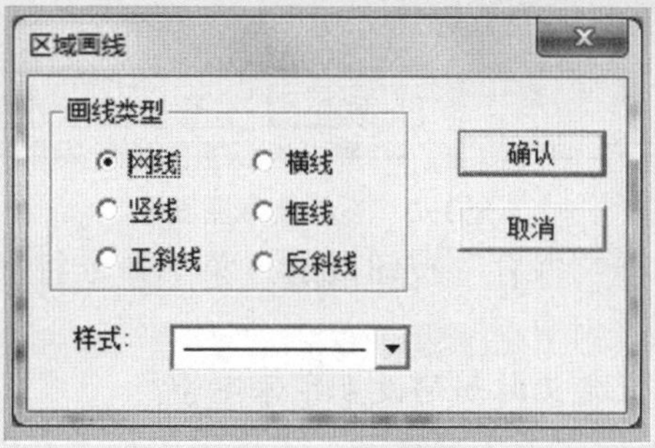


图9-4　区域画线

若需配置左右开放式表格线，可先选定需要配置表格线的区域，点击鼠标右键，选择“单元属性”项，在“边框”页面中将上、下外框设为粗线，左、右外框设为无，内框线设为细线，如图9-5所示。

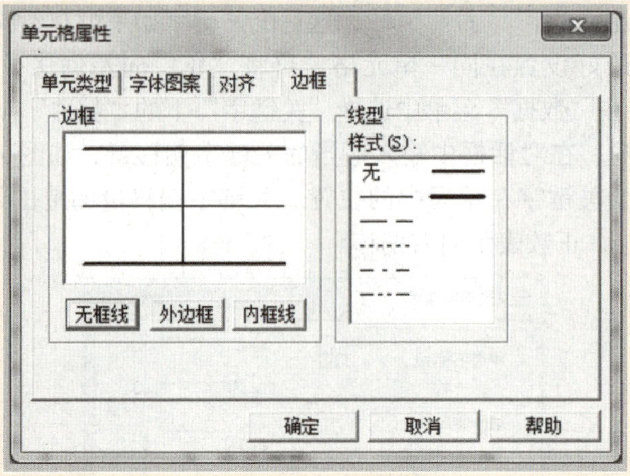


图9-5 设置边框

（3）隐藏网格线。报表自身的表格线配置完成后，原来的灰色的网格线就显得多余了。在“工具”菜单中选择“显示风格”或按“F5”键，系统弹出“显示风格”对话框，将网格颜色调整为背景色（白色）即可达到隐藏网格线的目的。

（4）设置字体图案。例如，将报表中数据的显示颜色设置为深蓝色，将资产负债表中各大类名称所在单元格的背景色设置为浅灰色。选定需要设置字体图案的单元格，右击选择“单元属性”项，在“字体图案”页面中选择背景颜色，如图9-6所示。

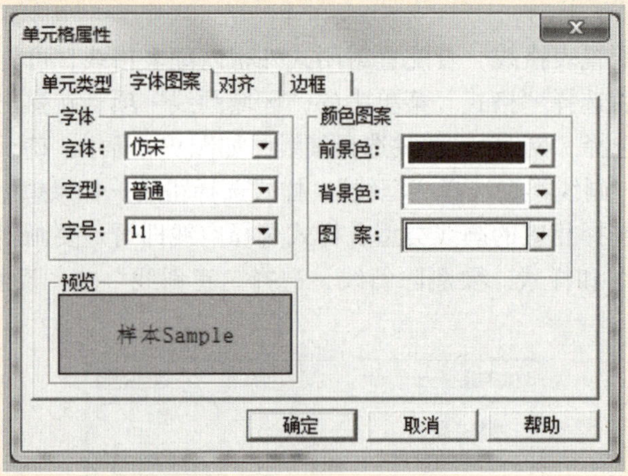


图9-6 设置字体图案

（5）保存报表。单击“保存”按钮或通过菜单命令将报表文件命名为“××××.rep”并保存在指定的文件夹中。

【实用技巧】报表格式定义时如何设置字体字号？

在报表编辑窗口的上方若看不到格式工具栏，可在“工具”菜单中选中“格式工具栏”，格式工具栏中有字体、字号、对齐方式、行高、列宽等按钮。若“字体”下拉框中没有需要的字体，可在“工具”菜单中选择“选项（O）…”，在弹出的对话框中点击“字体”前的“+”号，展开后如图9-7所示，可在其中设置需要的字体。

图9-7　字体设置

### （二）依据报表模板调整报表格式

【操作要点】

1. 新建报表。选择“文件”菜单中的“新建”项，或单击常用工具栏中的“新建”按钮，创建一个空白报表文件。

2. 选择报表模板。在“格式”菜单中点击“报表模板”项，系统弹出“报表模板”对话框，在“您所在的行业”框中选择“2007年新会计制度科目”，在“财务报表”框选择需要的财务报表，如图9-8所示。单击“确认”按钮后，系统提示“模板格式将覆盖本表格式！是否继续?”，单击“确定”按钮，系统将用选定的报表模板覆盖原来的空白报表。

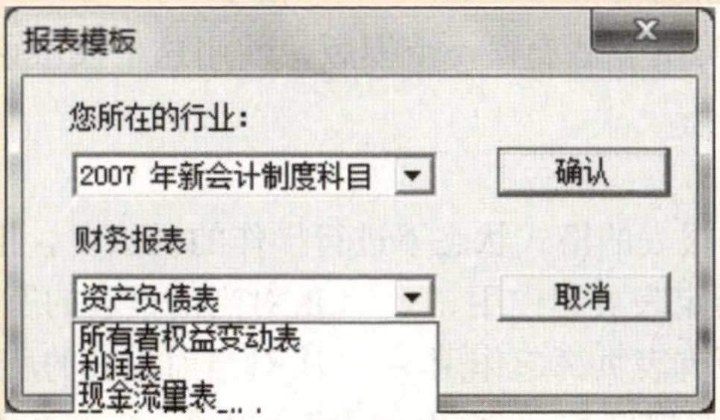


图9-8　选择报表模板

3. 调整模板。根据指定的报表格式对报表模板进行局部调整，如字体、字号、文字和数字显示颜色、对齐方式、表格线设置、去除网格线、关键字设置及偏移、报表指标文字等。

4. 保存报表。将报表文件保存到指定路径。

# 标准习题

## 一、判断题

1.关键字偏移量为负数，则表示关键字的位置向左偏移的距离。（ ）

2.在财务报表系统中，在格式状态下看不到报表的数据。（ ）

3.在财务报表系统中，关键字的主要作用是标识表页。（ ）

4.在财务报表的格式状态下可以进行删除表页的操作。（ ）

5.在财务报表的数据状态下，可以调整报表的行高和列宽。（ ）

6.财务报表可直接在格式状态下获取总账数据。（ ）

7.财务报表单元中的数据类型只有表样型、数值型和字符型三种。（ ）

8.在财务报表软件中，编制单位、日期一般不作为文字内容输入，而是需要设置为关键字。（ ）

9.在财务报表系统中，可以自定义报表模板。（ ）

10.财务报表的可变区只能设置为行可变区或列可变区。（ ）

11.财务报表的自定义关键字只能是数值型。（ ）

12.设置财务报表格式时，可以设置多个可变区。（ ）

13.在一个财务报表文件中，选择了“月”作为关键字，还可以用自定义方式再定义“月”作为另一个关键字。（ ）

14.在财务报表中生成一张新表时，所有的单元都被默认为字符单元。（ ）

15.报表处理系统一般是一个三维立体报表处理系统，要确定一个数据的所有要素为：表名、列、行和表页。（ ）

16.报表格式设置实质上是设置一个模版，使用这个模版可以无限复制相同格式的表格供用户使用。（ ）

## 二、单项选择题

1.下列关于在财务报表的格式状态下进行操作的说法中，正确的是（ ）。

A.对当前报表的指定表页起作用　　B.对当前报表的所有表页都没作用

C.对相关报表的所有表页都起作用　　D.对当前报表的所有表页都起作用

2.在财务报表中，要想将A1：C4设置成组合单元，应选择的组合方式是（ ）。

A.按行组合　　B.整体组合　　C.按列组合　　D.取消组合

3.报表的单元是指（ ）。

A.行　　B.列

C.由行和列确定的最小区域　　D.区域

4.下列各项中，不属于单元属性内容的项目是（ ）。

A.行高　　B.字体图案　　C.边框　　D.对齐方式

5.欲将关键字位置向左调整20时，需输入的数据形式是（ ）。

A.左20　　B.-20　　C.20　　D.［-20］

6.财务报表软件中单元格的内容可分为（　　）。

A.表头和表尾　　B.标题和表体

C.附注和指标　　D.固定内容和取数公式

7.生成一张新表时，在财务报表软件中首先使用的功能是（　　）。

A.报表生成及审核　　B.报表格式定义

C.报表分析　　D.报表管理

8.在报表的操作窗口内，点击行标和列标相交处的空白格将（　　）。

A.按行划分显示窗口　　B.没有任何功能

C.按列划分显示窗口　　D.选择全表单元

9.在格式状态下录入了数据的单元，都是（　　）单元。

A.数值型　　B.表样型　　C.日期型　　D.字符型

10.能实现斜线配置的功能是（　　）。

A.“格式”菜单中的“区域画线”　　B.“数据”菜单中的“区域画线”

C.“格式”菜单中的“单元属性”　　D.“数据”菜单中的“单元属性”

## 三、多项选择题

1.在编制财务报表时，可用（　　）方式设置表格线。

A.区域画线　　B.区域填充　　C.套用格式　　D.单元属性

2.报表系统中的关键字主要有（　　）。

A.单位名称　　B.年　　C.月　　D.日期

3.下列各项中，属于财务报表的单元类型的有（　　）。

A.字符型　　B.表样型　　C.数值型　　D.逻辑型

4.下列各项工作中，在报表的格式状态下进行的有（　　）。

A.定义组合单元　　B.追加表页　　C.画表格线　　D.定义单元风格

5.财务报表系统的操作状态包括（　　）。

A.文件状态　　B.菜单状态　　C.格式状态　　D.数据状态

6.下列关于格式状态的说法中，正确的有（　　）。

A.该状态下可以定义报表样式

B.可以删除表页

C.所作操作只对本表页有效

D.只显示报表格式，不显示具体数据内容

7.下列关于关键字的说法中，正确的有（　　）。

A.是特殊的数据单元　　B.可以唯一标识一个表页

C.正号表示左移　　D.每个报表可以定义多个关键字

8.如果选择A1：C1区域定义组合单元，可采用的组合方式有（　　）。

A.整体组合　　B.按列组合　　C.按行组合　　D.取消组合

9.要想改变设置好的财务报表尺寸，可以选择的方法有（　　）。

A.在数字状态下执行插入表页操作　　B.在格式状态下执行插入行或列操作

C.在格式状态下执行追加行或列操作　　D.在数字状态下执行追加表页操作

参考答案

10. 属于数值型的关键字有（　　）。

A. 单位编号　　B. 年　　C. 月　　D. 日期

# 任务二　财务报表公式定义

## ◆技能点9-2　财务报表公式定义

### 一、报表公式定义基本概念

#### （一）报表要素描述方法

**1. 行的描述方法**

行用#<行号>表示，行号为1~9999之间的数字。如#2表示当前表页的第2行。用##表示当前表页的最大行。

**2. 列的描述方法**

列用<列标>或！<列号>表示。<列标>：列标为A~IU之间的字母，如B表示B列，超过26列时，用26进制的方法表示，如第28列表示为AB。！<列号>：列号为1~255之间的数字，如！2（等同于B）。用!! 表示当前表页的最大列。

**3. 表页的描述方法**

表页以@<表页号>表示，表页号为1~99999的数字，如@2表示第2页。以@表示当前正在处理的表页。以@@表示最大表页。

**4. 报表的描述方法**

报表名必须用“”括起来，例如利润表应表示为“利润表”。当报表名用来表示数据的位置时，在报表名的后面应跟减号和大于号。例如，表示利润表中第10页的D5单元时，应该用“利润表”->D5@10表示。

**5. 单元的描述方法**

（1）单元的完整描述为：“报表名”-><单元名称>@表页号。例如，在利润表第5张表页上的A11单元表示为：“利润表”->A11@5。当表页号省略时，即单元描述为“报表名”-><单元名称>时，系统默认为单元在指定报表的第1页上。

（2）单元在当前正在处理的报表上时，报表名可以省略。单元表示为：<单元名称>@表页号。例如，在当前报表第5张表页上的A11单元表示为：A11@5。

（3）单元在当前报表的当前表页上时，报表名和表页号可以省略。单元表示为：<单元名称>。例如，在当前表页上的A11单元表示为：A11。

**6. 区域的描述方法**

（1）区域的完整描述为：“报表名”-><区域名称>@表页号。例如，在利润表第5张表页上的A1：A11区域表示为：“利润表”->A1：A11@5。当表页号省略时，即单元描述为“报表名”-><区域名称>时，系统默认为区域在指定报表的第1页上。

（2）区域在当前正在处理的报表上时，报表名可以省略。区域表示为：<区域名

称>@表页号。例如，在当前报表第5张表页上的A1：A11区域表示为：A1：A11@5。

（3）区域在当前表页上时，报表名和表页号可以省略。区域表示为：<区域名称>。例如，在当前表页上的A1：A11区域表示为：A1：A11。

描述区域时，在“:”两边的单元名称应统一，不能混用可变区描述和固定区描述。例如，区域可以表示为B2：B5或V_B1：V_B4，不能表示为B2：V_B4或V_B1：B5。

#### 7. 可变区的描述方法

可变区中的行、列、单元、区域可以同样用行、列、单元、区域的绝对地址表示。可变区还有另外一套特殊的表示方法，即用“V_<可变区内相对地址>”表示。由于可变区分为行可变区和列可变区，同样一个名称在行可变区和在列可变区会有不同的含义。例如，“V_1”在行可变区时表示第1可变行（整行）；“V_1”在列可变区时表示第1行在列可变区中的部分（非整行）。

### （二）运算符描述

#### 1. 算术运算符

算术运算符是在描述运算公式时采用的符号，用友财务报表系统可使用的算术运算符及运算符的优先顺序如下：^（平方）；*、/（乘、除）；+、-（加、减）。

#### 2. 比较运算符

用友财务报表系统有下列比较运算符：=（等于）；>（大于）；<（小于）；<>（不等于）；>=（大于或等于）；<=（小于或等于）。

#### 3. 逻辑运算符

用友财务报表系统有下列逻辑运算符：AND（与、并且）；OR（或者）；NOT（非）。

逻辑运算符在使用时，如与其他内容相连接，必须至少有一个前置空格和一个后置空格。例如，A1=B1 AND B2=B3、NOT A=B为正确的。A1=B1ANDB2=B3、NOTA=B为错误的。

### （三）表达式描述

#### 1. 算术表达式

算术表达式是运算符、区域和单元、常数、变量、关键字、非逻辑类函数以及算术表达式的组合，其结果为一个确定值。表达式中括号嵌套应在5层以下。算术表达式又分为单值和多值算术表达式。

单值算术表达式的结果为一个数值，也可为一个单纯的常数，也可将其赋值给一个单元。例如，C1=10，C2=A1+B1，等号后面的式子即为单值算术表达式。

多值算术表达式的结果为多个数值，可将其运算结果赋值给多个单元。例如，C1：C10=A1：A10+B1：B10（表示C1=A1+B1，C2=A2+B2，…，C10=A10+B10），C1：C10=100（表示C1=100，C2=100，…，C10=100），等号后面的式子即为多值算术表达式。

#### 2. 条件表达式（逻辑表达式）

条件表达式（逻辑表达式）是利用比较运算符、逻辑运算符和算术表达式形成的判定条件，其结果只有两个，即1（真），0（假）。例如，D5>=100，表示比较D5单元的值和数字“100”，如果D5单元的值大于或等于100，则条件表达式为真，否则为假。月<=6，表示比较关键字“月”的值和数字“6”，如果关键字“月”的值小于或等于6，则条件表达式为真，否则为假。

## 二、报表计算公式定义

### （一）计算公式编辑方法

【操作要点】

1. 选定需要定义公式的单元。

2. 调出定义公式对话框。方法有三：

①在“数据”菜单中选择“编辑公式”项下的“单元公式”；

②单击工具栏中的“fx”按钮；

③按“=”键。

3. 在弹出的“定义公式”对话框中输入该单元的取数公式，如图9-9所示。输入公式时注意：所有公式中的符号，如冒号（:）、引号（" "）、逗号（,）、分号（;）等均应使用半角符号，不能使用全角符号。

图9-9 定义公式对话框

函数运用不熟练时，可单击“函数向导”按钮，系统弹出函数向导对话框，在“函数分类”框中，单击“用友账务函数”，并在右边的函数列表中选择相关取数函数，如图9-10所示。

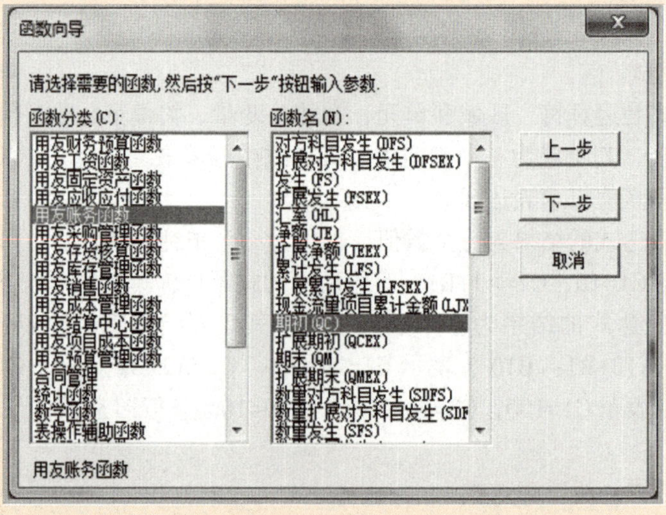


图9-10 函数向导

单击“下一步”按钮，系统弹出“用友账务函数”对话框，对话框中列示所选函数的名称、格式及说明，如图9-11所示。

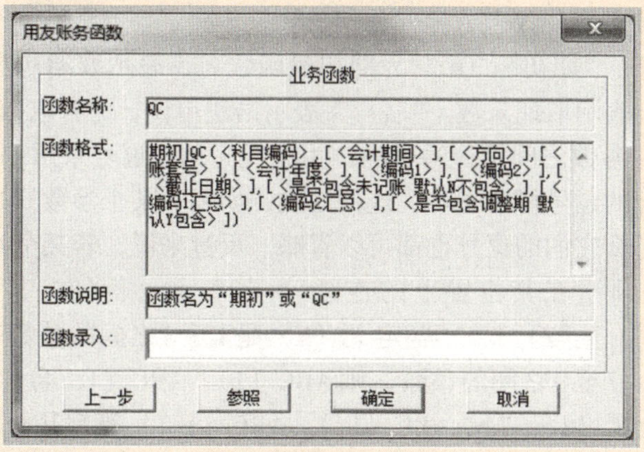


图9-11　用友账务函数

在对话框中单击“参照”按钮，系统弹出“账务函数”对话框（若在“函数向导”对话框中双击函数，将跳过“用友账务函数”对话框直接进入“账务函数”对话框），如图9-12所示。录入相关栏目资料后点击“确定”按钮，返回“定义公式”对话框。单击“确认”按钮，完成单元公式定义。

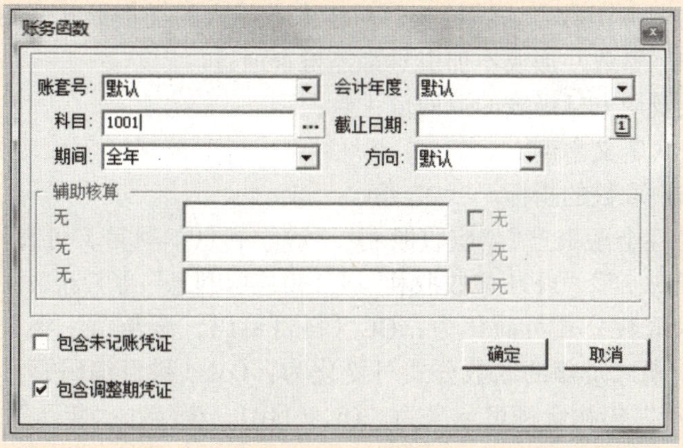


图9-12　账务函数

## （二）资产负债表主要取数函数

### 1. 总账系统取数

资产负债表是时点报表，所需数据主要来自总账系统各相关账户的期末余额和年初余额，因而取数公式中主要使用期初额函数和期末额函数。

（1）基本格式。

期初额函数格式：期初|QC（〈科目编码〉，［〈会计期间〉］，［〈方向〉］，［〈账套号〉］，［〈会计年度〉］，［〈编码1〉］，［〈编码2〉］，［〈截止日期〉］，［〈是否包含未记账 默认N不包含〉］，［〈编码1汇总〉］，［〈编码2汇总〉］，［〈是否包含调整期 默认Y包含〉］）。

期末额函数格式：期末|QM（〈科目编码〉，［〈会计期间〉］，［〈方向〉］，

[〈账套号〉], [〈会计年度〉], [〈编码1〉], [〈编码2〉], [〈截止日期〉], [〈是否包含未记账 默认N不包含〉], [〈编码1汇总〉], [〈编码2汇总〉], [〈是否包含调整期 默认Y包含〉])

在基本格式中，"期初""QC"为期初额函数名，表示取期初数；"期末""QM"为期末额函数名，表示取期末数。"〈〉"表示语法单位，为各取数参数。"[]"中的参数可以缺省。参数之间用逗号分隔，为方便起见，逗号采用一种不严格的写法：约定与右括号相邻的逗号可以省略。这就是说，如果从某个参数开始直到最后一个参数为止都省略，那么它们的逗号也都可以省略。反过来说，若某个参数未缺省，则前面缺省的参数必须用在其位置上的连续","表示。例如：某函数格式为ABC（〈X〉, [〈Y〉], [〈Z〉]），若定义〈X〉是1至3之间的整数、〈Y〉是4至6之间的整数、〈Z〉是7至9之间的整数，则ABC（1）、ABC（1，4）、ABC（1，4，7）、ABC（1，4,）、ABC（1,，7）、ABC（1,）、ABC（1,,）等都是合法的，但ABC（，4，7）、ABC（1，7）、ABC（1,，4）等是不合法的。

〈会计期间〉和〈截止日期〉只能选择其一，〈会计期间〉选定后不能选择〈截止日期〉，〈截止日期〉选定后不能选择〈会计期间〉。若同时输入了会计期间和截止日期，则系统提示"会计期间和截止日期不能同时加入"。

所有编码类的参数，一般定义为字符串，若要使计算结果正确无误，必须加引号。但是系统的业务函数合法性检查，对于参数输入的类型形式采用较灵活的方式，即〈字符串〉和〈整数〉加或不加引号都能检查通过。

期初额函数及期末额函数的返回值为数值型。

（2）计算公式定义举例。

①从单一账户取数的指标。

例如"交易性金融资产""应收股利""应收利息"项目，可直接根据总账系统"1101交易性金融资产""1131应收股利""1132应收利息"账户余额一对一分别填列。

年初余额的取数公式可简化为：QC（科目编码，全年,,，年）或QC（科目编码，1,,，年）。期末余额的取数公式可简化为：QM（科目编码，月,,，年）。例如"交易性金融资产"年初余额可定义为"QC（1101，全年,,，年）"或"QC（1101，1,,，年）"，期末余额可定义为"QM（1101，月,,，年）"。

②从若干账户取数加减计算的指标。

"货币资金"期末余额=QM（1001，月,,，年）+QM（1002，月,,，年）+
QM（1012，月,,，年）

"存货"期末余额=QM（1401，月,,，年）+QM（1402，月,,，年）+
QM（1403，月,,，年）+QM（1404，月,,，年）+
QM（1405，月,,，年）+QM（1406，月,,，年）−
QM（1407，月,,，年）+QM（1408，月,,，年）+
QM（1411，月,,，年）+QM（1421，月,,，年）−
QM（1471，月,,，年）+QM（5001，月,,，年）+
QM（5201，月,,，年）

“持有至到期投资”期末余额=QM（1501，月,,，年）-QM（1502，月,,，年）

“固定资产”期末余额=QM（1601，月,,，年）-QM（1602，月,,，年）-QM（1603，月,,，年）

“无形资产”期末余额=QM（1701，月,,，年）-QM（1702，月,,，年）-QM（1703，月,,，年）

“未分配利润”期末余额=QM（4103，月,,，年）+QM（4104，月,,，年）

或　=QM（4103，月，贷,，年）+QM（4104，月，贷,，年）-QM（4103，月，借,，年）-QM（4104，月，借,，年）

上述指标的年初余额取数公式可将期末余额取数公式中的“QM”替换成“QC”，“月”替换成“全年”或“1”即可。

③需根据余额方向分析填列的指标。

“应收账款”期末余额=QM（1122，月，借,，年,,,,，t）+QM（2203，月，借,，年,,,,，t）-QM（1231，月）

“预付款项”期末余额=QM（1123，月，借,，年,,,,，t）+QM（2202，月，借,，年,,,,，t）

“应付账款”期末余额=QM（2202，月，贷,，年,,,,，t）+QM（1123，月，贷,，年,,,,，t）

“预收账款”期末余额=QM（2203，月，贷,，年,,,,，t）+QM（1122，月，贷,，年,,,,，t）

上述指标的年初余额取数公式可将期末余额取数公式中的“QM”替换成“QC”，“月”替换成“全年”或“1”即可。

若“2202应付账款”下设科目“220201应付货款（供应商往来）”及“220202暂估应付款”，则“应付账款”及“预付账款”取数公式中的“2202”应替换为“220201”，且“应付账款”取数公式中要加上“QM（220202，月,,，年,,,,，t）”

【实用技巧】如何快速定义取数公式？

（1）资产负债表中有许多项目的单元公式格式相同，唯一的区别是科目编码不同，因而，在定义好一个项目的年初数及期末数取数公式后，可将单元公式复制到同类型项目中去，然后修改科目编码，可提高公式定义的效率。

（2）定义好“存货”期末余额取数公式后，将公式复制到年初余额栏，在“编辑”菜单中选择“替换”功能，在对话框中的“查找”栏输入“QM”，“替换”栏输入“QC”，并选中“包含公式单元”，替换范围为“选中部分单元”，点击“替换全部”，系统提示“替换完毕”，如图9-13所示。确定后再查找“月”，替换成“全年”或“1”。

微课

计算公式修改与替换

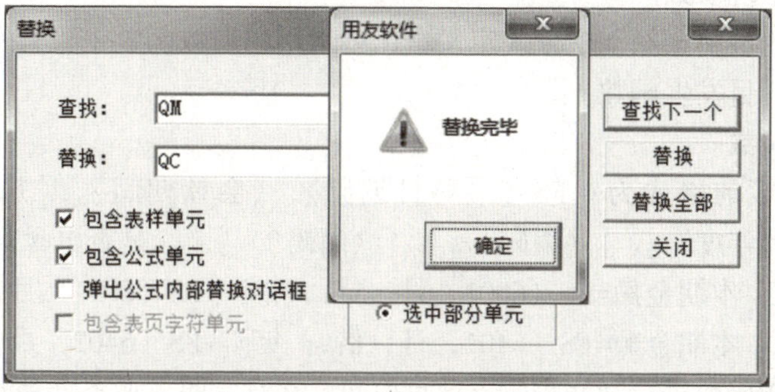


图9-13　公式替换

#### 2. 本表取数

（1）连续单元格汇总求和。

固定区中连续单元格汇总求和可使用固定区合计函数PTOTAL。函数格式：PTOTAL（<区域>,［<区域筛选条件>］）。

格式中的“区域”指需要进行计算的区域，页号缺省时，默认为与被赋值区域在同一页。“区域筛选条件”指确定参与计算的单元，缺省为参数“区域”中的所有固定区单元。

资产负债表中“流动资产合计”“流动负债合计”“非流动资产合计”“非流动负债合计”等项目可用统计函数PTOTAL取数。可通过函数向导定义，也可选定统计区域后用向下求和按钮计算。下面以“流动资产合计”项目年初余额及期末余额为例说明。

【操作要点】在格式状态下选定B6：C17区域。点击常用工具栏上的“”按钮，在定义区域的最下面一行就会生成自动求和公式，B17单元的公式为“PTOTAL（B6：B16）”，C17单元的公式为“PTOTAL（C6：C16）”。

（2）不连续单元格汇总求和。

不连续单元格间数据求和定义公式时，将各单元格名称用“+”号连接即可。以“资产总计”年初余额为例，资产总计根据“流动资产合计”“非流动资产合计”汇总填列。

【操作要点】选定需要定义公式的单元C37，按“=”键调出“定义公式”对话框，输入公式“C17+C36”，单击“确定”按钮完成公式定义。

【实用技巧】“?”在复制单元公式中的妙用。

按“=”键调出“定义公式”对话框，在C24单元格输入公式“C22-C23”，若定义为“? C22-? C23”，复制到B26单元格后公式变成“? B24-? B25”，复制到E33单元格后公式变成“? E31-? E32”。

### （三）利润表公式定义

利润表各项目均需填列“本期金额”和“上期金额”两栏。其中“上期金额”栏内各项数字应根据上年该期利润表的“本期金额”栏内所列数字填列。

#### 1.“本期金额”栏公式定义

（1）总账系统取数。

在利润表“本期金额”栏公式定义中，可运用的取数函数主要有发生额函数、净额函数、对方科目发生函数。

①发生额函数。

发生额函数的格式为：FS（〈科目编码〉,〈会计期间〉,〈方向〉,［〈账套号〉］,［〈会计年度〉］,［〈编码1〉］,［〈编码2〉］,［<是否包含未记账>］）。

“营业收入”本期金额=FS（6001，月，贷,，年）+FS（6051，月，贷,，年）

“营业成本”本期金额=FS（6401，月，借,，年）+FS（6402，月，借,，年）

使用发生额函数进行利润表收支项目取数，在日常收支业务处理时，收入项目的减少应当在贷方用红字记录，支出项目的冲减应当在借方用红字记录。收入类科目的借方和支出类科目的贷方只在结转利润时使用，否则会出现发生额虚数，影响利润表项目数据的准确性。

②净额函数。

净额函数的格式为：JE（〈科目编码〉,〈会计期间〉,［〈账套号〉］,［〈会计年度〉］,［〈编码1〉］,［〈编码2〉］,［<是否包含未记账>］）。

"营业收入"本期金额=JE（6001，月,，年）+JE（6051，月,，年）

"营业成本"本期金额=JE（6401，月,，年）+JE（6402，月,，年）

采用账结法结算利润时，各月收支科目的净额为零，用净额函数将取不到需要的数据。

③对方科目发生函数。

对方科目发生函数的格式为：DFS（〈科目编码〉,〈对方科目编码〉,〈会计期间〉,〈方向〉,［〈摘要〉］,［〈摘要匹配方式〉］,［〈账套号〉］,［〈会计年度〉］,［〈编码1〉］,［〈编码2〉］,［<是否包含未记账>］）。

"营业收入"本期金额=DFS（6001，4103，月，借,,,，年）+
DFS（6051，4103，月，借,,,，年）

"营业成本"本期金额=DFS（6401，4103，月，贷,,,，年）+
DFS（6402，4103，月，贷,,,，年）

"对联营企业和合营企业的投资收益"本期金额=DFS（6111，1511，月，贷,,,，年）

"财务费用"本期金额=DFS（6603，4103，月，贷,,,，年）+
DFS（6061，4103，月，贷,,,，年）-
DFS（6061，4103，月，借,,,，年）

若使用对方科目发生函数进行利润表收支项目取数，在期末收支结转时，收入类和支出类应分别结转利润。如果收支一起结转利润，收支差额转入本年利润，会影响对方科目发生函数取数的准确性。

【实用技巧】取数参数"会计年度"解析

在取数时，可以指定从一个账套的某个会计年度中取数。会计年度有3种形式：

一是指定会计年度，4位。例如，公式FS（6001，月，贷,，2016），表示取2016年关键字指向月份6001科目的贷方发生额。

二是省略不写。例如，公式FS（6001，月，贷），表示取关键字指向月份6001科目的贷方发生额。

三是写"年"字。此时取报表关键字"年"的值。例如，公式FS（6001，月，贷,，年），当报表中关键字"年"为2016时，此公式表示取2016年的数据；当关键字"年"为2017时，此公式表示取2017年的数据。如果报表中没有定义关键字"年"，则按照机器时间取数。

设某企业2016年1月份启用系统，2016年1月份6001科目的贷方发生额为600 000元。按方法1和方法2：关键字设为"2015年1月""2016年1月""2017年1

月”时，均取数600 000。按方法3：关键字设为“2015年1月”时，系统提示“不存在的年度”；关键字设为“2016年1月”时，取数600 000；关键字设为“2017年1月”时，取不到数据。

（2）表内指标间计算。

根据表内项目间衔接关系加减计算的项目，包括“营业利润”“利润总额”“净利润”。

“营业利润”本期金额=B5-B6-B7-B8-B9-B10-B11+B12+B13

“利润总额”本期金额=B15+B16-B17

“净利润”本期金额=B19-B20

（3）批命令文件取数。

设当期净利润所在单元格为“B21”，加权平均普通股为“&A”，稀释性潜在普通股收益为“&B”，稀释性潜在普通股为“&C”。

“基本每股收益”本期金额=B21/&A

“稀释每股收益”本期金额=（B21+&B）/（&A+&C）

在取数公式中，变量&A、&B、&C的数值可运用二次开发工具建立批命令文件“每股收益. shl”在编制报表时运行赋值。

【操作要点】

①在“工具”菜单中选择“二次开发（K）”，点击“新建”按钮，在弹出的对话框中选择新建文件类型“批命令文件（*.shl）”，确定后在编辑窗口中输入下列语句：

LET &A=GETINT（"请输入加权平均普通股"）

LET &B=GETINT（"请输入稀释性潜在普通股收益"）

LET &C=GETINT（"请输入稀释性潜在普通股"）

完成后保存为“每股收益. shl”。

②在“文件”菜单选择“执行（E）”项，执行“每股收益. shl”文件，系统会依次弹出三个窗口，要求分别输入“加权平均普通股”“稀释性潜在普通股收益”“稀释性潜在普通股”的数值。

③在“数据”菜单中选择“表页重算（P）”项，生成每股收益数据。三个变量中，&A的值相对稳定，&B和&C的值各期可能有所变动，因而，为了保证报表数据的准确性，建议在当期报表编制完成后即将该表页设定为“表页不计算”，以免将来变量调整后对该表页产生影响。

### 2.“上期金额”栏公式定义

利润表的“上期金额”栏根据上年同期利润表的“本期金额”栏内所列数字填列，可使用本表他页取数函数定义取数公式。

本表他页取数函数格式：SELECT（<区域>，[<页面筛选条件>]）。

页面筛选条件格式为：<目标页关键字@|目标页单元@|变量|常量><关系运算符><数据源表页关键字|数据源表页单元|变量|常量>，缺省为与目标页在同一表页。

设“B”为本期金额，“C”为本年累计金额。则：

本年累计金额=B+SELECT（C，年@=年 and 月@=月+1）

上月金额=SELECT（B，年@=年 and 月@=月+1）

上年同期金额=SELECT（B，年@=年+1 and 月@=月）

【操作要点】

先定义“营业收入”上期金额栏计算公式，再复制到其他单元格。“营业收入”所在单元格为“B5”，则C5单元格“营业收入上期金额”取数公式可定义为“select（？B5，年@=年+1 and 月@=月）”。完成C5单元定义后选定“C5：C24”区域，在“编辑”菜单中选择“自动填充→向下”项，因为公式中B5前加了“？”，自动填充到目标单元后单元公式中的单元名称自动改为B6、B7、…、B24。

【提示】运用“SELECT”函数进行利润表“上期金额”栏取数时，必须保证上期的利润表表页已存在并已经计算，否则取不到相应数据或数据出错。

### （四）现金流量表公式定义

现金流量表报表模板中已经设置了各类现金流量的流入流出小计数及现金流量净额计算公式。因而只要定义流入流出项目的取数公式即可，可使用现金流量项目金额函数（XJLL）进行定义。现金流量项目金额函数的基本格式为：

XJLL（<起始日期>，<截止日期>，<方向>，<项目编码>，<账套号>，<会计年度>，<是否包含未记账>，<会计期间>）

现金流入项目本期金额=XJLL（,，“流入”，“项目编码”,，,，月）

现金流出项目本期金额=XJLL（,，“流出”，“项目编码”,，,，月）

属于现金流入的项目编码有01、02、03、08、09、10、11、12、17、18、19等；属于现金流出的项目编码有04、05、06、07、13、14、15、16、20、21、22等。流入、流出项目各定义一项后，可将流入项目公式复制到其他流入项目，流出项目公式复制到其他流出项目，再更改流入流出的项目编码，这样做能提高效率。

“上期金额”栏公式定义可参照利润表。

### （五）主要财务指标分析表公式定义

主要财务指标分析的数据来自企业编报的资产负债表和利润表，在资产负债表和利润表已经编制完成的情况下，主要财务指标分析表的取数公式可用表间取数定义。

取数格式：目标报表路径及名称->报表单元名称及表页。

例如：若报表“资产负债表. rep”文件保存在E盘“实训七”文件夹中，“主要财务指标分析表. rep”则保存在E盘“实训九”文件夹中，期末流动资产合计在资产负债表第1页的B17单元格。取数公式可定义为“E：\实训七\资产负债表－>B17@1”。若报表“资产负债表. rep”文件也保存在“实训九”文件夹中，则取数公式可简化为“资产负债表－>B17@1”。

假设资产负债表及利润表与主要财务指标分析表存放在同一文件夹中，主要财务指标的取数公式可定义为：

（1）流动比率=流动资产/流动负债

=“资产负债表”->B17@1/“资产负债表”->E18@1

（2）速动比率=速动资产/流动负债

=（“资产负债表”->B17@1-“资产负债表”->B14@1）/
“资产负债表”->E18@1

（3）资产负债率=负债总额/资产总额×100%

=“资产负债表”->E23@1/“资产负债表”->B30@1

（4）产权比率=负债总额/所有者权益总额×100%

=“资产负债表”->E23@1/“资产负债表”->E29@1

（5）存货周转率=营业成本/平均存货余额×100%

=“利润表”->B6@1/（（“资产负债表”->B14@1+
“资产负债表”->C14@1）/2）

（6）应收账款周转率=营业收入/平均应收账款余额×100%

=“利润表”->B5@1/（（“资产负债表”->B9@1+
“资产负债表”->C9@1）/2）

（7）营业净利率=净利润/营业收入×100%

=（“利润表”->B21@1/“利润表”->B5@1）

（8）成本费用利润率=利润总额/成本费用总额×100%

=“利润表”->B19@1/（“利润表”->B6@1+
“利润表”->B7@1+“利润表”->B8@1+
“利润表”->B9@1+“利润表”->B10@1）

（9）总资产报酬率=息税前利润总额/平均总资产×100%

=（“利润表”->B19@1+“利润表”->B10@1）/（（“资产
负债表”->B30@1+“资产负债表”->C30@1）/2）

微课

表间取数
定义的做法

（10）净资产收益率=净利润/平均净资产×100%

=“利润表”->B21@1/（（“资产负债表”->E29@1+
“资产负债表”->F29@1）/2）

上述单元公式中相关指标所在单元以本教材实训十二及实训十三所附报表格式为例。

## 二、报表审核公式定义

在经常使用的各类财务报表中的每个数据都有明确的经济含义，并且各个数据之间一般都有一定的勾稽关系。如在一个报表中，小计等于各分项之和，而合计又等于各个小计之和等。为了确保报表数据的准确性，可以用这种报表之间或报表之内的勾稽关系对报表进行勾稽关系检查，这种检查称为数据的审核。将报表数据之间的勾稽关系用公式表示出来，称之为审核公式。

【操作要点】

在报表格式设计状态下，选择“数据”菜单“编辑公式”下的“审核公式”项，调出“审核公式”对话框。在“审核关系”框中按照对话框右侧的格式范例输入审核公式，如图9-14所示。审核公式编辑完毕，检查无误后单击“确定”按钮，系统将保存此次审核公式的设置。

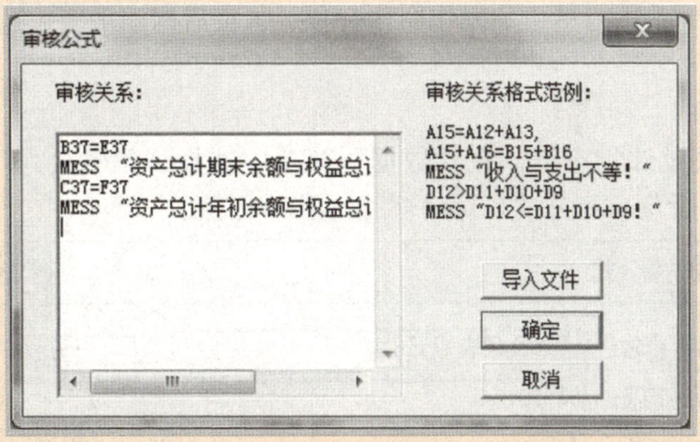


图9-14　审核公式

### （一）财务报表内部勾稽关系举例

在资产负债表中，资产总计与负债和所有者权益总计的年初余额和期末余额应分别相等。设资产负债表中资产总计期末余额所在单元格为“B37”，资产总计年初余额所在单元格为“C37”，负债和所有者权益总计期末余额所在单元格为“E37”，负债和所有者权益总计年初余额所在单元格为“F37”，则这一勾稽关系的审核公式可定义为：

B37=E37

MESS “资产总计期末余额与权益总计期末余额不等!”

C37=F37

MESS “资产总计年初余额与权益总计年初余额不等!”

### （二）财务报表之间勾稽关系举例

1. 资产负债表中“未分配利润”期末余额减去年初余额应等于利润表中“净利润”的本期金额。

2. 资产负债表中“未分配利润”期末余额减去年初余额应等于利润表中“净利润”的本年累计金额。

3. 现金流量表中的“现金及现金等价物净增加额”应等于资产负债表中“货币资金”期末余额减去年初余额。

4. 现金流量表中的“期末现金及现金等价物余额”应等于资产负债表中“货币资金”期末余额。

表间勾稽关系审核公式可用表间取数方式进行定义。

## 三、报表舍位平衡公式定义

报表数据在进行进位时，以“元”为单位的报表在上报时可能会转换为以“千元”或“万元”为单位的报表，原来满足的数据平衡关系可能被破坏，因此需要进行调整，使之符合指定的平衡公式。报表经舍位之后，重新调整平衡关系的公式称为舍位平衡公式。其中，进行进位的操作叫作舍位，舍位后调整平衡关系的操作叫作平衡调整公式。

【操作要点】

在报表格式设计状态下，在“数据”菜单中选择“编辑公式”下的“舍位公式”项，调出“舍位平衡公式”对话框，如图9-15所示。

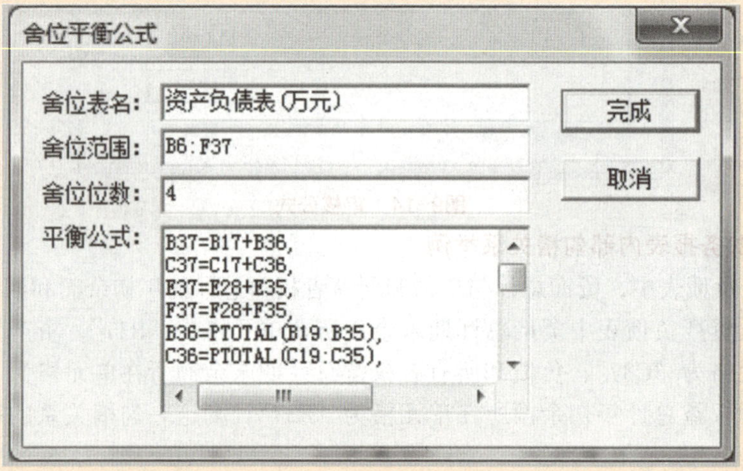


图9-15 舍位平衡公式

在各编辑框中输入如下各项：

（1）舍位表名。和当前文件名不能相同，默认在当前目录下。

（2）舍位范围。舍位数据的范围，要把所有要舍位的数据包括在内。

（3）舍位位数。1~8位。舍位位数为1，区域中的数据除10；舍位位数为2，区域中的数据除100；以此类推。

（4）平衡公式。按统计过程的逆方向书写舍位区域计算公式，格式为：<单元>=<算术表达式>，不含筛选条件和关联条件，对整个报表的各个表页均有效。平衡公式定义的要点为：

①倒顺序写，首先写最终运算结果，然后一步一步向前推；

②每个公式一行，各公式之间用逗号隔开，最后一条公式不用写逗号；

③公式中只能使用“+”“-”符号，不能使用其他运算符及函数；

④等号左边只能为一个单元（不带页号和表名）；

⑤一个单元只允许在等号右边出现一次。

舍位平衡公式编辑完毕，检查无误后单击“完成”按钮，系统将保存此次舍位平衡公式的设置。按“Esc”键或单击“取消”按钮将放弃此次操作。

# 标准习题

## 一、判断题

1.在数据状态下可以修改财务报表的审核公式。（　　）

2.报表公式定义后，每次编制报表时必须重新定义。（　　）

3.在财务报表中，单元公式中涉及的符号均为英文全角字符。（　　）

4.在财务报表中，舍位平衡公式中可以使用如“+”“/”“*”等任何运算符号。（　　）

5.报表运算公式是在编制报表时，确定报表单元的数据来源的公式。（　　）

6.函数架起了报表系统与其他系统、同一报表文件中不同表页之间、不同报表文件之间、同一报表文件之间以及同一报表内部数据传递的桥梁。（　　）

7.报表运算公式的运算符包括“ + ”“–”“>”“<”等符号。（　　）

8.一个报表系统编制报表的能力是通过系统提供的取数函数是否丰富来体现的。（　　）

9.固定区中连续单元格汇总求和可使用固定区合计函数SELECT。（　　）

10.现金流量表中的“期末现金及现金等价物余额”应等于资产负债表中“货币资金”期末余额。（　　）

## 二、单项选择题

1.如果发现生成的财务报表中有公式的单元存在数据错误，可（　　）。

A.直接键入正确的数据　　B.返回格式状态修改公式

C.直接修改公式　　D.返回格式状态修改数据

2.在财务报表中，第5张表页的正确表示方法是（　　）。

A.#5　　B.！5　　C.@5　　D.&5

3.在报表系统中，报表运算公式运算符包括（　　）。

A.“+”“–”“*”“=”　　B.“+”“*”“>”“<”

C.“+”“*”“<”　　D.“+”“–”“*”“>”

4.（　　）是报表数据之间关系的检查公式。

A.报表审核公式　　B.报表舍位平衡公式

C.报表运算公式　　D.表达式

5.如果要取得总账系统的指定科目的本期数量发生额，需要选择的函数是（　　）。

A.FS（　　）　　B.SFS（　　）　　C.WFS（　　）　　D.SJE（　　）

6.舍位平衡公式输入时，需要在“舍位位数”栏输入3，其含义是舍位区域中的所有（　　）。

A.单元数据都除以3　　B.数据保留小数点后3位

C.数据小数点都向右移动3位　　D.单元数据都除以1 000

7.下列各项中，不属于审核表达式基本构成要素的是（　　）。

A.关系符　　B.运算符　　C.行次号　　D.单元格

8.下列各项中，不是财务报表系统合法单元公式的描述是（　　）。

A.8+C9　　B.？D4+？C4

C.%D4　　D.PTOTAL（B2：B6）

9.对于打开的报表，若想从“SYB.REP”报表的第一页C4单元取数，填到本表的第一页D4单元，下列公式中，正确的是（　　）。

A.D4="SYB"C4@1"　　B.D4="SYB"->1@C4

C.D4=SYB->C4@1　　D.D4="SYB"->C4@1

10.下列公式中，合法的舍位平衡公式是（　　）。

A.C4=C1+C2-C3　　B.C4=C1*C2-C3

C.C4=C4@1+C3　　D.C4=C3+C2/2

## 三、多项选择题

1.在财务报表中，舍位平衡公式需要确定的条件有（　　）。

A.舍位区域　　B.舍位表名　　C.舍位位数　　D.舍位单元

2.在报表系统中，报表单元的数据来源包括（　　）。

A.从报表系统自身取数　　B.从总账系统取数

C.从系统外部取数　　D.从软件其他模块取数

3.下列有关舍位平衡公式的叙述中，正确的有（　　）。

A.等号左边可以为多个单元　　B.每个公式一行

C.公式间用逗号分隔　　D.最后一条公式后面不用写逗号

4.报表系统中的报表公式主要有（　　）。

A.审核公式　　B.报表单元公式　　C.舍位平衡公式　　D.合并报表公式

5.下列各项中，属于取数函数的有（　　）。

A.PTOTAL（　）　　B.SELECT（　）　　C.QC（　）　　D.FS（　）

6.下列各项中，属于进入编辑单元公式的正确方法有（　　）。

A.在选定的单元单击鼠标左键

B.选择数据菜单下的“编辑公式→单元公式”

C.在编辑栏中按“fx”图标

D.在选定的单元按“=”键

7.舍位位数为2表示舍位区域中所有数据（　　）。

A.保留小数后4位　　B.小数点向左移动2位

C.舍位后保留小数点后4位　　D.除以100

8.资产负债表单元公式定义时主要使用的函数有（　　）。

A.QC（　）　　B.QM（　）　　C.FS（　）　　D.PTOTAL（　）

9.财务报表二次开发新建的文件类型有（　　）。

A.*.shl　　B.*.mdb　　C.*.mnu　　D.*.rep

10.在报表系统中，报表审核公式的运算符包括（　　）。

A.“>”（大于）　　B.“+”（加）　　C.“*”（乘）　　D.“/”（除以）

参考答案

# 任务三　报表数据处理

## ◆技能点9-3　报表数据处理

### 一、表页管理

#### （一）增加表页

财务报表文件在数据状态下默认只有一张表页，而企业每月都要编报会计报表，需要增加若干张表页，如资产负债表，每年就需要12张表页，用来分别编制并保存各月生成的报表。向一个报表中增加表页有追加和插入两种方式。教学演示版最多只能有4个表页，即最多只能插入或追加3个表页。

【操作要点】

插入表页即在当前表页前面增加新的表页。在数据状态下选择要插入表页的表页页标，使它成为当前表页，然后在“编辑”菜单中选取“插入”下的“表页”项，在弹出的“插入表页”对话框中输入要插入的表页数，确认后在当前表页之前增加新表页。

追加表页即在最后一张表页后面增加新的表页。在数据状态下选择“编辑”菜单中“追加”下的“表页”项，在弹出的“追加表页”对话框中输入追加表页数，确认后追加相应表页。

#### （二）交换表页

交换表页是将指定的表页中的全部数据进行交换。

【操作要点】

在数据状态下，选择“编辑”菜单中“交换”下的“表页”项，系统弹出“交换表页”对话框，在“源页号”和“目标页号”编辑框中输入要互相交换位置的表页页号，单击“确认”按钮即可。可以一次交换多个表页，多个表页号用“,”隔开。例如，要同时交换第1页和第2页，第3页和第4页，第10页和第20页，则在“源页号”编辑框中输入“1，3，10”；在“目标页号”编辑框中输入“2，4，20”，如图9-16所示。

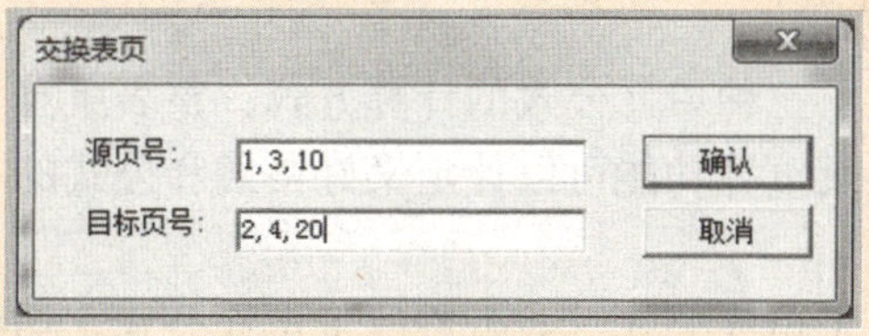


图9-16　交换表页

#### （三）删除表页

删除表页是将指定的整个表页删除，报表的表页数相应减少。

【操作要点】

在数据状态下，选择“编辑”菜单中“删除”下的“表页”项，系统弹出“删除表页”对话框。在“删除表页”编辑框中输入要删除的表页号，确认后该表页即被删除。若要同时删除多张表页，各表页号之间用逗号隔开。例如，输入“1，3，10”则删除第1页、第3页和第10页。如果不指定表页号和删除条件，则确认后删除当前表页。

## 二、报表数据生成

### （一）录入关键字

关键字是表页定位的特定标识，标明了报表取数的对象及取数的时间范围。例如，单元公式“QM（"1002"，月）”的含义是取“银行存款”科目的月末余额，当关键字“月”赋值为“5”时，表示取5月末“银行存款”科目的余额，若赋值为“12”，则从总账系统中取“银行存款”科目12月末的余额。

【操作要点】

关键字的设置在格式状态下进行，关键字的录入则只能在数据状态下进行。选中要录入关键字的表页的页标，使它成为当前表页，然后选择“数据”菜单中的“关键字”下的“录入”项，系统弹出“录入关键字”对话框，如图9-17所示。

图9-17 录入关键字

在对话框中，未定义的关键字编辑框为灰色，不能输入内容，已定义的关键字编辑框为白色，“年”“季”“月”“日”编辑框中显示系统时间。在相应编辑框中录入关键字的值并确认后，关键字的值显示在相应关键字所在的单元中。

### （二）报表数据生成

财务报表系统提供了三种单元公式的计算方式：整表重算、表页重算、表页不计算。执行整表重算或表页重算功能可以让定义好格式和公式的报表取到指定的数据。

#### 1. 整表重算

在格式状态下定义了单元公式，或者修改了单元公式，切换到数据状态时，系统都会提示“是否确定整表重算?”，选择“是”，系统开始重新计算所有表页的单元公式并显示计算结果。若单元公式无变化，则切换到数据状态时不会提示进行整表重算。这时，如要重新计算所有表页的单元公式，可在数据状态下选择“数据”菜单中的“整表重算”项。系统弹出询问对话框，选择“是”执行整表重算。

### 2. 表页重算

表页重算用于计算当前表页中的单元公式，其他表页不重算。在某个表页录入关键字后，系统会询问是否进行表页重算。例如，当前表页为第2页，录入关键字后，系统询问“是否重算第2页?”。其他情况下需要进行表页重算时，可选择“数据”菜单中的“表页重算”项。

### 3. 表页不计算

当表页设置了“表页不计算”之后，无论任何情况下，表页中的单元公式都不再重新计算。若某个表页已经从总账系统中取到了正确的数据，即可设置“表页不计算”。这样做，一方面可以改善系统的性能，加快软件运算速度；另一方面，对已生成的正确数据起到保护作用。例如，某内部报表中的“本年累计数”栏的单元公式中若使用了会计期间参数“全年”，3月份时，总账系统提供的是1~3月的累计数，到4月份则提供1~4月的累计数，因而，当3月份的报表编制完成后应该设置“表页不计算”，否则，编制4月份报表时假如不小心用了整表重算功能，则会将3月份表页中的1~3月的累计数替换成1~4月的累计数。

要设置“表页不计算”，可在数据状态下点击“”按钮，或者在“数据”菜单中选择“表页不计算”项来实现。

【故障诊断】

(1) 问题描述：打开报表时提示“有×××人正在使用该表”或“本表为只读属性”。

原因分析：报表被异常关闭造成。

解决方法：对于已出现此情况的报表可以用“另存为”命令，改名保存或改存其他路径。

(2) 问题描述：编制资产负债表时，计算公式定义正确，但不能取到正确数据。

原因分析：主要原因是没有录入关键字。资产负债表中年初余额的取数期间通常设为“1”或“全年”，期末余额的取数期间通常设为“月”。在未录入关键字的情况下，资产负债表中的年初余额数据可以正常取得，期末余额的数据则按系统日期所属月份取数，若需要取数的月份与系统日期所在月份不同，就不能取到正确的数据。

解决方法：在数据状态下，进入“数据”菜单中“关键字”的“录入”项，录入“单位名称”“年”“月”“日”等关键字，退出后进行表页重算即可取到正确数据。若还有问题，还应检查凭证是否全部记账。

微课

表页管理及报表数据生成

(3) 问题描述：在格式状态下定义了计算公式，切换到数据状态进行表页重算时，报表数据出不来。

原因分析：若关键字设置正确，可能是操作时无意中选中了“数据”菜单的“表页不计算”。

解决方法：在数据状态下，查询“数据”菜单中的“表页不计算”项前是否有“√”标记，若有则选择该项，系统提示“此操作将取消表页的不计算标志，是否计算当前表页?”，选择“是”即可根据计算公式取到相应数据。

## 三、报表审核

当报表数据生成完毕后，应对报表进行审核，以检查报表各项数据勾稽关系的准确性。

【操作要点】

在数据状态下，选择“数据”菜单中的“审核”项。系统按照审核公式逐条审核表内的关系，当报表数据不符合勾稽关系时，屏幕上出现提示信息。记录该提示信息后按任意键继续审核其余的公式。按照记录的提示信息修改报表数据，重新进行审核，直到状态栏提示“完全正确!”，表示该报表各项勾稽关系正确。

每当对报表数据进行修改后，都应该进行审核，以保证报表各项勾稽关系正确。

【故障诊断】

问题描述：执行报表审核时，报表系统状态栏提示“审核公式错”。

原因分析：系统不接受全角状态下输入的数学运算符，请检查是否将审核公式中的“=”号输入为全角的“=”。

解决方法：切换到“格式”状态，将审核公式中的等于号从全角的“=”修改为半角的“=”。

## 四、报表舍位

【操作要点】

在数据状态下，选择“数据”菜单中的“舍位平衡”项。系统按照所定义的舍位关系对指定区域的数据进行舍位，并按照平衡公式对舍位后的数据进行平衡调整，将舍位平衡后的数据存入指定的新表或其他表中。

打开舍位平衡公式指定的舍位表，可以看到调整后的报表。

# 标准习题

## 一、判断题

1. 增加表页的工作只能通过“编辑”菜单下的“追加”功能完成。（　　）
2. 执行财务报表舍位操作后，工作界面展示的报表是生成的舍位报表。（　　）
3. 增加表页必须在格式状态下执行。（　　）
4. 在财务报表系统中，报表表样定义完之后只不过是一张空白的报表，如果要生成数据，需要通过单元公式来取数。（　　）
5. 为了使报表函数能够正确取值，在正式取数之前应该为关键字赋值。（　　）
6. 出现会计报表审核错误的原因仅在于报表软件存在错误。（　　）
7. 会计报表软件只能输出当前会计期间的报表数据信息。（　　）
8. 财务报表的关键字必须手工键入。（　　）
9. 在财务报表中，只能从总账中提取财务数据。（　　）

10.在财务报表中，报表数据处理不一定在数据状态下进行。（　　）

## 二、单项选择题

1.对关键字的下列操作必须在数据状态下执行的是（　　）。

A.定义　B.偏移　C.录入　D.删除

2.在财务报表中，（　　）可以确认报表数据取数的时间范围，即确定数据生成的具体日期。

A.日期表样　B.日期数值　C.日期关键字　D.日期字符

3.财务报表的数据处理能够完成的任务是（　　）。

A.修改单元公式　B.格式排版　C.设置关键字　D.舍位平衡

4.在报表数据处理中，插入表页是在（　　）插入若干张空白表页。

A.第一张表页前面　B.当前表页前面

C.当前表页后面　D.第一张表页后面

5.在报表处理系统中，每月都需要调用的功能是（　　）。

A.报表格式定义　B.报表公式定义

C.定义报表名称　D.编制报表

6.财务报表的数据处理能够完成的任务是（　　）。

A.格式排版　B.舍位平衡

C.修改单元公式　D.设置关键字

7.在财务报表中欲查找某一时间的利润表数据，需要在（　　）下进行查询。

A.格式状态　B.打印输出　C.导出文件　D.数据状态

8.会计报表的审核依据是（　　）。

A.报表勾稽关系　B.报表与记账凭证

C.报表与总分类账　D.报表与明细账

## 三、多项选择题

1.下列操作中必须在数据状态下完成的有（　　）。

A.表页重算　B.审核操作　C.设置列宽　D.单元组合

2.报表系统日常操作的内容包括（　　）。

A.表页管理　B.录入关键字

C.舍位平衡操作　D.定义舍位平衡公式

3.用财务报表系统生成报表数据时，下列各项属于必要条件的有（　　）。

A.已经设置好报表格式　B.手工输入关键字

C.已经输入审核公式　D.已经输入舍位平衡公式

4.导致财务表格审核错误的原因有（　　）。

A.审核公式本身错误　B.账套数据源错误

C.单元公式语法错误　D.报表格式错误

5.下列各项工作中，属于在报表的数据状态下进行的有（　　）。

A.舍位平衡计算　B.设定表的单元属性

C.录入关键字　D.定义报表公式

参考答案

# 项目实训

## 实训十二　资产负债表的制作

### 一、实训目的

掌握用友财务报表系统中资产负债表格式定义、公式定义及数据计算生成的操作技能。

### 二、实训内容

1.资产负债表格式定义。

2.资产负债表公式定义：计算公式定义；审核公式定义；舍位平衡公式定义。

3.报表数据生成；报表审核；生成舍位平衡表。

### 三、实训准备

引入“实训十一”中的“完成结账”备份数据。

### 四、实训资料

本项目实训由账套主管刘志伟登录企业应用平台操作。

1.资产负债表（简表）的格式见表9-1。

表9-1

| | A | B | C | D | E | F |
|---|---|---|---|---|---|---|
| 1 | 资　产　负　债　表 | | | | | |
| 2 | | | | | | 会企01表 |
| 3 | 单位名称: | | | 年　月　日 | | 单位:元 |
| 4 | 资　　产 | 期末余额 | 年初余额 | 负债和所有者权益 | 期末余额 | 年初余额 |
| 5 | 流动资产: | X | X | 流动负债: | X | X |
| 6 | 货币资金 | | | 短期借款 | | |
| 7 | 交易性金融资产 | | | 应付票据 | | |
| 8 | 应收票据 | | | 应付账款 | | |
| 9 | 应收账款 | | | 预收款项 | | |
| 10 | 预付款项 | | | 应付职工薪酬 | | |
| 11 | 应收利息 | | | 应交税费 | | |
| 12 | 应收股利 | | | 应付利息 | | |
| 13 | 其他应收款 | | | 其他应付款 | | |
| 14 | 存货 | | | 流动负债合计 | | |
| 15 | 流动资产合计 | | | 非流动负债: | X | X |
| 16 | 非流动资产: | X | X | 长期借款 | | |
| 17 | 固定资产 | | | 非流动负债合计 | | |
| 18 | 在建工程 | | | 负债合计 | | |
| 19 | 工程物资 | | | 所有者权益: | X | X |
| 20 | 固定资产清理 | | | 实收资本 | | |
| 21 | 无形资产 | | | 资本公积 | | |
| 22 | 长期待摊费用 | | | 盈余公积 | | |
| 23 | 递延所得税资产 | | | 未分配利润 | | |
| 24 | 非流动资产合计 | | | 所有者权益合计 | | |
| 25 | 资产总计 | | | 负债和所有者权益总计 | | |

【操作向导】

（1）点击“新建”按钮新建空白表，选择格式菜单中的表尺寸，设置为25行6列。

（2）设置行高列宽，列A和列D的列宽设为50，其他各列的列宽设为25，第1行的行高设为12，其他各行的行高设为6。

（3）设置字体字号，表头报表名称字体设为楷体，字号设为26号，加粗，加下划线，其他全部设为仿宋11号。

（4）A1单元格录入“资产负债表”，表名文字之间加一空格以加大间距，点选第一行行标，在第1行行标处单击鼠标右键，选择“组合单元”项，在弹出的对话框中选择“按行组合”，将第一行的单元格合一，并将报表名称水平居中；F2单元格录入“会企01表”；F3单元格录入“单位：元”。

（5）A3单元格设置关键字“单位名称”，C3单元格设置关键字“年”“月”“日”；年偏移-10，月偏移20，日偏移50。

（6）根据表9-1录入表体文字，表体中大类名称向左对齐，各大类中的指标名称缩进一个字，各大类合计项缩进两个字。

（7）选定A4：F25报表单元块，单击鼠标右键，选中“单元属性”中的“边框”项配置上下粗线、内部细线、左右开放的表格线。

（8）在显示风格中将网格颜色设置为白色，隐藏网格线。

（9）将各大类名称及“资产总计”“负债和所有者权益总计”所在单元格的背景色设置为灰色。

（10）将“期末余额”栏和“年初余额”栏中的数据显示颜色设置为深蓝色。

2.资产负债表格式定义完成后将报表命名为“资产负债表”保存到“实训十二”文件夹中。

3.定义资产负债表计算公式（适用于本年度报表计算）。

【操作向导】

（1）从单一账户取数的指标，如交易性金融资产、应收票据等，年初余额栏用QC（科目编码，1）定义，期末余额栏用QM（科目编码，月）定义。定义完一项指标后，将单元公式复制到同类型指标中去，然后修改科目编码。

（2）从若干账户取数加减计算的指标，如货币资金、存货、固定资产、无形资产、未分配利润等，可先定义期末金额栏，然后将单元公式复制到年初余额栏，通过“编辑”菜单中的“替换”功能将公式中的“QM”替换成“QC”，“月”替换成“1”。例如：

存货指标的期末余额= QM（1401，月）+QM（1402，月）+QM（1403，月）+
QM（1404，月）+QM（1405，月）+QM（1406，月）-
QM（1407，月）+QM（1408，月）+QM（1411，月）+
QM（1421，月）-QM（1471，月）+QM（5001，月）+
QM（5201，月）

（3）需根据余额方向分析填列的指标。

应收账款期末余额=QM（1122，月，借，，，，，，，t）+
QM（2203，月，借，，，，，，，t）-QM（1231，月）

预付账款期末余额=QM（1123，月，借,,,,,,,，t）+

QM（2202，月，借,,,,,,,，t）

应付账款期末余额=QM（2202，月，贷,,,,,,,，t）+

QM（1123，月，贷,,,,,,,，t）

预收账款期末余额=QM（2203，月，贷,,,,,,,，t）+

QM（1122，月，贷,,,,,,,，t）

年初余额栏通过复制和替换功能进行定义。

（4）连续单元格汇总求和，如流动资产合计栏，可选定B6：C15区域，点击工具栏中的向下求和按钮即可。

（5）不连续单元格汇总求和，如资产总计栏，期末余额栏为B15+B24，年初余额为C15+C24。

4.表页重算生成桃源酒业有限公司2023年1月31日资产负债表数据（见表9-2）。

表9-2

| | A | B | C | D | E | F |
|---|---|---|---|---|---|---|
| 1 | 资产负债表 | | | | | |
| 2 | | | | | | 会企01表 |
| 3 | 单位名称：桃源酒业有限公司 | | 2023 年 1 月31 日 | | | 单位：元 |
| 4 | 资　产 | 期末余额 | 年初余额 | 负债和所有者权益 | 期末余额 | 年初余额 |
| 5 | 流动资产： | X | X | 流动负债： | X | X |
| 6 | 货币资金 | 1342207.30 | 1103746.00 | 短期借款 | 300000.00 | 300000.00 |
| 7 | 交易性金融资产 | | | 应付票据 | 84750.00 | |
| 8 | 应收票据 | | 36000.00 | 应付账款 | 281370.00 | 313036.00 |
| 9 | 应收账款 | 569450.44 | 224870.00 | 预收款项 | | |
| 10 | 预付款项 | | 40000.00 | 应付职工薪酬 | 59324.50 | |
| 11 | 应收利息 | | | 应交税费 | 148980.49 | 151100.00 |
| 12 | 应收股利 | | | 应付利息 | 1500.00 | |
| 13 | 其他应收款 | 1864.50 | | 其他应付款 | | |
| 14 | 存货 | 328345.40 | 550600.00 | 流动负债合计 | 875924.99 | 764136.00 |
| 15 | 流动资产合计 | 2241867.64 | 1955216.00 | 非流动负债： | X | X |
| 16 | 非流动资产： | X | X | 长期借款 | | |
| 17 | 固定资产 | 6524840.80 | 6108600.00 | 非流动负债合计 | | |
| 18 | 在建工程 | | 415100.00 | 负债合计 | 875924.99 | 764136.00 |
| 19 | 工程物资 | | | 所有者权益： | X | X |
| 20 | 固定资产清理 | | | 实收资本 | 5000000.00 | 5000000.00 |
| 21 | 无形资产 | | | 资本公积 | 1508580.00 | 1508580.00 |
| 22 | 长期待摊费用 | | | 盈余公积 | 255000.00 | 255000.00 |
| 23 | 递延所得税资产 | | | 未分配利润 | 1127203.45 | 951200.00 |
| 24 | 非流动资产合计 | 6524840.80 | 6523700.00 | 所有者权益合计 | 7890783.45 | 7714780.00 |
| 25 | 资产总计 | 8766708.44 | 8478916.00 | 负债和所有者权益总计 | 8766708.44 | 8478916.00 |

【操作向导】

点击报表左下方的“格式”按钮，切换到数据状态，在菜单“数据→关键字→录入”中，录入单位名称“桃源酒业有限公司”和编报日期2023年1月31日。

点击菜单“数据→表页重算”，生成桃源酒业有限公司2023年1月31日资产负债表数据。

5.表页管理及单元公式调整。

【操作向导】

（1）在数据状态下选择菜单“编辑→插入→表页”，插入1张表页。

（2）在数据状态下选择菜单“编辑→追加→表页”，追加2张表页。

（3）在新增的表页中录入关键字，第1页日期为2022年12月31日，第3页日期为2023年2月28日，第4页日期为2024年1月31日，录入后进行表页重算或整表重算。查看计算结果发现4张表页数据完全相同，这是因为单元公式中未对关键字年进行设置。

（4）单元公式调整。点击报表左下方“数据”按钮，切换到格式状态，在编辑替换窗口中查找“月）”，替换为“月，，，年）”；查找“1）”，替换为“全年，，，年）”；查找“，，，，，，t）”，替换为“年，，，，，，t）”。

（5）切换到数据状态进行整表重算，再查看报表数据，2022年12月份和2024年1月份的报表数据已经清零。

（6）在数据状态下选择菜单“编辑→交换→表页”，将第2页换到第1页。

6.定义审核公式并执行审核。

【操作向导】

（1）在格式状态下，选择菜单“数据→编辑公式→审核公式”，在编辑框中录入下列审核公式：

B25=E25

MESS “资产总计期末余额与权益总计期末余额不等!”

C25=F25

MESS “资产总计年初余额与权益总计年初余额不等!”

（2）切换到数据状态，选择菜单“数据→审核”，如果审核无误，左下角显示“完全正确!”，否则显示审核公式中的提示语。

7.定义舍位平衡公式并生成资产负债表（万元）。

【操作向导】

（1）在格式状态下，选择菜单“数据→编辑公式→舍位公式”，在编辑框中录入下列舍位公式：

舍位表名：资产负债表（万元）

舍位范围：B6：F25

舍位位数：4

平衡公式：

B25=B15+B24，

C25=C15+C24，

E25=E18+E24，

F25=F18+F24，

B24=PTOTAL（B17：B23），

C24=PTOTAL（C17：C23），

E24=PTOTAL（E20：E23），

F24=PTOTAL（F20：F23），

E18=E14+E17，

F18=F14+F17，

E17=PTOTAL（E16），

F17=PTOTAL（F16），

B15=PTOTAL（B6：B14），

C15=PTOTAL（C6：C14），

E14=PTOTAL（E6：E13），

F14=PTOTAL（F6：F13）

（2）切换到数据状态，选择菜单“数据→舍位平衡”，系统生成“资产负债表（万元）”。对比第1页和第3页，会发现第1页数据已经舍位平衡，第3页舍位，但未平衡。

（3）在“资产负债表（万元）”的格式状态下，将F3单元格的文字改为“单位：万元”，并保存报表。舍位平衡完成的报表见表9-3。

表9-3

| | A | B | C | D | E | F |
|---|---|---|---|---|---|---|
| 1 | | | 资产负债表 | | | |
| 2 | | | | | | 会企01表 |
| 3 | 单位名称：栎源酒业有限公司 | | 2023 年 1 月31 日 | | | 单位：万元 |
| 4 | 资　　产 | 期末余额 | 年初余额 | 负债和所有者权益 | 期末余额 | 年初余额 |
| 5 | 流动资产： | X | X | 流动负债： | X | X |
| 6 | 货币资金 | 134.22 | 110.37 | 短期借款 | 29.99 | 30.00 |
| 7 | 交易性金融资产 | | | 应付票据 | 8.48 | |
| 8 | 应收票据 | | 3.60 | 应付账款 | 28.14 | 31.30 |
| 9 | 应收账款 | 56.95 | 22.49 | 预收款项 | | |
| 10 | 预付款项 | | 4.00 | 应付职工薪酬 | 5.93 | |
| 11 | 应收利息 | | | 应交税费 | 14.90 | 15.11 |
| 12 | 应收股利 | | | 应付利息 | 0.15 | |
| 13 | 其他应收款 | 0.19 | | 其他应付款 | | |
| 14 | 存货 | 32.83 | 55.06 | 流动负债合计 | 87.59 | 76.41 |
| 15 | 流动资产合计 | 224.19 | 195.52 | 非流动负债： | X | X |
| 16 | 非流动资产： | X | X | 长期借款 | | |
| 17 | 固定资产 | 652.48 | 610.86 | 非流动负债合计 | | |
| 18 | 在建工程 | | 41.51 | 负债合计 | 87.59 | 76.41 |
| 19 | 工程物资 | | | 所有者权益： | X | X |
| 20 | 固定资产清理 | | | 实收资本 | 500.00 | 500.00 |
| 21 | 无形资产 | | | 资本公积 | 150.86 | 150.86 |
| 22 | 长期待摊费用 | | | 盈余公积 | 25.50 | 25.50 |
| 23 | 递延所得税资产 | | | 未分配利润 | 112.72 | 95.12 |
| 24 | 非流动资产合计 | 652.48 | 652.37 | 所有者权益合计 | 789.08 | 771.48 |
| 25 | 资产总计 | 876.67 | 847.89 | 负债和所有者权益总计 | 876.67 | 847.89 |

# 实训十三　利润表的制作

## 一、实训目的

掌握用友财务报表系统中利润表格式定义、公式定义及数据计算生成的操作技能。

## 二、实训内容

1.利润表格式定义。

2.利润表公式定义。

3.增加表页；报表数据生成。

4.保存报表。

5.定义舍位平衡公式并生成万元表。

## 三、实训准备

引入“实训十一”中的“完成结账”备份数据。

## 四、实训资料

本项目实训由账套主管刘志伟登录企业应用平台操作。

1.利润表格式定义（在报表模板基础上调整）。

【操作向导】

新建空白表，选用“2007年新会计制度科目”行业“利润表”模板，并按下列要求进行调整：

（1）删除B列“行次”。先取消第一行单元组合，删除B列后再组合第一行。删除本期金额及上期金额中原有单元公式。A7单元格的“营业税金及附加”改为“税金及附加”。表头报表名称字体设为楷体，字号设为26号，加粗，加下划线，并插入空格加大字间距，其他全部设为仿宋11号。

（2）列A的列宽设为100，列B和列C的列宽设为50，第1行的行高设为12，其他各行的行高设为6。

（3）删除A3单元格文字“编制单位:”，并在A3单元格设置关键字“单位名称”“年”“月”；“年”向右偏移5，“月”向右偏移35。

（4）配置上下粗线、内部细线、左右开放的表格线；隐藏网格线。

（5）将“一、营业收入”“二、营业利润（亏损以“–”号填列）”“三、利润总额（亏损总额以“–”号填列）”“四、净利润（净亏损以“–”号填列）”“五、每股收益:”等项目所在单元格的背景色设置为浅灰色。

（6）将区域B23：C24的单元属性中小数位保留位数修改为4位。

（7）显示风格中选中“标准颜色”。将利润表保存到“实训十三”文件夹中。定义完成的利润表见表9–4。

2.利润表“本期金额”单元公式定义。

“本期金额”栏账务取数部分要求使用对方科目发生函数“DFS”定义。

营业收入=DFS（6001，4103，月，借,,,，年）+

DFS（6051，4103，月，借,,,，年）

营业成本=DFS（6401，4103，月，贷,,,，年）+

DFS（6402，4103，月，贷,,,，年）

税金及附加=DFS（6403，4103，月，贷,,,，年）

将B7单元格的公式复制下拉到B11，以及B17、B20，再将科目编码6403分别改为6601、6602、6603、6701、6711、6801；财务费用的计算公式中还应加上汇总损益“+DFS（6061，4103，月，贷,,,，年）–DFS（6061，4103，月，借,,,，年）”。

表9-4

| | A | B | C |
|---|---|---|---|
| 1 | 利 润 表 | | |
| 2 | | | 会企02表 |
| 3 | 单位名称: 年 月 | | 单位:元 |
| 4 | 项 目 | 本期金额 | 上期金额 |
| 5 | 一、营业收入 | | |
| 6 | 减:营业成本 | | |
| 7 | 税金及附加 | | |
| 8 | 销售费用 | | |
| 9 | 管理费用 | | |
| 10 | 财务费用 | | |
| 11 | 资产减值损失 | | |
| 12 | 加:公允价值变动收益(损失以"-"号填列) | | |
| 13 | 投资收益(损失以"-"号填列) | | |
| 14 | 其中:对联营企业和合营企业的投资收益 | | |
| 15 | 二、营业利润(亏损以"-"号填列) | | |
| 16 | 加:营业外收入 | | |
| 17 | 减:营业外支出 | | |
| 18 | 其中:非流动资产处置损失 | | |
| 19 | 三、利润总额(亏损总额以"-"号填列) | | |
| 20 | 减:所得税费用 | | |
| 21 | 四、净利润(净亏损以"-"号填列) | | |
| 22 | 五、每股收益: | | |
| 23 | (一)基本每股收益 | | |
| 24 | (二)稀释每股收益 | | |

公允价值变动收益=DFS(6101,4103,月,借,,,,年)

将公允价值变动收益的公式复制到B13、B16,再将科目编码6101分别改为6111、6301。

对联营企业和合营企业的投资收益=DFS(6111,1511,月,贷,,,,年)

营业利润=B5-B6-B7-B8-B9-B10-B11+B12+B13

利润总额=B15+B16-B17

净利润=B19-B20

基本每股收益=B21/&A

稀释每股收益=(B21+&B)/(&A+&C)

3.在格式状态下打开菜单"工具→二次开发",新建批命令文件"每股收益.shl",输入如下内容:

LET &A=GETINT("请输入加权平均普通股")

LET &B=GETINT("请输入稀释性潜在普通股收益")

LET &C=GETINT("请输入稀释性潜在普通股")

将批命令文件保存到文件夹"实训十三"中。

4.执行批命令文件"每股收益.shl","加权平均普通股"输入"1 000 000","稀释性潜在普通股收益"输入"10 000","稀释性潜在普通股"输入"300 000"。

5.录入关键字，表页重算生成桃源酒业有限公司2023年1月利润表（见表9-5）。

表9-5

| | A | B | C |
|---|---|---|---|
| 1 | 利 润 表 | | |
| 2 | | | 会企02表 |
| 3 | 单位名称：桃源酒业有限公司 | 2023 年 1 月 | 单位:元 |
| 4 | 项 目 | 本期金额 | 上期金额 |
| 5 | 一、营业收入 | 1246190.00 | |
| 6 | 减：营业成本 | 797154.60 | |
| 7 | 税金及附加 | 8110.77 | |
| 8 | 销售费用 | 50414.80 | |
| 9 | 管理费用 | 156547.20 | |
| 10 | 财务费用 | -4745.40 | |
| 11 | 资产减值损失 | 1731.56 | |
| 12 | 加：公允价值变动收益（损失以“-”号填列） | | |
| 13 | 投资收益（损失以“-”号填列） | | |
| 14 | 其中：对联营企业和合营企业的投资收益 | | |
| 15 | 二、营业利润（亏损以“-”号填列） | 236976.47 | |
| 16 | 加：营业外收入 | | |
| 17 | 减：营业外支出 | 2305.20 | |
| 18 | 其中：非流动资产处置损失 | | |
| 19 | 三、利润总额（亏损总额以“-”号填列） | 234671.27 | |
| 20 | 减：所得税费用 | 58667.82 | |
| 21 | 四、净利润（净亏损以“-”号填列） | 176003.45 | |
| 22 | 五、每股收益： | | |
| 23 | （一）基本每股收益 | 0.1760 | |
| 24 | （二）稀释每股收益 | 0.1431 | |

6.“上期金额”栏公式定义及取数测试。

上期金额栏公式分别以本年累计数、上月数、上年同期数三种方式分别定义。

【操作向导】

（1）以“本年累计数”方式定义

①在格式状态下定义C5单元格：B5+SELECT（C5，年@=年 and 月@=月+1）。

②将C5单元格的计算公式下拉复制到C6至C24。

③切换到数据状态，表页重算取得上期金额数据。

④选择菜单“数据→表页不计算”，锁定第1页2023年1月份报表数据。

（2）以“上月数”方式定义

①在格式状态下定义C5单元格：SELECT（B5，年@=年 and 月@=月+1）

②将C5单元格的计算公式下拉复制到C6至C24。

③切换到数据状态，追加1张表页，在第2页录入关键字：桃源酒业有限公司，2023年2月。表页重算得到上期金额数据，这时B24@2单元格会出现数据，因为之前执行批命令文件为&A、&B、&C的赋值还有效，关闭报表文件重新打开进行表页重算后B24@2单元格数据就清空了。

④选择菜单“数据→表页不计算”，锁定第2页2023年2月份报表数据。

（3）以“上年同期数”方式定义

①在格式状态下定义C5单元格：SELECT（B5，年@=年+1 and 月@=月）

②将C5单元格的计算公式下拉复制到C6至C24。

③切换到数据状态，追加1张表页，在第3页录入关键字：桃源酒业有限公司，2024年1月。表页重算得到上期金额数据。

④选择菜单“数据→表页不计算”，锁定第3页2024年1月份报表数据。

单击“保存”按钮保存利润表。

7.定义利润表舍位平衡公式并生成利润表（万元）。

【操作向导】

（1）在格式状态下定义舍位平衡公式。

舍位表名：利润表（万元）

舍位范围：B5：C24

舍位位数：4

平衡公式：

B21=B19-B20，

C21=C19-C20，

B19=B15+B16-B17，

C19=C15+C16-C17，

B15=B5-B6-B7-B8-B9-B10-B11+B12+B13，

C15=C5-C6-C7-C8-C9-C10-C11+C12+C13

（2）切换到数据状态，在第1页选择菜单“数据→舍位平衡”，生成利润表（万元）。

（3）切换到格式状态，将C3单元格的“单位：元”，改为“单位：万元”，单击“保存”按钮保存万元表。

# 实训十四　现金流量表的制作

## 一、实训目的

掌握用友财务报表系统中现金流量表格式定义、公式定义及数据计算生成的操作技能。

## 二、实训内容

1.现金流量表格式定义。

2.现金流量表公式定义。

3.报表数据生成。

4.保存报表。

## 三、实训准备

引入“实训十一”中的“完成结账”备份数据。

## 四、实训资料

本项目实训由账套主管刘志伟登录企业应用平台操作。

1.现金流量表格式定义。

【操作向导】

新建空白表，选用“2007年新会计制度科目”行业“现金流量表”模板，并按下列要求进行调整：

（1）删除B列“行次”。先取消第一行单元组合，删除B列后再组合第一行。表头报表名称字体设为楷体，字号设为26号，加粗，加下划线，并插入空格加大字间距，其他全部设为仿宋11号。

（2）列A的列宽设为110，列B和列C的列宽设为40，第1行的行高设为12，其他各行的行高设为6。

（3）删除A3单元格文字“编制单位:”，并在A3单元格设置关键字“单位名称”“年”“月”；“年”向左偏移35，“月”向左偏移5。

（4）配置上下粗线、内部细线、左右开放的表格线；隐藏网格线。

（5）显示风格中选中“标准颜色”。将现金流量表保存到“实训十四”文件夹中。定义完成的现金流量表见表9-6。

表9-6

# 现 金 流 量 表

会企03表

单位名称: 年 月 单位：元

| 项 目 | 本期金额 | 上期金额 |
|---|---|---|
| 一、经营活动产生的现金流量： | | |
| 销售商品、提供劳务收到的现金 | | |
| 收到的税费返还 | | |
| 收到其他与经营活动有关的现金 | | |
| 经营活动现金流入小计 | | |
| 购买商品、接受劳务支付的现金 | | |
| 支付给职工以及为职工支付的现金 | | |
| 支付的各项税费 | | |
| 支付其他与经营活动有关的现金 | | |
| 经营活动现金流出小计 | | |
| 经营活动产生的现金流量净额 | | |
| 二、投资活动产生的现金流量： | | |
| 收回投资收到的现金 | | |
| 取得投资收益收到的现金 | | |
| 处置固定资产、无形资产和其他长期资产收回的现金净额 | | |
| 处置子公司及其他营业单位收到的现金净额 | | |
| 收到其他与投资活动有关的现金 | | |
| 投资活动现金流入小计 | | |
| 购建固定资产、无形资产和其他长期资产支付的现金 | | |
| 投资支付的现金 | | |
| 取得子公司及其他营业单位支付的现金净额 | | |
| 支付其他与投资活动有关的现金 | | |
| 投资活动现金流出小计 | | |
| 投资活动产生的现金流量净额 | | |
| 三、筹资活动产生的现金流量： | | |
| 吸收投资收到的现金 | | |
| 取得借款收到的现金 | | |
| 收到其他与筹资活动有关的现金 | | |
| 筹资活动现金流入小计 | | |
| 偿还债务支付的现金 | | |
| 分配股利、利润或偿付利息支付的现金 | | |
| 支付其他与筹资活动有关的现金 | | |
| 筹资活动现金流出小计 | | |
| 筹资活动产生的现金流量净额 | | |
| 四、汇率变动对现金及现金等价物的影响 | | |
| 五、现金及现金等价物净增加额 | | |
| 加：期初现金及现金等价物余额 | | |
| 六、期末现金及现金等价物余额 | | |

2. 现金流量表公式定义。

“本期金额”栏要求使用现金流量项目金额函数定义，“上期金额”栏用本表他页取数函数定义。

流入类项目公式模板：XJLL（,，“流入”，“××”,， 年,， 月）。模板中××为现金流量项目编码。

流出类项目公式模板：XJLL（,，“流出”，“××”,， 年,， 月）。模板中××为现金流量项目编码。

期初现金及现金等价物余额=QC（1001，月,,， 年）+ QC（1002，月,,， 年）+ QC（1012，月,,， 年）

在格式状态下定义C6单元格：SELECT（B6，年@=年 and 月@=月+1），将C6单元格的公式下拉复制到C7至C42。

3. 录入关键字，表页重算生成桃源酒业有限公司2023年1月现金流量表（见表9-7）。

表9-7

| | A | B | C |
|---|---|---|---|
| 1 | 现金流量表 | | |
| 2 | | | 会企03表 |
| 3 | 单位名称：桃源酒业有限公司　　2023 年 1 月 | | 单位：元 |
| 4 | 项　　目 | 本期金额 | 上期金额 |
| 5 | 一、经营活动产生的现金流量： | | |
| 6 | 销售商品、提供劳务收到的现金 | 1094285.30 | |
| 7 | 收到的税费返还 | | |
| 8 | 收到其他与经营活动有关的现金 | 365.00 | |
| 9 | 经营活动现金流入小计 | 1094650.30 | |
| 10 | 购买商品、接受劳务支付的现金 | 559204.20 | |
| 11 | 支付给职工以及为职工支付的现金 | 93565.80 | |
| 12 | 支付的各项税费 | 151100.00 | |
| 13 | 支付其他与经营活动有关的现金 | 19580.00 | |
| 14 | 经营活动现金流出小计 | 823450.00 | |
| 15 | 经营活动产生的现金流量净额 | 271200.30 | |
| 16 | 二、投资活动产生的现金流量： | | |
| 17 | 收回投资收到的现金 | | |
| 18 | 取得投资收益收到的现金 | | |
| 19 | 处置固定资产、无形资产和其他长期资产收回的现金净额 | | |
| 20 | 处置子公司及其他营业单位收到的现金净额 | | |
| 21 | 收到其他与投资活动有关的现金 | | |
| 22 | 投资活动现金流入小计 | | |
| 23 | 购建固定资产、无形资产和其他长期资产支付的现金 | 38290.00 | |
| 24 | 投资支付的现金 | | |
| 25 | 取得子公司及其他营业单位支付的现金净额 | | |
| 26 | 支付其他与投资活动有关的现金 | | |
| 27 | 投资活动现金流出小计 | 38290.00 | |
| 28 | 投资活动产生的现金流量净额 | -38290.00 | |
| 29 | 三、筹资活动产生的现金流量： | | |
| 30 | 吸收投资收到的现金 | | |
| 31 | 取得借款收到的现金 | | |
| 32 | 收到其他与筹资活动有关的现金 | | |
| 33 | 筹资活动现金流入小计 | | |
| 34 | 偿还债务支付的现金 | | |
| 35 | 分配股利、利润或偿付利息支付的现金 | | |
| 36 | 支付其他与筹资活动有关的现金 | | |
| 37 | 筹资活动现金流出小计 | | |
| 38 | 筹资活动产生的现金流量净额 | | |
| 39 | 四、汇率变动对现金及现金等价物的影响 | 5551.00 | |
| 40 | 五、现金及现金等价物净增加额 | 238461.30 | |
| 41 | 加：期初现金及现金等价物余额 | 1103746.00 | |
| 42 | 六、期末现金及现金等价物余额 | 1342207.30 | |

录入现金流量表审核公式：

B40=QM（1001，月,,,年）+QM（1002，月,,,年）+
QM（1012，月,,,年）-QC（1001，月,,,年）-
QC（1002，月,,,年）-QC（1012，月,,,年）

MESS “现金及现金等价物净增加额有误!”

B42=QM（1001，月,,,年）+QM（1002，月,,,年）+QM（1012，月,,,年）

MESS “期末现金及现金等价物余额有误!”

切换到数据状态，执行报表审核。

# 实训十五 财务指标分析表制作

## 一、实训目的

掌握用友财务报表系统中财务指标分析表格式定义、公式定义及数据计算生成的操作技能。

## 二、实训内容

1.财务指标分析表格式定义。

2.财务指标分析表公式定义。

3.报表数据生成。

4.保存报表。

## 三、实训准备

引入“实训十一”中的“完成结账”备份数据。

## 四、实训资料

本项目实训由账套主管刘志伟登录企业应用平台操作。

1.财务指标分析表格式定义。

【操作向导】

（1）新建空白表，设置表尺寸为14行6列。列A、列B的列宽设为40，列C的列宽设为20，列D、列E、列F的列宽设为30。第1行的行高设为15，第2行至第14行的行高设为8。

（2）表头报表名称字体设为楷体，字号设为26号，加粗，加下划线，其他全部设为仿宋14号。

（3）在C2单元格设置关键字“年”“月”，在F14单元格设置自定义关键字“制表人”，字体为仿宋，关键字颜色设为黑色，关键字偏移量“自定义”为0，“年”向左偏移10、“月”向右偏移35。

（4）选定区域A3：F13，配置外粗内细、左右开放式表格线；隐藏网格线。

（5）将区域D4：F13的单元属性中的数值格式的小数位数修改为4位；将区域D8：F13的单元属性中的数值格式设为“百分号”，小数位数修改为4位。

（6）将区域D4：F13的单元属性中的字体图案的前景色设为深蓝色。将财务指标分析表保存到“实训十五”文件夹中。定义完成的主要财务指标分析表见表9-8。

2.将“实训十二”文件夹中的“资产负债表. rep”及“实训十三”文件夹中的

“利润表. rep”复制到“实训十五”文件夹中。

表9-8

# 主要财务指标分析表

年 月

| 比率类型 | 比率名称 | 单位 | 本期实际 | 本年年初 | 比率增减 |
|---|---|---|---|---|---|
| 变现能力比率 | 流动比率 | | | | |
| | 速动比率 | | | | |
| 资产管理比率 | 存货周转率 | 次 | | | |
| | 应收账款周转率 | 次 | | | |
| 负债比率 | 资产负债率 | % | | | |
| | 产权比率 | % | | | |
| 盈利能力比率 | 营业净利率 | % | | | |
| | 成本费用利润率 | % | | | |
| | 总资产报酬率 | % | | | |
| | 净资产收益率 | % | | | |

制表人：

3.财务指标分析表公式定义（用表间取数定义）。

【操作向导】

以本期实际栏为例：

（1）流动比率："资产负债表"->B15@1/"资产负债表"->E14@1

（2）速动比率：("资产负债表"->B15@1-"资产负债表"->B14@1）/"资产负债表"->E14@1

（3）存货周转率："利润表"->B6@1/（（"资产负债表"->B14@1+"资产负债表"->C14@1）/2）

（4）应收账款周转率："利润表"->B5@1/（（"资产负债表"->B9@1+"资产负债表"->C9@1）/2）

（5）资产负债率："资产负债表"->E18@1/"资产负债表"->B25@1

（6）产权比率："资产负债表"->E18@1/"资产负债表"->E24@1

（7）营业净利率："利润表"->B21@1/"利润表"->B5@1

（8）成本费用利润率："利润表"->B19@1/（"利润表"->B6@1+"利润表"->B7@1+"利润表"->B8@1+"利润表"->B9@1+"利润表"->B10@1）

（9）总资产报酬率：("利润表"->B19@1+"利润表"->B10@1）/（（"资产负债表"->B25@1+"资产负债表"->C25@1）/2）

（10）净资产收益率："利润表"->B21@1/（（"资产负债表"->E24@1+"资产负债表"->F24@1）/2）

需要计算本年年初数据的指标，将本期实际栏的计算公式向右拉即可。

4.录入关键字“年”、“月”及“制表人”，生成数据并保存报表。主要财务指标分析表见表9-9。

表9-9

**财务指标分析表**

2023 年　1 月

| 比率类型 | 比率名称 | 单位 | 本期实际 | 本年年初 | 比率增减 |
|---|---|---|---|---|---|
| 变现能力比率 | 流动比率 | | 2.5594 | 2.5587 | 0.0007 |
| | 速动比率 | | 2.1846 | 1.8382 | 0.3464 |
| 资产管理比率 | 存货周转率 | 次 | 1.8139 | | |
| | 应收账款周转率 | 次 | 3.1378 | | |
| 负债比率 | 资产负债率 | % | 9.99% | 9.01% | 0.98% |
| | 产权比率 | % | 11.10% | 9.90% | 1.20% |
| 盈利能力比率 | 营业净利率 | % | 14.12% | | |
| | 成本费用利润率 | % | 23.29% | | |
| | 总资产报酬率 | % | 2.67% | | |
| | 净资产收益率 | % | 2.26% | | |

制表人：李明

# 项目十

## 会计信息化综合实训

【技能目标】

1. 在完成各单项实训的基础上，能独立进行账套建立、操作员配置及授权、相关子系统启用及初始设置等操作。
2. 综合实训的操作向导比单项实训更简要，有些操作路径需要学生自行判断，提倡根据经济业务内容分析由哪位操作员、在什么子系统、进行何种操作，避免形成对操作向导的依赖，才能真正掌握会计信息系统的应用技能。
3. 发生业务处理差错时能熟练运用相关回退操作技能进行修改。

【思政目标】

1. 综合实训以学生独立自主操作为主，是对学生会计基本素养、会计信息系统应用技能掌握程度的一次综合检验，在课程实训时间有限的情况下，特别要提醒学生注意关键节点的核对与确认。
2. 单项实训是老师带着学生做，分析易错环节及解决方法，在综合实训中，学生遇到问题时，可求助老师、求助同学、求助系统自带的帮助系统，前者培养学生的人际沟通能力，后者培养学生的自主学习能力。

# 任务一　初始化设置

## 一、建账及操作员管理

### （一）建账

#### 1. 账套信息

账套号：班级尾号 + 两位数的学号；账套名称：学生本人姓名；采用默认账套路径；启用会计期：2023年1月；会计期间设置：1月1日至12月31日。

#### 2. 单位信息

单位名称：众德实业有限公司；单位简称：众德实业；单位地址：楚州人民路18号；法人代表：林峰；联系电话及传真：66668888；电子邮件：ZDSY@163.com；税号：521016521977777777。

#### 3. 核算类型

记账本位币：人民币（RMB）；企业类型：工业；行业性质：2007年新会计制度科目；科目预置语言：中文（简体）；账套主管：罗强；建账时按行业性质预置会计科目。

#### 4. 基础信息

存货有分类，供应商、客户均不分类，无外币核算。

#### 5. 编码方案

科目编码：4222；其他采用系统默认。

#### 6. 数据精度

采用系统默认。

#### 7. 系统启用

启用总账、应收款管理、应付款管理、固定资产、薪资管理、库存管理、存货核算、采购管理、销售管理模块，启用日期均为2023年1月1日。

### （二）设置操作员及权限

设置操作员及权限的资料见表10-1。

表10-1　设置操作员及权限的资料

| 编码及口令 | 姓名 | 所属部门 | 职务 | 操作分工 |
|---|---|---|---|---|
| 101 | 罗强 | 财务部 | 财务经理 | 账套主管 |
| 102 | 徐静 | 财务部 | 会计 | 公共单据、公共目录设置、总账（凭证处理、科目汇总、查询凭证、账表、期末、记账）、应付款和应收款管理（不含收付款单处理）、固定资产、薪资管理、存货核算的所有权限 |
| 103 | 赵敏 | 财务部 | 出纳 | 收付款单处理、票据管理、总账出纳签字、出纳 |
| 201 | 王辉 | 采购部 | 采购员 | 公共单据、公共目录设置、采购管理的所有权限 |

续表

| 编码及口令 | 姓名 | 所属部门 | 职务 | 操作分工 |
| --- | --- | --- | --- | --- |
| 301 | 朱丹 | 销售部 | 销售员 | 公共单据、公共目录设置、销售管理的所有权限 |
| 401 | 董乐 | 仓管部 | 仓管员 | 公共单据、公共目录设置、库存管理的所有权限 |

注：本实训中凡出现操作员徐静处均替换为学生本人姓名。

综合实训账套备份要求：按“账套号+学生姓名”建立文件夹，并在其中分别建立“任务一”“任务二”“任务三”“任务四”“任务五”等文件夹。实训中可按进度在各项目中建立文件夹存放备份数据。

## 二、基础档案设置

### （一）机构人员

#### 1. 部门档案

部门档案见表10-2。

表10-2 部门档案

| 部门编码 | 部门名称 |
| --- | --- |
| 1 | 经理办 |
| 2 | 财务部 |
| 3 | 采购部 |
| 4 | 销售部 |
| 5 | 生产部 |
| 6 | 仓管部 |

#### 2. 人员档案

人员档案见表10-3。

表10-3 人员档案

| 人员编号 | 人员名称 | 性别 | 所属部门 | 人员类别 | 是否操作员、业务员 | 银行账号 |
| --- | --- | --- | --- | --- | --- | --- |
| 101 | 林峰 | 男 | 经理办 | 正式工 | 业务员 | 62203180101 |
| 102 | 叶芳 | 女 | 经理办 | 正式工 | 业务员 | 62203180102 |
| 201 | 罗强 | 男 | 财务部 | 正式工 | 操作员、业务员 | 62203180201 |
| 202 | 徐静 | 女 | 财务部 | 正式工 | 操作员、业务员 | 62203180202 |
| 203 | 赵敏 | 女 | 财务部 | 正式工 | 操作员、业务员 | 62203180203 |
| 301 | 王辉 | 男 | 采购部 | 正式工 | 操作员、业务员 | 62203180301 |
| 302 | 吕超 | 男 | 采购部 | 正式工 | 业务员 | 62203180302 |

续表

| 人员编号 | 人员名称 | 性别 | 所属部门 | 人员类别 | 是否操作员、业务员 | 银行账号 |
|---|---|---|---|---|---|---|
| 401 | 朱丹 | 女 | 销售部 | 正式工 | 操作员、业务员 | 62203180401 |
| 402 | 刘倩 | 女 | 销售部 | 合同工 | 业务员 | 62203180402 |
| 501 | 李涛 | 男 | 生产部 | 正式工 | 业务员 | 62203180501 |
| 502 | 张浩 | 男 | 生产部 | 合同工 | 业务员 | 62203180502 |
| 503 | 孙莉 | 女 | 生产部 | 合同工 | 业务员 | 62203180503 |
| 504 | 陈伟 | 男 | 生产部 | 合同工 | 业务员 | 62203180504 |
| 505 | 杨依 | 女 | 生产部 | 合同工 | 业务员 | 62203180505 |
| 601 | 董乐 | 男 | 仓管部 | 合同工 | 操作员、业务员 | 62203180601 |

注：所有人员的雇佣状态均为“在职”，银行均为“中国工商银行”。有操作员属性的人员，对应的操作员编码与系统管理一致。

## （二）收付结算

### 1. 结算方式

结算方式见表10-4。

表10-4　结算方式

| 结算方式编码 | 结算方式名称 | 票据管理 |
|---|---|---|
| 1 | 现金结算 | 否 |
| 2 | 支票结算 | 否 |
| 201 | 现金支票 | 否 |
| 202 | 转账支票 | 否 |
| 3 | 商业汇票 | 否 |
| 4 | 电汇结算 | 否 |
| 5 | 其他 | 否 |

### 2. 付款条件

付款条件见表10-5。

表10-5　付款条件

| 付款条件编码 | 付款条件名称 | 信用天数 | 优惠天数1 | 优惠率1 | 优惠天数2 | 优惠率2 | 优惠天数3 | 优惠率3 | 优惠天数4 | 优惠率4 |
|---|---|---|---|---|---|---|---|---|---|---|
| 01 | 2/10，1/20，n/30 | 30 | 10 | 2 | 20 | 1 | 30 | 0 | | |
| 02 | 3/10，2/30，1/60，n/90 | 90 | 10 | 3 | 30 | 2 | 60 | 1 | 90 | 0 |

### 3. 本单位开户银行

编码：1；账户名称：众德实业有限公司；开户银行：中国工商银行楚州分行人民路分理处；币种：人民币（RMB）；银行账号：622202315816；所属银行编码：01 中国工商银行。

## （三）客户及供应商

### 1. 客户档案

客户档案见表10-6。

表10-6 客户档案

| 客户编号 | 客户简称 | 税号 | 开户银行 | 账号 | 付款条件 | 分管部门 | 专营业务员 |
|---|---|---|---|---|---|---|---|
| 0001 | 天成公司 | 587634561239870000 | 中国工商银行 | 622208663258 | 01 | 销售部 | 朱丹 |
| 0002 | 同达公司 | 587658912300984444 | 中国工商银行 | 622208116647 | 02 | 销售部 | 朱丹 |
| 0003 | 科远公司 | 102227891236542222 | 中国工商银行 | 622206153678 | | 销售部 | 刘倩 |
| 0004 | 鸿丰公司 | 288945651239876666 | 中国工商银行 | 622203477346 | | 销售部 | 刘倩 |

### 2. 供应商档案

供应商档案见表10-7。

表10-7 供应商档案

| 供应商编号 | 供应商简称 | 税号 | 开户银行 | 账号 | 分管部门 | 专营业务员 |
|---|---|---|---|---|---|---|
| 1001 | 中原公司 | 310303826123108444 | 中国工商银行 | 622203140109 | 采购部 | 王辉 |
| 1002 | 华兴公司 | 330144821236754666 | 中国工商银行 | 622203170209 | 采购部 | 吕超 |
| 1003 | 楚州自来水公司 | 330153821123167888 | 中国工商银行 | 622203170205 | | |
| 1004 | 楚州电业公司 | 330103612311257222 | 中国工商银行 | 622203071002 | | |

## （四）存货

### 1. 存货分类

存货分类见表10-8。

表10-8 存货分类

| 存货分类编码 | 存货分类名称 |
|---|---|
| 01 | 原材料 |
| 02 | 产成品 |
| 03 | 应税劳务 |

### 2. 计量单位

计量单位见表10-9。

表10-9 计量单位

| 计量单位组 | | | 计量单位 | |
|---|---|---|---|---|
| 编码 | 名称 | 类别 | 编码 | 名称 |
| 01 | 自然单位 | 无换算率 | 01 | 吨 |
| | | | 02 | 件 |
| | | | 03 | 度 |
| | | | 04 | 元 |

### 3. 存货档案

存货档案见表10-10。

表10-10 存货档案

| 存货编号 | 存货名称 | 计量单位 | 存货分类 | 税率（%） | 存货属性 |
|---|---|---|---|---|---|
| 101 | A材料 | 吨 | 01 | 13 | 外购、生产耗用 |
| 102 | B材料 | 吨 | 01 | 13 | 外购、生产耗用 |
| 103 | C材料 | 吨 | 01 | 13 | 外购、生产耗用 |
| 104 | D材料 | 吨 | 01 | 13 | 外购、生产耗用 |
| 201 | 甲产品 | 件 | 02 | 13 | 自制、内销 |
| 202 | 乙产品 | 件 | 02 | 13 | 自制、内销 |
| 301 | 运输费 | 元 | 03 | 9 | 外购、应税劳务 |
| 302 | 水费 | 吨 | 03 | 9 | 外购、应税劳务 |
| 303 | 电费 | 度 | 03 | 13 | 外购、应税劳务 |

## （五）财务

### 1. 会计科目

（1）修改会计科目（见表10-11）。

表10-11 会计科目

| 科目编码 | 科目名称 | 辅助核算 | 受控系统 |
|---|---|---|---|
| 1121 | 应收票据 | 客户往来 | 应收系统 |
| 1122 | 应收账款 | 客户往来 | 应收系统 |
| 1123 | 预付账款 | 供应商往来 | 应付系统 |
| 1403 | 原材料 | | 存货核算系统 |

续表

| 科目编码 | 科目名称 | 辅助核算 | 受控系统 |
|---|---|---|---|
| 1405 | 库存商品 | | 存货核算系统 |
| 2201 | 应付票据 | 供应商往来 | 应付系统 |
| 2203 | 预收账款 | 客户往来 | 应收系统 |
| 6403 | 税金及附加 | | |

（2）新增会计科目（见表10-12）。

表10-12 新增会计科目

| 科目编码 | 科目名称 | 余额方向 | 辅助核算 | 受控系统 |
|---|---|---|---|---|
| 100201 | 工行 | 借 | 日记账、银行账 | |
| 122101 | 应收个人款 | 借 | 个人往来 | |
| 122102 | 应收单位款 | 借 | 客户往来 | |
| 220201 | 一般应付账款 | 贷 | 供应商往来 | 应付系统 |
| 220202 | 暂估应付账款 | 贷 | 供应商往来 | |
| 221101 | 工资 | 贷 | | |
| 221102 | 社保 | 贷 | | |
| 222101 | 应交增值税 | 贷 | | |
| 22210101 | 进项税额 | 贷 | | |
| 22210102 | 销项税额 | 贷 | | |
| 22210103 | 已交税金 | 贷 | | |
| 22210104 | 进项税额转出 | 贷 | | |
| 22210105 | 转出未交增值税 | 贷 | | |
| 222102 | 未交增值税 | 贷 | | |
| 222103 | 应交城市维护建设税 | 贷 | | |
| 222104 | 应交教育费附加 | 贷 | | |
| 222105 | 应交个人所得税 | 贷 | | |
| 222106 | 应交企业所得税 | 贷 | | |
| 410415 | 未分配利润 | 贷 | | |

续表

| 科目编码 | 科目名称 | 余额方向 | 辅助核算 | 受控系统 |
|---|---|---|---|---|
| 500101 | 直接材料 | 借 | 项目核算 | |
| 500102 | 直接人工 | 借 | 项目核算 | |
| 500103 | 制造费用 | 借 | 项目核算 | |
| 510101 | 职工薪酬 | 借 | | |
| 510102 | 水电费 | 借 | | |
| 510103 | 折旧费 | 借 | | |
| 510104 | 社保费 | 借 | | |
| 510105 | 修理费 | 借 | | |
| 660101 | 职工薪酬 | 借 | | |
| 660102 | 水电费 | 借 | | |
| 660103 | 折旧费 | 借 | | |
| 660104 | 社保费 | 借 | | |
| 660105 | 广告费 | 借 | | |
| 660106 | 差旅费 | 借 | | |
| 660201 | 职工薪酬 | 借 | | |
| 660202 | 水电费 | 借 | | |
| 660203 | 折旧费 | 借 | | |
| 660204 | 社保费 | 借 | | |
| 660205 | 业务招待费 | 借 | | |
| 660206 | 办公费 | 借 | | |
| 660207 | 其他费用 | 借 | | |

（3）指定会计科目。现金总账科目：1001 库存现金。银行总账科目：1002 银行存款。

### 2. 凭证类别

记账凭证。

### 3. 项目目录

项目目录见表10-13。

表10-13 项目目录

| 项目大类 | 核算科目 | 项目分类 | 项目名称 |
| --- | --- | --- | --- |
| 生产成本 | 直接材料（500101）<br>直接人工（500102）<br>制造费用（500103） | 1 产品制造 | 101 甲产品<br>102 乙产品 |

## （六）业务

### 1.仓库档案

仓库档案见表10-14。

表10-14 仓库档案

| 仓库编码 | 仓库名称 | 计价方式 |
| --- | --- | --- |
| 1 | 原材料库 | 移动平均法 |
| 2 | 产成品库 | 移动平均法 |

### 2.收发类别

收发类别见表10-15。

表10-15 收发类别

| 编码 | 名称 | 收发标志 |
| --- | --- | --- |
| 1 | 入库 | 收 |
| 11 | 采购入库 | 收 |
| 12 | 产成品入库 | 收 |
| 2 | 出库 | 发 |
| 21 | 销售出库 | 发 |
| 22 | 生产领用出库 | 发 |

### 3.采购类型

采购类型见表10-16。

表10-16 采购类型

| 采购类型编码 | 采购类型名称 | 入库类别 | 是否默认值 |
| --- | --- | --- | --- |
| 01 | 普通采购 | 采购入库 | 是 |

### 4.销售类型

销售类型见表10-17。

表10-17 销售类型

| 销售类型编码 | 销售类型名称 | 出库类别 | 是否默认值 |
| --- | --- | --- | --- |
| 01 | 普通销售 | 销售出库 | 是 |

### （七）单据设置

#### 1. 单据格式设置

"采购入库单"单据格式的采购类型、入库类别设为必输项；"产成品入库单"单据格式的入库类别设为必输项；"销售出库单"单据格式的出库类别设为必输项；"材料出库单"单据格式的出库类别设为必输项。

#### 2. 单据编号设置

设置销售专用发票、销售普通发票、采购专用发票的发票号为完全手工编号。

### （八）权限设置

设置数据权限控制，记录级，不对任一业务对象进行控制。

## 三、薪资管理系统初始设置

### （一）工资账套参数设置

工资类别个数：单个；核算币别：人民币（RMB）；不核算计件工资；启用工资变动审核；从工资中代扣个人所得税，不扣零。

### （二）批增人员档案

人员档案见表10-3。

### （三）增加工资项目并进行公式设置

增加工资项目及公式设置见表10-18。

表10-18　增加工资项目及公式设置

| 工资项目名称 | 类型 | 长度 | 小数 | 增减项 | 公式设置 |
|---|---|---|---|---|---|
| 基本工资 | 数值 | 8 | 2 | 增项 | |
| 岗位工资 | 数值 | 8 | 2 | 增项 | |
| 交补 | 数值 | 8 | 2 | 增项 | 销售部、采购部800，其他部门600 |
| 事假天数 | 数值 | 8 | 0 | 其他 | |
| 事假扣款 | 数值 | 8 | 2 | 减项 | 事假天数*100 |
| 病假天数 | 数值 | 8 | 0 | 其他 | |
| 病假扣款 | 数值 | 8 | 2 | 减项 | 病假天数*50 |
| 应付工资 | 数值 | 8 | 2 | 其他 | 基本工资+岗位工资+交补-事假扣款-病假扣款 |
| 养老保险 | 数值 | 8 | 2 | 减项 | （基本工资+岗位工资）*0.08 |
| 医疗保险 | 数值 | 8 | 2 | 减项 | （基本工资+岗位工资）*0.02 |
| 失业保险 | 数值 | 8 | 2 | 减项 | （基本工资+岗位工资）*0.005 |
| 住房公积金 | 数值 | 8 | 2 | 减项 | （基本工资+岗位工资）*0.07 |
| 社保计提基数 | 数值 | 8 | 2 | 其他 | 基本工资+岗位工资 |
| 计税基数 | 数值 | 8 | 2 | 其他 | 应付工资-养老保险-医疗保险-失业保险-住房公积金 |

### （四）设置个人所得税税率

在“设置→选项”中点击“编辑”按钮，在“扣税设置”页签点击“税率设置”按钮，将税率表的基数改为5 000，将1至3级的应纳税所得额上限分别改为3 000、12 000、25 000，将2至7级的速算扣除数分别改为210、1 410、2 660、4 410、7 160、15 160。

### （五）工资数据档案

工资数据档案见表10-19。

表10-19 工资数据档案 金额单位：元

| 人员编号 | 人员姓名 | 所属部门 | 基本工资 | 岗位工资 |
|---|---|---|---|---|
| 101 | 林峰 | 经理办 | 8 000 | 3 000 |
| 102 | 叶芳 | 经理办 | 5 500 | 2 000 |
| 201 | 罗强 | 财务部 | 5 500 | 2 000 |
| 202 | 徐静 | 财务部 | 5 000 | 1 500 |
| 203 | 赵敏 | 财务部 | 4 500 | 1 500 |
| 301 | 王辉 | 采购部 | 5 500 | 2 000 |
| 302 | 吕超 | 采购部 | 4 500 | 1 500 |
| 401 | 朱丹 | 销售部 | 5 500 | 2 000 |
| 402 | 刘倩 | 销售部 | 4 500 | 1 500 |
| 501 | 李涛 | 生产部 | 6 000 | 2 000 |
| 502 | 张浩 | 生产部 | 4 500 | 1 500 |
| 503 | 孙莉 | 生产部 | 4 500 | 1 500 |
| 504 | 陈伟 | 生产部 | 4 500 | 1 500 |
| 505 | 杨依 | 生产部 | 4 500 | 1 500 |
| 601 | 董乐 | 仓管部 | 5 500 | 2 000 |

### （六）工资分摊设置

工资分摊设置见表10-20。

表10-20　　　　工资分摊设置

| 计提类型 | 计提比例 | 工资项目 | 部门 | 人员类别 | 借方科目 | 项目大类 | 项目 | 贷方科目 |
|---|---|---|---|---|---|---|---|---|
| 工资分摊 | 100% | 应付工资 | 经理办、财务部、采购部、仓管部 | 正式工 | 660201 | | | 221101 |
| | | | 经理办、财务部、采购部、仓管部 | 合同工 | 660201 | | | 221101 |
| | | | 销售部 | 正式工 | 660101 | | | 221101 |
| | | | 销售部 | 合同工 | 660101 | | | 221101 |
| | | | 生产部 | 正式工 | 510101 | | | 221101 |
| | | | 生产部 | 合同工 | 500102 | 生产成本 | 甲产品 | 221101 |
| 社保 | 40% | 社保计提基数 | 经理办、财务部、采购部、仓管部 | 正式工 | 660204 | | | 221102 |
| | | | 经理办、财务部、采购部、仓管部 | 合同工 | 660204 | | | 221102 |
| | | | 销售部 | 正式工 | 660104 | | | 221102 |
| | | | 销售部 | 合同工 | 660104 | | | 221102 |
| | | | 生产部 | 正式工 | 510104 | | | 221102 |
| | | | 生产部 | 合同工 | 500102 | 生产成本 | 甲产品 | 221102 |

## 四、固定资产管理系统初始设置

### （一）启用固定资产账套

#### 1.折旧信息

本账套计提折旧；折旧方法：平均年限法（一）；折旧汇总分配周期：1个月；当“月初已计提月份=可使用月份-1”时，将剩余折旧全部提足。

#### 2.编码方式

资产类别编码方式：2112；固定资产编码方式：按“类别编码+部门编码+序号”自动编码；卡片序号长度为3。

3.财务接口

与总账系统进行对账；固定资产对账科目：固定资产（1601）；累计折旧对账科目：累计折旧（1602）；在对账不平的情况下不允许固定资产月末结账。

## （二）固定资产管理系统参数设置

业务发生后不立即制单；月末结账前一定要完成制单登账业务；固定资产缺省入账科目：1601；累计折旧缺省入账科目：1602；减值准备缺省入账科目：1603；增值税进项税额缺省入账科目：22210101；固定资产清理缺省入账科目：1606。

## （三）部门对应折旧科目

部门对应折旧科目见表10-21。

表10-21 部门对应折旧科目

| 部 门 | 对应折旧科目 |
|---|---|
| 经理办、财务部、采购部、仓管部 | 660203 管理费用/折旧费 |
| 销售部 | 660103 销售费用/折旧费 |
| 生产部 | 510103 制造费用/折旧费 |

## （四）资产类别设置

资产类别设置见表10-22。

表10-22 资产类别设置

| 类别编码 | 类别名称 | 使用年限 | 净残值率 | 计提属性 | 折旧方法 | 卡片样式 |
|---|---|---|---|---|---|---|
| 01 | 房屋及建筑物 | 30 | 5% | 总提折旧 | 平均年限法（一） | 含税卡片样式 |
| 02 | 生产设备 | 10 | 5% | 正常计提 | 平均年限法（一） | 含税卡片样式 |
| 03 | 运输设备 | 6 | 4% | 正常计提 | 平均年限法（一） | 含税卡片样式 |
| 04 | 办公设备 | 5 | 3% | 正常计提 | 平均年限法（一） | 含税卡片样式 |

## （五）固定资产增减方式

固定资产增减方式见表10-23。

表10-23 固定资产增减方式

| 增加方式 | 对应入账科目 | 减少方式 | 对应入账科目 |
|---|---|---|---|
| 直接购入 | 银行存款/工行（100201） | 出售 | 固定资产清理（1606） |
| 盘盈 | 以前年度损益调整（6901） | 盘亏 | 待处理财产损溢（1901） |
| 在建工程转入 | 在建工程（1604） | 报废 | 固定资产清理（1606） |

## （六）录入原始卡片

原始卡片资料见表10-24。

表10-24　原始卡片　金额单位：元

| 固定资产名称 | 类别编号 | 使用部门 | 增加方式 | 可使用年限 | 开始使用日期 | 原值 | 累计折旧 |
|---|---|---|---|---|---|---|---|
| 办公楼 | 01 | 经理办10%，财务部20，采购部30%，销售部40% | 在建工程转入 | 30 | 2019-05-22 | 5 000 000 | 559 000 |
| 厂房 | 01 | 生产部 | 在建工程转入 | 30 | 2019-03-13 | 2 000 000 | 234 000 |
| 库房 | 01 | 仓管部 | 在建工程转入 | 30 | 2019-05-25 | 1 000 000 | 111 800 |
| 机床 | 02 | 生产部 | 直接购入 | 10 | 2019-03-20 | 650 000 | 231 075 |
| 汽车 | 03 | 销售部 | 直接购入 | 6 | 2019-07-20 | 350 000 | 190 855 |
| 复印机 | 04 | 经理办 | 直接购入 | 5 | 2021-10-28 | 15 000 | 3 402 |
| 计算机 | 04 | 财务部 | 直接购入 | 5 | 2021-09-16 | 20 000 | 4 860 |
| 合　计 | | | | | | 9 035 000 | 1 334 992 |

注：使用状态均为“在用”，折旧方法均采用平均年限法（一）。

## 五、应收款管理系统初始设置

### （一）初始设置

#### 1.系统参数设置

自动计算现金折扣；单据审核后不立即制单；核销生成凭证；方向相反的分录合并。

#### 2.基本科目设置

应收科目为1122应收账款，商业承兑科目为1121应收票据，银行承兑科目为1121应收票据，预收科目为2203预收账款，销售收入科目为6001主营业务收入，税金科目为22210102销项税额，销售退回科目为6001主营业务收入，现金折扣科目为6603财务费用。

#### 3.结算方式科目设置

现金结算对应1001，其他所有结算方式对应100201。

### （二）期初余额

#### 1.应收账款期初余额

应收账款期初余额见表10-25。

表10-25 应收账款期初余额

| 单据类型 | 客户名称 | 科目 | 开票日期 | 发票号 | 销售货物 | 销售数量（件） | 含税金额（元） |
|---|---|---|---|---|---|---|---|
| 销售专用发票 | 天成公司 | 1122 | 2022-12-05 | 32145 | 甲产品 | 15 | 220 350 |
| 销售专用发票 | 同达公司 | 1122 | 2022-12-16 | 32167 | 乙产品 | 100 | 372 900 |

### 2. 应收票据期初余额

应收票据期初余额见表10-26。

表10-26 应收票据期初余额

| 票据编号 | 单据类型 | 客户名称 | 科目 | 汇票签发及收到日期 | 票据面值（元） | 到期日 |
|---|---|---|---|---|---|---|
| 00001 | 商业承兑，不带息 | 科远公司 | 1121 | 2022-10-14 | 421 200 | 2023-01-14 |
| 00002 | 商业承兑，不带息 | 鸿丰公司 | 1121 | 2022-11-08 | 175 500 | 2023-02-08 |

## 六、应付款管理系统初始设置

### （一）初始设置

### 1. 系统参数设置

自动计算现金折扣；单据审核后不立即制单；核销生成凭证；方向相反的分录合并。

### 2. 基本科目设置

应付科目为220201一般应付账款，预付科目为1123预付账款，税金科目为22210101进项税额，商业承兑科目为2201应付票据，银行承兑科目为2201应付票据，现金折扣科目为6603财务费用。

### 3. 结算方式科目设置

现金结算对应1001，其他所有结算方式对应100201。

### （二）期初余额

### 1. 应付账款期初余额

应付账款期初余额见表10-27。

表10-27 应付账款期初余额

| 单据类型 | 供应商名称 | 科目 | 开票日期 | 发票号 | 采购货物 | 采购数量（吨） | 含税金额（元） |
|---|---|---|---|---|---|---|---|
| 采购专用发票 | 中原公司 | 220201 | 2022-12-12 | 82316 | A材料 | 60 | 271 200 |
| 采购专用发票 | 华兴公司 | 220201 | 2022-12-20 | 85047 | C材料 | 50 | 113 000 |

### 2. 应付票据期初余额

应付票据期初余额见表10-28。

表10-28 应付票据期初余额

| 票据编号 | 单据类型 | 供应商名称 | 科目 | 汇票签发及收到日期 | 票据面值（元） | 到期日 |
|---|---|---|---|---|---|---|
| 10001 | 商业承兑，不带息 | 中原公司 | 2201 | 2022-10-05 | 300 000 | 2023-01-05 |
| 10002 | 商业承兑，不带息 | 华兴公司 | 2201 | 2022-12-01 | 180 000 | 2023-03-01 |

## 七、采购管理系统初始设置

### （一）录入期初采购入库单

入库日期：2022-12-28；仓库：原材料库；供货单位：中原公司；采购类型：普通采购；入库类别：采购入库；存货编码：102；存货名称：B材料；数量：50吨；本币单价：3 000元。

### （二）办理采购期初记账

## 八、销售管理系统初始设置

在销售管理系统参数中设置普通销售必有订单，新增发货单默认参照订单，新增发票默认参照发货。

## 九、存货核算系统初始设置

### （一）设置存货科目

存货科目见表10-29。

表10-29 存货科目

| 存货分类编码 | 存货分类名称 | 存货科目编码 | 存货科目名称 |
|---|---|---|---|
| 01 | 原材料 | 1403 | 原材料 |
| 02 | 产成品 | 1405 | 库存商品 |

### （二）设置存货对方科目

存货对方科目见表10-30。

表10-30 存货对方科目

| 收发类别编码 | 收发类别名称 | 对方科目编码 | 对方科目名称 | 暂估科目编码 | 暂估科目名称 |
|---|---|---|---|---|---|
| 11 | 采购入库 | 1402 | 在途物资 | 220202 | 暂估应付账款 |
| 12 | 产成品入库 | 500101 | 生产成本/直接材料 | | |
| 21 | 销售出库 | 6401 | 主营业务成本 | | |
| 22 | 生产领用出库 | 500101 | 生产成本/直接材料 | | |

### （三）录入存货期初余额并记账

存货期初余额见表10-31。

表10-31 存货期初余额` 金额单位：元

| 仓库名称 | 存货编码 | 存货名称 | 数量（吨、件） | 单价 |
|---|---|---|---|---|
| 原材料库 | 101 | A材料 | 20 | 4 000 |
| 原材料库 | 102 | B材料 | 80 | 3 000 |
| 原材料库 | 103 | C材料 | 30 | 2 000 |
| 原材料库 | 104 | D材料 | 20 | 1 200 |
| 产成品库 | 201 | 甲产品 | 120 | 8 000 |
| 产成品库 | 202 | 乙产品 | 400 | 2 000 |

## 十、库存管理系统初始设置

从存货核算系统取数，保存后执行批审。

## 十一、总账系统初始设置

### （一）总账参数

制单序时控制；不可以使用应收、应付、存货受控科目；同步删除业务系统凭证；出纳凭证必须由出纳签字；不允许作废、修改他人填制的凭证。

### （二）录入期初余额

#### 1.期初余额

期初余额见表10-32。

表10-32 期初余额 单位：元

| 科目名称 | 方向 | 期初余额 |
|---|---|---|
| 库存现金（1001） | 借 | 2 080 |
| 银行存款（1002） | 借 | 1 600 692 |
| 工行（100201） | 借 | 1 600 692 |
| 应收票据（1121） | 借 | 596 700 |
| 应收账款（1122） | 借 | 593 250 |
| 其他应收款（1221） | 借 | 8 000 |
| 应收个人款（122101） | 借 | 8 000 |
| 原材料（1403） | 借 | 404 000 |
| 库存商品（1405） | 借 | 1 760 000 |

续表

| 科目名称 | 方向 | 期初余额 |
|---|---|---|
| 固定资产（1601） | 借 | 9 035 000 |
| 累计折旧（1602） | 贷 | 1 334 992 |
| 短期借款（2001） | 贷 | 600 000 |
| 应付票据（2201） | 贷 | 480 000 |
| 应付账款（2202） | 贷 | 534 200 |
| 一般应付账款（220201） | 贷 | 384 200 |
| 暂估应付账款（220202） | 贷 | 150 000 |
| 应交税费（2221） | 贷 | 297 000 |
| 未交增值税（222102） | 贷 | 255 000 |
| 应交城市维护建设税（222103） | 贷 | 17 850 |
| 应交教育费附加（222104） | 贷 | 7 650 |
| 应交个人所得税（222105） | 贷 | 1 500 |
| 应交企业所得税（222106） | 贷 | 150 000 |
| 其他应付款（2241） | 贷 | 32 680 |
| 长期借款（2501） | 贷 | 1 000 000 |
| 实收资本（4001） | 贷 | 8 000 000 |
| 资本公积（4002） | 贷 | 529 000 |
| 盈余公积（4101） | 贷 | 831 750 |
| 利润分配（4104） | 贷 | 500 000 |
| 未分配利润（410415） | 贷 | 500 000 |
| 生产成本（5001） | 借 | 139 900 |
| 直接材料（500101） | 借 | 72 950 |
| 直接人工（500102） | 借 | 7 810 |
| 制造费用（500103） | 借 | 59 140 |

### 2. 辅助账期初余额

辅助账期初余额见表10-33至表10-35。

表10-33 应收个人款

会计科目：122101 应收个人款 余额：借8 000元

| 日期 | 凭证号 | 部门 | 个人 | 摘要 | 方向 | 期初余额（元） |
| --- | --- | --- | --- | --- | --- | --- |
| 2022-12-25 | 记-58 | 采购部 | 王辉 | 出差借款 | 借 | 3 000 |
| 2022-12-27 | 记-67 | 销售部 | 朱丹 | 出差借款 | 借 | 5 000 |

表10-34 暂估应付账款

会计科目：220202 暂估应付账款 余额：贷150 000元

| 日期 | 凭证号 | 供应商 | 摘要 | 方向 | 期初余额（元） |
| --- | --- | --- | --- | --- | --- |
| 2022-12-31 | 记-86 | 中原公司 | 购B材料 | 贷 | 150 000 |

表10-35 生产成本

会计科目：5001 生产成本 余额：借139 900元

| 科目名称 | 甲产品（元） | 乙产品（元） | 合计（元） |
| --- | --- | --- | --- |
| 直接材料（500101） | 52 470 | 20 480 | 72 950 |
| 直接人工（500102） | 4 000 | 3 810 | 7 810 |
| 制造费用（500103） | 35 160 | 23 980 | 59 140 |

应收票据、应收账款、应付票据、应付账款等科目期初余额在往来明细中分别从应收款管理系统、应付款管理系统引入。

## （三）期末转账定义

### 1. 自定义转账设置

自定义转账设置见表10-36。

表10-36 自定义转账设置

| 转账序号 | 转账说明 | 科目编码 | 方向 | 金额公式 |
| --- | --- | --- | --- | --- |
| 0001 | 计提税金及附加 | 6403 | 借 | JG（） |
| | | 222103 | 贷 | QM（222101，月）*0.07 |
| | | 222104 | 贷 | QM（222101，月）*0.03 |
| 0002 | 结转未交增值税 | 22210105 | 借 | QM（222101，月） |
| | | 222102 | 贷 | JG（） |
| 0003 | 计提企业所得税 | 6801 | 借 | FS（4103，月，贷）*0.25-FS（4103，月，借）*0.25 |
| | | 222106 | 贷 | JG（） |

### 2.期间损益结转设置

凭证类别为记账凭证；本年利润科目为4103本年利润。

## 任务二　日常经济业务操作

2023年1月份发生以下经济业务：

（1）1月1日，冲回上月暂估应付账款。

【操作向导】

徐静在存货核算系统选择红字回冲单，生成记0001号凭证。

借：原材料（红字）　150 000

　　贷：应付账款/暂估应付账款（红字）　150 000

（2）1月4日，收到中原公司开出的采购专用发票，票号为60025，发票上列明B材料50吨、无税单价2 980元；运费1 000元，增值税税率为9%，票号为32001。

【操作向导】

①王辉在采购管理系统开出采购专用发票，运费也开采购专用发票，办理手工结算，按数量分摊运费，后续各项采购运费处理相同。

②徐静在应付款管理系统审核采购专用发票（不进行制单处理）。

③徐静在存货核算系统办理结算成本处理，在生成凭证中选择蓝字回冲单（报销），在表头选择结算单制单，生成记0002号凭证。

借：原材料　150 000

　　应交税费/应交增值税/进项税额　19 460

　　贷：应付账款/一般应付账款　169 460

（3）1月4日，与中原公司签订购销合同，订购A材料100吨，无税单价为3 980元，计划到货日期为1月7日。

【操作向导】

王辉在采购管理系统填制采购订单并审核。

（4）1月5日，应付中原公司的商业汇票300 000元到期，以工行存款支付。

【操作向导】

徐静在应付款管理系统票据管理中办理票据结算，选择科目100201，并立即制单，结算方式为商业汇票，生成记0003号凭证。

借：应付票据　300 000

　　贷：银行存款/工行　300 000

（5）1月5日，销售部朱丹报销差旅费4 280元，预借5 000元，差额交回现金。附单据2张。

【操作向导】

徐静在总账系统填制记0004号凭证。

借：销售费用/差旅费　4 280

借：库存现金 720

贷：其他应收款/应收个人款 5 000

（6）1月5日，收到天成公司汇来的货款220 350元，票号为51267。

【操作向导】

①赵敏在应收款管理系统录入收款单并审核。

②徐静在应收款管理系统核销应收账款，选择收付款单制单，生成记0005号凭证。

借：银行存款/工行 220 350

贷：应收账款 220 350

（7）1月6日，与华兴公司签订购销合同，订购C材料60吨，无税单价为1 990元，订购D材料60吨，无税单价为1 190元，计划到货日期为1月8日。

【操作向导】

王辉在采购管理系统填制采购订单并审核。

（8）1月6日，与天成公司签订购销合同，销售甲产品60件，无税单价为13 000元，计划发货日期为1月8日。

【操作向导】

朱丹在销售管理系统填制销售订单并审核。

（9）1月6日，经理办叶芳购买办公用品，出纳以现金780元付讫。附单据1张。

【操作向导】

徐静在总账系统填制记0006号凭证。

借：管理费用/办公费 780

贷：库存现金 780

（10）1月7日，中原公司发来的A材料100吨验收入库，收到中原公司开出的采购专用发票，票号为60218。发票列明：A材料100吨，无税单价为3 980元。运费2 000元，增值税税率为9%，票号为32056。货款当即办妥电汇手续，票号为39205。

【操作向导】

①王辉在采购管理系统中根据采购订单生成到货单并审核。

②董乐在库存管理系统中根据到货单生成采购入库单并审核。

③王辉在采购管理系统中开出采购专用发票2张并现付；办理采购手工结算，按数量分摊运费。

④徐静在应付款管理系统审核采购专用发票，选择包含已现结发票（不进行制单处理）。

⑤徐静在存货核算系统进行正常单据记账，在生成凭证中选择采购入库单（报销），在表头选择结算单制单，生成记0007号凭证，录入银行存款的结算方式及票号，附单据4张。

借：原材料 400 000

应交税费/应交增值税/进项税额 51 920

贷：银行存款/工行 451 920

（11）1月7日，以电汇结算（票号：37695）方式偿还所欠中原公司货款271 200元。

【操作向导】

①赵敏在应付款管理系统录入付款单并审核。

②徐静在应付款管理系统核销应付款，选择收付款单制单，生成记0008号凭证。

借：应付账款/一般应付账款　　271 200

　　贷：银行存款/工行　　271 200

（12）1月8日，徐静根据上月考勤情况计算工资数据。叶芳事假1天，赵敏病假2天。录入工资变动数据后进行工资重新计算、汇总。进入银行代发功能，设置银行文件格式，选择银行模板：中国工商银行；单位编号：3362785002；录入日期：20230108。将银行代发一览表输出到账套备份文件夹，保存为“1月份银行代发一览表．xls”。

【操作向导】

徐静在薪资管理系统录入工资变动数据，重新计算（需多次执行计算），应发合计114 800元，应付工资114 600元，实发合计95 470.97元，计算正确后办理汇总、审核操作。

（13）1月8日，支付本月应付职工工资114 600元，代扣个人所得税754.03元，代扣养老保险8 400元，代扣医疗保险2 100元，代扣失业保险525元，代扣住房公积金7 350元，实发95 470.97元，工资代发清单交银行发放。结算方式：其他；票号：52006。附单据2张。

【操作向导】

徐静在总账系统填制记0009号凭证。

借：应付职工薪酬/工资　　114 600

　　贷：应交税费/应交个人所得税　　754.03

　　　　其他应付款　　18 375

　　　　银行存款/工行　　95 470.97

（14）1月8日，收到华兴公司开出的采购专用发票，票号为73226。发票列明：C材料60吨，无税单价为1 990元；D材料60吨，无税单价为1 190元。运费1 200元，税率为9%，票号为47323。材料验收入库，货款当即办妥电汇手续，票号为39267。

【操作向导】

①王辉在采购管理系统中根据采购订单生成到货单并审核。

②董乐在库存管理系统中根据到货单生成采购入库单并审核。

③王辉在采购管理系统中开出采购专用发票2张并现付；办理采购手工结算，按数量分摊运费。

④徐静在应付款管理系统审核采购专用发票，选择包含已现结发票（不进行制单处理）。

⑤徐静在存货核算系统进行正常单据记账，在生成凭证中选择采购入库单（报

销），在表头选择结算单制单，生成记0010号凭证，录入银行存款的结算方式及票号，附单据4张。

借：原材料　　192 000

　　应交税费/应交增值税/进项税额　　24 912

　　贷：银行存款/工行　　216 912

（15）1月8日，销售部朱丹领用转账支票，票号为12307，支付广告费30 000元。附单据2张。

【操作向导】

徐静在总账系统填制记0011号凭证。

借：销售费用/广告费　　30 000

　　贷：银行存款/工行　　30 000

（16）1月8日，开出销售专用发票，票号为92001，向天成公司发出甲产品60件。

【操作向导】

①朱丹在销售管理系统参照订单生成销售专用发票并复核；系统自动生成发货单并审核。

②董乐在库存管理系统审核销售出库单。

③徐静在应收款管理系统审核销售专用发票，在制单处理中选择发票制单，生成记0012号凭证。

借：应收账款　　881 400

　　贷：主营业务收入　　780 000

　　　　应交税费/应交增值税/销项税额　　101 400

④徐静在存货核算系统进行正常单据记账，在生成凭证中选择销售专用发票，生成记0013号凭证。

借：主营业务成本　　480 000

　　贷：库存商品　　480 000

（17）1月8日，生产部生产甲产品领用A材料70吨、B材料70吨，生产乙产品领用C材料60吨、D材料60吨。

【操作向导】

①董乐在库存管理系统填制材料出库单2张，并进行审核。

②徐静在存货核算系统进行正常单据记账，在生成凭证中选择材料出库单，A材料和B材料的项目大类选择生产成本，项目选择甲产品，C材料和D材料的项目大类选择生产成本，项目选择乙产品，合并生成记0014号凭证。

借：生产成本/直接材料/甲产品　　490 000

　　生产成本/直接材料/乙产品　　192 000

　　贷：原材料　　682 000

（18）1月9日，以电汇结算（票号：32661）方式偿还所欠华兴公司货款113 000元。

【操作向导】

①赵敏在应付款管理系统录入付款单并审核。

②徐静在应付款管理系统核销应付款，选择收付款单制单，生成记0015号凭证。

借：应付账款/一般应付账款 113 000

贷：银行存款/工行 113 000

（19）1月9日，采购部王辉报销差旅费3 260元，预借款3 000元，差额付给现金。附单据2张。

【操作向导】

徐静在总账系统填制记0016号凭证。

借：管理费用/其他费用 3 260

贷：库存现金 260

其他应收款/应收个人款 3 000

（20）1月9日，收到同达公司汇来货款365 442元，票号为54126，原销货款为372 900元，可享受折扣7 458元。

【操作向导】

①赵敏在应收款管理系统录入收款单并审核。

②徐静在应收款管理系统核销应收款，选择收付款单制单，生成记0017号凭证。

借：银行存款/工行 365 442

贷：应收账款 365 442

选择核销制单，生成记0018号凭证。

借：财务费用 7 458

贷：应收账款 7 458

（21）1月10日，与同达公司签订购销合同，销售甲产品20件，无税单价为13 000元，乙产品100件，无税单价为3 300元，计划发货日期为1月15日。

【操作向导】

朱丹在销售管理系统填制销售订单并审核。

（22）1月10日，缴纳上月增值税255 000元、城市维护建设税17 850元、教育费附加7 650元、个人所得税1 500元、企业所得税150 000元。结算方式：其他；票号：38026；附单据2张。

【操作向导】

徐静在总账系统填制记0019号凭证。

借：应交税费/未交增值税 255 000

应交税费/应交城市维护建设税 17 850

应交税费/应交教育费附加 7 650

应交税费/应交个人所得税 1 500

应交税费/应交企业所得税 150 000

贷：银行存款/工行 432 000

(23) 1月10日，开出12308号转账支票，向中国儿童少年基金会捐赠20 000元，经办人为叶芳。附单据2张。

【操作向导】

徐静在总账系统填制记0020号凭证。

借：营业外支出　　20 000

　　贷：银行存款/工行　　20 000

上旬凭证后续处理：

①赵敏进行出纳签字。

②罗强进行凭证审核。

③徐静对记0001号~记0020号凭证进行记账，查询上旬科目汇总表，合计发生额为4 614 782元，输出“2023年1月上旬科目汇总表. xls”到“任务二”文件夹中。

(24) 1月11日，将鸿丰公司签发的无息商业承兑汇票175 500元向银行贴现，贴现率为3.8%，以其他结算（票号：52003）方式进账。附单据2张。

【操作向导】

徐静在应收款管理系统票据管理中办理贴现手续，立即制单生成记0021号凭证。

借：银行存款/工行　　174 981.30

　　财务费用　　518.70

　　贷：应收票据　　175 500

(25) 1月12日，经理办叶芳以现金1 280元支付业务招待费。附单据1张。

【操作向导】

徐静在总账系统填制记0022号凭证。

借：管理费用/业务招待费　　1 280

　　贷：库存现金　　1 280

(26) 1月12日，开出21632号现金支票提取现金2 000元备用。附单据1张。

【操作向导】

徐静在总账系统填制记0023号凭证。

借：库存现金　　2 000

　　贷：银行存款/工行　　2 000

(27) 1月12日，与中原公司签订购销合同，订购A材料20吨，无税单价为3 980元，B材料80吨，无税单价为2 980元，计划到货日期为1月16日。

【操作向导】

王辉在采购管理系统填制采购订单并审核。

(28) 1月12日，销售部刘倩预借差旅费3 000元，开出21633号现金支票支付。附单据2张。

【操作向导】

徐静在总账系统填制记0024号凭证。

借：其他应收款/应收个人款　　3 000

　　贷：银行存款/工行　　3 000

（29）1月13日，购入联想电脑3台，无税单价为5 000元，共计16 950元，已分别交付采购部、销售部、仓管部使用，货款开出12309号转账支票付讫。附单据2张。

【操作向导】

徐静在固定资产管理系统中新增3张固定资产卡片，批量制单合并生成记0025号凭证。

借：固定资产　　15 000
　　应交税费/应交增值税/进项税额　　1 950
　　贷：银行存款/工行　　16 950

（30）1月13日，仓管部报告C材料发生非常损失1.5吨，单价为2 000元，经领导批准予以转销。

【操作向导】

①董乐在库存管理系统执行原材料库盘库操作，C材料账存30吨，实存数录入28.5吨，保存并审核后系统生成其他出库单，审核其他出库单。

②徐静在存货核算系统进行正常单据记账，在生成凭证中选择其他出库单，生成记0026号凭证。

借：待处理财产损溢　　3 000
　　贷：原材料　　3 000

③徐静在总账系统填制记0027号凭证。附单据1张。

借：营业外支出　　3 390
　　贷：待处理财产损溢　　3 000
　　　　应交税费/应交增值税/进项税额转出　　390

（31）1月14日，收到天成公司以电汇方式结算的扣除现金折扣后的销货款863 772元，票号为53022。

【操作向导】

①赵敏在应收款管理系统录入收款单并审核。

②徐静在应收款管理系统核销应收款，选择收付款单制单生成记0028号凭证。

借：银行存款/工行　　863 772
　　贷：应收账款　　863 772

选择核销制单生成记0029号凭证。

借：财务费用　　17 628
　　贷：应收账款　　17 628

（32）1月14日，科远公司商业汇票到期，面值为421 200元，收存银行。结算方式：其他；票号：52076。

【操作向导】

徐静在应收款管理系统票据管理中办理票据结算，立即制单生成记0030号凭证。

借：银行存款/工行　　421 200
　　贷：应收票据　　421 200

(33) 1月15日，开出销售专用发票，票号为92002，向同达公司发出甲产品20件、乙产品100件。

【操作向导】

①朱丹在销售管理系统参照订单生成销售专用发票并复核；系统自动生成发货单并审核。

②董乐在库存管理系统审核销售出库单。

③徐静在应收款管理系统审核销售专用发票，在制单处理中选择发票制单，生成记0031号凭证。

借：应收账款　　666 700

　　贷：主营业务收入　　590 000

　　　　应交税费/应交增值税/销项税额　　76 700

④徐静在存货核算系统进行正常单据记账，在生成凭证中选择销售专用发票，生成记0032号凭证。

借：主营业务成本　　360 000

　　贷：库存商品　　360 000

(34) 1月16日，收到中原公司开出的采购专用发票，票号为61532。发票列明：A材料20吨，无税单价为3 980元；B材料80吨，无税单价为2 980元。运费1 960元，增值税税率为9%，票号为32391。验收发现B材料短缺2吨，系运输部门责任，速达运输公司（开户行：建设银行；账号：323651234789）同意按采购含税价赔偿。

【操作向导】

①王辉在采购管理系统中根据采购订单生成到货单并审核。

②董乐在库存管理系统中根据到货单生成采购入库单并审核，B材料入库数量修改为78。

③王辉在采购管理系统中开出采购专用发票2张。

④王辉在"基础设置→业务→非合理损耗类型"中增设编码为01、名称为运输部门责任的非合理损耗类型。

⑤王辉在采购管理系统中办理采购手工结算，B材料采购发票中录入非合理损耗数量及金额，按数量分摊运费。

⑥徐静在应付款管理系统审核采购专用发票（不进行制单处理）。

⑦徐静在客户档案中新增编号为0005、简称为速达运输的客户档案。

⑧徐静在存货核算系统进行正常单据记账，在生成凭证中选择采购入库单（报销），在表头选择结算单制单，生成记0033号凭证。附单据4张。

借：其他应收款/应收单位款　　6 734.80

　　原材料　　314 000

　　应交税费/应交增值税/进项税额　　41 516.40

　　应交税费/应交增值税/进项税额转出（红字）　　774.80

　　贷：应付账款/一般应付账款　　361 476.40

（35）1月16日，与华兴公司签订购销合同，订购C材料80吨，无税单价为1 990元，订购D材料60吨，无税单价为1 190元，计划到货日期为1月19日。

【操作向导】

王辉在采购管理系统填制采购订单并审核。

（36）1月16日，与科远公司签订购销合同，销售乙产品200件，无税单价为3 300元，要求1月18日发出100件，另100件于1月25日发出，收到预付款200 000元。结算方式：电汇结算；票号：62308。

【操作向导】

①朱丹在销售管理系统填制销售订单并审核。

②赵敏在应收款管理系统填制收款单并审核，款项类型选择预收款。

③徐静在应收款管理系统进行制单处理，选择收付款单，生成记0034号凭证。

借：银行存款/工行 200 000

贷：预收账款 200 000

（37）1月17日，销售给同达公司的乙产品中有2件存在质量问题，已退回仓库，开出红字专用发票，票号为92003。

【操作向导】

①朱丹在销售管理系统录入红字销售专用发票并复核；系统自动生成退货单并审核。

②董乐在库存管理系统审核红字销售出库单。

③徐静在应收款管理系统审核红字销售专用发票，在制单处理中选择发票制单，生成记0035号凭证。

借：应收账款（红字） 7 458

贷：主营业务收入（红字） 6 600

应交税费/应交增值税/销项税额（红字） 858

④徐静在应收款管理系统办理红票对冲，对冲金额为7 458元。

⑤徐静在存货核算系统进行正常单据记账，在生成凭证中选择销售专用发票，生成记0036号凭证。

借：主营业务成本（红字） 4 000

贷：库存商品（红字） 4 000

（38）1月18日，开出销售专用发票，票号为92004，销售给科远公司乙产品200件，无税单价为3 300元，当天发出100件。除预收货款外其余货税款以电汇（票号：85116）方式进账结清。

【操作向导】

①朱丹在销售管理系统销售选项的业务控制中去掉“销售生成出库单”前的“√”；参照订单生成销售专用发票，办理现结并复核；系统自动生成发货单并审核。

②董乐在库存管理系统生成销售出库单，出库数量修改为“100”，保存并审核。

③徐静在应收款管理系统审核销售专用发票（包含已现结发票），在制单处理中选择现结制单，生成记0037号凭证。

借：应收账款 200 000
　　银行存款/工行 545 800
　　贷：主营业务收入 660 000
　　　　应交税费/应交增值税/销项税额 85 800

④徐静在应收款管理系统办理预收冲应收，立即制单生成记0038号凭证。

　　贷：预收账款（红字） 200 000
　　贷：应收账款 200 000

⑤徐静在存货核算系统进行正常单据记账，在生成凭证中选择销售专用发票，生成记0039号凭证。

借：主营业务成本 400 000
　　贷：库存商品 400 000

（39）1月18日，采购部吕超借支差旅费2 000元，开出票号为21634的现金支票支付。附单据2张。

【操作向导】

徐静在总账系统填制记0040号凭证。

借：其他应收款/应收个人款 2 000
　　贷：银行存款/工行 2 000

（40）1月19日，开出12309号转账支票，归还到期的短期借款本金300 000元和利息3 000元。附单据2张。

【操作向导】

徐静在总账系统填制记0041号凭证。

借：短期借款 300 000
　　财务费用 3 000
　　贷：银行存款/工行 303 000

（41）1月19日，16日订购的材料到货并验收入库。收到华兴公司开出的采购专用发票，票号为73612。发票列明：C材料80吨，无税单价为1 990元；D材料60吨，无税单价为1 190元。运费1 400元，增值税税率为9%，票号为47603。

【操作向导】

①王辉在采购管理系统中根据采购订单生成到货单并审核。

②董乐在库存管理系统中根据到货单生成采购入库单并审核。

③王辉在采购管理系统中开出采购专用发票2张；办理采购手工结算，按数量分摊运费。

④徐静在应付款管理系统审核采购专用发票（不进行制单处理）。

⑤徐静在存货核算系统进行正常单据记账，在生成凭证中选择采购入库单（报销），在表头选择结算单制单，生成记0042号凭证。附单据3张。

借：原材料 232 000
　　应交税费/应交增值税/进项税额 30 104
　　贷：应付账款/一般应付账款 262 104

(42) 1月20日，购入不需要安装的生产用数控机床一台，价款为320 000元，增值税为41 600元，当日投入使用。开出转账支票（票号：12310）付讫。

【操作向导】

徐静在固定资产管理系统中新增固定资产卡片，批量制单生成记0043号凭证。

借：固定资产 320 000

应交税费/应交增值税/进项税额 41 600

贷：银行存款/工行 361 600

中旬凭证后续处理：

①赵敏进行出纳签字。

②罗强进行凭证审核。

③徐静对记0021号~记0043号凭证进行记账，查询中旬科目汇总表，合计发生额为5 158 942.40元，输出“2023年1月中旬科目汇总表. xls”到“任务二”文件夹中。

(43) 1月22日，与鸿丰公司签订购销合同，销售甲产品40件，无税单价为13 000元，乙产品80件，无税单价为3 300元，计划发货日期为1月26日。

【操作向导】

朱丹在销售管理系统填制销售订单并审核。

(44) 1月23日，收到同达公司扣除现金折扣后的销货款639 464.74元。结算方式：电汇；票号：53329。

【操作向导】

①赵敏在应收款管理系统录入收款单并审核。

②徐静在应收款管理系统核销应收款，选择收付款单制单，生成记0044号凭证。

借：银行存款/工行 639 464.74

贷：应收账款 639 464.74

选择核销制单生成记0045号凭证。

借：财务费用 19 777.26

贷：应收账款 19 777.26

(45) 1月24日，销售部刘倩报销差旅费2 860元，交回现金140元。附单据2张。

【操作向导】

徐静在总账系统填制记0046号凭证。

借：销售费用/差旅费 2 860

库存现金 140

贷：其他应收款/应收个人款 3 000

(46) 1月25日，向科远公司发出乙产品100件。

【操作向导】

董乐在库存管理系统生成销售出库单，出库数量为“100”，保存并审核。

(47) 1月26日，开出销售专用发票，票号为92005，向鸿丰公司发出甲产品40件、乙产品80件。鸿丰公司开出期限为2个月的无息商业承兑汇票300 000元（票号：12086）抵付货款。

【操作向导】

①朱丹在销售管理系统参照订单生成销售专用发票并复核；系统自动生成发货单并审核。

②董乐在库存管理系统生成销售出库单，保存并审核。

③徐静在应收款管理系统审核销售专用发票，在制单处理中选择发票制单，生成记0047号凭证。

借：应收账款 885 920
　　贷：主营业务收入 784 000
　　　　应交税费/应交增值税/销项税额 101 920

④赵敏在应收款管理系统开出商业汇票，审核系统自动生成的收款单。

⑤徐静在应收款管理系统制单处理中选择收付款单制单，生成记0048号凭证。

借：应收票据 300 000
　　贷：应收账款 300 000

⑥徐静在存货核算系统进行正常单据记账，在生成凭证中选择销售专用发票，生成记0049号凭证。

借：主营业务成本 480 000
　　贷：库存商品 480 000

（48）1月28日，收到楚州自来水公司开来的增值税专用发票，票号为65703，本月共耗用自来水5 000吨，无税单价为3元，增值税税率为9%。其中：生产部门耗用占70%，销售部门耗用占20%，管理部门耗用占10%。开出转账支票付讫，票号为12311。

【操作向导】

①王辉在采购管理系统中开出采购专用发票并现付。

②徐静在应付款管理系统审核采购专用发票，包含已现结发票，未完全报销。在制单处理中选择现结制单，生成记0050号凭证。借方科目点击“插入”按钮增加。附单据2张。

借：制造费用/水电费 10 500
　　销售费用/水电费 3 000
　　管理费用/水电费 1 500
　　应交税费/应交增值税/进项税额 1 350
　　贷：银行存款/工行 16 350

（49）1月28日，收到楚州电业公司开来的增值税专用发票，票号为85462，本月共用电60 000度，无税单价为1.25元，增值税税率为13%。其中：生产部门耗用占70%，销售部门耗用占20%，管理部门耗用占10%。开出转账支票付讫，票号为12312。

【操作向导】

①王辉在采购管理系统中开出采购专用发票并现付。

②徐静在应付款管理系统审核采购专用发票，包含已现结发票，未完全报销。在制单处理中选择现结制单，生成记0051号凭证。借方科目点击“插入”按钮增加。附单据2张。

借：制造费用/水电费　52 500

　　销售费用/水电费　15 000

　　管理费用/水电费　7 500

　　应交税费/应交增值税/进项税额　9 750

　　贷：银行存款/工行　84 750

（50）1月28日，开出12313号转账支票，支付生产设备修理费用2 881元。附单据2张。

【操作向导】

徐静在总账系统填制记0052号凭证。

借：制造费用/修理费　2 881

　　贷：银行存款/工行　2 881

（51）1月28日，仓管部报来材料领用汇总表，生产部生产甲产品领用A材料50吨、B材料50吨，生产乙产品领用C材料70吨、D材料70吨。

【操作向导】

①董乐在库存管理系统填制材料出库单2张，并进行审核。

②徐静在存货核算系统进行正常单据记账，在生成凭证中选择材料出库单，A材料和B材料的项目大类选择生产成本，项目选择甲产品，C材料和D材料的项目大类选择生产成本，项目选择乙产品，合并生成记0053号凭证。

借：生产成本/直接材料/甲产品　350 000

　　生产成本/直接材料/乙产品　224 000

　　贷：原材料　574 000

（52）1月30日，财产清查发现生产部账外铣床一台，原值为100 000元，估计四成新，预计未来尚可使用年限为3年，经分管领导批准对盘盈的铣床进行处理。按10%计提法定盈余公积。

【操作向导】

①徐静在固定资产管理系统进行资产盘点，选择栏目为固定资产编号及固定资产名称，范围为按使用状态“在用”盘点，增行录入盘盈固定资产信息，固定资产编号为025003，使用年限为36个月，开始使用日期及录入日期为2023-01-30，增加方式为盘盈，保存后核对。

②徐静在固定资产管理系统进行盘盈盘亏确认，录入处理意见并保存。

③徐静在固定资产管理系统进行盘盈处理，录入开始使用日期“2023年1月30日”，对应折旧科目为510103。批量制单生成记0054号凭证，附单据1张。

借：固定资产　40 000

　　贷：以前年度损益调整　40 000

④徐静在总账系统填制记0055号凭证，附单据1张。

借：以前年度损益调整　　40 000
　贷：应交税费/应交企业所得税　　10 000
　　盈余公积　　3 000
　　利润分配/未分配利润　　27 000

（53）1月31日，计提本月固定资产折旧。

【操作向导】

徐静在固定资产管理系统进行折旧计提，生成记0056号凭证，附单据1张。

借：管理费用/折旧费　　1 543
　　管理费用/折旧费　　2 924
　　管理费用/折旧费　　3 900
　　管理费用/折旧费　　2 600
　　销售费用/折旧费　　9 855
　　制造费用/折旧费　　10 335
　贷：累计折旧　　31 157

（54）1月31日，分摊本月工资，计提社保。李涛为生产车间管理人员，张浩、孙莉为甲产品生产工人，陈伟、杨依为乙产品生产工人。

【操作向导】

徐静在薪资管理系统业务处理的工资分摊中，选择计提费用类型“工资分摊”“社保”，计提分配方式为“分配到个人”，选择“明细到工资项目”“按项目核算”，合并科目相同、辅助项相同的分录，将陈伟、杨依的借方项目修改为“乙产品”。生成记0057号、记0058号凭证，各附单据1张。

借：制造费用/职工薪酬　　8 600
　　销售费用/职工薪酬　　15 100
　　管理费用/职工薪酬　　64 500
　　生产成本/直接人工/甲产品　　13 200
　　生产成本/直接人工/乙产品　　13 200
　贷：应付职工薪酬/工资　　114 600

借：制造费用/社保费　　3 200
　　销售费用/社保费　　5 400
　　管理费用/社保费　　23 800
　　生产成本/直接人工/甲产品　　4 800
　　生产成本/直接人工/乙产品　　4 800
　贷：应付职工薪酬/社保　　42 000

（55）1月31日，设置自定义结转，分摊制造费用，甲产品分配40%，乙产品分配60%。

【操作向导】

①徐静在总账系统进行自定义转账设置，转账序号“0004”，转账说明“分摊制

造费用”，借方科目为“500103”，项目为“甲产品”，金额公式为“CE（）”，借方科目为“500103”，项目为“乙产品”，金额公式为“QM（5101，月）*0.6”，贷方科目为“510101”“510102”“510103”“510104”“510105”，金额公式分别取其期末余额或借方发生额。

②对未记账凭证进行后续处理：赵敏进行出纳签字；罗强进行凭证审核；徐静对记0044号~记0058号凭证进行记账。

③徐静在总账系统执行转账生成，选择0004号自定义转账，生成记0059号凭证。附单据1张。

| | | |
|---|---|---|
| 借：生产成本/制造费用/甲产品 | 35 206.40 | |
| 生产成本/制造费用/乙产品 | 52 809.60 | |
| 贷：制造费用/职工薪酬 | | 8 600 |
| 制造费用/水电费 | | 63 000 |
| 制造费用/折旧费 | | 10 335 |
| 制造费用/社保费 | | 3 200 |
| 制造费用/修理费 | | 2 881 |

（56）1月31日，甲产品完工110件，乙产品完工250件，验收入产成品库。

【操作向导】

董乐在库存管理系统中填制产成品入库单并审核。

（57）1月31日，结转本月完工产品成本。甲产品完工110件，结转生产成本880 000元，其中直接材料798 820元、直接人工18 150元、制造费用63 030元。乙产品完工250件，结转生产成本500 000元，其中直接材料409 000元、直接人工18 750元、制造费用72 250元。

【操作向导】

①徐静在存货核算系统执行产成品成本分配，点击“查询”按钮，录入甲产品金额880 000元，乙产品金额500 000元，点击“分配”按钮完成分配。

②徐静在存货核算系统执行正常单据记账；在生成凭证中选择产成品入库单，生成记0060号凭证，贷方科目按成本项目分甲、乙产品分别录入。

| | | |
|---|---|---|
| 借：库存商品 | 1 380 000 | |
| 贷：生产成本/直接材料/甲产品 | | 798 820 |
| 生产成本/直接人工/甲产品 | | 18 150 |
| 生产成本/制造费用/甲产品 | | 63 030 |
| 生产成本/直接材料/乙产品 | | 409 000 |
| 生产成本/直接人工/乙产品 | | 18 750 |
| 生产成本/制造费用/乙产品 | | 72 250 |

（58）1月31日，计提本月应缴纳的城市维护建设税和教育费附加。

【操作向导】

徐静在总账系统执行转账生成，选择0001号自定义转账，生成记0061号凭证。

附单据1张。

借：税金及附加　　14 356.44

　　贷：应交税费/应交城市维护建设税　　10 049.51

　　　　应交税费/应交教育费附加　　4 306.93

（59）1月31日，结转未交增值税。

【操作向导】

徐静在总账系统执行转账生成，选择0002号自定义转账，生成记0062号凭证。附单据1张。

借：应交税费/应交增值税/转出未交增值税　　143 564.40

　　贷：应交税费/未交增值税　　143 564.40

（60）1月31日，分别收入和支出结转期间损益。各附单据1张。

【操作向导】

①对未记账凭证进行后续处理：罗强进行凭证审核；徐静对记0059号~记0062号凭证进行记账。

②徐静在总账系统执行转账生成，选择期间损益结转，选择收入类，生成记0063号凭证。附单据1张。

借：主营业务收入　　2 807 400

　　贷：本年利润　　2 807 400

选择支出类，生成记0064号凭证。附单据1张。

借：本年利润　　2 001 210.40

　　贷：主营业务成本　　1 716 000

　　　　税金及附加　　14 356.44

　　　　销售费用/职工薪酬　　15 100

　　　　销售费用/水电费　　18 000

　　　　销售费用/折旧费　　9 855

　　　　销售费用/社保费　　5 400

　　　　销售费用/广告费　　30 000

　　　　销售费用/差旅费　　7 140

　　　　管理费用/职工薪酬　　64 500

　　　　管理费用/水电费　　9 000

　　　　管理费用/折旧费　　10 967

　　　　管理费用/社保费　　23 800

　　　　管理费用/业务招待费　　1 280

　　　　管理费用/办公费　　780

　　　　管理费用/其他费用　　3 260

　　　　财务费用　　48 381.96

　　　　营业外支出　　23 390

（61）1月31日，计提应交企业所得税。附单据1张。

【操作向导】

①对未记账凭证进行后续处理：罗强进行凭证审核；徐静对记0063号~记0064号凭证进行记账。

②徐静在总账系统执行转账生成，选择0003号自定义转账，生成记0065号凭证。附单据1张。

借：所得税费用　201 547.40

　贷：应交税费/应交企业所得税　201 547.40

（62）1月31日，结转所得税费用。

【操作向导】

①对未记账凭证进行后续处理：罗强进行凭证审核；徐静对记0065号凭证进行记账。

②徐静在总账系统执行转账生成，选择期间损益结转，选择支出类，生成记0066号凭证。附单据1张。

借：本年利润　201 547.40

　贷：所得税费用　201 547.40

③对未记账凭证进行后续处理：罗强进行凭证审核；徐静对记0066号凭证进行记账。

查询下旬科目汇总表及全月汇总表，输出“2023年1月下旬科目汇总表. xls”和“2023年1月科目汇总表. xls”（见表10-37）到“任务二”文件夹中。

“任务二”文件夹中新建“完成”文件夹，备份账套数据。

表10-37　2023年1月科目汇总表　单位：元

| 科目编码 | 科目名称 | 借方金额合计 | 贷方金额合计 |
|---|---|---|---|
| 1001 | 库存现金 | 2 860 | 2 320 |
| 1002 | 银行存款 | 3 431 010.04 | 2 723 033.97 |
| 100201 | 工行 | 3 431 010.04 | 2 723 033.97 |
| 1121 | 应收票据 | 300 000 | 596 700 |
| 1122 | 应收账款 | 2 626 562 | 2 633 892 |
| 1221 | 其他应收款 | 11 734.80 | 11 000 |
| 122101 | 应收个人款 | 5 000 | 11 000 |
| 122102 | 应收单位款 | 6 734.80 | 0 |
| 1403 | 原材料 | 1 138 000 | 1 259 000 |
| 1405 | 库存商品 | 1 380 000 | 1 716 000 |
| 1601 | 固定资产 | 375 000 | 0 |

续表

| 科目编码 | 科目名称 | 借方金额合计 | 贷方金额合计 |
|---|---|---|---|
| 1602 | 累计折旧 | 0 | 31 157 |
| 1901 | 待处理财产损溢 | 3 000 | 3 000 |
| 资产小计 | | 9 268 166.84 | 8 976 102.97 |
| 2001 | 短期借款 | 300 000 | 0 |
| 2201 | 应付票据 | 300 000 | 0 |
| 2202 | 应付账款 | 384 200 | 643 040.40 |
| 220201 | 一般应付账款 | 384 200 | 793 040.40 |
| 220202 | 暂估应付账款 | 0 | −150 000 |
| 2203 | 预收账款 | 0 | 0 |
| 2211 | 应付职工薪酬 | 114 600 | 156 600 |
| 221101 | 工资 | 114 600 | 114 600 |
| 221102 | 社保 | 0 | 42 000 |
| 2221 | 应交税费 | 797 352 | 735 574.27 |
| 222101 | 应交增值税 | 365 352 | 365 352 |
| 22210101 | 进项税额 | 222 562.40 | 0 |
| 22210102 | 销项税额 | 0 | 364 962 |
| 22210104 | 进项税额转出 | −774.80 | 390 |
| 22210105 | 转出未交增值税 | 143 564.40 | 0 |
| 222102 | 未交增值税 | 255 000 | 143 564.40 |
| 222103 | 应交城市维护建设税 | 17 850 | 10 049.51 |
| 222104 | 应交教育费附加 | 7 650 | 4 306.93 |
| 222105 | 应交个人所得税 | 1 500 | 754.03 |
| 222106 | 应交企业所得税 | 150 000 | 211 547.40 |
| 2241 | 其他应付款 | 0 | 18 375 |
| 负债小计 | | 1 896 152 | 1 553 589.67 |
| 4101 | 盈余公积 | 0 | 3 000 |
| 4103 | 本年利润 | 2 202 757.80 | 2 807 400 |

续表

| 科目编码 | 科目名称 | 借方金额合计 | 贷方金额合计 |
| --- | --- | --- | --- |
| 4104 | 利润分配 | 0 | 27 000 |
| 410415 | 未分配利润 | 0 | 27 000 |
| 所有者权益小计 | | 2 202 757.80 | 2 837 400 |
| 5001 | 生产成本 | 1 380 016 | 1 380 000 |
| 500101 | 直接材料 | 1 256 000 | 1 207 820 |
| 500102 | 直接人工 | 36 000 | 36 900 |
| 500103 | 制造费用 | 88 016 | 135 280 |
| 5101 | 制造费用 | 88 016 | 88 016 |
| 510101 | 职工薪酬 | 8 600 | 8 600 |
| 510102 | 水电费 | 63 000 | 63 000 |
| 510103 | 折旧费 | 10 335 | 10 335 |
| 510104 | 社保费 | 3 200 | 3 200 |
| 510105 | 修理费 | 2 881 | 2 881 |
| 成本小计 | | 1 468 032 | 1 468 016 |
| 6001 | 主营业务收入 | 2 807 400 | 2 807 400 |
| 6401 | 主营业务成本 | 1 716 000 | 1 716 000 |
| 6403 | 税金及附加 | 14 356.44 | 14 356.44 |
| 6601 | 销售费用 | 85 495 | 85 495 |
| 660101 | 职工薪酬 | 15 100 | 15 100 |
| 660102 | 水电费 | 18 000 | 18 000 |
| 660103 | 折旧费 | 9 855 | 9 855 |
| 660104 | 社保费 | 5 400 | 5 400 |
| 660105 | 广告费 | 30 000 | 30 000 |
| 660106 | 差旅费 | 7 140 | 7 140 |
| 6602 | 管理费用 | 113 587 | 113 587 |
| 660201 | 职工薪酬 | 64 500 | 64 500 |
| 660202 | 水电费 | 9 000 | 9 000 |

续表

| 科目编码 | 科目名称 | 借方金额合计 | 贷方金额合计 |
|---|---|---|---|
| 660203 | 折旧费 | 10 967 | 10 967 |
| 660204 | 社保费 | 23 800 | 23 800 |
| 660205 | 业务招待费 | 1 280 | 1 280 |
| 660206 | 办公费 | 780 | 780 |
| 660207 | 其他费用 | 3 260 | 3 260 |
| 6603 | 财务费用 | 48 381.96 | 48 381.96 |
| 6711 | 营业外支出 | 23 390 | 23 390 |
| 6801 | 所得税费用 | 201 547.40 | 201 547.40 |
| 6901 | 以前年度损益调整 | 40 000 | 40 000 |
| 损益小计 | | 5 050 157.80 | 5 050 157.80 |
| 合计 | | 19 885 266.44 | 19 885 266.44 |

# 任务三　银行对账

本项目由出纳赵敏操作。

## 一、录入银行对账期初

众德实业有限公司银行账的启用日期为2023年1月1日，工行人民币户单位日记账和银行对账单调整前余额均为1 600 692元，无未达账项。

## 二、引入银行对账单

### （一）新建对账单引入模板

选择文件中包含的字段：账号、结算方式。

模板名称：工行对账单；文件类型：xls文件；日期格式：yyyy-mm-dd；货币符号：无；金额格式：借贷方金额分别表示。

字段转换对照表：账号的源文件编码“100201”对应系统编码“100201”，设为默认值；结算方式的源文件编码“1”“201”“202”“3”“4”“5”分别对应系统中的同名编码。

导入起始行：2；默认页签：1。账号位置为1，日期位置为2，结算方式位置为3，结算号位置为4，借方金额位置为5，贷方金额位置为6。

### （二）新建对账单文件

新建“2023年1月工行对账单．xls”文件，在工作表1中录入表10-38的内容并保存到“任务三”文件夹中。

表10-38　对账单　单位：元

| 账号 | 日期 | 结算方式 | 结算号 | 借方金额 | 贷方金额 |
|---|---|---|---|---|---|
| 100201 | 2023-01-05 | 3 | 10001 | | 300 000 |
| 100201 | 2023-01-05 | 4 | 51267 | 220 350 | |
| 100201 | 2023-01-07 | 4 | 39205 | | 451 920 |
| 100201 | 2023-01-07 | 4 | 37695 | | 271 200 |
| 100201 | 2023-01-08 | 5 | 52006 | | 95 470.97 |
| 100201 | 2023-01-08 | 4 | 39267 | | 216 912 |
| 100201 | 2023-01-08 | 202 | 12307 | | 30 000 |
| 100201 | 2023-01-09 | 4 | 32661 | | 113 000 |
| 100201 | 2023-01-09 | 4 | 54126 | 365 442 | |
| 100201 | 2023-01-10 | 5 | 38026 | | 432 000 |
| 100201 | 2023-01-10 | 202 | 12308 | | 20 000 |
| 100201 | 2023-01-11 | 5 | 52003 | 174 981.30 | |
| 100201 | 2023-01-12 | 201 | 21632 | | 2 000 |
| 100201 | 2023-01-12 | 201 | 21633 | | 3 000 |
| 100201 | 2023-01-13 | 202 | 12309 | | 16 950 |
| 100201 | 2023-01-14 | 4 | 53022 | 863 772 | |
| 100201 | 2023-01-14 | 5 | 52076 | 421 200 | |
| 100201 | 2023-01-16 | 4 | 62308 | 200 000 | |
| 100201 | 2023-01-18 | 4 | 85116 | 545 800 | |
| 100201 | 2023-01-18 | 201 | 21634 | | 2 000 |
| 100201 | 2023-01-19 | 202 | 12309 | | 303 000 |
| 100201 | 2023-01-20 | 202 | 12310 | | 361 600 |
| 100201 | 2023-01-23 | 4 | 53329 | 639 464.74 | |
| 100201 | 2023-01-28 | 202 | 12311 | | 16 350 |
| 100201 | 2023-01-28 | 202 | 12312 | | 84 750 |
| 100201 | 2023-01-28 | 202 | 12313 | | 2 881 |

#### （三）引入工行对账单

在银行对账单引入接口管理中点击“导入文件”，从“任务三”文件夹中选择“2023年1月工行对账单. xls”，导入对账单数据，共引入26条记录，工行存款1月末余额为2 308 668.07元。

### 三、对账处理

出纳赵敏进行自动对账、手工对账，如果属于记账凭证中结算方式、票号有误，由相关操作员进行回退操作后修改凭证，复核、记账后再进行自动对账，直至全部差错修改完毕为止。对账无误后核销银行账。

将完成银行对账的账套数据备份到“任务三”文件夹中。

## 任务四　报表制作

本项目由账套主管罗强操作。

### 一、资产负债表的制作

#### （一）引用资产负债表模板并调整

选择“2007年新会计制度科目”行业“资产负债表”模板，并进行调整，调整要求如下：

（1）表头报表名称字体设为楷体，文字间插入空格加大字间距，字号设为26号，加粗，加下划线，第一行进行单元格合并并水平居中；其他全部设为仿宋11号。

（2）列A和列E的列宽设为65，列B和列F的列宽设为15，其他各列的列宽设为30，第1行的行高设为15，其他各行的行高设为6。

（3）A3单元格设置关键字“单位名称”，D3单元格设置关键字“年”“月”“日”并偏移，偏移后位于表格正中。

（4）选中A4：H5区域，取消组合，删除第5行（内容为“或股东权益”）；删除表体文字中的“（或股东权益）”“（或股本）”字样。

（5）配置上下粗线、内部细线、左右开放的表格线；隐藏网格线。

（6）在年初余额和期末余额的数值格式中选中“逗号”。

在账套数据备份文件夹建立“任务四”文件夹，将报表命名为“资产负债表. rep”保存到“任务四”文件夹中。

#### （二）修改模板中错误的计算公式

#### （三）录入关键字，生成2023年1月份资产负债表

#### （四）定义审核公式并审核

C37=G37

MESS “资产总计期末余额与权益总计期末余额不等！”

D37=H37

MESS “资产总计年初余额与权益总计年初余额不等!”

附：资产负债表格式及参考数据（见表10-39）。

表10-39

| | A | B | C | D | E | F | G | H |
|---|---|---|---|---|---|---|---|---|
| 1 | 资 产 负 债 表 | | | | | | | |
| 2 | | | | | | | | 会企01表 |
| 3 | 单位名称：众德实业有限公司 | | | 2023 年 1 月 31 日 | | | | 单位:元 |
| 4 | 资　　产 | 行次 | 期末余额 | 年初余额 | 负债和所有者权益 | 行次 | 期末余额 | 年初余额 |
| 5 | 流动资产： | | | | 流动负债： | | | |
| 6 | 货币资金 | 1 | 2,311,288.07 | 1,602,772.00 | 短期借款 | 32 | 300,000.00 | 600,000.00 |
| 7 | 交易性金融资产 | 2 | | | 交易性金融负债 | 33 | | |
| 8 | 应收票据 | 3 | 300,000.00 | 596,700.00 | 应付票据 | 34 | 180,000.00 | 480,000.00 |
| 9 | 应收账款 | 4 | 585,920.00 | 593,250.00 | 应付账款 | 35 | 793,040.40 | 534,200.00 |
| 10 | 预付款项 | 5 | | | 预收款项 | 36 | | |
| 11 | 应收利息 | 6 | | | 应付职工薪酬 | 37 | 42,000.00 | |
| 12 | 应收股利 | 7 | | | 应交税费 | 38 | 235,222.27 | 297,000.00 |
| 13 | 其他应收款 | 8 | 8,734.80 | 8,000.00 | 应付利息 | 39 | | |
| 14 | 存货 | 9 | 1,846,916.00 | 2,303,900.00 | 应付股利 | 40 | | |
| 15 | 一年内到期的非流动资产 | 10 | | | 其他应付款 | 41 | 51,055.00 | 32,680.00 |
| 16 | 其他流动资产 | 11 | | | 一年内到期的非流动负债 | 42 | | |
| 17 | 流动资产合计 | 12 | 5,052,858.87 | 5,104,622.00 | 其他流动负债 | 43 | | |
| 18 | 非流动资产： | | | | 流动负债合计 | 44 | 1,601,317.67 | 1,943,880.00 |
| 19 | 可供出售金融资产 | 13 | | | 非流动负债： | | | |
| 20 | 持有至到期投资 | 14 | | | 长期借款 | 45 | 1,000,000.00 | 1,000,000.00 |
| 21 | 长期应收款 | 15 | | | 应付债券 | 46 | | |
| 22 | 长期股权投资 | 16 | | | 长期应付款 | 47 | | |
| 23 | 投资性房地产 | 17 | | | 专项应付款 | 48 | | |
| 24 | 固定资产 | 18 | 8,043,851.00 | 7,700,008.00 | 预计负债 | 49 | | |
| 25 | 在建工程 | 19 | | | 递延所得税负债 | 50 | | |
| 26 | 工程物资 | 20 | | | 其他非流动负债 | 51 | | |
| 27 | 固定资产清理 | 21 | | | 非流动负债合计 | 52 | 1,000,000.00 | 1,000,000.00 |
| 28 | 生产性生物资产 | 22 | | | 负债合计 | 53 | 2,601,317.67 | 2,943,880.00 |
| 29 | 油气资产 | 23 | | | 所有者权益： | | | |
| 30 | 无形资产 | 24 | | | 实收资本 | 54 | 8,000,000.00 | 8,000,000.00 |
| 31 | 开发支出 | 25 | | | 资本公积 | 55 | 529,000.00 | 529,000.00 |
| 32 | 商誉 | 26 | | | 减：库存股 | 56 | | |
| 33 | 长期待摊费用 | 27 | | | 盈余公积 | 57 | 834,750.00 | 831,750.00 |
| 34 | 递延所得税资产 | 28 | | | 未分配利润 | 58 | 1,131,642.20 | 500,000.00 |
| 35 | 其他非流动资产 | 29 | | | 所有者权益合计 | 59 | 10,495,392.20 | 9,860,750.00 |
| 36 | 非流动资产合计 | 30 | 8,043,851.00 | 7,700,008.00 | | | | |
| 37 | 资产总计 | 31 | 13,096,709.87 | 12,804,630.00 | 负债和所有者权益总计 | 60 | 13,096,709.87 | 12,804,630.00 |

## 二、利润表的制作

### （一）引用利润表模板并调整

选择“2007年新会计制度科目”行业“利润表”模板，并进行调整，调整要求如下：

（1）表头报表名称字体设为楷体，文字间插入空格加大字间距，字号设为26号，加粗，加下划线，第一行进行单元格合并并水平居中；其他全部设为仿宋12号。

（2）列A的列宽设为95，列B的列宽设为15，其他各列的列宽设为40，第1行的行高设为15，其他各行的行高设为6。

（3）A3单元格设置关键字“单位名称”，B3单元格设置关键字“年”“月”并偏移，偏移后位于表格正中。

（4）删除第22~24行（内容为每股收益）。

（5）配置上下粗线、内部细线、左右开放的表格线；隐藏网格线。

（6）单元类型颜色显示设置为标准颜色，在本期金额和上期金额的数值格式中选中“逗号”。

将报表命名为“利润表. rep”保存到“任务四”文件夹中。

### （二）重新编辑利润表计算公式

从总账系统的指标取数函数由原来模板的发生额函数（FS）修改为对方科目发生函数（DFS）。

### （三）录入关键字，生成2023年1月份利润表

附：利润表格式及参考数据（见表10-40）。

表10-40

| | A | B | C | D |
|---|---|---|---|---|
| 1 | 利　润　表 | | | |
| 2 | | | | 会企02表 |
| 3 | 单位名称：众德实业有限公司　　2023 年 1 月 | | | 单位：元 |
| 4 | 项　目 | 行数 | 本期金额 | 上期金额 |
| 5 | 一、营业收入 | 1 | 2,807,400.00 | |
| 6 | 减：营业成本 | 2 | 1,716,000.00 | |
| 7 | 税金及附加 | 3 | 14,356.44 | |
| 8 | 销售费用 | 4 | 85,495.00 | |
| 9 | 管理费用 | 5 | 113,587.00 | |
| 10 | 财务费用 | 6 | 48,381.96 | |
| 11 | 资产减值损失 | 7 | | |
| 12 | 加：公允价值变动收益（损失以“-”号填列） | 8 | | |
| 13 | 投资收益（损失以“-”号填列） | 9 | | |
| 14 | 其中：对联营企业和合营企业的投资收益 | 10 | | |
| 15 | 二、营业利润（亏损以“-”号填列） | 11 | 829,579.60 | |
| 16 | 加：营业外收入 | 12 | | |
| 17 | 减：营业外支出 | 13 | 23,390.00 | |
| 18 | 其中：非流动资产处置损失 | 14 | | |
| 19 | 三、利润总额（亏损总额以“-”号填列） | 15 | 806,189.60 | |
| 20 | 减：所得税费用 | 16 | 201,547.40 | |
| 21 | 四、净利润（净亏损以“-”号填列） | 17 | 604,642.20 | |

# 任务五　期末处理

## 一、采购管理系统

2023年1月31日，王辉在采购管理系统关闭全部已执行采购订单，办理月末结账。

## 二、销售管理系统

2023年1月31日，朱丹在销售管理系统关闭全部已执行销售订单，办理月末结账。

## 三、库存管理系统

2023年1月31日，董乐在库存管理系统办理月末结账。

## 四、存货核算系统

2023年1月31日，徐静在存货核算系统办理期末处理，执行月末结账。

## 五、固定资产管理系统

2023年1月31日，徐静在固定资产管理系统执行月末结账。

## 六、薪资管理系统

2023年1月31日，徐静在薪资管理系统执行月末结账，选择并保存清零项：病假天数、病假扣款、事假天数、事假扣款。

## 七、应收款管理系统

2023年1月31日，徐静在应收款管理系统执行月末结账。

## 八、应付款管理系统

2023年1月31日，徐静在应付款管理系统执行月末结账。

## 九、总账系统

2023年1月31日，罗强在总账系统办理对账、结账。

## 十、账套数据备份

以系统管理员身份注册系统管理，将账套数据备份到“任务五”文件夹中。

## 十一、实训成果上交清单

（1）任务五完成备份文件。
（2）1月份银行代发一览表．xls。
（3）2023年1月上旬科目汇总表．xls。
（4）2023年1月中旬科目汇总表．xls。
（5）2023年1月下旬科目汇总表．xls。
（6）2023年1月科目汇总表．xls。

（7）资产负债表．rep。

（8）利润表．rep。

将上述文件存放在以“账套号+学生姓名”命名的文件夹中，制作成RAR压缩文件并上传到教师机指定位置。

# 参考文献


［1］王剑盛．会计信息化［M］．北京：科学出版社，2015．

［2］财政部．财政部关于印发《企业会计信息化工作规范》的通知［EB/OL］．［2016-12-02］．http：//www.mof.gov.cn/gkml/caizhengwengao/wg2013/wg201312/201406/t20140609_1092515.htm．

［3］宋云雁，李长山．会计信息系统教程［M］．2版．上海：上海财经大学出版社，2016．

［4］王海林，吴沁红，杜长任．会计信息系统：面向财务业务一体化［M］．3版．北京：电子工业出版社，2021．

# 微课索引

为了便于学生自主学习，我们制作了以下知识拓展和微课，以二维码的形式添加在本教材中，用手机扫描二维码即可直接观看内容，括号内标注了二维码的具体页码。